中华文明交流与互鉴

面向东盟国家国际传播研究系列丛书

The Transmission and Cultural Impact of
China's Four Great Classical Novels in Vietnam

中国四大名著在越南的传播及影响

刘志强◎著

商务印书馆
创于1897 The Commercial Press

教育部哲学社会科学研究重大课题攻关项目
“‘中国故事’在世界文学中的征引阐释及启示研究”成果

国家社会科学基金项目
“中国四大名著在越南的传播及影响研究”成果

序

雅阅志强教授新作——《中国四大名著在越南的传播及影响》，深感后生可畏，学有传承。

李白有言："夫天地者，万物之逆旅；光阴者，百代之过客。而浮生若梦，为欢几何？"志强喜好读书，且笔耕不辍，"无丝竹之悦耳，无案牍之劳形"，可谓羡煞旁人。所谓"不有佳作，何伸雅怀"，在继《越南古典文学名著研究》一书之后，再出良品。

2019年5月，习近平主席在亚洲文明对话大会开幕式上发表了题为《深化文明交流互鉴　共建亚洲命运共同体》的主旨演讲。志强教授这部著作正是践行习近平主席重要讲话精神的力作。

2023年11月，习近平主席访越，与越南国家领导人共同提出构建具有战略意义的中越命运共同体，向外界释放了中越两个社会主义国家致力于团结友好、携手发展的积极信号。学界也应对此作出积极的回应，志强在学术上做了表率。

作为外语学科转型区域国别学的典范，此书也作出了积极的响应。中外文明交流与互鉴是区域国别学的重要研究方向之一，也是外语学科学者的优势所在，志强教授作为越南文史和中越文化交流的专家，敢于直面改革，又不忘初心，学界应鼓励这样的学人和作品不断涌现。

所谓"文无第一，武无第二"，学术作品难免"仁者见仁，智者见智”。就我目之所及，国内外学界暂无同类著作问世，皇皇数十万字，不仅填补空白，还将为构建具有中国特色的区域国别学学科作出积极努力，同时也为中国东方文学添砖加瓦。

是为序。

教育部国别和区域研究工作秘书处主任

国家级重大人才工程特聘教授

2025 年 1 月

目　录

导　论

第一节 缘起、意义及研究思路、方法等

一、缘起与意义

曾任哈佛大学比较文学系主任的美国学者大卫·丹穆若什在《什么是世界文学？》一书中写道："中美两国学者或许都应该更加重视邻近区域较小规模的文学文化：美国的比较文学学者的视野里几乎没有墨西哥和加拿大文学的影子，而在中国，除了非常专业的学术圈，很少有人讨论越南、泰国和印度尼西亚的文学。"[1]尽管影响研究在中国西方文学研究学界已经不再成为主流，但作为东方文学的重要补充部分，中国古典文学在越南的传播与影响的情况，仍有必要进一步深入探讨。

笔者力图在前辈学人研究的基础之上有所创新。较之已有研究，其独到学术价值主要包括三点：首先是大量运用第一手资料，已有相关论著或多或少地使用二手、三手资料进行探讨，在运用第一手文献资料上仍有较大的挖掘空间，笔者试图运用汉文、喃文、现代越南文等多种一手资料进行展开，这也是较前人著述略进一步之处。其次是研究视角的独到，本课题可以说是国内外学界第一个以中国古典文学四大名著在越南的传播和影响作为整体研究对象的项目，其对于东方文学学科无疑是一个不可或缺的重要补充。第三，这是国内第一次由中越两国学界共同就这一选题进行合作研究的项目，我们通过越南学者进行资料文献的交流和共享，并且进行经常性的学术探讨，较之中国或越南"单打独斗"的研究成果更具学术

[1]〔美〕大卫·丹穆若什著，查明建、宋明炜等译：《什么是世界文学？》，北京大学出版社，2014年，中文版序，第3页。

价值。

其应用价值至少包括学术和社会两个层面。首先是学术层面，由于各种因素，传统上，国内学界在关于四大名著对外传播与影响的研究，过多的关注点仍然停留在“西方”或“韩、日”，而有关四大名著在东南亚特别是在越南的传播与影响情况，却是多年来学界较少深入探讨的领域。近年来，尽管有“从周边看中国”或“域外汉籍”等视角，但就此类的研究而言，各方观点仍处在以汉字文献为主的资料主导和学科的“各说各话”的语境中。

其次是社会价值层面，对四大名著在素有“小中华”之称的越南的传播和影响进行研究，有利于夯实中越人文交流的文化基础。对国内学界而言，如何理解越南最推崇的古典文学作品是《金云翘传》，其蓝本是明末清初才子佳人小说《金云翘》而非《红楼梦》或《三国演义》？问题的解决一方面有利于扩大中华文化的对外影响，增强文化自信；另一方面也便于我们理解中国文化对外传播过程中产生的问题，更好地避免越南对于中国文化的复杂心态与民族情结的负面因素。

二、研究内容

本书的总体框架主要包括六部分内容，其中包括：

第一部分主要为学术史回顾，以及对越南文化和中越文化关系的整体论述。

第二部分为《三国演义》在越南的传播与影响，包括不同历史时期《三国演义》在越南传播的途径、形式、地位及其影响。聚焦《三国演义》对越南汉字文学创作的影响，译本中的诗词审美和《三国演义》在越南和泰国传播与影响的异同。

第三部分为《西游记》在越南的传播与影响，包括不同历史时期《西游记》在越南传播的途径、形式、地位及其影响。考察《西游记》的喃字改写本，不同时期拉丁化越南文译本的传播和影响，译本中的诗词审美，同时探讨《西游记》在越南和泰国传播与影响之异同。

第四部分为《水浒传》在越南的传播与影响，包括不同历史时期《水浒传》在越南传播的途径、形式、地位及其影响。重点考察和梳理《水浒传》在越南的不同传本、译本，越南不同阶层在各个时期对《水浒传》的评价、接受和批评，译本中的诗词审美，并与《水浒传》在日本的传播与影响进行比较。

第五部分为《红楼梦》在越南的传播和影响，包括不同历史时期《红楼梦》在越南传播的途径、形式、地位及其影响。考察《红楼梦》的喃字改写本，不同时期拉丁化越南文译本的传播和影响，译本中的诗词审美，并与《红楼梦》在越南和在韩国的传播和影响进行比较。

第六部分为四大名著在越南传播与影响特点的宏观综论，包括：四大名著在越南传播的特点；四大名著在越南与在东南亚其他国家传播与影响之宏观特点比较；探讨越南对中国文学四大名著和文学文化的理解和接受与韩、日和东南亚其他国家的异同。

三、思路方法与创新

笔者的基本思路是以辩证唯物主义和历史唯物主义为指导，以“既见树木，又见森林”的思路，从当时的语境出发，大量搜集第一手资料，从传本、译本出发，勾勒出四大名著在越南传播与影响的整体概貌，以及四大名著在越南与其在韩、日和东南亚其他国家传播与影响的共性与特点。

考察四大名著在古代越南传播和产生影响的历史文化背景时，运用历史学的研究方法，即重视第一手文献的运用，强调有论有据，诚如胡适先生所言“有几分证据，说几分话”，不引用二手、三手资料；研究四大名著在越南的传播和影响时，主要运用文献分析法，即大量搜集第一手相关文本，进行文献的分析。研究四大名著在各个历史时期对越南社会的影响时，运用文学社会学的研究方法；研究四大名著在越南传播与影响的特点时主要运用比较文学的研究方法。在涉及重要的研究细节时，运用社会学的访谈、问卷方法，同时对四大名著产生重要影响的地点和遗迹进行实地考察。

较之已有成果，笔者在学术思想方面的创新之处主要包括两个大的方面。第一，越南对于中国四大名著的认同与否，在不同的历史背景、区域、民族和不同的社会阶层都存在差别，而过往的研究难免概而论之。第二，对四大名著在越南的传播与影响进行研究，首先离不开各种文献文本的分析，但仅仅是依靠文献和文本，则关注的焦点难免局限于知识分子阶层或识字阶层。且此次研究，不仅触及文献文本，还将涉及非知识分子的其他社会阶层。

较之已有研究，笔者在学术观点方面的创新，主要包括三点。第一，不同的历史时期，四大名著在越南社会的影响要甚于其在文学文本的影响。第二,四大名著传播至越南初期，缺乏官方意识形态的认可、缺少越南一流士大夫的本土改编是四大名著在越南的传播和影响不如东亚的韩日和东南亚的泰国的关键因素。第三，19 世纪越南一流的士大夫阮攸使用越南本土表音文字改编自青心才人《金云翘传》而非四大名著的作品，成为 19 世纪以来越南公认的最经典的古典文学作品，是多种因素使然，其中不可忽视的是其本土文化和民族主义元素的渗入。

较之过往著述，笔者在研究方法上的创新，主要包括三个方面。第一是史学的研究方法，即把四大名著放在越南不同历史时期的社会与文化的语境中去考察。第二是文学社会学的研究方法，在探究越南的不同社会阶层对四大名著的接受程度，更有利于避免大而化之、以偏概全的观点。第三是比较的方法，将四大名著的传播放在越南内部、东南亚各国和日韩多个视域中去比较研究。

第二节　学术研究史

同时从宏观和微观的角度，对我国古典文学四大名著在越南的传播和影响进行整体研究，在学界仍是一块有待进一步开拓的“学术地带”。虽然国内外学界尚未有专门著作问世，但20世纪以来，中外学人对这一领域也有过一些相关的论著，为本书的研究提供了诸多的参考。

一、国内学界的研究

实际上，国内学界对越南文学的研究也好，四大名著在越南的传播与影响研究也罢，其动力主要还是来自比较文学与世界文学学科和外国语言文学学科的推动。这种推动的力量一方面是学科建设的需要，另一方面也是中国改革开放初期对欧美世界文明和亚非拉国家文学文化的了解的需求。其中，比较文学学科的东方文学学科起到主要的作用。

1989年，法国国家科学研究中心的克劳婷·苏尔梦（Claudine Salmon）教授编著的《中国传统小说在亚洲》[1]一书出版。这部著作收录了苏尔梦教授关于中国传统小说在亚洲传播的宏观总论和颜保教授的《中国小说对越南文学的影响》两篇论文，此二文主要从比较文学的角度点到了四大名著在越南的传播情况，遗憾之处是篇幅过少，或一笔略过，或罗列译本而已。1998年，中国台湾学者郑阿财在台湾的学术研讨会上发表了《越南汉文小说中的历史演义及特色》[2]一文，影响较大。1999年，暨南大学饶芃子教授

[1]〔法〕克劳婷·苏尔梦编:《中国传统小说在亚洲》，国际文化出版公司，1989年。

[2] 郑阿财:《越南汉文小说中的历史演义及特色》，载《中华文学与世界汉文学论文集：文学丝路》，台北：世界华文作家协会，1998年。

主编了《中国文学在东南亚》[1]一书，此书从文学史的视角梳理了中国文学在越南的情况，遗憾的是，作者对于四大名著在越南的传播和影响也仅几笔带过。总之，由于诸多原因，20 世纪国内外学人对此领域的学术关怀概述性和重复性的内容较多。

2003 年，马祖毅先生在《汉籍外译史》[2]一书中，从翻译史的角度，对四大名著在越南的译本进行了简要的梳理，唯遗憾其篇幅仅数百字而已，且作者尚未谙熟越南语。2006 年，谭志词发表了《关公崇拜在越南》[3]，主要从宗教和华人的视角探讨了关公在越南的崇拜情况。2008 年，范宏贵先生与笔者在《越南语言文化探究》一书中专门探讨了《从语言追溯"四大发明"与"四大名著"之传越南》[4]，从语言和历史的视角把四大名著作为一个整体去探讨。2008 年，夏露副教授在《红楼梦学刊》上发表了《〈红楼梦〉在越南的传播述略》[5]。陆凌霄教授于同年出版了《越南汉文历史小说研究》[6]一书，对《皇越春秋》所受《三国演义》影响也有探讨，遗憾的是作者并不谙晓越南语，与越南学界的学术对话不多。2010 年，夏露副教授在《内蒙古大学学报》发表了《〈三国演义〉对越南汉文历史小说的影响》[7]一文，较为宏观地探讨了这一话题。同年，夏露副教授还发表了《十九世纪越南哝剧中的三国戏》[8]。2016 年，何氏锦燕、姚瑶发表了《〈红楼梦〉在越南的研究概述》[9]。这些论文为研究《红楼梦》在越南传播和被研究的情况提供了一些线索，但尚属介绍性的描述，仍存诸多有待进一步深耕的空间。

---

[1] 饶芃子主编：《中国文学在东南亚》，暨南大学出版社，1999 年。

[2] 马祖毅、任荣珍著：《汉籍外译史》（修订本），湖北教育出版社，2003 年。

[3] 谭志词：《关公崇拜在越南》，载《宗教学研究》2006 年第 1 期。

[4] 范宏贵、刘志强著：《越南语言文化探究》，民族出版社，2008 年，第 100—113 页。

[5] 夏露：《〈红楼梦〉在越南的传播述略》，载《红楼梦学刊》2008 年第四辑。

[6] 陆凌霄著：《越南汉文历史小说研究》，民族出版社，2008 年。

[7] 夏露：《〈三国演义〉对越南汉文历史小说的影响》，载《内蒙古大学学报》2010 年第 3 期。

[8] 夏露：《十九世纪越南哝剧中的三国戏》，载《戏剧艺术》2010 年第 2 期。

[9]〔越〕何氏锦燕、姚瑶：《〈红楼梦〉在越南的研究概述》，载《红楼梦学刊》2016 年第三辑。

值得一提的是，2011 年由上海师范大学孙逊教授等主编的《越南汉文小说集成》(20 册)[1] 出版刊行，为国内学界了解《三国演义》在越南被模仿创作的情况提供了文本再现的帮助。这一套集成是上海师范大学国家重点学科比较文学和世界文学规划项目，同时也是上海市重点学科中国古代文学的规划项目。可见学术研究的发展，没有学科带动是不可能发展得顺利的。

2014 年和 2015 年，国内学界出现了从文献目录学视角论述《红楼梦》在越南传播的论文，其中包括台湾成功大学陈益源教授的《越南阮朝图书馆所藏的〈红楼梦〉及其续书》[2] 和武汉大学宗亮博士的《越南汉喃古籍新见〈红楼梦〉资料考述》[3]。两篇论文都从文献目录学的维度力证《红楼梦》曾在越南阮朝(1802—1945)传入越南。略为遗憾的是两位作者尚未能通晓越南语，未能与越南学界进行进一步的学术探讨。2016 年，《东方文化集成》收录出版了由北京大学张玉安、陈岗龙两位教授主编的《〈三国演义〉在东方》(三卷本)[4]，包含有《三国演义》在越南传播的研究，这部分书稿其实也是由北京大学夏露老师撰写的，其中的大部分内容如前文所述已经发表于诸刊物了。

二、国外学界的探讨

越南学界对中国四大名著在越南传播和影响的研究一开始是法国殖民者和越南民族主义者推动拉丁化越南文普及运动的附带知识生产。因为 19 世纪末 20 世纪初，法国殖民时期的越南，对法国等欧洲文化的仰慕压倒了东方中国，但拉丁化越南文识字率的提高短期内又不得不通过翻译明清小说以

[1] 孙逊、郑克孟、陈益源主编:《越南汉文小说集成》(20 册)，上海古籍出版社，2011 年。
[2] 陈益源:《越南阮朝图书馆所藏的〈红楼梦〉及其续书》，载《明清小说研究》2014 年第 1 期。
[3] 宗亮:《越南汉喃古籍新见〈红楼梦〉资料考述》，载《红楼梦学刊》2015 年第五辑。
[4] 陈岗龙、张玉安主编:《〈三国演义〉在东方》，北京大学出版社，2016 年。

促就。翻译相关的小说一刊登于报刊或成册刊行，难免会引起学界的关注。

由于中越特殊的政治和文化关系，越南学界对于这一领域专门的耕耘略为谦逊，但相关的学术探讨则始于20世纪30年代。1937年，竹亭（Trúc Đỳnh）在《东洋杂志》上发表了《中国最著名的四部小说》[1]，这是20世纪越南较早探讨四大名著的论文。1942年，越南著名学者陈文玾（1898—1973）在《清议》上发表《中国小说略考——兼论越南旧小说》[2]一文，其中对《水浒传》的评价较高。1943年，越南南方《南圻旬报》刊登了署名梦仙的《施耐庵为何会写〈水浒传〉？》[3]一文，作者认为《水浒传》为四大名著之最。1944年，越南学者黎廷真（Lê Đình Chân）选译了美国著名作家赛珍珠（Pearl S. Buck）的《赛珍珠论中国小说》（*Pearl S. Buck on the Chinese Novel*）[4]，发表在《清议》周报上。

20世纪60年代，作为回忆录性质的著作略有涉及四大名著在越南的内容。如1962年潘春煌的《读〈三国志〉》[5]，以及王鸿盛于1968年出版的《痴迷戏剧五十载之回忆》[6]，从戏剧的视角探讨了中国故事在越南的传播。1993年，他又出版了《阅中国小说之趣》[7]一书，对四大名著在越南的传播略有提及。

20世纪90年代，越南革新开放已有数年，中越关系也恢复正常化，相关学术论著逐渐增多。1991年，曾任越中友好协会主席的裴杞先生的短文《越南文〈红楼梦〉序》[8]发表于《红楼梦学刊》，这是国内学界了解

---

[1] Trúc Đỳnh: “Bốn pho tiểu thuyết Tàu hay nhất”, *Đông Dương Tạp Chí*, số 1, 1937.

[2] Thúc Ngọc Trần Văn Giáp: “Lược khảo về tiểu thuyết Tàu – phụ thêm tiểu thuyết Việt Nam xưa”, *Tạp chí Thanh Nghị*, số 8,1942.

[3] Mộng Tiên: “Vì sao Thi Nại Am Viết truyện Thủy Hử”, *Nam Kỳ Tuần Báo*, số 61, 1943.

[4] Pearl S. Buck: “tiểu thuyết Tàu” (Lê Đình Chân dịch), *Tạp chí Thanh Nghị*, số 85, 1944.

[5] Phan Xuân Hoàng, *Đọc Tam Quốc Chí*, Nhà xuất bản Phổ thông, 1962.

[6] Vương Hồng Sển, *Hồi ký 50 năm mê hát*, Nhà xuất bản Phạm Quang Khải, 1993.

[7] Vương Hồng Sển, *Thú xem truyện Trung Quốc*, Nhà xuất bản Tp. Hồ Chí Minh, 1993.

[8]〔越〕裴杞撰，王金地译：《越南文〈红楼梦〉序》，载《红楼梦学刊》1991年第一辑。

《红楼梦》在越南获得翻译的一篇难得的论文。同年陈春题所著《中国几部最精彩的古典小说》[1]出版。1992 年平江所著《1865—1930 年的南圻国语文学》[2]，也对四大名著在越南的传播略有提及，但篇幅不多。同年，裴维新在《文学研究》杂志发表了《中世纪中国文学与越南文学之间的体裁关系——接触、革新与创新》[3]，探讨了《三国演义》等明清小说在越南产生的影响。1993 年，越南学者芳榴出版了《中越文化文学的一些关系》[4]，对《三国演义》在越南的影响也略有探讨。

1998 年阮春和出版了《中国古代小说对越南古代小说的影响》[5]。这是 20 世纪 90 年代少有的论及中国古代小说在越南传播和影响的著作之一，但作者对汉文文献的征引较少。同年，在中国享负盛名的苏联汉学家李福清教授在中国发表了《〈皇黎一统志〉与远东章回小说传统》[6]一文，对国内外学界关注越南汉文小说起到了积极的推动作用。1998 年越南学者兼汉学家陈义发表一篇重要论文——《越南汉喃小说与区域内各国古代小说关系》[7]，在越南学界影响较大。

2001 年，越南学者黄文楼在国际学术会议上宣读了《关于越南汉文历史章回小说〈皇黎一统志〉之资料价值》[8]一文，引起学界的关注。2002

---

[1] Trần Xuân Đề, *Những bộ tiểu thuyết cổ điển hay nhất của Trung Quốc*, Nhà xuất bản Thành phố Hồ Chí Minh, 1991.

[2] Bằng Giang, *Văn học quốc ngữ ở Nam kỳ 1865-1930*, Nhà xuất bản Trẻ, 1992.

[3] Bùi Duy Tân, Mối quan hệ và thể loại giữa văn học Trung Quốc và văn học Việt Nam thời Trung đại: tiếp nhập – cách tân – sáng tạo, *Tạp chí Văn học*, số 1, 1992.

[4] Phương Lựu, *Một số quan hệ về văn hóa văn học Trung – Việt*, Nhà xuất bản Văn hóa, 1993.

[5] Nguyễn Xuân Hòa, *Ảnh hưởng của tiểu thuyết cổ Trung Quốc đến tiểu thuyết cổ Việt Nam*, Nhà xuất bản Thuận Hóa, 1998.

[6]〔俄〕李福清:《〈皇黎一统志〉与远东章回小说传统》，载《汉文古小说论衡》，江苏古籍出版社，1992 年。

[7]〔越〕陈义:《越南汉喃小说与区域内各国古代小说关系》，载《汉喃杂志》1998 年第 2 期。

[8]〔越〕黄文楼:《关于越南汉文历史章回小说〈皇黎一统志〉之资料价值》，载中国台湾中正大学中文系、语言与文学研究中心编:《中国域外汉文小说国际学术研讨会论文集》，2001 年。

年，刘春银等主编的《越南汉喃文献目录提要》[1] 出版，为学界提供了一些有关四大名著在越南的改写本、喃字戏剧本的藏本信息。2007 年，越南学者黎辉肖在越南社科院《中国研究》杂志上发表了《对 19 世纪末 20 世纪初中国文学在越南译介和研究情况的考察》[2]，此文影响也较大，提及《三国演义》等。

2013 年，华东师范大学越南留学博士生黎亭卿（Le Dinh Khanh）撰写了题为《中国古代小说在越南——以〈三国演义〉〈水浒传〉〈西游记〉为中心》[3] 的博士论文，该文从中文学科的宏观角度描述了这三部名著在越南传播的概貌，但主要内容篇幅过少，且尚未能使用第一手汉喃文本资料进行论证，其中大部分资料均来自拉丁化越南文文献。同年，越南社科院阮芳草博士在越南社科院文学院主办的刊物《文学研究》发表了《从学术史考察 20 世纪上半叶〈水浒传〉在越南的传播》[4]，影响较大。

2019 年，越南学者阮清风（Nguyen Thanh Phong）在台湾成功大学完成了博士论文《〈三国演义〉与〈金云翘传〉在越南南部的传播与影响》[5]，该博士论文由陈益源教授指导完成。论文主要探讨了《三国演义》在南部华人社会的传播情况和《金云翘传》在越南南部的影响。2023 年，越南社科院文学所阮芳草出版了其博士论文为基础的著作——《当代中国〈水浒传〉接受史》[6]，

[1] 刘春银、王小盾、陈义主编：《越南汉喃文献目录提要》，中国台湾“中央研究院”文史哲研究所，2002 年。

[2] Lê Huy Tiêu, Tìm hiểu việc giới thiệu và nghiên cứu văn học Trung Quốc ở Việt Nam trong thời kỳ cuối thế kỷ XIX và đầu thê kỷ XX, *Tạp chí nghiên cứu Trung Quốc*, số 3, 2007.

[3]〔越〕黎亭卿：《中国古代小说在越南——以〈三国演义〉〈水浒传〉〈西游记〉为中心》，华东师范大学博士学位论文，2013 年。

[4] Nguyễn Phương Thảo, Tiếp nhận Thủy Hử qua các công trình nghiên cứu giai đoạn nửa đầu thế kỷ XX ở Việt Nam, *Tạp chí Nghiên cứu Văn học*, số 5, 2013.

[5]〔越〕阮清风：《〈三国演义〉与〈金云翘传〉在越南南部的传播与影响》，中国台湾成功大学中国文学研究所博士论文，2019 年。

[6] Nguyễn Phương Thảo. *Tiếp nhận tiểu thuyết Thủy Hử ở Trung Quốc thời hiện đại*, Nhà xuất bản Đại học Quốc gia Hà Nội, 2023.

其中在前言部分论及《水浒传》在越南的接受情况。

欧美和日韩学界对越南古典文学研究的成果和论著并不多见，这其中有政治的原因，也有精通越南语言文字者匮乏的缘故。总体上而言，国内外学界尚未有同类专著问世。

第三节 越南主体文化发展的特点

本节的论述无意重复前人有关越南文化发展的研究观点，而在于提出一些值得思考的问题。前人学者关于越南历史文化的论述颇多，但大都认为古代越南文化的发展深受中国文化的影响。相关论述，可以参考贺圣达先生早年的著作——《东南亚文化发展史》中有关越南古代文化的论述。[1]笔者并不否认，越南文化深受中国文化的影响，但这种影响是否是形式大于内容？这种影响经过历史的变迁是否发生过或者已经发生了实质的变化？我们对越南文化的发展是否应该分阶段、分层次和分群体去理解？这是本节需要重点尝试去探讨的，也为下一步探讨中国四大名著在越南的传播和影响奠定一些基础。

一、此"越"非彼"越"

现在我们论及的越南文化，多指由现在占有绝对数量的主体民族——越族建立的民族国家意义上的主体民族的文化。当然，根据越南官方的划分，现在越南拥有 54 个民族，同样拥有丰富多彩的其他民族本土文化。但从历史唯物主义的角度去考察，今天越南的版图上，至少存在两个比较

[1] 贺圣达著:《东南亚文化发展史》，云南人民出版社，1996 年，第 138—193 页。

强势的主体民族文化。这是政治版图与文化版图的差异，也是我们考量文化特点尤为值得关注的一点。

首先是自秦汉以来大量的汉人移民和两广、云南各民族与越南北部各本土民族长期交往、融合后形成的越族建立的独立王国。[1]这一独立王国自公元10世纪以来，在文化上曾与宋、明保持着密切的联系。在15世纪上半叶，这一王国又曾直接属于明朝管辖。[2]当然，尤为值得一提的是，自秦汉至公元10世纪越族建立的王国独立以前，其以直接依附中国汉人建立的州郡形式存在，且管理官员大多由内地派往，文教风俗虽稍稍改易，但仍可谓濡染汉风。越南胡朝（1400—1407）的皇帝胡季犛曾有诗为证：

> 诗云：
> 欲问安南事，安南风俗淳。
> 衣冠唐制度，礼乐汉君臣。
> 玉瓮开新酒，金刀斫细鳞。
> 年年二三月，桃李一般春。
>
> ——胡季犛《答北人问安南风俗》[3]

其次是以马来人种——占族为主建立的占婆王国，这一古代王国曾于公元2—19世纪存在于今日越南的地理范围内，且15世纪以前在文化上主要深受印度影响，15世纪之后主要受马来伊斯兰文化影响。[4]汉文化传播至今日越南地理全境是15世纪之后逐渐发生的，尤其是越南中部横山以南。

---

[1] 尽管越族的来源在国内外学术界仍存在一些争议，但笔者认为越南越族主体民族的形成无外乎本土与外来族群的长期融合而形成的。

[2] 即1407—1427年此“越”直接属于明朝管辖。

[3] 可参阅笔者《中越文化交流的“精彩一笔”——祝贺〈金云翘传翻译与研究〉出版发行》，载《中国东南亚研究会通讯》2013年第2期。

[4] 参阅笔者所著《占婆与马来世界的文化交流》，社会科学文献出版社，2013年。

二、汉文化的影响

秦始皇征服岭南之后，越南一直为中原王朝郡县，直至宋代时独立，但其仍与中国封建王朝保持宗藩或朝贡关系。历代越南文化“仰慕华风”体现在主体民族渊源建构、制度、文化、教育、文字诸方面。古代越南历经多年战争，相关图籍所存较少，特别是 13 世纪以前的史料，大多毁于兵灾。相关记载大多也只能依赖中国史籍或现存越南汉喃文献资料。有关汉文化对越南的影响，古今学界已经有诸多论著，陈玉龙等先生合撰的《汉文化论纲——兼述中朝中日中越文化交流》[1]即为代表作之一。尽管如此，汉文化对越南的影响仍需简明梳要。

在民族起源的建构上，越南官方也曾吸纳民间故事作为蓝本，如现存最重要的越南官修史籍，成书于 15 世纪的《大越史记全书》中叙述越南民族起源的《鸿庞纪》，则来源于民间传说《鸿庞氏传》：

> 炎帝神农氏三世孙帝明，生帝宜，既而南巡狩至五岭，接得婺仙女，悦之，纳而归。生禄续，容貌端正，聪明夙成。帝明奇之，使嗣位。禄续固让其兄帝宜。乃立宜为嗣，不敢奉命。于是帝明立帝宜为嗣以治北地。封禄续为泾阳王，以治南方，号其国为赤鬼国。泾阳王能入水府，娶洞庭君女曰龙女，生崇缆，是为貉龙君，代父以治国。泾阳王不知所终……。[2]

越南官方史家吴士连对于鸿庞氏的传说持“姑述其旧，以传疑焉”的

---

[1] 陈玉龙等著：《汉文化论纲——兼述中朝中日中越文化交流》，北京大学出版社，1993 年。

[2] 陈庆浩、郑阿财、陈义主编：《越南汉文小说丛刊》（第二辑）神话传说类——《岭南摭怪》，法国远东学院 / 台湾学生书局印行，1992 年，第 29—30 页。

立场，在封建王朝时期，古代越南在信史之前的民族起源问题上，仍围绕与中国的联系而建构。尽管南越赵佗早就载入中国《史记》列传之中，越南现存最早的官修史籍《大越史记全书》（15 世纪）仍把南越赵佗写入其正史外纪。史书褒扬赵佗“则知善为国者，不限地之广狭，人之华夷，惟德是视也。赵武帝能开拓我越，而自帝其国，与汉抗衡，书称老夫，为我越倡始帝王之基业，其功可谓大矣”。[1]

秦、汉时期，因政治动乱等原因，中国官方“颇徙中国罪人，杂处其间，稍使学书，颇似有效”，[2]汉风逐渐在越南兴起。越史记载，“（公元 29 年），锡光，汉中人，在交趾教民以礼仪，复以任延为九真太守。延，宛人，九真俗以渔猎为业，不事耕种，延乃教民垦辟，岁岁耕种，百姓充给。贫民无聘礼者，延令长吏以下省俸禄以赈助之，视事四年，召还。九真人为之立祠……岭南文风始二守焉”。[3]

三国时期，士燮（137—226）任交趾太守，在位四十年，士燮“学问优博，达于政事。”[4]越南独立后的官修史籍《大越史记全书》对士燮也评价颇高，认为士燮“宽厚谦虚，人心爱戴”；15 世纪越南最著名的史官吴士连评价说，“我国通诗书，习礼乐，为文献之邦，自士王始”。[5]

郡县时期，越南历经秦、汉、吴、晋、宋、齐、梁，隋、唐诸朝代。而科举在汉文化在越南的传播过程中又起到了制度性的作用。汉代时，察举已经泽及当时的交趾。据越南正史的记载，汉献帝建安五年（200），交

---

[1]〔越〕吴士连等撰、陈荆和编次：《大越史记全书》，日本东京大学东洋文化研究所，1977 年，第 114 页。

[2]《吴合浦交趾太守薛综与刺史吕岱平士徽乱岱被召综上疏云》，〔越〕黎崱撰，武尚清点校：《安南志略》，中华书局，2000 年，第 118 页。

[3]〔越〕吴士连等撰、陈荆和编次：《大越史记全书》，属西汉纪，日本东京大学东洋文化研究所，1977 年，第 125 页。

[4]《汉末袁徽客交趾寄荀彧书》，载〔越〕黎崱撰，武尚清点校：《安南志略》，中华书局，2000 年，第 117 页。

[5]〔越〕吴士连等撰、陈荆和编次：《大越史记全书》，外纪，卷之三，日本东京大学东洋文化研究所，1977 年，第 130、133 页。

趾所举茂材、孝廉获准赴中原为官。[1]

唐于武德四年（621）便参照隋代成法开科取士。[2]至上元三年（676），岭南地区方得应科。《唐会要》卷七十五记载：“上元三年八月七日敕：桂、广、交、黔等州都督府，比来所奏拟土人首领，任官简择，未甚得所，自今已后，宜准旧制，四年一度，差强明清正五品已上官，充使选补。”[3]至调露元年（679），唐改交州都督府为安南都护府。调露年间，唐朝还改岭南税制，安南在征收税收上与内地诸省无异。此外，唐时交州为南方对外贸易大港，与当时广州并驾齐驱，非秦、汉时所能比驾，安南文化与内地文化交流也日益频繁。当时，流寓安南的著名文人也不少，如杜审言、刘禹锡、宋之问之弟宋之悌等。此外，唐时内地与安南的佛教交流也非常频繁，两地之间的高僧互相往来，传经诵教，络绎不绝。这些为安南濡染“汉风”奠定了良好的基础。当时安南都护府属岭南道管辖，至天宝十三年（754），岭南“文儒之风”已名噪一时。《唐会要》记载：“天宝十三载七月，敕：‘如闻岭南州县，近来颇习文儒。自今已后，其岭南五府管内白身，有词藻可称者，每至选补时，任令应诸色乡贡’。”[4]

至会昌五年（845），安南举格与福建等省一样。《唐摭言》记载：“公卿百寮子弟及京畿内士人寄客外州府举士人等修明经、进士业者，并隶名所在监及官学，仍精加考试。所送人数：……金汝、盐丰、福建、黔府、桂府、岭南、安南、邕容等道，所送进士不得过七人，明经不得过十人。”[5]此可证唐代在送举数额上，安南与河南、陕西、福建、贵州、广东、广西等地区的地位一样。姜公辅即是唐时安南所贡进士，越裔元人黎

[1]（东汉）班固：《汉书》，卷六，武帝纪，中华书局，1962年。
[2] 刘海峰、李兵著：《中国科举史》，东方出版中心，2004年，第69页。
[3]（宋）王溥：《唐会要》，卷七十五，南选，中华书局，1955年，第1369页。
[4]（宋）王溥：《唐会要》，卷七十五，南选，中华书局，1955年，第1369页。
[5]（五代）王定保撰、姜汉椿校注：《唐摭言》，《会昌五年举格节文》，上海社会科学院出版社，2003年，第3—4页。

崱撰《安南志略》卷十四谓:“汉唐时，尝贡进士明经者，李琴、张重、姜公辅是也。”[1]

越南于公元10世纪独立，但在体制上，仍然效仿中国。宋代史籍称越南为“安南国”或“交趾国”。宋人周去非在《岭外代答》中说:

> (安南国)创为法制……母妻皆称后，子皆称太子。本族称大王，族长称承嗣，余族称支嗣。其官有内外职：内职治国，官之长约辅国太尉，犹宰相也；外职治兵，官之长约枢密使、金吾太尉、都领兵。其文移至边，有“判安南都护府”者，亦外职也。其入仕之途，或任子，或取士，或以资。有御龙、武胜等八军，皆有左右，每君二百人。横刺字于额，曰“天子兵”。其国最重科举……。[2]

宋至明史籍，对越南的记载，大都分别以安南(交趾)和占城记载。《宋会要》对占城文化的记载，则说“其俗与大食同”。但自公元2世纪立国至15世纪衰落，19世纪完全灭亡，占城文化先浸染印度文化，后受伊斯兰文化影响，是学界不争的事实。

元代曾三征安南(越南)不克，以致其民族主义情绪空前高涨，尽管如此，安南陈朝仍以官方名义求颁汉传《大藏经》，观表言所述，其慕汉风，可见一斑:

> 臣僻处炎荒，夙依皇觉，缅怀蒙教，传自中华。唐宋在时，曾驼来于白马；大兵至日，已化于死灰。嗟莫见于秘文，竟难寻于奥旨。如入暗室而无慧炬，如济苦海而失慈航。念此小邦，阙于大藏。若不请求于上国，何以开导于群生！钦惟皇帝陛下，虞舜为君，释迦生

[1]〔越〕黎崱撰，武尚清点校:《安南志略》卷十四，中华书局，2000年，第324页。

[2](宋)周去非著，杨武泉校注:《岭外代答校注》，中华书局，1999年，第57页。

世，以济物渡人为念，以博施济众为心。幸不秘于玉音，冀大开于宝藏。自天而下，赐万五千余卷之经；遵海而南，救百万姓兆民之苦。以功德胜前功德，广大无边；今圣人即古圣人，流传有此。[1]

越南陈朝为了获得《大藏经》，其所进表言难免有政治外交辞令，但在当时“华夷秩序”的大时代背景下，汉文化在制度上的优势仍对越南具有不可替代的吸引力。

降至明代，越南曾内属明朝二十年，文化、体制更是一遵内地。明代严从简所著《殊域周咨录》记载越南说：

其三纲五常及正心修身齐家治国之本，礼乐文章，一皆稍备。乃制科举之法，定立文武官僚。本国（安南）自初开学校以来，都用中夏汉字，并不习夷字。及其黎氏诸王自奉天朝正朔，本国递年差使臣往来，常有文学之人则往习学艺，编买经传诸书，并抄取礼仪、官制、内外、文武等职，与其刑律制度，将回本国，一一访行。因此，风俗、文章、字样、书写、衣裳、制度并科举、学校、官制、朝仪、礼乐、教化，翕然可观。[2]

越南后黎朝尚书东阁大学士兼国子监祭酒知经筵事黎嵩于1514年奉御命撰写《越鉴通考总论》，其相关论述又可印证其深受儒家思想的影响：

臣闻《虞典》即《虞书》，自孔子删《尚书》以为《典谟》。而帝王修齐治平之道益彰。《春秋》本《鲁史》，自孔子修《春秋》以定褒贬，而天下典礼命讨之权益重。是以圣帝明王之治天下，有志于任

[1]〔越〕黎崱撰，武尚清点校：《安南志略校注》，中华书局，2000年，第148页。
[2]（明）严从简著，余思黎点校：《殊域周咨录》，中华书局，1993年，第237页。

君师之责，不可不究帝王之学。有志于究帝王之学，不可不明古今之理。然则诸史有作，所以为历代人君之龟鉴，意有在矣……臣闻《周易》曰“有天地，然后有万物；有万物，然后有夫妇；有夫妇，然后有父子；有父子，然后有君臣。”此纲常之道所由著也。《大学》曰：“心正，而后身修；身修，而后家齐；家齐，而后国治；国治，而后天下平。”此治平之道所由行也。[1]

明代朱元璋对于中外人才不拘一格进行招揽。洪武三年五月同时向高丽、安南、占城等国颁布科举诏，“诏高丽、安南、占城等国如有经明行修之士，各就本国乡试贡赴京师会试，不拘额数选取”。[2] 至永乐九年，明朝科举乡试范围已经开始扩大到“两京十三藩”，其中包括交趾，[3] 明初，科举对交趾的开放程度虽不如京师等省市，但选取国子生的额数、待遇和放假期限却与云南等省相仿。《明实录》记载：

（永乐十五年三月丁亥）交阯北江等府、州、县选贡生元邓得等至京，命送国子监进学，赐赉如云南生例。初上既平交阯，即命郡县建学教养生徒。至是，始选贡焉。[4]

乡士取士额度交趾与云南各十人。“（洪熙元年八月乙卯）行在礼部奏定科举取士之额。先是，仁宗皇帝以为近年科举太滥，命礼部翰林院定议额数。至是奏议：凡乡试，取士南京国子监及直隶共八十人……广西二十

[1]〔越〕吴士连等撰、陈荆和编次：《大越史记全书》，日本东京大学东洋文化研究所，1977 年，第 84 页。

[2]（明）张朝瑞辑：《皇明贡举考》，齐鲁书社，1996 年，第 460 页。

[3]（明）张朝瑞辑：《皇明贡举考》，齐鲁书社，1996 年，第 522 页。

[4] 李国祥主编：《明实录类纂》（涉外史料卷），武汉出版社，1991 年，第 656 页。

人，云南、交阯各十人。”[1]

国子生放假期限，交趾与云南、贵州学生一样都是十个月。明朝于永乐十四年定交趾岁贡儒学生员充国子监，当时规定“府学每年二名，州学二年三名，县学一年一名，后又定府学每年一名，州学三年二名，县学两年一名”。[2]这些国子生也许是因为很难适应内地的学习生活，经常放假后托故不来，所以到了宣德时期，明廷定交趾国子生十月的假期。[3]

> （宣德宗十二月乙亥）行在礼部奏：“两京国子监生多给假还乡，经历年久，托故不来。请遣人提问。”上曰：“古云才难，诸生未及仕先负罪名，即为终身之王占。宜量地方远近，定与期限，如再于限外不来，皆发充吏。”于是礼部定限，自移文到日始，交阯、云南、贵州十阅月，四川、两广九阅月……。[4]

为调查明代交趾学生的情况，2009 年 2 月，笔者曾赴北京国子监考察，正赶上国子监举办中国科举史展览，其中明代科举内容，专门提及明代国子监安排交趾学生单独住在国子监西南角的出处，当时称为“交趾号”，那条胡同又称为“交趾胡同”。这条胡同后来被改名为北京现在的“公益巷”。

清朝于 1905 年废除科举，但越南则延续至 1918 年才明令废除。不可否认，汉文化对越南的影响，从历史上看，是中国强大、文化繁荣时期的必然产物。其影响之深，以至于科举制度在越南延续了一千余年。除此以

[1] 李国祥主编：《明实录类纂》（文教科技卷），武汉出版社，1992 年，第 78 页。

[2]〔越〕吴士连等撰、陈荆和编次：《大越史记全书》，日本东京大学东洋文化研究所，1977 年，第 511 页。

[3] 笔者曾在广西民族大学招收越南籍留学博士生，修完学分后，也是长期托故不来学校。自明至今，五百多年过去了，这种学风仍然没有太多的改观。

[4] 李国祥主编：《明实录类纂》（涉外史料卷），武汉出版社，1991 年，第 703 页。

外，越南也曾出现大量的汉文文献，在主流建筑、官方服饰等方面也均稍稍改易，一遵华风。当然，在“华夷天下”与“朝贡体系”时代，不仅是越南，朝鲜、琉球等在文化上都曾出现类似的情况。

三、近代西方文化在越南的接触与影响

近代历史上，欧洲人要打开亚洲门户，拓展政治经济势力范围，一开始大都需要依赖宗教，法国、葡萄牙、西班牙等国与越南的早期接触便是依赖罗马传教士。根据邵循正先生早年的研究，万历十三年（1585），法国传教士乔治（Geoges de la Motte）就已经到达柬埔寨传教，这是法国来中南半岛地区的较早记载。[1] 另外，根据越南主体民族越族史籍的记载，最早来到现在越南地理版图的欧洲人是荷兰人。1606 年，荷兰船只由于遭遇海上暴雨而进入归仁。1613 年 8 月，荷兰东印度公司的船只开始到越南进行贸易。越史《大越史记全书》记载：“（清康熙二年），冬，十月，禁天下学花郎（荷兰）道。初有花郎国人入居国中，立为异道，诳惑愚民，鄙夫鄙妇多信慕之，听讲之场，群居混杂，男女无别，曩已驱去其人，而书居犹存，弊习未改，至是，复严禁之。”[2]

1613 年，英国商人彼克（Peacok）来到越南的会安港。同年，英国人沃特卡・韦德（Waltercar Werder）则向越南南方阮氏政权赠送了礼物。关于葡萄牙人最早到达越南的事迹，现存越南的文献还没有明确记载，但是到 1614 年，葡萄牙人让・拉克鲁瓦（Jean Lacroix）已经到达越南南方管理南方阮氏政权的一个铸炮厂。[3]

[1] 邵循正著:《中法越南关系始末》，河北教育出版社，2000 年，第 3 页。

[2]〔越〕吴士连等撰、陈荆和编次:《大越史记全书》，日本东京大学东洋文化研究所，1977 年，第 975 页。

[3] Trung tâm Khoa học Xã hội và Nhân văn Quốc gia, Viện Sử học. Việt Nam: Những Sự Kiện Lịch Sử (Từ khởi thủy đến 1858), Nhà xuất bản Giáo dục, 2002, tr.282-284.

仍根据邵循正先生的研究，17 世纪初，葡萄牙人经常到越南中南部的广南进行贸易，并且都带有传教士同行。而赴越南之前，传教士经常是从马六甲绕道至澳门耶稣会所设立的机构接受培训后才出发的。除了贸易等因素，欧洲传教士最初来到越南的原因还包括日本排斥西方宗教。1614 年，日本天皇下令驱逐欧洲传教士，原先计划到日本传教的欧洲传教士多停留在澳门，当时从越南广南返回澳门的葡萄牙商人向这些传教士介绍了广南的情况，于是开始有传教士到越南南部传教。后来传教士又在会安设立教堂，他们开创了西方传教士到越南南部传教的先河。而在长期被尊崇为越南拼音文字鼻祖的传教士罗德到达越南以前，早已有通晓越南语的葡萄牙等国传教士到达越南传教。

越南拼音文字的出现，至今已经有四个世纪，我们暂可不讨论罗德对拼音文字贡献的大小，但可以肯定的是，越南拼音文字的创制是 17 世纪欧洲传教士和越南当地人集体创作的结晶。

与罗马字体越南文一样，自 17 世纪至 19 世纪中叶法国入侵越南以前，天主教在越南的传播长期局限在一定数量的人群中，且越南阮朝官方长期明令严禁。18 世纪成书的《澳门纪略》记载："……昔西人有行教于安南者，举国惑之，王患之，逐其人，立二帜于郊下，令曰'从吾者宥之，立赤帜下；否则立白帜下，立杀之，竟无一人赤帜下者，王怒，燃炮杀之尽。至今不与西洋通市，至则举大炮击之，西人亦卒不敢往'。"[1]

《澳门纪略》的记载说明当时西方与越南在意识形态上的冲突已是水火不容。另根据邵循正早年的研究，越南当时确实严禁传教。"自 1712 年至 1773 年六十年间，越南北部（时称安南）宣布严禁教士传教者五次，屠杀耶稣会徒二次，屠杀多明我（Dominicans）者亦两次。越南中部的广

[1]（清）印光任、张汝霖撰:《澳门纪略》，下卷，清嘉庆五年重刊本，第 53 页。

南虽较宽纵，然 1724 年明王阮福凋下令驱逐教士，禁民入教。1750 年武王阮福阔又摈斥外人在国内传教者，大索教士，执二十八人入狱。于是诸国教士多视越南为畏徒。”[1]

越南汉文史籍《国史遗编》也印证了越南禁教：“明命十五年（1834）五月，北宁布政阮登楷，围捕良才，获爷苏（耶稣）道人以归，先是三月日，广安有海舶百艘，近泊省城，托言攻鱼，剑戟精锐，省官见问，要索鱼税，急见海舶发炮，弩兵抄掠，领兵及正卫皆败走，事闻，诏广安诸旁省，三个月捕务，或言爷苏道人，多杂处各省与海舶通书，诏捕爷苏获者，赏黄金三笏……。”[2]

根据越南史学家陈重金的观点，近代越南严禁天主教的原因，是因为“越南长期信奉儒教，以敬奉祖先为重，视祭祀神圣为天经地义之事，且国之礼法亦以祭祀为十分重要的大事。突见许多国人皈依天主教，完全放弃旧有的礼俗，而只一念信仰新教，因此南方和北方的帝王和国主，都视此教为邪道，有伤国家自古之风化，乃降旨禁止国人再信新教，并制定法律，严惩不遵行此御旨的人”。[3]

此后，西方传教士纷纷离开越南，而法国传教士却不放弃。遂由于宗教加上经济、政治等多种原因，导致了法国殖民者对越南的侵略和占领。1858 年，法国军舰炮轰越南中部城市岘港，1884 年，中越宗藩关系结束。自 1858 年至 1954 年奠边府战役结束，法国文化与中国文化在越南不断碰撞，1954 年至 1975 年，南越又受到西方文化影响，北越受到社会主义文化影响。至 1986 年，越南进行了革新开放，在坚持社会主义文化的基础上，逐渐融合各民族文化，建构了自己多元的民族文化。

---

[1] 邵循正著：《中法越南关系始末》，河北教育出版社，2000 年版，第 9 页。

[2]〔越〕潘叔直辑，陈荆和编：《国史遗编》，香港中文大学新亚研究所东南亚研究室刊印，1965 年，第 280 页。

[3]〔越〕陈重金著，戴可来译：《越南通史》，商务印书馆，1992 年，第 252 页。

四、古代越南民族文化自信的建构

越南主体民族文化自信的建构，大体经历了几个重要的时期。第一次是 11 世纪。当时越南李朝国力日盛，派大将李常杰领兵十万攻打宋朝边境，攻陷廉州、钦州和邕州（今南宁），后宋朝派大将郭逵领兵击退之，根据宋朝的《续资治通鉴长篇》等相关史料的记载，当时郭逵攻打至离越南首都仅三十里的富良江（今红河）：“（郭逵）抵富良江，未至交州三十里。”而越南史家则认为郭逵未到达富良江，而是到达富良江之前的如月江，并在如月江被李常杰击败。[1] 15 世纪后黎朝成书的《大越史记全书》还虚构出此次战役期间的一首诗：

> 南国山河南帝居，截然分定在天书。
> 如何逆掳来侵犯，汝等行看取败虚。[2]

尽管这首诗是否为李常杰所作仍值得考究，但这首体现民族自信的诗歌广为流传，千年不衰，并入选当今越南基础教育教科书，李常杰也成为越南著名文化名人。

第二次是元代忽必烈三征安南不克之时。期间有陈兴道曾于 13 世纪率领越南陈朝军队，成功击退蒙古军队的两次入侵，成为越南历史上的民族英雄之一。1284 年，陈兴道利用水战，曾在白藤江击败元军，当时士气大振，越南民族文化自信大增，陈朝大儒张汉超当时所作《白藤江赋》，成为越南民族主义文学代表作之一。

---

[1] 梁志明：《十一世纪宋朝反击越南李朝侵略战争中的富良江位置考——兼评越南所谓“如月江大捷”》，载《东南亚研究》1980 年第 2 期。

[2]〔越〕吴士连等撰、陈荆和编次：《大越史记全书》，日本东京大学东洋文化研究所，1977 年，第 248 页。

越南陈朝将领陈兴道曾作《谕诸裨将檄文》，有“为邦国之将侍立夷宿而无忿心”句，以区别蒙古元人。《大越史记全书》撰者吴士连针对蒙古入侵，也有“胡虏入寇”句，[1]以“华”自居。到了13世纪，越南文化中“亚华夷天下”的文化观念逐渐形成。当然，这一时期，越南喃字（国语字）开始兴起，也是其表征之一。

第三次是15世纪，明朝撤出对越南的管理和统治，越南恢复独立自主时期，后黎朝大儒阮廌代黎利撰有《平吴大诰》：

> 仁义之举，要在安民，吊伐之师，莫先去暴。惟我大越之国，实为文献之邦。山川之封域既殊，南北之风俗亦异。自赵、丁、李、陈之肇造我国，与汉、唐、宋、元而各帝一方。虽强弱时或不同，而豪杰世未尝乏。故刘龑贪功以取败，而赵禼好大以促亡。唆都既擒于咸子关，乌马又殪于白藤海。稽诸往古，厥有明征。顷因胡政之烦苛，至使人心之怨叛。狂明伺隙，因以毒我民；恶党怀奸，竟以卖我国。焮苍生于虐焰，陷赤子于祸坑。欺天罔民，诡计盖千万状；连兵结衅，稔恶殆二十年。败义伤仁，乾坤几乎欲息……[2]

观《平吴大诰》的言语和措辞，与阮廌在宣德期间所给明朝军队的交涉文书语气判若两人。由此而至，彼时，其民族主义之高涨不言而喻。

第四次是清朝建立后，越南在官服样式上仍保留汉风，且不改清朝服饰，国号除11世纪时李朝称大越之后，历经陈、胡、属明、后黎，至阮朝又称“大越”，阮朝汉籍《国史遗编》记载，阮朝初年，嘉隆初已定为

---

[1]〔越〕吴士连等撰、陈荆和编次：《大越史记全书》，日本东京大学东洋文化研究所，1977年，第357页。

[2]〔越〕吴士连等撰、陈荆和编次：《大越史记全书》，日本东京大学东洋文化研究所，1977年，第546页。

"越南"，嘉隆十一年十二月"复国号曰大越"，明命十九年三月"初改国号'大南'"，以明命二十年为始，或称大越南国亦宜。[1]

由上观之，古代汉文化对越南的影响，有其复杂的多面性。第一，在对华交流的文书上，越南多体现出对汉文化的敬仰；另一方面，尽管古代越南与汉人建立的封建王朝发生战争，但由于当时汉文化在各种制度上的优越性，越南并不放弃继续吸收汉文化的精华，这在一定程度上反而促进其不断发展壮大；第三，凡古代中国非汉人统治时，其又以华夏自居，这一点，与古代朝鲜文化有相似的地方。

[1]〔越〕潘叔直辑，陈荆和编:《国史遗编》，香港中文大学新亚研究所东南亚研究室刊印，1965 年，第 12 页。

第一章

《三国演义》在越南的传播及影响

尽管三国故事早就传入越南，但至少在阮朝以前，越南官方并未明文认可关公的祭祀活动。三国故事在越南获得广泛传播实际上是19世纪末以后的事。尽管越南汉文历史小说曾一度受其影响，但官方并未明文推崇此类小说，其在越南民间的影响仍有限。19世纪末至20世纪初是三国故事在越南传播的顶峰。三国故事没有被成功本土化塑造，是其又稍逊色于王翠翘故事的重要原因。

第一节　三国故事及《三国演义》在越南的传播及影响

过去近四十年，学术界对三国故事在越南的传播和影响的研究多集中在比较文学领域。研究者以中国文学和外语学科的学者居多，相关成果从中国传统小说的传播途径、译介的版本情况为主要切入点，为学界提供了诸多可资借鉴的重要参考。[1] 遗憾的是从整个历史横切面去考察较少，或

---

[1] 国内学界较早论及《三国演义》在越南的传播始于20世纪80年代，1986年，卢蔚秋曾发表《中国通俗小说在越南》，载《国外文学》1986年第3期。1989年，法国学者克劳婷·苏尔梦编著有《中国传统小说在亚洲》（国际文化出版社，1989年），其中收录有颜保教授所撰《中国小说对越南文学的影响》一文。至1997年，马祖毅、任荣珍的《汉籍外译史》（湖北教育出版社，2003年再版）论及中国文学翻译在越南，略有介绍中国古典文学在越南的译介情况，但相关信息考据略少。2001年于在照的《越南文学史》（军事谊文出版社，2014年世界图书出版公司再版）也略有提及。2002年，徐杰舜、陆凌霄撰有《越南〈皇黎一统志〉与中国〈三国演义〉之比较》[《广西师范大学学报》（哲学社会科学版）2002年第3期] 一文。至2008年，范宏贵、刘志强《越南语言文化探究》（民族出版社）略有论及从语言追溯中国“四大发明”与“四大名著”之传越南的内容，但篇幅不大。同年，陆凌霄的著作《越南汉文历史小说研究》（民族出版社，2008年）对受《三国演义》影响较大的越南汉文历史小说《皇越春秋》进行探讨。2009年，中国台湾成功大学陈益源教授《中国明清小说在越南的流传与影响》一文刊于《上海师范大学学报》（哲学社会科学版）2009年第1期，也略微提及《三国演义》在越南的传播。2010年，夏露撰有《〈三国演义〉对越南汉文历史小说的影响》[载《内蒙古大学学报》（哲学社会科学版）2010年第3期]，但考据不多。就笔者目之所及，近四十年来，越南学界较具代表性的著作主要包括阮春和所撰《中国古代小说对越南古代小说的影响》（顺化出版社，1998年），丁潘锦云所著《越南中世纪文学对中国叙事散文体裁的接受》（胡志明市社会科学学院印行，2001年），黎亭卿所著《越南文学与〈三国演义〉》（胡志明市师范大学硕士论文，2005年），黎亭卿在华东师范大学完成的博士论文《中国古代小说在越南——以（转下页）

者说学者从中国文学的视角探讨的时候，忽视了历史的塑造，在探讨历史的时候，又不太注意文学的维度。有关这一学术问题，还有诸多问题有待进一步的探讨，如为什么19世纪末至20世纪初是三国故事在越南传播的黄金时期？如果说三国故事或者《三国演义》对后来越南汉文小说创作产生了较大的影响，那为什么《三国演义》的改写本没有成为越南的经典，而是中国明末清初才子佳人小说《金云翘》？不同的历史时期，越南官方、知识分子、平民阶层对三国故事的理解和接受的异同点为何？相对于越南，三国故事在东南亚其他国家的传播及影响的主要异同点在哪？诸如此类的问题，无论是国内学界还是越南学界探讨的依然不多。本章的探讨，就是基于以上问题展开的。

一、早期三国故事传播至越南的形式与途径

由于史料的匮乏，有关三国故事传播至越南的形式和途径无法提供更多的证据。越南现存汉文文献整理的《越南汉喃文献目录提要》中只提及20世纪初部分《三国演义》的喃字戏曲改写本。[1]有关20世纪以前三国故事在越南传播的情况，存世文献记录甚少，而作为史书文本的交流和作为故事形态的传播其实是有区别的。也就是史书文本的交流更多是停留在知识分子、官方层面，是相对严肃的形态。从史籍到故事其实需要知识分子和民间互动的土壤和环境。小说的传播又需要印刷的推广，但是越南印刷术则至15世纪才逐渐推广至书籍印刷。[2]

（接上页）〈三国演义〉〈水浒传〉〈西游记〉为中心》（2013年）等。尽管涉及中文、外语两个学科，历史的视角不多，但前人学者的成果为本研究提供了诸多参考。

[1] 刘春银、王小盾、陈义主编：《越南汉喃文献目录提要》，中国台湾“中央研究院”文史哲研究所，2002年，第876—877页。

[2] 关于越南印刷术，可以参阅笔者所著《中越文化交流史论》（修订版），商务印书馆，2022年，第99—103页。

越南历史上由于内外政治等因素造成图书毁坏或遗失问题较为严重，学界尚未发现越南有20世纪以前《三国志》或《三国演义》的中国传本或印本。明代的史籍倒是记载了作为史籍的《三国志》传入越南。16世纪曾任明朝行人司行人刑科右给事中的严从简在其《殊域周咨录》中明载：

> （安南）如儒书则有少微史、《资治通鉴》史、《东莱》史、《五经》、《四书》、《胡氏》、《左传》、《性理》、《氏族》、《韵府》、《玉篇》、《翰墨》、《类聚》、《韩柳集》、《诗学大成》、《唐书》、《汉书》、《古文四场》、《四道》、《源流》、《鼓吹》、《增韵》、《广韵》、《洪武正韵》、《三国志》、《武经》、《黄石公》、《素书》、《武侯将苑百传》、《文选》、《文萃》、《文献》、《二史纲目》、《贞观正要》、《毕用清钱》、《中舟万选》、《太公家教》、《明心宝鉴》、《剪灯新余话》等书。若其天文、地理、历法、相书、算命、尅择、卜筮、算法、篆隶、家医药诸书，并禅林、道录，金刚、玉枢诸佛经杂传并有之。如其字样书写，则前惟有《韵府》、《语篇》、《洪武正韵》等书字体，后始有《增韵》、《广韵》之书字体。然本国造乱，未得申明订正，新体多用，亦有混同旧体也。且有刑律、法度、礼乐、朝仪、比诸夷国，甲乙可分，虽少窥上国之图书，岂能似中华之教化！[1]

由此可知，三国历史传入越南是有史明载的，但由于历代兵乱等诸多原因，诸书遗佚较多。尽管如此，但越南自11世纪时开科取士，至1918年才明令废止科举，期间士子必学北史（即中国史）。因此，越南历代知识分子及统治者对三国历史并不陌生。在14世纪的汉文作品中，也出现了三国的故事。如张汉超（？—1354）所作的《白藤江赋》，即有“孟德

[1]（明）严从简著，余思黎点校：《殊域周咨录》，中华书局，1993年，第238—239页。

赤壁之师，谈笑灰飞”句。[1]至15世纪，越南大儒阮廌（1380—1442）在其《再与王通书》中引用了张飞、吕布被下属杀死的三国故事。16—18世纪，越南文人均运用三国故事来表达自己的志向或者情感。如陶维慈（1572—1634）创作了喃字诗《卧龙岗挽》。阮宗乖（1693—1767）创作了《关羽》和《三顾茅庐》。[2]尤其值得一提的是18—19世纪的越南大儒阮攸在其充当如清使过程中，创作了汉文诗集——《北行杂录》，其中有《旧许都》《铜雀台》两首诗篇：

旧许都

许州城汉帝都，曹氏于此移汉图。受禅台基已不见，风雨夜夜犹号呼。自古得国当以正，奈何侮寡而欺孤。魏受汉禅晋受魏，前后所出如一途。魏亡晋续更朝代，自此迄今几千载。其中兴废知几人，峨峨城堞何曾改。城外青山似旧时，奸雄篡窃人何在。汉人宗庙已无踪，魏人圆陵亦颓败。荡荡城中一片土，亭午市人趋卖买。惟有建安二十五年事，人口成碑终不坏。远来使我多沉吟，遗臭留芳皆古今。突兀名城当大道，巨奸到此应寒心。[3]

铜雀台

一世之雄安在哉，古人去兮今人来。不见邺中魏武帝，但见江边铜雀台。台基虽在已倾圮，阴风怒号秋草靡。玉龙金凤尽茫茫，何况台中歌舞妓。斯人盛时谁敢当，眇视皇帝凌侯王。只恨层台空律屼，小乔终老嫁周郎。一朝大限有时至，尚食奏歌图悦鬼。分香卖履苦叮

[1] 关于《白藤江赋》，可参阅笔者所著《越南古典文学名著研究》，商务印书馆，2018年，第68—69页。

[2]〔越〕黎亭卿：《中国古代小说在越南——以〈三国演义〉〈水浒传〉〈西游记〉为中心》，华东师范大学中国古代文学专业博士学位论文，2013年，第58页。

[3]〔越〕阮攸著：《北行杂录》，载梅国连主编：《阮攸全集》，（越南）文学出版社，1996年，第241页。

咛，落落丈夫何尔尔。奸雄别自有机心，不是鸣哀儿女气。千机万巧尽成空，终古伤心漳江水。我思古人伤我情，徘徊俯仰悲浮生。如此英雄且如此，况乎寸功与薄名。人间勋业若长在，此地高台应未倾。[1]

但遗憾的是自 14—19 世纪初，三国故事在越南的传播多停留在知识分子阶层。为什么直到 19—20 世纪三国故事才在越南得到较为广泛的传播呢？笔者认为三国故事在越南的广泛传播需要三个重要的因素：一是官方政治上允许，二是本土传播方式，三是欣赏群。考越南现存较早的成书于 15 世纪的官方汉文史籍——《大越史记全书》，越南官方正统对三国历史人物着墨见少。越南在后黎朝（1428—1789）至阮朝（1802—1945）崇儒最甚。但在儒家社会中，重文轻武依然为一特色。后黎朝崇尚儒学，其官方于景治元年（1663）于全国申明《教化条律四十七条》，其中第一条说道：

为人臣当尽忠效力。文则履公奉正，恪勤职业。其议事则献可替否，使皆中理，不可雷同缄默，无所建明。其堪讼则分别善恶，使各得伸情，不可偏为财义，树恩结党。武则卫内捍外，叶心同力。其治兵则讲时练法，使悉精锐，不可废弛教习，不明行伍。其该民则宽征舒力，使能被泽，不可胁威诈力，务行苛虐。务尽为臣之道。[2]

由此观之，三国故事中的忠孝节义是符合后黎朝的官方政治的。无奈现存史料涉及较少。不过我们从明末清初大批华人移居越南南部的情况分析，可以判断当时华人在聚居之地修建关公祠也是有可能的。

越南官方在政治上明文允许崇拜三国人物应该是到了阮朝时期。阮

---

[1]〔越〕阮攸著：《北行杂录》，载梅国连主编：《阮攸全集》，（越南）文学出版社，1996 年，第 243 页。

[2]《黎朝教化条律四十七条》，载北京大学《儒藏》编撰与研究中心编：《儒藏》（精华编越南之部一册　经部　史部），北京大学出版社，2013 年，第 1009 页。

朝《明命政要》明载："明命二年（1821），建关公祠，在京城御河之北，岁以春秋致祭。"[1]此后越南各地兴建关公祠愈发多起来。阮朝于京师、承天府、广南等省均建有关公祠，有一些是官方营建的，有一些则是"明乡人"（华人）兴建的。越南阮朝官修地理书载："（广南省）关公祠，在会安（今越南中部）铺，明乡人建。规制壮丽，明命五年（1824）南巡，过其祠，赐银三百两。"[2]由此观之，历史上，中越两国儒家传统中对于忠义者，均是敬重的。

明命十六年（1835），阮朝官方明文规定设立武庙，三国人物之一诸葛亮被官方点名奉祭。《明命政要》载：

> 礼部臣奏言："为国之道，文武并行，令内外并建文庙，而武教尤未之及。夫设立武教，使弁胄知所视效，亦是礼之所以义起也。唐玄宗开元年间，两京各设太公庙肃尊，又尊古名将及本朝功臣可为后人矜示者，配飨用召激励"。帝从之。乃命于京城外之西，建庙祠。尚父姜太公，以北朝管仲、穰苴、孙武子、张良、韩信、诸葛亮、李靖、郭子仪、李晟、岳飞、徐达，我国陈国峻、黎魁，本朝阮有进、阮有镒、尊室会、阮文张等从祀。[3]

由此而观之，阮朝初年，越南官方允许三国故事的人物跳出史籍的框框，以关公祠、武庙祭祀的形式得以传播，其传播途径包括越南阮朝官方下令修建相关祠庙和华人迁居带入。但总体而言，囿于欣赏群，受众面不

[1]〔越〕阮朝枢密院何权等撰修：《明命政要》，卷之十一，礼乐二，明命十九年刻本，南越政权国务卿府文化特责处影印出版，1972 年，第 14a 页。

[2]〔越〕阮朝国史馆修撰，〔日〕松本信广影印：《大南一统志》，日本印度支那研究会，1941 年，第 671 页。

[3]〔越〕阮朝枢密院何权等撰修：《明命政要》，卷之十二，礼乐下，明命十九年刻本，南越政权国务卿府文化特责处影印出版，1972 年，第 14a 页。

大，喃字尚未成为官方文字，拉丁化文字又未兴起，三国故事在越南的传播在 19 世纪初以前仍然是有限的。

二、从《皇越春秋》考察三国故事对越南汉文小说的影响及其特点

如果我们回到 15 世纪，尽管三国故事在越南的影响多局限于知识分子阶层，迄今我们也无法发现中国小说《三国演义》在 15 世纪传入越南的证据，但是从越南现存汉文小说不难发现，15 世纪，三国故事以小说的形式，对越南汉文小说的发展起到了积极的作用。有关这一问题，国内外学术界在过去十多年，探讨得也不少。如陆凌霄在《越南汉文历史小说研究》一书中，较早探讨了《三国演义》对 15—16 世纪产生的越南汉文小说《皇越春秋》的影响。他认为，《皇越春秋》是越南历史小说的奠基之作，其有明显模仿《三国演义》的痕迹，如章回结构、正统观念、人物类型、场景描写等，都与《三国演义》相仿。[1]

《皇越春秋》不署撰人及时代，[2] 根据内容判断为 15—16 世纪成书，全书共六十回，分为初集（二十回）、中集（二十回）、下集（二十回），小说采用文言文的形式书写，每回均有回目，如第一回“陈子孙恃强失国　胡父子肆虐专君”，第二回“陈天平乞怜上国　裴伯耆告急中朝”等，每回字数约一千至一千五百字不等。小说的内容是写越南陈朝（1225—1440）后期，胡季犛专权篡位，陈氏后人求助明朝，但陈氏后人被胡氏阴灭，胡氏为明朝军队剿灭，明朝占领越南。后越南黎利（1385—1433）“起义”反对明朝占领，最终明朝撤出越南，黎利建立后黎朝（1428—1789）的故事。小说内容与史实差异较大，其把黎利塑造成刘备一样的人

[1] 陆凌霄著：《越南汉文历史小说研究》，民族出版社，2008 年，第 54—56 页。

[2] 一说作者为武春梅，见夏露：《〈三国演义〉对越南汉文历史小说的影响》，载《内蒙古大学学报》（哲学社会科学版）2010 年第 3 期，第 46—50 页。

物，黎利之弟黎善则被塑造成诸葛亮一样的人物形象。

与《三国演义》相类，《皇越春秋》提倡的是德治、仁政、忠义、正统、天命和反对暴政的思想。其《初集》开篇即说：

《传》叙曰：有德则治，邦乃其昌。无德则乱，天促其亡。乱臣贼子，百世遭殃。忠君爱国，千载留芳。兵穷武黩，妄逞自强。民怨神怒，罔克胥匡。忠臣义士，圣帝明王，天归人与，祚久年长。[1]

第一回开篇又言：

话说天下大物也，自非圣德好生，神武不杀，不足以当之也。为人牧者，不可恃富强而文德不修、武功不竞，甚至教化沦于上，风俗怀于下，虽强如秦、富如隋，亦不能救亡国于败家之患也。陈太宗受天明命，布德行仁，民安国泰，南北交通，历传六世，至宪宗开佑年间，藉祖宗之余烈，承给足之宏基，国政不修，荒淫无度……。[2]

小说第六十回“陈暠归神南宫里　黎利即位东阁中”的结尾说道：

丙午顺天元年秋八月，大赦天下，封赏功臣，拜阮廌为太保、济文侯，黎善为太傅、兴邦公，善固辞曰：“善幸为皇弟，此已极矣，不敢与闻国政，乃止于是。升擢大小官僚，褒赠节之臣，开科取士，文书调役，务从宽简，天下太平，四民乐业，朝廷闲暇，边境无虞，诚一虞周之宇宙，始知有大德者，天与之，人归之，固不恃富强，而

[1] 孙逊、郑克孟、陈益源主编：《越南汉文小说集成》第6册，上海古籍出版社，2011年，第128页。
[2] 孙逊、郑克孟、陈益源主编：《越南汉文小说集成》第6册，上海古籍出版社，2011年，第128—129页。

天下自治矣！”。[1]

我们结合儒家思想的道统观，不难理解，《皇越春秋》体现了儒家思想影响下，越南传统知识分子的政治理想。除《越南开国志传》外，越南汉文历史小说多采用章回小说形式，其总体文化构架大体为：思想上，以儒兴国，以史为鉴，以佛向化，以神鬼决疑，以科取士；在形式及表达上，多以《三国演义》为范本，以诗点化。例如《皇越春秋》初集第四回“段侍讲为国进贡　黎太祖坚心辞聘”末尾，模仿《三国演义》的叙事方式：“使者方欲奏事，已见侍卫入内奏曰：‘有北书咨报，天平近已届境，请陛下遣兵出关迎接’。正是：‘南贤未得盟同志，北牒持来记远忧’。未知北书如何，且听下回分解。”[2]

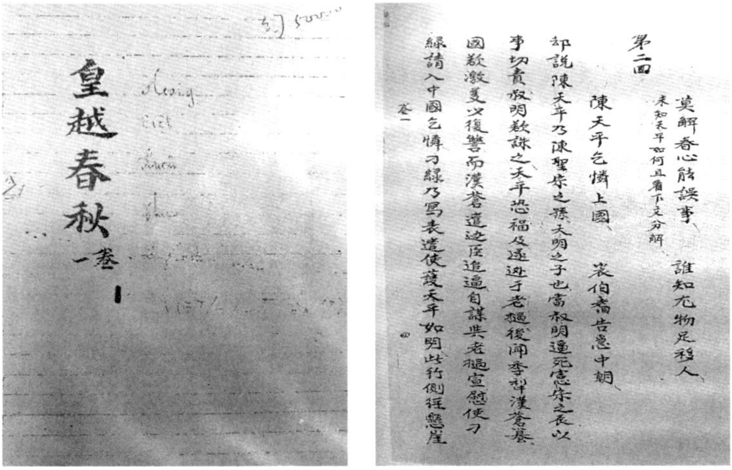

《皇越春秋》抄本封面及正文页

尽管形式上和思想上，越南的这些历史小说与《三国演义》具有一定

[1]《越南汉文小说集成》第 6 册，第 343—344 页。
[2]《越南汉文小说集成》第 6 册，第 138—139 页。

的共性，但其特点依然值得关注，例如其历史小说涉及的中越关系史，尤其这些小说还表达了作者对越南独立自主的思想。

考察16—19世纪受到《三国演义》影响的《欢州记》《越南开国志传》《皇黎一统志》《皇越龙兴志》《皇越春秋》等历史小说，我们不难发现，其政治性远大于文学性。且以抄本居多，以最具代表性的《皇越春秋》为例，现存印本一种，抄本十种，散见于越南和法国相关图书馆。由于所处时代是越南历史上政治和社会较为动荡的四百年，小说的传播受到了政治、社会和印刷术等多种因素的障碍，其影响其实是受到一定限制的。历史上，体现儒家思想的三国故事能在越南广泛传播的一个最重要的特点是本土化。所谓“本土化”，就是要用越南独有的文字或者体裁形式进行创作，形式上不仅能反映出与中国儒家的“修身齐家治国平天下”的思想，还要能够体现出越南与中国的不同点。

汉字在历史上也曾是越南官方文字，但是这一文字并不能让中越在文化上达到认同的“最大公约数”。当然，如果没有其他选项，汉字承载的故事形态，小说形式也可能成为共情的“最大公约数”。但是喃字在13世纪就开始在越南逐渐流行，为文人们用来作诗了。因此，越南汉文历史小说承载的三国故事，只是“传了形”，或者说被借用，但是其“神”依然是为了建构越南自己的政治和文化思想。因为越南文人在模仿《三国演义》的同时，也有一批文人在创作其喃字诗传形式的古典文学作品。这是我们在考察三国故事通过汉文历史小说传播时尤其值得注意的。在科举时代的越南，汉字和喃字的识字率都较低，三国故事的汉字形态传播形式，很难接近普通民众。

三、围绕三国故事喃字改写本和拉丁化越南语译本的思考

早在20世纪80年代上半叶，法国汉学家克劳婷·苏尔梦就从中国

传统小说的层面对三国故事在越南传播进行了探讨。1989 年，北京大学的颜保等教授把苏尔梦教授主编的《中国传统小说在亚洲》译为中文出版。苏尔梦教授提出，虽然越南根据中国文学作品写成的喃字韵文作品问世的准确时间至今还没有定论，现存的改写本又都不超过 19 世纪下半叶，可是一般却认为可以上溯到 15—16 世纪。实际上这种文学类型的黄金时代在 18—19 世纪就已经明显地出现了。散文翻译作品则直到 20 世纪初期，拉丁化越南语推广以后才开始。[1] 苏尔梦教授的观点是较为客观的。

三国故事的喃字改写本实际上到了 19 世纪下半叶才逐渐增多，其中原因，一方面是越南民族主义逐渐兴起，喃字代表越南语口语更能让平民阶层接近或者接受。二是汉字在伴随着东亚朝贡体系的衰落逐渐式微。三是越南自 19 世纪中叶起处于开始被法国殖民者入侵的阶段，法国殖民者在 19 世纪下半叶才殖民越南全境，在这一时期，越南官方和民间对于文字的使用是不太统一的。这也让更能表达越南语口语的喃字作品的创作逐渐增多。

就现存史料考察，无法确定三国故事的喃字改写本较早出现在何时。2013 年，越南学者黎亭卿在其博士论文中谈到，在 16 世纪，越南便出现了唐律喃字诗传——《三国诗》，该诗传包括 340 首七言八句诗、七言四绝诗及关羽留给曹操的一封 34 句七言长篇诗信。黎亭卿认为，《三国诗》的诞生更能证明三国故事受到越南人民广泛的欢迎。[2] 考《越南汉喃文献目录提要》载：

《三国诗》(Tam Quoc Thi 喃文书)，今存抄本 1 种，77 页，高 28

[1]〔法〕克劳婷・苏尔梦编著，颜保等译:《中国传统小说在亚洲》，国际文化出版公司，1989 年，总论第 3 页。

[2]《中国古代小说在越南——以〈三国演义〉〈水浒传〉〈西游记〉为中心》，第 59 页。

公分，宽 18 公分。题材采自《三国志》的喃诗集，共收诗三百四十首，作者不详。其内容始于《三国志》中的关公失下邳，迄于古城聚义，篇名多为人物问答，如曹操问诸将、曹谓辽、辽禀操、关羽问苍、苍对关羽等，对人物动作有所省略，应是某种说唱的歌唱（韵文）部分。原目编号为 3086 号，新编目：AB.576。[1]

即越南确实存在《三国诗》，但其作者和年代均未明确，笔者推断它也是 19—20 世纪的作品。至于喃字诗的推广是否广泛，不得而知，也许仍停留在知识分子层面，因为并无刻本流传，也无其他作品对其传抄或引用。但无论如何，这说明了知识分子阶层对三国故事的青睐。

19 世纪至 20 世纪初，三国故事的喃字戏曲形式传播较盛。存世喃字剧本而言，包括诸多越南本土的嘫（Tuong）剧剧本。考《越南汉喃文献目录提要》，至少有三种嘫剧剧本：

1.《三国演歌——三顾茅庐》（Tam Quoc Diem Ca—— Tam Co Thao Lu 喃文书），今存印本一种，观文堂维新二年（1908）印。100 页，高 19 公分，宽 13 公分。此书乃据《三国演义》所撰的嘫剧，共四回，演述刘备三次邀请孔明辅佐国事的故事。原目编为 3085 号，新编目：MF.3156 AB.203。

2.《三国演歌——江左求婚》（Tam Quoc Dien Ca —— Giang Ta Cau Hon 喃文书），今存印本一种，福安堂印于启定三年（1918），28 页，高 19 公分，宽 13 公分。据《三国演义》所撰的嘫剧，演述刘备求婚于孙权之妹的故事。原目编号为 3084 号，新编目：VNb.38。

3.《华容小路》（Hoa Dung Tieu Lo），今存抄本一种，50 页，高

[1]《越南汉喃文献目录提要》，第 653 页。

27 公分，宽 15 公分。据《三国演义》关羽义释曹操故事所撰的喃文嘥剧。[1]

尤其值得一提的是，19—20 世纪三国故事在越南的传播较前代更盛的表现为商业的加入和广东佛山的参与。早年我国著名越南史专家张秀民先生通过荷兰莱顿大学所藏汉文喃字本书目发现，广东佛山在近代刊行了《三国演义》的喃字改写本。其中封面题"《三国志国语本》[2]，广东佛镇近文堂刊印，广东街和源盛发售"。另有喃字改写本封面题"《三国志国语本》，光绪庚辰年（1880）重刊本，（广东）佛镇福禄大街文元堂藏板"。[3]这里的《三国志国语本》实际上就是《三国志演义国语本》。如果我们考察 17—18 世纪越南国内的政治情况，可知 1627—1775 年越南处于南北纷争时期，南北越文化交流并不多。而越南南方则与中国南方、东南亚以及西方其他国家积极开展贸易，人员往来密切，再加上明清之际，移民越南南部的华人颇多，传入三国故事及其不同形式的传本就成为可能。此外，根据笔者二十年前在越南留学时的调研发现，历史上三国故事还以绘画、陶瓷等各种商品的形式传播至越南。

19 世纪末喃字的使用其实已经逐渐式微了，代之的是拉丁化越南文的逐渐兴起。1865 年，越南第一份拉丁化越南文报纸《嘉定报》在西贡发行。这样的媒介促进了文字的推广和文化的传播。三国故事在越南传播的高潮正是在 20 世纪上半叶。其中原因主要包括法国殖民时期城市人口的增长、殖民官员的推动、印刷业的发展、华人译者的兴趣、读者的需求以及商业的刺激。北京大学的颜保教授曾指出，不仅是《三国》，其他历史

[1]《越南汉喃文献目录提要》，第 876、877、881 页。

[2] 越南历史上，越南人先称喃字为国语（字），后又称拉丁化越南文为国语字，此《三国志国语本》为喃字本。

[3] 张秀民：《中越关系史书目续编》，载《中国东南亚研究会通讯》2002 年第 1 期，第 34—47 页。

小说和才子佳人小说也都备受各界的欢迎。细查 20 世纪初出版这些翻译作品的出版者清单，可以发现出版者首先是法国殖民政府的官员，其次是商人。前者包括印度支那研究会职员阮友生、政府办公厅秘书黄克顺和杜文华。商人中包括美萩（My Tho）的黄智富、新安的珠宝商阮成纪及西贡的自行车修理商和国语书刊经售人丁泰山（又名发算）。而起初，越南北方和南方的印刷厂都掌握在法国人手里。[1] 至于法国殖民官员为什么对传播三国故事感兴趣，笔者认为是法国知识分子官员传统上对文化遗产的保护意识。

就存世文献考察，《三国演义》首先被节译成拉丁化越南文是在 1901 年。1901 年 8 月 1 日，在西贡私营的拉丁化国语字商业周报《农贾茗谈》第一期发行。这一期报纸的第四版刊载了《三国志俗译》的部分内容。随后，《农贾茗谈》对《三国志俗译》进行了连载，一直连载至 1906 年，整部书才被刊载完毕。越南学者阮清风在其博士论文中说道，这部小说的译者是谁，在越南的学界众说纷纭，除了认为是保罗・卡纳瓦乔（Paul Canavaggio）的观点外，还有认为是梁克宁（Luong Khac Ninh），阮政瑟（Nguyen Chanh Sat）或阮安姜。而实际上，卡纳瓦乔是法国驻南圻殖民委员会委员兼《农贾茗谈》的董事兼商人，他本人并不谙熟汉文。因此，该书的译者之谜迄今被认为是学界公案。[2]

自商业周报《农贾茗谈》刊载《三国志俗译》之后，一系列带有市场竞争性质的译本逐渐出现。可见，中国故事在越南的传播也有其商业性的一面。

---

[1] 颜保:《中国小说对越南的影响》，载克劳婷・苏尔梦编著，颜保等译:《中国传统小说在亚洲》，国际文化出版公司，1989 年，第 203 页。

[2]〔越〕阮清风:《〈三国演义〉与〈金云翘传〉在越南南部的传播与影响》，台湾成功大学中国文学研究所博士论文，2019 年。

四、三国故事与王翠翘故事在越南传播与影响的异同

20 世纪 70 年代中叶以前,《三国演义》在越南的译本数量是较多的,甚至不弱于阮攸《金云翘传》的版本。颜保教授在 20 世纪 80 年代曾整理出部分法国学者的私人目录和法国国立图书馆、法国远东学院、法国东方学院等法国所藏相关《三国演义》译本,总计 13 种,笔者整理如下:

表 1:颜保教授整理《三国演义》越译本书目[1]

序号	汉文书名	拉丁化越南语本译者	出版地 / 年份
1	《后三国演义》	阮安姜(Nguyễn An Khương)	西贡 /1906
2	《后三国演义》	名儒(Danh Nho)	西贡 /1929
3	《后三国演义》	名儒(Danh Nho)	西贡 /1929
4	《三国志演义》	阮莲锋(Nguyên Liên Phong)	西贡 /1907
5	《三国志演义》	阮安居(Nguyen An Cư)、潘继柄(Phan Kế Bính)、阮文永(Nguyễn Văn Vĩnh)	河内 /1909—1918
6	《三国志演义》	阮安居(Nguyen An Cư)、潘继柄(Phan Kế Bính)、阮文永(Nguyễn Văn Vĩnh)	西贡 /1928
7	《三国志演义》	阮安居(Nguyen An Cư)、潘继柄(Phan Kế Binh)、阮文永(Nguyễn Văn Vĩnh)	西贡 /1949
8	《三国志演义》	丁嘉欣(Đinh Gia Hân)、景炎(Canh Viêm)、武甲(Võ Giáp)	海防 /1928—1930
9	《三国志演义》	严春林(Nghiêm Xuân Lâm)	河内 /1931—1933

[1]《中国小说对越南的影响》,第 215、223、224 页。

续表

序号	汉文书名	拉丁化越南语本译者	出版地 / 年份
10	《三国志演义》	贤良（Hiền Lương）	河内 /1934—1935
11	《三国志演义》	武熙苏（Vũ Hi Tô）	河内 /1937
12	《三国演义》	湖海浪人（Hồ Hải Lang Nhân）	巴黎 /1952
13	《后三国演义》	名儒（Danh Nho）	西贡 /1954

1929 年名儒译:《后三国》

由此观之，20 世纪上半叶，《三国演义》的译本影响广泛，但出版时主要集中在西贡、河内、海防、巴黎等大城市。这些译者中不乏优秀的汉学家兼译者。例如潘继柄（1875—1921）在《三国演义》译本序言中说道：

我们安南人现在已经有很多人学习国语了，这是多么可喜的事情啊！过去，我国男子要经过多年的辛勤努力，耗费父母大量的钱粮，才能达到手捧书卷、高吟低诵的地步，其实也未必能够心领神会。可是现在，不仅男子，就连妇女，甚至年轻的姑娘和天真的儿童也都能捧起书来读了，而且是读一字懂一字，念一句就能体会其中的意味，可以说是心领神会了。……但遗憾的是，文字是易学了，人人都懂了，可是到哪儿去找书来读呢？读完了《宫怨吟曲》，又读《翘传》，全部加起来也不过几十种，读得快的人三天就读完了。由于上述原因，我们才决定出版这套丛书，名之为《喃译外书》[1]，每周出版一本。[2]

《三国[illegible]》1929，西贡

由此而观之，《三国演义》拉丁化译本的不断涌现，与越南古典文学名著一样，均具有推广拉丁化文字和增强越南民智、提供文化食粮的作用。除颜保教授早年搜集的 13 个拉丁化版本外，越南学者阮清风又搜集

[1] 此处的“喃”并非指喃字，而是指通俗之意。
[2]《中国小说对越南的影响》，第 201—202 页。

到 1975 年以前在河内、西贡和巴黎出版的另外 18 个拉丁化越南文译本版本。[1] 如果我们对比一下王翠翘故事在越南的改写本，阮攸以“六八体”创作的《金云翘传》在 2004 年就达到 42 种，其中喃字版本 22 种，拉丁化越南文版本 20 种。不过最早的《金云翘传》喃字版本是 1866 年，最早的法文版是 1884 年巴黎出版的译本。相较于三国故事的传播形式集中在喃字改写本、拉丁化越南语译本、戏曲剧本、商业产品、民间信仰之外，王翠翘故事在越南传播的形式则更多样化，就文本而言就有汉文译注、汉诗转译、诗赋、嘲剧剧本、喝呐调本、军鼓调歌章等。[2] 当然，王翠翘故事在越南的传播一样有民间信仰、商业产品、影视等更多其他的传统和现代形式。

三国故事和王翠翘故事在越南的传播和影响有何异同，原因为何？这是值得学界进一步探讨的问题。如果说相同之处，也有诸多，如二者都是中国的故事，传到越南后都被改编，被喃字和拉丁化文字文本转化，被越南知识分子和普通民众接受。但不同之处也颇多，如三国故事自始至终被认为是中国的故事，而王翠翘故事被阮攸改编后早就形式上本土化，内容上中越融合，精神上阮攸化、越南化了。

余　论

三国故事在越南的传播经历了三个重要的历史阶段。19 世纪以前，主要是史书交流，官方对三国故事的认可并不明确。但由于后黎至阮朝崇儒，三国故事获得儒家知识分子的普遍接受，以致 15—16 世纪的汉文历史小说深受《三国演义》的影响。19 世纪的阮朝明确了祭祀关公的合法

[1]〔越〕阮清风:《〈三国演义〉与〈金云翘传〉在越南南部的传播与影响》，中国台湾成功大学中国文学研究所博士学位论文，2018 年，第 67 页。

[2] 参阅笔者所著《中越文化交流史论》，商务印书馆，2013 年，第 117—119 页。

性，加上明末清初华人大规模迁居越南南部，带去新一轮三国故事的形态，如关公庙、《三国演义》汉字版本等。随着20世纪初越南新文字——平民化、普及化的拉丁化越南语文字推广，以及法属时期越南各大城市人口的增长、印刷业的发展等原因，三国故事在越南的传播迎来了喃字改写本和拉丁化国语字的翻译高潮。但同时，我们也发现，越南将中国故事本土化的情况也在发生，本土化的王翠翘故事从文化共情上似乎更能被越南自上而下地认可。

在东南亚国家中，《三国演义》在泰国比较幸运地获得官方的明文认可。泰国也是东南亚唯一把中国小说的翻译工作委任给高级官吏的国家。据说昭帕耶帕康（Chao Phya Phra Klang，1750—1805）就是第一部中国小说泰译本的译者。他是福建人的后裔，是吞武里和阿瑜陀耶王朝的杰出文官，商务兼外交大臣。他于1802年完成了《三国演义》的泰译本，正是在这一年，越南阮朝建立。严格意义上，在东南亚国家，三国故事在越南和泰国传播和影响最大，但三国故事在越南的传播本土化较弱，译者的本土共情力也没有泰国译者强，所以中国的三国故事，仍然只被认为是中国的故事。同样是在18—19世纪，越南杰出文官如清贡使阮攸则结合自己的经历，本土化了中国的王翠翘故事，后来获得意外的成功。值得一提的是，阮攸的改编并不带有像泰国翻译《三国演义》的官方初衷。

就笔者的观察，在世俗的民间，三国故事在越南的传播影响力要远大于王翠翘故事。但在越南人的内心世界，如果一定要做选择，也许他们更愿意接受王翠翘故事。这是历史的必然，也是历史的偶然。

第二节 《三国演义》诗词在越南语中的审美

如果说是诸多因素促成了《三国演义》在越南的传播及影响，那么其中的古诗词是吸引越南不同历史阶段知识分子甚至普通读者最直观、最具审美感受的部分。因为作为小说的思想内涵、艺术审美最精华的部分，多是用古诗词来做点睛之笔的。越南于1919年才停止科举考试，也就是20世纪以前的译者大多精通汉学，甚至还取得过科举功名。他们对中国的历史和文化产生的共情不亚于中国人，但汉语并不是他们的母语，越南汉学家们把汉语转换成其母语，让使用越南语的译者本人和读者通过越南语再造审美，这需要具有高超语言和文学素养的文人才能办成。更多时候，这是可遇而不可求的。

一、译者和校订者潘继柄（Phan Kế Bính）与裴杞（Bùi Kỷ）

过往国内学界探讨《三国演义》在越南的传播时，较少探讨译者们的生平履历。这一方面是前人研究的视角问题，另一方面也是共情问题。《三国演义》在越南有过多位译者，但是被公认翻译水平最高的当数潘继柄。

潘继柄（1875—1921），越南河东省环龙县（今属河内管辖）人。潘继柄自幼生长在一个书香之家，1906年，应试科举，高中举人。但他不愿意从政，而是响应维新思潮，支持“东京义塾”，随后参与报业。1907年，负责《灯鼓丛报》[1]的汉文版面编辑工作，之后又赴西贡负责《六省新闻》[2]的编辑工作。1913年，在河内参与《东洋杂志》[3]的工作，负责文学和历史考究的汉文编辑。1915年，又转而负责《中北新闻》[4]的社论。1921年，潘继柄在河内逝世。他是越南学界公认的对20世纪越南国语字

---

[1] Đăng Cổ Tùng Báo.

[2] Lục Tỉnh Tân Văn.

[3] Đông Dương Tạp Chí.

[4] Trung Bắc Tân Văn.

文学的发展、使用国语字进行研究、译介越南古代文学和中国古典文学具有重大贡献的学者和翻译家。潘继柄的主要作品包括：

1. 潘继柄著：《南海异人及兴道大王》[1]，1909—1915 年间；
2. 潘继柄著：《越南风俗》[2]，1915 年；
3. 潘继柄著：《越汉文考》[3]，1918 年。

另有译著多部，包括：

1.《三国演义》，1909 年；
2.《大南典例撮要》，1915—1916 年；
3.《大南一统志》，1916 年；
4.《越南开国志传》，1917 年；
5.《大南列传前编》，1918 年；
6.《大南列传正编》，1919 年。[4]

遗憾的是因战争和保存不善等原因，他的诸多作品没有被保留下来。为了纪念这位 20 世纪初的文化名人，越南顺化市春水郡有一条路即命名为"潘继柄路"。

由此而知，潘继柄乃 20 世纪初越南大儒，其所翻译《三国演义》自然无人能出其右。难能可贵的是，帮助其校订者裴杞也是大儒。

---

[1] Nam Hải Dị Nhân và Hương Đạo Đại Vương.
[2] Việt Nam Phong Tục.
[3] Việt Hán Văn Khảo.
[4] Châu Anh, Nhà Văn hóa Phan Kế Bính, *Hà Nội Mới*, 17/12/2023.

潘继炳先生（1875—1921）

裴杞先生（1888—1960）

与潘继炳一样，裴杞同样是生长在读书世家，1888 年生于河南省李仁府（Phủ Lý Nhân），现属越南河南省李府市（Thị Xã Phủ Lý）。其父裴识（Bùi Thức，1859—1915），曾于 1898 年高中阮朝进士，但不愿做官，以授徒和写作为业。裴杞于 1909 年在乡试中高中举人，后于殿试又中副榜，获补任训导，但裴杞借故婉拒。1912 年，他被法国殖民统治者派往法国学习，回国后再次拒绝为官。在其祖父和父亲过世后，裴杞曾在广州生活约两年，至 1917 年回国后，在河内各高校教书。教书之余，裴杞还参与《南风杂志》《中北新闻》和国语字推广运动等社会文化活动。1945 年，裴杞参加抗法活动。1946 年，胡志明任命裴杞为越南扫盲委员会副主任，后又任越南祖国阵线主席团成员、越中友好协会主席等职。[1] 裴杞著述颇丰，较为重要的如下：

1. 阮攸著，裴杞、陈重金校考：《金云翘》[2]；

2. 裴杞、陈重金编：《越南文范》[3]；

[1] Vĩnh Khánh, Ưu Thiên Bùi Kỷ - Một đời lựa chọn "Xuất – xử", Kinh Tế Đô Thị, 11/03/2023.

[2] Bùi Kỷ và Trần Trọng Kim hiệu khảo. *Truyện Thuý Kiều*, Hà Nội. 1925.

[3] *Việt Nam văn phạm* (Bùi Kỷ và Trần Trọng Kim soạn).

3. 裴杞著：《国文具体》[1]；

4. 裴杞著：《裴杞诗文集》[2]。

由此观之，不难理解，潘继柄翻译和裴杞校订的《三国演义》译本无论是对小说汉文原文的理解，还是翻译成越南文，都是经典无二的。

二、《三国演义》中经典诗词的翻译

裴杞先生首先翻译了《三国演义》中引用的明人杨慎的《临江仙》，词曰：

> 滚滚长江东逝水，浪花淘尽英雄。是非成败转头空：青山依旧在，几度夕阳红。白发渔樵江渚上，惯看秋月春风。一壶浊酒喜相逢：古今多少事，都付笑谈中。[3]

Có bài từ rằng:

Trường Giang cuồn cuồn chảy về **đông**
Sóng dập dồn dãi hết anh **hùng**
Được, thua, phải, trái, thoắt thành **không**
Non xanh nguyên vẻ cũ
Mấy độ bóng tà **hồng**
Bạn đầu bạc ngư tiều trên bãi
Mảng trăng thanh gió mát vui **chơi**

---

[1] *Quốc văn cụ thể*, Hà Nội, Tân Việt Nam thư xã, Trung Bắc tân văn, 1932.

[2] Nguyễn Văn Huyền sưu tầm, giới thiệu. *Thơ văn Bùi Kỷ*, Hà Nội: Nhà xuất bản Khoa học xã hội, 1994.

[3]（明）罗贯中著：《三国演义》，陕西新华出版传媒集团 / 陕西人民教育出版社，2016 年，第 1 页。

Gặp nhau, hồ rượu đầy **vơi**

Xưa nay bao nhiêu việc

Phó mặ cuộc nói **cười**.

——Bùi Kỷ dịch[1]

杨慎这首临江仙，格八双调六十字，上下片各五句，三平韵。裴杞先生用了格九双调六十二个字，上下片各五句，三平韵进行翻译。除了格调字数差异外，为了更贴切本土越南语，裴杞更多地使用纯越词而非借汉词。如“东逝水”用了“chảy về đông”，“浪花淘尽”译为“Sóng dập dồn dãi”（越南语原意为“浪击聚散”）。“是非成败转头空”译为“Được, thua, phải, trái, thoắt thành không”（越南语原意为“成败是非突成空”），“thoắt”表示突然的意思。“惯看秋月春风”译为“Mảng trăng thanh gió mát vui chơi”（越南语原意为“月影清风游乐爽”）。“一壶浊酒喜相逢”译为“Gặp nhau, hồ rượu đầy vơi”（越南语原意为“相聚，酒壶倒满”）。“都付笑谈中”译为“Phó mặc cuộc nói cười”用了纯越词“phó mặc”（越南语为“不管，休管”之意）。三平韵分别为“đông，không，hồng”和“chơi，vơi，cười”。

可以说，裴杞在翻译这首词时，既保留了原词的意境，又保持了词的韵味，还不失再造，让越南语读者兴趣盎然。我作为一个学习了汉语四十多年，又学习了越南语二十多年的读者，同时能体会到两种语言的审美。俞平伯先生曾在 20 世纪 20 年代说道：“作文艺批评，一在能体会，二在能超脱。必须身居局中，局中人知甘苦；又须身处局外，局外人有公论。”[2]

[1] La Quán Trung, *Tam Quốc Diễn Nghĩa*, Phan kế Bính dịch, Bùi Kỷ Hiệu đính, Nhà xuất bản Văn học & Công ty Cổ phần Văn hóa Đông A, 2017, tr.93.

[2] 王国维著：《人间词话》，北京联合出版公司，2015 年，俞平伯序。

想必裴杞先生翻译之时，有“入乎其内，故能会之；出乎其外，故能译之”的体会吧。

再如第四十八回《宴长江曹操赋诗　锁战船北军用武》，有两首脍炙人口的诗句，一首是唐代杜牧的《赤壁》：

折戟沉沙铁未消，自将磨洗认前朝。
东风不与周郎便，铜雀春深锁二乔。[1]

潘继柄先生用七言绝句的诗式进行了翻译：

Dưới cát Gươm chìm, sát chửa **tiêu**,
Rũa mài nhận biết việc tiền **triều**.
Gió đông nếu chẳng vì Công Cẩn,
Đồng Tước đêm xuân khóa nhị **Kiều**. [2]

这首诗的翻译在用词上，后两句较具特色，如第三句，“Gió đông nếu chẳng vì Công Cẩn”越南语原意为“东风若非为了公瑾”，“nếu chẳng vì”（“若非”之意，纯越词）让不通晓汉字和汉诗的越南语读者更能直接理解这句诗的原意。至于“铜雀”则直接用了借汉词“Đồng Tước”，读者需要阅读前文方能了解何谓“铜雀”。至于“春深”，潘继柄则翻译为“đêm xuân”（原意为“春夜”），用以更直接隐喻曹操荒淫之形象。“二乔”则直接使用了借汉词“nhị Kiều”，这也需要读者了解前文才能读懂。

押韵方面，则是第一句末字“tiêu”，第二句末字“triều”，第四句末

[1]（明）罗贯中著:《三国演义》，陕西新华出版传媒集团 / 陕西人民教育出版社，2016 年，第 293 页。
[2] La Quán Trung, *Tam Quốc Diễn Nghĩa*, Phan kế Bính dịch, Bùi Kỷ Hiệu đính, Nhà xuất bản Văn học & Công ty Cổ phần Văn hóa Đông A, 2017, tr.819.

字“Kiều”押韵，诗译也一共二十八个字，与汉文原诗一样，极具审美意境。

作为小说中曹操的名作《短歌行》，潘继柄则采用了越南语特有的“六八体”诗式进行翻译。

《短歌行》

对酒当歌，人生几何；譬如朝露，去日苦多。
慨当以慷，忧思难忘；何以解忧，惟有杜康。
青青子衿，悠悠我心；但为君故，沉吟至今。
呦呦鹿鸣，食野之苹；我有嘉宾，鼓瑟吹笙。
皎皎如月，何时可辍？忧从中来，不可断绝！
越陌度阡，枉用相存；契阔谈宴，心念旧恩。
月明星稀，乌鹊南飞；绕树三匝，无枝可依。
山不厌高，水不厌深；周公吐哺，天下归心。[1]

“双七六八体”诗式译文	**汉译原意**[2]
Cuộc vui có được là mấy **chốc**?	人生得意几何？
Có khác chi hạt **móc** sáng **ngày**.	无非清晨露珠。
Nguồn sầu lai láng vơi **đầy**,	愁闷盎然更易，
Giải phiền họa có rượu này làm **vui**!	解忧惟有此酒！
Tràng áo xanh ngậm **ngùi** lòng **tớ**,	青衿令吾惆怅，
Hươu ngoài đồng hớn **hở** gọi **nhau**.	野外之鹿呦呦。
Khách ta, ta đã gọi **nhau**,	宾朋招呼相聚，

[1]（明）罗贯中著：《三国演义》，陕西新华出版传媒集团 / 陕西人民教育出版社，2016 年，第 293 页。
[2] 笔者自译。

Gảy đàn, thổi sáo ngõ **hầu** thêm **vui**!	鼓瑟吹笙助兴。
Trăng sáng tỏ, bùi **ngùi** trong **dạ**,	月明而吾心忧，
Nỗi lo này biết **ngỏ** cùng **ai**?	此心更向谁说？
Chuyện trò kể lể **xa xôi**.	相谈倾诉渐稀，
Nhớ người nghĩa cũ **cười** vui đề **huề**...	心念提携旧恩。
Qụa đêm trăng bay **về** nam **hậu**,	乌鹊月夜南飞，
Quanh ba vòng biết **đậu** cành **nào**?	绕树三匝不逗。
Nước càng sâu, núi càng **cao**,	遑论水深山高，
Chu công trọng khách xôn **xao** kéo **về**... [1]	周公重士得人。

潘继柄使用越南语中特有的“双七六八体”诗式进行翻译，这种诗式和“六八体”通常为越南古典文学名著所运用。语言艺术是越南古典文学名著最得意之处，也是其区别于中国影响元素最特别的形式。同样也是使用越南语区别于其他东南亚语言翻译中国古典文学名著的不同之处。“双七六八体”运用越南语中的平仄、押韵，使读者阅读起来朗朗上口，让诗句达到音、色、意、境绝佳程度。[2]

简要而言，“双七六八体”诗式即诗的前面两句各七个字，第三句为六个字，第四句为八个字。第一句第七个字与第二句第五个字同韵或称之为谐韵 [3]；第二句第七个字另起韵，并与第三句第六个字同韵；第三句第六个字又与第四句第六个字同韵；第四句第八个字另起韵，并与第五句第

[1] La Quán Trung, *Tam Quốc Diễn Nghĩa*, Phan kế Bính dịch, Bùi Kỷ hiệu đính, Nhà xuất bản Văn học & Công ty Cổ phần Văn hóa Đông A, 2017, tr.819-820.

[2] 有关“双七六八体”及“六八体”的语言艺术，可参阅笔者所著《越南古典文学名著研究》，商务印书馆，2018 年，第 109—132 页。

[3] 越南语中的谐韵，笔者定义为不像汉语律诗那么严格意义上的一种押韵。

五个字同韵；第六句第五个字又与第五句第七个字同韵，第七个字另起韵；第七句第六个字与第六句第七个字同韵；第八句第六个字与第七句第六个字同韵，第八个字另起韵。如此类推，可以写上成千上万句。[1] 如果没有对越南语高超的运用水平，是绝难写出来的。倘若一个不懂汉语的越南读者读到潘继柄翻译的《短歌行》，他的体会不亚于我们作为一个不懂越南语的中国读者去阅读罗贯中的《短歌行》。如果读者不懂得潘继柄所作之“双七六八体”（即罗贯中的《短歌行》越译文本），那么从笔者根据潘继柄的“双七六八体”再译的“六字”短句中，也能体会到潘继柄在翻译过程中对罗贯中汉字《短歌行》字、词、意的取舍。

“对酒当歌，人生几何？”译为“Cuộc vui có được là mấy **chốc**”。舍了“对酒当歌”，同时把“人生几何？”译为“人生得意几何？”。

“譬如朝露，去日苦多。”译为“Có khác chi hạt **móc** sáng **ngày**”。舍了“去日苦多”，用了“hạt **móc**”一词，指露珠，更具体、形象。

“慨当以慷，忧思难忘”译为“Nguồn sầu lai láng vơi **đầy**”。舍了“忧思难忘”，用了“lai láng（盎然）”，“vơi **đầy**（变易）”，形容内心的愁闷。

“何以解忧，惟有杜康。”译为“Giải phiền họa có rượu này làm **vui**”。舍了“杜康”，直译为“此酒”，不用借汉词“Đỗ Khang”，更让越南语读者容易理解。

“青青子衿，悠悠我心”译为“Tràng áo xanh ngậm **ngùi** lòng **tớ**”。“悠悠”译为“ngậm **ngùi**”，舍去“但为君故，沉吟至今”。

“呦呦鹿鸣，食野之苹”译为“Hươu ngoài đồng hớn **hở** gọi **nhau**”。越南语原意为“野外的鹿儿兴高采烈得相互呼叫”，很具音声和画面感。

“我有嘉宾，鼓瑟吹笙”则直译为“Khách ta, ta đã gọi **nhau**，gảy đàn, thổi sáo ngõ **hầu** thêm **vui**!”。

[1] 参见笔者所著《越南古典文学名著研究》，商务印书馆，2018 年，第 53 页。

“皎皎如月，何时可辍？忧从中来，不可断绝！”译为“Trăng sáng tỏ, bùi **ngùi** trong **dạ**”舍去了“何时可辍”和“不可断绝”。加上了“Nỗi lo này biết **ngỏ** cùng **ai**?”（此心更向谁说？），使用了反问句，更具有情感色彩。

“越陌度阡，枉用相存；契阔谈宴，心念旧恩”译为“Chuyện trò kể lể **xa xôi**，nhớ người nghĩa cũ **cười** vui đề **huề**”，舍去了“越陌度阡，枉用相存”。

“月明星稀，乌鹊南飞；绕树三匝，无枝可依”译为“Quạ đêm trăng bay **về** nam **hậu**, quanh ba vòng biết **đậu** cành **nào**?”此句全部直译出来，但是使用了反问句，情感跃然纸上。

“山不厌高，水不厌深；周公吐哺，天下归心”译为“Nước càng sâu, núi càng **cao**, Chu công trọng khách xôn **xao** kéo **về**”，用了“xôn **xao** kéo **về**”形容“天下归心”，形象化地描绘了贤人归心周公的画面。

这首“双七六八体”诗歌译文中，“**chốc**”和“**móc**”；“**ngày**”和“**đầy**”；“**vui**”和“**ngùi**”；“**tớ**”和“**hở**”；“**nhau**”和“**hầu**”；“**dạ**”和“**ngỏ**”；“**ai**”和“**xa**”；“**xôi**”和“**cười**”；“**huề**”和“**về**”；“**hậu**”和“**đậu**”；“**nào**”和“**cao**”；“**cao**”和“**xao**”都押韵或谐韵。这充分说明了潘继柄先生对越南语诗歌艺术运用的高超。

我们很难就罗贯中的《短歌行》和潘继柄的译文比较出孰优孰劣，因为读者群不一样，创作者也不是一个时代的，但体会出潘继柄的“双七六八体”能让越南语的读者像汉语的读者理解的《短歌行》那样，情感和意境相互融合。潘继柄在翻译过程中也有删繁就简，或忍痛舍弃，但不失越南语诗歌的审美，或者可以说不失东方诗歌的审美。袁行霈先生曾言：“艺术不等于数学，艺术分析不能达到也不必追求数学计算的精确性。审美判断以审美感受为基础，而审美感受的主体应当有较高的悟性。建立在感受的基础上，靠妙悟作出的审美判断，往往比套用某种理论模式演绎出来的结论更能引起别人的兴趣和共鸣。”[1]

三、第三十七回的诗歌翻译

潘继柄把《三国演义》几乎所有的诗词歌赋均译为了越南语，除了上文提及的较为经典的诗词外，其他章回的诗歌也译得较为精妙。以三十七回——“司马徽再荐名士　刘玄德三顾草庐”为例，短短一回，原文就用了九首诗进行书写。难得的是，潘继柄全部都译出来了，不仅译出来，且译得相当巧妙。如第一首《徐母赞》：

贤哉徐母，流芳千古。
守节无亏，于家有补。
教子多方，处身自苦。
气若丘山，义出肺腑。
赞美豫州，毁触魏武。
不畏鼎镬，不惧刀斧。
唯恐后嗣，玷污先祖。
伏剑同流，断机堪伍。
生得其名，死得其所。
贤哉徐母，流芳千古。[2]

罗贯中所作《徐母赞》使用四字句，共八十个字，每行诗二、四句几乎都押韵，还运用诸多对偶句。潘继柄多用纯越词，四字句进行翻译，同

[1] 袁行霈著：《中国诗歌艺术研究》，北京大学出版社，1987 年，第 1 页。
[2]（明）罗贯中著：《三国演义》，陕西新华出版传媒集团 / 陕西人民教育出版社，2016 年，第 223 页。

样讲究押韵。

Hiền thay Từ **mẫu**! tiếng thơm nghìn **thuở**!
Thủ tiết vẹn toàn, tề gia đầy **đủ**.
Dạy con phải đường, đành mình chịu **tội**.
Khí ngất núi non, nghĩa đầy gan **phổi**.
Ca tụng Huyền Đức, Trách mắng Tào **Man**.
Vặc nấu chẳng ngại, Gươm chém không **sờn**,
Chỉ sợ con mình, Bội nhọ tổ tiên,
So bà chặt khung, Sánh bà đâm **cổ**.
Sống được tiếng hay, chết vừa đúng **chỗ**.
Hiền thay Từ **mẫu**, tiếng thơm nghìn **thuở**! [1]

潘继柄先生翻译《徐母赞》时，也是用四字句，句式一样，字数也一样，每行二、四句一样押韵，第一句和末句的越南语同样一模一样。尽管潘继柄多使用纯越词，但是也用了一些能让越南语读者更能理解的借汉词。如“于家有补”译为“tề gia đầy **đủ**”（齐家完备），“tề gia”即借汉词“齐家”。豫州译为“Huyền Đức”，使用借汉词“玄德”；魏武译为“Tào **Man**”，使用借汉词“曹瞒”。在用词上，除了押韵、对称、纯越和借汉词语相互运用之外，对偶运用得也极佳，如“Khí ngất núi non, nghĩa đầy gan **phổi**”（气若丘山，义出肺腑）；Vặc nấu chẳng ngại, Gươm chém không **sờn**（伏剑同流，断机堪伍）；“Sống được tiếng hay, chết vừa đúng **chỗ**.”（生得其名，死得其所）等。

第三十七回，刘备第一次至隆中，忽闻农夫唱卧龙先生所作之歌曰：

[1] La Quán Trung, *Tam Quốc Diễn Nghĩa*, Phan kế Bính dịch, Bùi Kỷ hiệu đính, Nhà xuất bản Văn học & Công ty Cổ phần Văn hóa Đông A, 2017, tr.654.

苍天如圆盖，陆地似棋局。
世人黑白分，往来争荣辱。
荣者自安安，辱者定碌碌。
南阳有隐居，高眠卧不足！[1]

Giời xanh như tán lọng **tròn**,
Đất kia chằn chặn như **bàn** cờ **vuông**.
Người đời đen trắng đôi **phường**,
Kẻ đi người lại tranh **đường** nhục vinh.

Kẻ vinh chỉ biết mình sung **sướng**,
Người nhục kia vất **vưởng** vất **vơ**...
Nam Dương có bậc ẩn **cư,**
Nằm co ngủ kỹ thờ **ơ** việc đời... [2]

潘继柄翻译这首诗时，前四句用了“六八体”，后四句用了“双七六八体”句式。前四句“六八体”中“**tròn**”“**bàn**”谐韵；“**vuông**”“**phường**”“**đường**”谐韵。后四句“双七六八体中“**sướng**”与“**vưởng**”，“**vơ**”“**cư**”与“**ơ**”谐韵。这说明潘继柄对诗歌进行了本土化诗式的翻译，与《徐母赞》的翻译有所不同。再考察这一回中的第三首诗，描述卧龙居处之情境：

襄阳城西二十里，一带高冈枕流水。

[1]（明）罗贯中著:《三国演义》，陕西新华出版传媒集团 / 陕西人民教育出版社，2016 年，第 224 页。
[2] La Quán Trung, *Tam Quốc Diễn Nghĩa*, Phan kế Bính dịch, Bùi Kỷ hiệu đính, Nhà xuất bản Văn học & Công ty Cổ phần Văn hóa Đông A, 2017, tr.657.

高冈屈曲压云根，流水潺湲飞石髓。
势若困龙石上蟠，形如单凤松阴里。
柴门半掩闭茅庐，中有高人卧不起。
修竹交加列翠屏，四时篱落野花馨。
床头堆积皆黄卷，座上往来无白丁。
叩户苍猿时献果，守门老鹤夜听经。
囊里名琴藏古锦，壁间宝剑挂七星。
庐中先生独幽雅，闲来亲自勤耕稼。
专待春雷惊梦回，一声长啸安天下。[1]

潘继柄在翻译这首诗时，又一反“六八体”或“双七六八体”，而直接采用七言律诗句式：

Cách hai mươi dặm Tương Dương **thành**,
Một dãy gò cao, suối lượn **quanh**...
Nước chảy ầm ầm phơi đá trắng,
Gò cao chót vót ngất mây **xanh**.

Hình như rồng cuốn trên tảng **đá**,
Phượng hoàng đậu dưới bóng thông **ngả**.
Cửa phên khép cánh kín nhà tranh,
Cao sĩ nằm khàn bền vững **dạ**.

Bình phong: dãy trúc um tùm **lá**,

[1]（明）罗贯中著:《三国演义》，陕西新华出版传媒集团 / 陕西人民教育出版社，2016 年，第 224 页。

Bốn mùa hoa rụng nức mùi hương.
Đầu giường chồng chất nhiều sách **lạ**,
Trong nhà lui tới không người **thường**.

Vượn kia dâng quả gõ của **ngoài**,
Hạc kia đêm thanh nghe đọc **sách**.
Túi đàn thêu gấm gác đầu bàn,
Thanh kiếm vảy rồng treo trước **vách**.

Tiên sinh trong lều rất thành **nhàn**,
Khi nhàn cày cấy cũng không **can**.
Chỉ đợi sấm xuân tỉnh giấc mộng,
Gọi to một tiếng thiên hạ **an**. [1]

潘继柄先生把这首诗翻译成了五组诗，行数和字数和原文一致。从韵律考察，第一组“**thành**”“**quanh**”“**xanh**”谐韵；第二组“**đá**”“**ngả**”“**dạ**”谐韵；第三组“**lá**”“**lạ**”“**thường**”谐韵；第四组“**ngoài**”“**sách**”“**vách**”谐韵和第五组“**nhàn**”“**can**”“**an**”谐韵。

从意境而言，诸句如“Một dãy gò cao, suối lượn **quanh**”（一带高冈枕流水），“Nước chảy ầm ầm phơi đá trắng”（流水潺湲飞石髓），“Gò cao chót vót ngất mây **xanh**”（高冈屈曲压云根），“Bình phong: dãy trúc um tùm **lá**”（修竹交加列翠屏），“Bốn mùa hoa rụng nức mùi hương”（四时篱落野花馨）等皆是在越南语词句审美的语境中再造“隐居仙境”，让读者有“言有尽而意无穷”之感，读者读之，难免浮想联翩，思想飞跃。潘继

[1] La Quán Trung, *Tam Quốc Diễn Nghĩa*, Phan kế Bính dịch, Bùi Kỷ hiệu đính, Nhà xuất bản Văn học & Công ty Cổ phần Văn hóa Đông A, 2017, tr.658.

柄先生不仅仅在翻译原文，同时也是在自我创作。潘继柄先生对这首诗的翻译或谓创作，达到了写境和造境的相互融合，既描物又写人，且精妙运用了越南语的字词。

第三十七回第四和第五首诗是诸葛亮两位好友在路旁酒店所歌之曲，其歌曰：

壮士功名尚未成，呜呼久不遇阳春！
君不见：
东海老叟辞荆榛，后车遂与文王亲；
八百诸侯不期会，白鱼入舟涉孟津；
牧野一战血流杵，鹰扬伟烈冠武臣。
又不见：
高阳酒徒起草中，长揖芒砀隆准公；
高谈王霸惊人耳，辍洗延坐钦英风；
东下齐城七十二，天下无人能继踪。
二人功迹尚如此，至今谁肯论英雄？[1]

对于这首诗歌，潘继柄运用了六八—双七—六八句式进行翻译。即第一句六个字，第二句八个字，第三、四句各七个字，第五句六个字，第六句八个字，同时注重押腰韵和脚韵结合。其诗译如下：

Công danh tráng sĩ muộn **thay**!
Than ôi, lâu chẳng gặp **ngày** dương **xuân**!
Ngươi chẳng thấy lão **nhân** Đông Hải,

[1]（明）罗贯中著：《三国演义》，陕西新华出版传媒集团 / 陕西人民教育出版社，2016 年，第 225 页。

Lìa bụi gai theo với vua **văn**,
Chư hầu bát bách **lai thần**,
Gặp điềm cá trắng Mạnh **Tân** sang **đò**.
Mục Nguyên một trận đánh **to**.
Công danh lừng lẫy ai **so** được **tầy**?
Cao Dương lại có **thầy** hay **rượu**,
Vái Cao hoàng theo **điệu** làm tôi.
Bàn mưu vương bá kỳ **tài**,
Lọt tai cũng phải mời **ai** lên **ngồi**.
Thành Tề, hạ bảy mươi **hai**,
Thế gian há dễ mấy **ai** nối **mình**?
Hai người không gặp vậnh **hanh**,
Đến nay ai biết là **danh** phận gì? [1]

这首诗一共十六行，潘继柄在韵律上也较为讲究。“**thay**”与“**ngày**”，“**xuân**”与“**nhân**”，“**văn**”与“**lai**”，“**thần**”与“**Tân**”，“**đò**”与“**to**”，“**to**”与“**so**”，“**tầy**”与“**thầy**”，“**rượu**”与“**điệu**”，“**tài**”与“**ai**”，“**ai**”与“**hai**”，“**mình**”与“**hanh**”，“**hanh**”与“**danh**”均谐韵。

潘继柄的翻译在开场即充分发挥“情境”的审美。“Công danh tráng sĩ muộn **thay**！”（壮士功名尚未成），此行越南语原意为“壮士功名多晚遂！”“Than ôi, lâu chẳng gặp ngày dương xuân!”（呜呼久不遇阳春）。原诗只用了一个感叹号，而译诗则两行都用了感叹号。

其次是“物境”审美的发挥。“Chư hầu bát bách lai **thần**”（八百诸侯不期会），“Gặp điềm cá trắng Mạnh **Tân** sang **đò**”（白鱼入舟涉孟津），尽

[1] La Quán Trung, *Tam Quốc Diễn Nghĩa*, Phan kế Bính dịch, Bùi Kỷ hiệu đính, Nhà xuất bản Văn học & Công ty Cổ phần Văn hóa Đông A, 2017, tr.662-663.

管这些“物境”来自《三国演义》，但“罗裳”已易，在新的语言中，独具越南审美。再次是“意境”。“Hai người không gặp vận **hanh**”（二人功迹尚如此），“Đến nay ai biết là **danh** phận gì? ”（至今谁肯论英雄）。末尾诗句之意境犹如黄庭坚诗所云：“毕竟几人终得鹿，不知终日梦得鱼。”

第六首诗云：

吾皇提剑清寰海，创业垂基四百载。
桓灵季业火德衰，奸臣贼子调鼎鼐。
青蛇飞下御座旁，又见妖虹降玉堂。
群盗四方如蚁聚，奸雄百辈皆鹰扬。
吾侪长啸空拍手，闷来村店饮村酒。
独善其身尽日安，何须千古名不朽！[1]

《三国演义》同一情节中的两首诗歌，原文以七言律诗形式展现，而潘继柄先生却以不同的形式翻译。上一首用“六八—双七—六八”诗式，而对于这一首，译者则分别运用了双七六八进行翻译：

Vua ta vung lưỡi gươm dẹp **loạn**,
Gây cơ đồ Hán **bốn** trăm **năm**.
(Đời?) Hoàn, Linh vận lửa tắt **ngầm**, [2]
Gian thần tặc tử tay **cầm** quyền **to**.
Chốn ngự tọa rắn bò điềm **gở**,

---

[1]（明）罗贯中著：《三国演义》，陕西新华出版传媒集团 / 陕西人民教育出版社，2016 年，第 226 页。
[2] 此句原文为七个字，应为六个字，否则与“双七六八”诗式不符，要么是潘继柄先生笔误，要么是出版社校误。依笔者之见，此句删去首字“Đời”即可，保留“Hoàn, Linh vận lửa tắt ngầm”不影响原意和押韵。

Nơi ngọc đường, vồng **đổ** yêu **ma**,
Bốn phương trộm giặc đổ **ra**,
Gian hùng lũ lượt theo **đà** múa **may**.
Chúng ta chỉ vỗ **tay** nói **tếu**,
Buồn ra hàng chén **rượu** cho **vui**.
Một mình sung sướng thảnh **thơi**,
Chẳng cầu tiếng để muôn **đời** làm chi! [1]

这首十二行诗中，“**loạn**”与“**bốn**”，“**năm**”与“**ngầm**”，“**ngầm**”与“**cầm**”，“**to**”与“**gở**”，“**gở**”与“**đổ**”，“**ma**”与“**ra**”，“**ra**”与“**đà**”，“**may**”与“**tay**”，“**tếu**”与“**rượu**”，“**vui**”与“**thơi**”，“**thơi**”与“**đời**”分别谐韵。这首诗的翻译除韵律优美之外，末句点睛之笔“Một mình sung sướng thảnh **thơi**, Chẳng cầu tiếng để muôn **đời** làm chi!”（独善其身尽日安，何须千古名不朽！）有劝世良言如陶渊明“采菊东南下，悠然见南山”句之意境。

刘备在这一回访卧龙庄，见其中门名联：“淡泊以明志，宁静以致远”，潘继柄先生用了借汉词进行了直译：

Đạm bạc dĩ minh chí, Ninh tĩnh dĩ chí viễn. [2]

诸葛亮之弟诸葛均所歌之诗，即本回第七首：

凤翱翔于千仞兮，非梧不栖；

[1] La Quán Trung, *Tam Quốc Diễn Nghĩa*, Phan kế Bính dịch, Bùi Kỷ hiệu đính, Nhà xuất bản Văn học & Công ty Cổ phần Văn hóa Đông A, 2017, tr.663.

[2] 纯越词可译为：Thanh đạm để sang chí, Yên lặng để đến xa.

士伏处于一方兮，非主不依。
乐躬耕于陇亩兮，吾爱吾庐；
聊寄傲于琴书兮，以待天时。[1]

潘继柄先生对于这首诗翻译的处理，则使用了“双八六八”句式：

Phương bay cao, phi ngô đồng không **đỗ**,
Sĩ ẩn mình, phi minh chủ không **thờ**.
Nông thôn vui thú cày **bừa**,
Thảnh thơi đàn sách đợi **cơ** chuyển vần.[2]

这一首中，“**đỗ**”“**thờ**”“**bừa**”“**cơ**”谐韵，后二句作者用了“六八体”，直译为“农村躬耕乐趣，逍遥琴书以待转运”。诸葛均这首诗犹如《红楼梦》中言：“玉在椟中求善价，钗于奁内待时飞”的情境。

本回第八首诗，即诸葛亮岳父黄承彦所吟：

一夜北风寒，万里彤云厚；
长空雪乱飘，改尽江山旧。
仰面观太虚，疑是玉龙斗，
纷纷鳞甲飞，顷刻遍宇宙。
骑驴过小桥，独叹梅花瘦！[3]

[1]（明）罗贯中著：《三国演义》，陕西新华出版传媒集团 / 陕西人民教育出版社，2016 年，第 226 页。
[2] La Quán Trung, *Tam Quốc Diễn Nghĩa*, Phan kế Bính dịch, Bùi Kỷ hiệu đính, Nhà xuất bản Văn học & Công ty Cổ phần Văn hóa Đông A, 2017, tr.664.
[3]（明）罗贯中著：《三国演义》，陕西新华出版传媒集团 / 陕西人民教育出版社，2016 年，第 227 页。

对于这一首，潘继柄则采用五言律诗直译的方式：

Một đêm gió lạnh lùng,
Muôn dặm mây đỏ **ối**.
Bời bời hoa tuyết bay,
Nước non hình sắc **đổi**,
Ngẩng mặt trông trên trời,
Tưởng là rồng ngọc **chọi**.
Vây mai tua tủa bay,
Một lát khắp bốn **cõi**,
Cưỡi lừa qua cầu con,
Than vì mai gày **cỗi**. [1]

与原文一样，潘继柄先生于每句句末使用纯越词“**ối**”“**đổi**”“**chọi**”“**cõi**”“**cỗi**”构成谐韵。这一首诗以“物境”唯美，其中有“gió（风）”“mây（云）”“tuyết（雪）”“non（山）”“trời（天）”“rồng（龙）”“vây（鳞甲）”“cõi”“cầu（桥）”“mai（梅）”，总共十物之景象。情境寓意：风物十景逍遥在，休管千年世间事。

第三十七回第九首诗，记刘备风雪访孔明：

一天风雪访贤良，不遇空回意感伤。
冻合溪桥山石滑，寒侵鞍马路途长。
当头片片梨花落，扑面纷纷柳絮狂。

[1] La Quán Trung, *Tam Quốc Diễn Nghĩa*, Phan kế Bính dịch, Bùi Kỷ Hiệu đính, Nhà xuất bản Văn học & Công ty Cổ phần Văn hóa Đông A, 2017, tr.666.

回首停鞭遥往去，烂银堆满卧龙岗。[1]

这一首可谓“物境”“人境”“情境”“意境”四绝。潘继柄直接用了七言律诗进行翻译。

Xông pha mưa gió kiếm hiền **tài**,
Lững thững về suông dạ cảm **hoài**.
Chi chít khe cầu hoa tuyết đóng,
Lạnh lùng yên ngựa dặm đường **dài**.

Chạm đầu lả tả họa lê **rụng**,
Vướng mặt tơi bời bóng liễu **rơi**.
Ngảnh cổ dừng roi nhìn chốn cũ,
Chói lòa ánh bạc Ngọa Long **phơi**. [2]

这首诗“**tài**”“**hoài**”“**dài**”谐韵，“**rụng**”“**rơi**”“**phơi**”谐韵。不仅如此，潘继柄还运用了叠韵连绵词如“lững thững”“chi chít”“lạnh lùng”，让越南语的读者更加感受到韵律之美，诸如其他之“境”则难以与原诗的创意所分开。

四、译者在译本中创作的诗歌

潘继柄先生在1909年译本中，自行插入了一些个人创作的诗歌，以

---

[1]（明）罗贯中著:《三国演义》，陕西新华出版传媒集团 / 陕西人民教育出版社，2016年，第226页。

[2] La Quán Trung, *Tam Quốc Diễn Nghĩa*, Phan kế Bính dịch, Bùi Kỷ hiệu đính, Nhà xuất bản Văn học & Công ty Cổ phần Văn hóa Đông A, 2017, tr.667.

烘托原作情节气氛。如在翻译第七回“袁绍磐河战公孙 孙坚跨江击刘表”至刘备与赵云惜别时，有一段描写，即：

云叹曰：“某曩日误认公孙瓒为英雄；今观所为，亦袁绍等辈耳！”玄德曰：“公且屈身事之，相见有日。”洒泪而别。

原文翻译至泪洒而别之后，潘继柄先生加了一句话和诗：“刘备有诗别赵子龙云曰：”

Chút tình quyến luyến bấy lâu **nay**,	情谊眷恋长久今，
Kẻ ở người đi, khó nghĩ **thay**!	至此分开如含辛。
Cung kiếm một nhà vừa họp mặt,	弓箭一家才晤面，
Nước non nghìn dặm bỗng chia **tay**.	千里江山又分开。
Mưa tuôn giọt lệ, tình lai **láng**,	热泪盈眶情绵绵，
Gió giục cơn sầu, dạ ngẩn **ngây**.	风促忧愁心涟涟。
Thôi hãy ngả lòng nương tạm đó,	暂且作罢留他日，
Gặp gỡ rồi ra cũng có **ngày**!	总有重逢再遇天。

之后再加上一句话和诗：“子龙亦有诗赠刘备曰：……”

Bốn bể trông ra ngất bụi **hồng**,	四海抬望尽红尘，
Một thân vô chủ, luống long **đong**.	孤影无主枉浪人。
Chim cây chửa gặp nơi rườm rạp,	良禽未遇可栖处，
Cá nước còn thưa sức vẫy **vùng**.	沉鱼勇力难驰骋。

Tri kỷ những mừng trong hội **ngộ**,	知己重逢本乐遥，
Chia đường nỡ lại cách non **sông**.	无奈山水又扬镳。
Xót tình ly biệt khôn dừng lệ,	离别伤处无边泪，
Biết gặp nhau rồi lại mấy **đông**. [1]	只是何年再相和。[2]

在这四首诗中，潘继柄使用了律诗进行创作，每句七个字，一二四句押韵，第一首“**nay**”“**thay**”“**tay**”；第二首“**láng**”“**ngây**”“**ngày**”；第三首“**hồng**”“**đong**”“**vùng**”；第四首“**ngộ**”“**sông**”“**đông**”。尽管七字律诗仿作自中华文化诗句，但在用词上，潘继柄大量地使用了纯越词，如“chút tình quyến luyến”“nước non nghìn dặm”“mưa tuôn”“lai láng”“ngẩn ngây”“ngả lòng”“rườm rạp”“vẫy vùng”“nỡ lại”“xót tình”等。这说明潘继柄充分结合了中国诗歌与越南语语言的审美进行再创作，译者“入戏”较深，既有对《三国演义》诗词的喜爱，也有促进越南人学习拉丁化越南语的目的，或者说是一种“语言民族主义”的体现。

无独有偶，潘继柄在翻译第八回“王司徒巧使连环计　董太师大闹凤仪亭”时候，在此段之后加入了歌词。

> 舞罢，卓命近前。貂蝉转入帘内，深深再拜。卓见貂蝉颜色美丽，便问：“此女何人？”允曰：“歌妓貂蝉也。”卓曰：“能唱否？”允命貂蝉执檀板低讴一曲。

罗贯中在《三国演义》中并没有写出貂蝉所唱之歌词，但潘继柄进行了再创作，他先用了过渡句：

---

[1] La Quán Trung, *Tam Quốc Diễn Nghĩa*, Phan kế Bính dịch, Bùi Kỷ Hiệu đính, Nhà xuất bản Văn học & Công ty Cổ phần Văn hóa Đông A, 2017, tr.191.

[2] 笔者自译。

Thuyền mình thì uốn éo một cách rất lơ lẳng, rồi cất giọng trong như tiếng chuông vàng, mà hát (theo điệu nam ai) bài sau này:

貂蝉婀娜娇盈，声如金铃，一曲《南哀》诉从心来：

Thương **thay**! Thân phận má đào, má đào **mày** liễu，悲哉！妾身红颜，红颜柳眉。

Mắt liếc làn thu, tóc rũ mái **mây**. 眸如秋水，发如云鬓，

Chi? Tránh truyện hồng **quần**! 何妨？逃身红裙故事！

Xót mình, thơ thẩn một **thân**! 伤怀，怅然只影！

Bâng khuâng dạ hoài **xuân**. 怀春已惘然。

Chạnh sầu, ngần vô **ngần**. 惆怅无边。

Đêm khuya, vương vấn mối **tình**, một **mình**, trằn trọc. 夜半难寐，辗转反侧。

Sân ngọc thềm hoa, những tưởng những **tư**, 玉院花阶，无限想思，

Trăng soi canh **trì**; 月照庚池；

Gốc trà mi. 金莲碎步。

Thâm nguyện tương **kỳ**。深愿相期。

Mối tình si, 痴情如斯，

Luống mong gặp **thì**. 何必期待。

Ôi, tức bực lắm **thay**! 啊！何其忧愤！

Anh hùng! Đâu bỗng tới **đây**? 英雄！何处来此？

Thôi! Thôi thực là **may**! 呀！何其有幸！

Vinh hoa phen **này**. 此番必荣华。[1]

王国维先生在《人间词话》中说："有造境，有写境，此理想与写实二派之所由分。然二者颇难分别。因大诗人所造之境，必合乎自然，所写之境，亦必邻于理想故也。"[2]潘继柄所作之《南哀》之曲，实乃"造境"，因罗贯中《三国演义》，并无此曲。但若越南语读者，不谙汉语，或不熟悉《三国演义》原作，则难以区分，或毫不怀疑。这也是潘继柄先生译本之高妙处。此曲越南语用词多有佳处，如"Thân phận má đào, má đào mày liễu"（妾身红颜，红颜柳眉），复用"má đào"。"Mắt liếc làn thu, tóc rũ mái mây"（眸如秋水，发如云髻），使用了对偶。"Sân ngọc thềm hoa, những tưởng những tư"（玉院花阶，无限想思），用了"những... những"越南语的强调句式，表示"多到无以复加"。

至于押韵或谓谐韵艺术上，潘继柄这首歌词用了两韵。前六句"**thay**""**mày**""**mây**""**quần**""**thân**""**xuân**""**xuân**""**ngần**"中韵母"a""â"谐韵，使句与句之间均有和音；中间七句"**tình**""**mình**""**tư**""**trì**""**kỳ**""**thì**"谐韵，也是句句有和音"i"；后四句"**thay**""**đây**""**may**""**này**"谐韵"a""â"。

这首《南哀》采用了六、七、四句法，整首歌词一共十七句。以貂蝉的口吻诉说了红颜薄命、孤单艳影、怀春不遇，"有幸得见董卓"之意。潘继柄先生把貂蝉之美，貂蝉之孤独和貂蝉之"期待"均用妙笔娓娓道来，可谓妙笔生花，"物境""情境"和"意境"皆有，可谓佳笔之词。

Đổng Trác tai thì nghe, mắt thì him híp, gật gà gật gù. Điêu thuyền hát xong rồi, Trác khen lấy khen để. Thuyền nghỉ một lát, rồi hát một

[1] 笔者自译。

[2] 王国维著：《人间词话》，北京联合出版公司，2015 年，第 3 页。

bài nữa (theo điệu tứ đại cảnh)

董卓垂听，眼色眯缝，摇头晃脑。貂蝉唱毕，卓大加赞赏。貂蝉稍作歇息，又歌一曲《四大景》[1]：

Cơn phong trần, tay khí vũ, nay mới tỏ, mới tỏ tài **tình**!
遇风尘之世，气宇轩昂，今日才情显露！
Thôi đã thực, gặp buổi **danh** dương **danh**,
也罢，确也是扬名之时，
Ngắm trời **xanh**，mở hội hoàn **doanh**, bày cuộc đua **ganh**.
望青天，还营会，谋局逐鹿。
Xui nên chuyện, vang châu huyện, lắm chuyện kỳ **thay**!
谋成事，起州郡，古今多少奇事！
Ai là kẻ, kịch liệt **tay** ra **tay**?
激烈知出谁手？
Nay mừng **thay**, cờ mở gió **bay**, trống động trời **lay**,
今豪迈，旗开风吹，鼓动天摇，

Trông ra dạng, nguy ngụy trạng, chức trọng quyền **cao**.
且看，巍巍然，位高权重。
Nghiêng trời bể, lừng lẫy **bao** xiết **bao**?
天崩海倾，声名显赫多少？
Xưa phỉ nguyền, rầy ước mai ao, ngày khát đêm **khao**!
昔日遂了誓言，扰了池梅，日盼夜得！

[1]《四大景》：中国古琴曲。

Người người đâu! Tung hoành thế, mới hay, biết tay anh **hùng**!

看芸芸众生，纵横如此，方知英雄谋略！

Luống những **hòng**, lượng bể bao **dong**, phận liễu đoái **trông**.

枉费英雄壮志，气度非凡，直教红颜倾顾。

Lòng lòng **mong**, ơn đằm thắm, có **xong**, có **xong** chăng **là**?

此心盼，此恩深，此情此意何时了？

Mưa **sa**, trùm **hoa**, sân ngọc, rườm rạp, rườm rạp, xuân thêm **xuân**.

雨纷纷，花丛丛，玉石庭院，密密葱葱，春又春。

Tư **quân**! Mấy **phân** chung tình?

思君！几分终情？

Xin nhớ đến có **ngần** ấy chuyện!

且念旧时故事！

Xin ghi tạc **lấy** từng **ấy** câu!

勿忘诸句真言！[1]

这首《四大景》，潘继柄用了六—三—七句式，押三韵的写法，且运用了腰韵和尾韵相互结合的创作手法。前六句“**tình**”“**danh**”“**xanh**”“**doanh**”“**ganh**”“**thay**”“**tay**”“**bay**”“**lay**”谐韵；中三句“cao”“bao”“khao”谐韵；下七句“**hùng**”“**hòng**”“**dong**”“**trông**”“**mong**”“**xong**”谐韵，“**xuân**”“**quân**”“**phân**”“**ngần**”“**lấy**”“**ấy**”谐韵。这一曲《四大景》，潘继柄用了较多的二字句、三字句和四字句，句段铿锵有力，描绘了乱世出英豪、佳人爱英雄的气势。“Ngắm trời **xanh**，mở hội hoàn

[1] La Quán Trung, *Tam Quốc Diễn Nghĩa*, Phan kế Bính dịch, Bùi Kỷ Hiệu đính, Nhà xuất bản Văn học & Công ty Cổ phần Văn hóa Đông A, 2017, tr.207. Điêu Thuyền vừa hát vừa múa, trông thực là ngoạn mục, nghe quả thị êm tai. 貂蝉且歌且舞，悦目悦耳。（此句为译者自己添加在后面的内容。）

doanh, bày cuộc đua **ganh**”（望青天，还营会，谋局逐鹿）；“Ai là kẻ, kịch liệt **tay** ra **tay**”（激烈知出谁手？）；“Nay mừng **thay**, cờ mở gió **bay**, trống động trời **lay**”（今豪迈，旗开风吹，鼓动天摇）；“Lòng lòng **mong**, ơn đằm thắm, có **xong**, có **xong** chăng **là**?”（此心盼，此恩深，此情此意何时了？）；“Mưa **sa**, trùm **hoa**, sân ngọc, rườm rạp, rườm rạp, xuân thêm **xuân**”（雨纷纷，花丛丛，玉石庭院，密密葱葱，春又春）。诸句就越南语用词而言，皆是妙笔生花。潘继柄把《三国演义》这一回罗贯中未了之意境，以及译者或谓《四大景》这一首歌词之意境和越南语读者之意境巧妙地融合在一起了。

余　论

正如林庚先生所言，中国是诗的国度，诗的奥秘历来为人所乐道，而诗的艺术真谛又往往在可谈与不可谈之间，这正是诗评诗话、千言万语，而未足穷其情，诗学美学、层出不穷，终难尽其意。此古今作者所以各有一得也。[1] 其实又何止是中国，越南也是诗的国度。越南阮朝汉学家待问武先生在评论广东“木鱼书”《花笺传》时说：“常闻诸先生云：‘孩儿之嬉笑，童子之讴吟皆诗也。’则我国音诸诗者，非所谓诗也欤？”[2] 也就是越南语的诗歌一样可以登大雅之堂。潘继柄先生不仅参与了越南的科举考试，考试内容需要作诗，并且奇思妙想地把《三国演义》中约 200 首诗词均翻译出来，且所翻译之诗词仍保持高超的审美艺术。这一方面说明中国诗词之优美，另一方面也说明中国语言文学获得了越南语最大程度的吸纳和受融，两国文化关系由此而紧密联系，息息相关。这也是中越文学文化关系有别于中国与东南亚其他国家文学与文化关系的特殊之处。法国殖民

---

[1] 袁行霈著：《中国诗歌艺术研究》，林庚序，北京大学出版社，1987 年，第 1 页。

[2] 法国远东学院藏《花笺记演音》喃传，手抄本，编号：AB.269，待问武序，明命十年（1829）。

者当年割裂中越文化关系的政策和实践，也就是割了“形”，但“神”依然流传下来。

第三节 《三国演义》在越南和泰国传播和影响的比较

由于中越有近千年宗藩关系和使用汉字的缘故，《三国演义》在越南的传播较之其在泰国，更具有文化上的天然属性。一方面，无论是在越南的华人还是越南本土知识分子，均需要学习中国历史和汉字（越南也称之为儒字）。所以在历史上，越南对中国历史相较于东南亚其他国家，更为熟悉。由上文可知，三国故事传播至越南远比《三国演义》要早得多。而相对于泰国而言，中国的三国故事却更多地停留在早期移民泰国的华人社会。由于泰国并不使用汉字，在《三国演义》早期传播至泰国的时候，除了少数通晓汉字的泰国人外，绝大多数泰国本土人士难以了解三国故事或《三国演义》。

一、早期传播的比较

有学者指出，在泰译本出现之前，《三国演义》在泰国传播的相关记载非常有限。金勇认为，大量的华人移民是《三国演义》得以在泰国传播的先决条件。华人社会是《三国演义》初期传播的中心，但它与泰国本土社会仍有相通，并非隔绝。在《三国演义》在泰国传播的各种方式中，仍有泰人的参与。因此，《三国演义》在泰国的初传才不至于完全照搬中国的传播模式，而是带有泰国的本土特点。[1]

---

[1] 金勇著:《形似神异——〈三国演义〉在泰国的古今传播》，北京大学出版社，2018 年，第 45 页。

相对而言，《三国演义》在越南的传播也与泰国有相似之处。尽管在越南北方，早期《三国演义》的传播，仍停留在知识分子层面，尤其没有获得本土化，华人参与度也不高。但就《三国演义》在越南各地的传播而言，越南北部最早接受影响，中部和南部次之。但在越南南方，《三国演义》在民间的传播，华人发挥了关键作用。由于史料的匮乏，中越学界均无法在公开的图书馆、档案馆找到《三国演义》的汉字原版书籍。但我们从 19 世纪末 20 世纪初出生的一些越南华人的回忆录中，依然可窥一斑。

王鸿盛是居越南南部的广东潮州裔学者。在他的回忆录——《虚妄的半辈子》中，他说道："很喜欢中国小说。每天晚上，我在做功课时，父亲即手持《三国演义》或《今古奇观》汉文书进行阅读，阅读一阵之后便翻译成越南语给我们听，这种温馨的家庭生活，从我妈妈过世后就不复存在了。"[1]除了早期迁移越南的华人通过携带和阅读汉文版《三国演义》之外，还有戏曲、关公崇拜和三国人物或故事的彩绘图画等在华人社会广泛流传。

尤其值得一提的是彩绘图画的传播形式。在越南南部，被刻画在各地公共场所、壁画、木制家具、瓷器最多的《三国演义》故事是"桃园三结义""三顾茅庐"和"关公扶二嫂"。19 世纪末 20 世纪初，越南南部各地的街上较为常见的是用明清小说彩绘装饰的面摊车。这些面摊车早期均由华人用来营生，后来本土越南人也逐渐喜欢，慢慢购买，用以做经营饮食的工具。华人迁居新地，对明清小说如《三国演义》及其故事有偏好，故将这些作品的故事情节或人物画面展现在日常生活中。[2]

---

[1]〔越〕王鸿盛著:《虚妄的半辈子》，胡志明市出版社，1992 年，第 60 页。

[2]〔越〕阮清风著:《〈三国演义〉与〈金云翘传〉在越南南部的传播与影响》，台湾成功大学博士论文，2010 年，第 57 页。

越南南部陶瓷《桃园三结义》[1]

由于越南华人多集中于越南南部，北部和中部华人参与到《三国演义》传播的情况并不多见。但《三国演义》传播至越南，首先是在越南北部和中部，且是从“大传统”传播至“小传统”，即由官方、知识阶层流入民间。而泰国的情况则是19世纪初，在进入泰国宫廷文学之前，《三国演义》只能在民间的华人社会中传播，没有和泰国的文学界发生直接的联系，且多停留于口头讲述、戏剧表演、宗教仪式、神庙活动、雕塑壁画、民间游艺等形式当中。尤其值得一提的是《三国演义》在泰国民间传播的“说故事”形式。至少在20世纪初的拉玛六世（1910—1925在位）期间，这种说书形式在华人社区依然十分盛行。根据泰国作家雅各布的研究，这种民间表演艺术讲述的故事以《三国》为主，因为华人大部分都很推崇《三国》，尤其是老一辈的华人似乎都认为《三国》是每个人都应该了解和聆听的历史，或应该像书中某个人物一样睿智地成就某种伟业等。[2]

---

[1]〔越〕阮清风著：《〈三国演义〉与〈金云翘传〉在越南南部的传播与影响》，台湾成功大学博士论文，2010年，第59页。

[2] 金勇著：《形似神异——〈三国演义〉在泰国的古今传播》，北京大学出版社，2018年，第59—60页。

较之泰国，这种"说故事"的形式在越南历史上并不多见载于史籍。《三国演义》在民间的传播，更依赖戏剧形式，如㗰剧或改良戏。阮朝皇帝一度还参与了《三国演义》㗰剧剧本的创作，[1]可见《三国演义》戏剧形式在越南影响之大。澎湖进士蔡廷兰（1801—1859）曾于1835年因船遭遇风暴漂流至越南，其在回忆录《海南杂著》中谈及越南演出《三国演义》戏剧的盛况：

> 遇喜庆事，亦演戏作乐。常道出常信府，见逆旅主人蓄娈童、韶女一部，能演杂剧。同舍客醵钱二贯，邀赏其技。剧儿以朱墨涂面，着窄袖短衣，袜而不履，跳跃盘旋，作天魔舞，舒拳踢脚，抚髀拍张，听鸣金为度。又易素面，着锦袄，扮蜀先主别徐元直故事，促节曼声，呜呼欲绝；剧师或吹笛、弹胡琴、击鼓节曲。俄而四女子并肩出，纤腰细部，联臂踏歌，姿致殊妖媚。歌罢，膜拜作谢。[2]

书中提到的"蜀先主别徐元直故事"即《三国演义》故事。当然，我们回到那个时代，戏剧是民间和官方娱乐消遣的重要形式。

二、翻译动机、译者、译本和改写本的比较

饶芃子教授曾指出，泰国翻译《三国演义》是一种自上而下，具有政治动机的推广。[3]组织翻译第一部《三国演义》泰译本的昭帕耶帕康（洪），本名洪（Hon），生年不详，卒于1805年。"昭帕耶帕康"是爵衔

---

[1]〔越〕阮清风著：《〈三国演义〉与〈金云翘传〉在越南南部的传播与影响》，台湾成功大学博士论文，2010年，第89页。

[2]（清）蔡廷兰著：《海南杂著》（台湾文献丛刊第42种），九州出版社，2005年，第39页。

[3] 饶芃子：《文学影响的"宫廷模式"——〈三国演义〉在泰国》，载《中国比较文学》1996年第3期。

和官职称谓，“昭帕耶”是爵衔，“帕康”则是负责国家或王室财政的大臣的职衔。昭帕耶帕康（洪）是泰国吞武里王朝（1769—1782）和曼谷王朝（1782—）两朝重臣，也是当时著名的作家和大诗人。曼谷王朝初年，连年战火使大量的文史典籍化成炮灰。1767年，缅甸攻陷了阿瑜陀耶，诸多典籍被烧毁。为了重振文献典籍和古典文学传统，曼谷王朝一世王下令翻译外国或外民族经典文学作品以丰富泰国文学宝库，《三国演义》就是在这时被纳入泰国“国家文学”复兴工程的。[1]较之泰国，《三国演义》在越南的翻译并非出自官方意志，译者也非宫廷大臣。

泰国的早期译本主要依赖华人译者。曼谷王朝一世王组织翻译《三国演义》时，所成立的华人翻译小组主要由福建人担纲，译文中的人名、地名也采用福建音。[2]而《三国演义》的越译本则非华人，也无官方组织翻译行为，更多的是一种源于文化共情的翻译行为自觉。越南南部最早翻译《三国演义》全本的是阮安居（1864—1949），北部则是潘继柄，均属于个人行为，但这种个人行为在提高越南拉丁化文字识字率和阅读中国明清小说热潮中也起到了轰动全国知识界的效果。

1802年，曼谷王朝一世王下令昭帕耶帕康（洪）组织翻译《三国演义》。其翻译的方式，较之越南译者翻译《三国演义》有较大的区别，明显有“三重九译”的味道。翻译工作必须由两部分人合作完成。由精通中文的人先将中文大意译出，并由文牍人员记录下来，之后由精通泰文的人将译出的内容再用泰文组织起来，让词语和表达进一步完美。由于昭帕耶帕康（洪）并不通晓中文，也无精通双语的助手。因此，他主持的翻译团队包括两支队伍：一是精通中文并初通泰文的华人移民，以闽南人为主；二是由昭帕耶帕康（洪）亲自带头的精通泰文的人员。翻译采取了“意

---

[1] 陈岗龙、张玉安主编：《〈三国演义〉在东方》，北京大学出版社，2016年，第24—25页。

[2] 金勇著：《形似神异——〈三国演义〉在泰国的古今传播》，北京大学出版社，2018年，第38页。

译”的方式。[1]这种方式与近代中国的翻译家林纾（1852—1924）翻译西方小说的情况类似。

根据裴晓睿和金勇两位学者的研究，《三国演义》原著与洪版《三国》泰文译本从行文风格上到具体细节上都有诸多出入。如洪版《三国》简化了原作的结构形式和写作手法。洪版《三国》保留了《三国演义》的散文体形式，在内容和结构上做了大量的取舍。洪版删去了绝大多数的诗词，200多首诗词，只保留了11首。同时根据泰语文化语境和表达方式改译了大量的词句。[2]越南语的经典译本则大量地翻译了原著中的诗词。

最早的泰文《三国》改写本是由雅各布于1942年至1955年陆续完成的。此类改写本主要用于泰国民间的“说故事”艺术形式。1977年至2001年，泰国出现了《三国演义》的全译本，即1977年由万崴·帕塔诺泰（Wanwai Phatannothai）出版的《新译〈三国〉》，2001年威瓦·巴查冷威（Wiwat Pracharuangwit）出版的《批注版全本〈三国〉》。这两个版本均声称全本，但从泰文的水平而言，难以与洪版相媲美。[3]

三、本土化和影响的比较

昭帕耶帕康（洪）版《三国》是《三国演义》在泰国的第一部泰译版本，也是影响最大的经典译本。洪版《三国》的出现也标志着《三国演义》正式步入泰国的文学殿堂，并开启了《三国演义》在泰国的本土化进程。《三国演义》在越南的传播和影响较之泰国，则略显逊色。

根据金勇的研究，二次大战之后，泰国还出现了各类版本的《三国》，其中较为著名的包括改写本《卖艺乞丐版〈三国〉》《富豪版〈三国〉》和

[1] 陈岗龙、张玉安主编:《〈三国演义〉在东方》，北京大学出版社，2016年，第25—26页。
[2] 陈岗龙、张玉安主编:《〈三国演义〉在东方》，北京大学出版社，2016年，第33—36页。
[3] 陈岗龙、张玉安主编:《〈三国演义〉在东方》，北京大学出版社，2016年，第41页。

《〈三国〉军事战略》。这些作品开始用《三国》中的人物和故事来展现泰国的社会风貌，反映泰国的人情世故。各类出版商争先出版，以谋取商业利益。在越南南部，这种情况则出现在20世纪初和20世纪中叶，这两个阶段越南南部政治上较为稳定，战争较少。20世纪50—70年代，中泰两国处于意识形态对立阶段，泰国的对外政策一边倒向美国，受美国冷战思潮的影响，泰国对于中国的“妖魔化”宣传较多，《三国演义》在泰国的传播和影响受到较大的影响。[1] 较之越南，尽管20世纪中越之间也有不愉快的阶段，但《三国演义》在越南的传播和影响未见受到较大的政治影响，其中的原因，应该是中越文化关系在中国与东南亚各国关系中最为紧密。

相对于泰国各种《三国》的改写本，《三国演义》在越南的改写本主要是20世纪初的戏剧，以及儿童读物。洪版《三国》已经被视为一部“泰国的文学作品”，而越南的《三国演义》无论是经典译本还是改写本都达不到这种认同的高度。其中的原因，更重要的是没有被上升到国家文学艺术的要求层面，尽管阮朝官方曾下令祭祀关公。洪版《三国》自问世以来风靡泰国社会各个阶层，开创了泰国散文体文学的先河，这是《三国演义》译本和改写本在越南还做不到的层面。这种文学现象类似文言文到白话文运用转型过程中的国家级推广作品。

除了开创泰国散文体文学先河外，洪版《三国》在曼谷王朝六世王时期（1910—1925），泰国文学俱乐部还把其定为“散文体故事类作品之冠”。同时，洪版《三国》还推动了中国古代小说在泰国的译介。从曼谷王朝一世王到六世王期间，大约有三十多部中国古代小说被陆续译介至泰国。1921年左右，汉文学在泰国的翻译甚至达到了历史上的顶峰。当时许多报刊都是依靠连载中国小说的翻译而保持畅销的。[2] 相对于泰国，20世

[1] 陈岗龙、张玉安主编:《〈三国演义〉在东方》，北京大学出版社，2016年，第68页。
[2] 陈岗龙、张玉安主编:《〈三国演义〉在东方》，北京大学出版社，2016年，第75—81页。

纪文字的整体改变，令《三国演义》在越南的本土化稍微逊色。但是《三国演义》原著对越南汉文小说的影响较之泰国，也算是一个特色。

《三国演义》在越南和泰国产生传播影响的一个重要表现是，经由这两国又传播至柬埔寨。早在20世纪80年代，柬埔寨学者金福弟（Khing Hoc Dy）和法国学者纳波特·雅基艾（Nepote Jacques）即撰文称，直至19世纪柬埔寨文学受到中国文学的影响是相当有限的，并且是间接的。实际上，到了20世纪60年代，中国文学的影响才可以说是直接传播到了柬埔寨。在20世纪上半叶，《三国演义》及其故事实际上是通过在印度支那的华人社团影响到柬埔寨的。早在19世纪初，原先为华人后又为越南人社团逐渐占据的湄公河三角洲各省的大部分社区已处于越南的统治之下。交趾支那高棉人处于日益增多的中国人和越南人的包围之中，受到了大量扩散的中国文化模式的影响。其表现之一是，在交趾支那产生了一种明显受到中国巨大影响的新型通俗戏剧——“巴萨克戏剧”。这种戏剧曾长期在交趾支那上演，但于20世纪20年代才在柬埔寨出现，是由流动剧团带去的。于是由中国传统文学作品改编的戏剧开始为柬埔寨人演出，并获得了巨大的成功，其中就包括剧目《三国》《昭君》《哪吒》《薛仁贵》《狄青》等。[1]

由此而观之，《三国演义》在越南的影响，又渗透到了柬埔寨。实际上，19世纪至20世纪初，柬埔寨也有不少学者在暹罗学习，他们也可以通过泰文译本了解中国文学经典在泰国的传播和影响，但是最初这些柬埔寨学者并没有把它翻译成为柬埔寨文。直至1933年，柬埔寨佛教学院的学者奴骨（Non Kon）才着手根据1927年曼谷泰文版《三国》进行转译，该译本刊载在1948—1961年的《柬埔寨太阳》上，这是柬埔寨佛教学院创办的月刊。1936年底，柬埔寨政府里的一些官员创办了周刊《那朵哇

[1]〔法〕克劳婷·苏尔梦编著，颜保等译：《中国传统小说在亚洲》，国际文化出版公司（北京），1989年，第240—250页。

塔》（*Nagara Vatta*），在这个杂志上刊载了根据《三国演义》改编的连续故事。[1]

另根据罗雪瑜的研究，1974 年，老挝人宋帕万·因塔冯编译的《三国演义》缩略本问世，该老挝语译本被重新命名为《三国时期的政治》。从对文本的比较，可以看出，宋帕万·因塔冯主要是通过泰国洪版《三国》翻译成老挝文版的。[2]

[1] 马祖毅、任荣珍著：《汉籍外译史》（修订本），湖北教育出版社，2003 年，第 652 页。

[2] 罗雪瑜：《〈三国演义〉在老挝的传播与变异》，载《中国故事》2023 年第 9 期，第 55 页。

第二章

《西游记》在越南的传播及影响

本节从文学与历史以及文学伦理学的多重维度，探讨《西游记》及其故事在越南的传播情况。尽管《西游记》及其故事至迟于18世纪就传入越南，但因越南最后两个封建王朝都崇儒，排斥佛教，因此《西游记》及其故事均未能获得官方意识形态的认可。但作为世界文学经典之一，它仍被越南民间和一些知识分子不断改编和翻译。19世纪至20世纪上半叶是《西游记》及其故事在越南传播的一个高峰期。不同历史时期的伦理选择，对《西游记》及其故事在越南的传播发挥着重要的作用。

第一节 《西游记》及其故事在越南的传播与伦理选择

根据越南汉文文献《北使通录》的记载，《西游记》传播至越南至少有两百余年的历史。过去百余年来，关于《西游记》及其故事在越南的传播情况，国内外学界也有一些研究，但相对而言，从历史纵向角度进行更深入探讨的成果不多，研究其传播过程中的伦理选择则更少。[1] 聂珍钊教授认为，文学伦理学批评从起源上把文学看成道德的产物，认为文学是特定历史阶段人类社会的伦理表达方式，文学本质上是关于伦理的艺术。[2] 以《西游记》为例，每个历史阶段，其在越南传播都具有特定的伦理选择。

---

[1] 如1989年，法国学者克劳婷·苏尔梦编著有《中国传统小说在亚洲》（国际文化出版社，1998年），其中收录有颜保教授所撰《中国小说对越南文学的影响》一文，涉及内容较少。1997年，马祖毅、任荣珍等著有《汉籍外译史》（湖北教育出版社，2003年再版），涉及相关内容也仅数行文字。2008年，范宏贵、刘志强著《越南语言文化探究》（民族出版社）略有论及从语言追溯中国“四大发明”与“四大名著”之传越南的内容，但篇幅不大。近四十年来，越南学界较具代表性的著作主要包括阮春和所撰《中国古代小说对越南古代小说的影响》（顺化出版社，1998年），丁潘锦云所著：《越南中世纪文学对中国叙事散文体裁的接受》（胡志明市社会科学学院印行，2001年），黎亭卿在华东师范大学完成的博士论文《中国古代小说在越南——以〈三国演义〉〈水浒传〉〈西游记〉为中心》（2013年）等。尽管涉及中文、外语两个学科，历史的视角不多，但前人学者的成果为本研究提供了诸多参考。

[2] 聂珍钊著：《文学伦理学批评导论》，北京大学出版社，2014年，第13页。

这些选择或不选择的历史和伦理基础是什么？不同阶段的传播形态如何？这是笔者探讨的主要问题。

一、早期西游记故事在越南的传播

有关早期《西游记》在越南传播的文献记载并不多，但自明清之际，中越仍保持朝贡关系，赴华朝贡的使臣多为儒人，购买或获赠诗书已为常事。但有明一代，在国人的转述中，《西游记》在越南并不起眼。16世纪曾任明朝行人司行人刑科右给事中的严从简在其《殊域周咨录》中的记载：

> （安南）如儒书则有少微史、《资治通鉴》史、《东莱》史、《五经》、《四书》、《胡氏》、《左传》、《性理》、《氏族》、《韵府》、《玉篇》、《翰墨》、《类聚》、《韩柳集》、《诗学大成》、《唐书》、《汉书》、《古文四场》、《四道》、《源流》、《鼓吹》、《增韵》、《广韵》、《洪武正韵》、《三国志》、《武经》、《黄石公》、《素书》、《武侯将苑百传》、《文选》、《文萃》、《文献》、《二史纲目》、《贞观正要》、《毕用清钱》、《中舟万选》、《太公家教》、《明心宝鉴》、《剪灯新余话》等书。若其天文、地理、历法、相书、算命、尅择、卜筮、算法、篆隶、家医药诸书，并禅林、道录，金刚、玉枢诸佛经杂传并有之。如其字样书写，则前惟有《韵府》、《语篇》、《洪武正韵》等书字体，后始有《增韵》、《广韵》之书字体。然本国造乱，未得申明订正，新体多用，亦有混同旧体也。且有刑律、法度、礼乐、朝仪、比诸夷国，甲乙可分，虽少窥上国之图书，岂能似中华之教化！[1]

---

[1]（明）严从简著，余思黎点校：《殊域周咨录》，中华书局，1993年，第238—239页。

其中的原因，大体在后黎朝（1428—1789）已独尊儒术了。越南后黎朝独尊儒术，官方刊行有《黎朝教化条律四十七条》，其三十五条说："凡经、史、子、集及文章有裨于世教者，方可刊板通行。若道释异端邪说诸书，并国诸传，及歌诗涉于淫荡者，不可刊板印刻，以伤风化。"[1]其三十八条说："凡佛寺浮屠，皆无益之事，系有名蓝原额弗禁。若某乡村无原额佛寺，不得私自构作，劳人费财。违者抵罪。"[2]

就存世越南文献而论，即便无类似《黎朝教化条律四十七条》的要求，后黎以前，越南的志怪小说也较少，且篇幅较为单薄，较为著名的是14世纪李济川始撰的《越甸幽灵集》。即便有尊儒的教化，越南在后黎朝也还是出现了一些神灵故事或传奇小说。15世纪陈世法等撰的《岭南摭怪》，16世纪阮屿模仿《剪灯新余话》而作的汉文小说《传奇漫录》，以及18世纪段氏点的《传奇新谱》。谢超凡先生在《〈越甸幽灵集〉五种总提要》中说，越南汉文小说中，《越甸幽灵集》与《岭南摭怪》同为神灵故事的代表之作。《越甸幽灵集》记载越南祠庙供奉诸神的传记及灵验事，神主都受朝廷祀封，包括帝王将相、民间英雄和山川精灵等。[3]聂珍钊教授认为，文学的产生是有目的性的，这个目的就是教诲。文学的基本功能就是教诲功能。文学的教诲是读者在阅读文学的审美过程中实现的。[4]越南陈朝李济川于1329年为《越甸幽灵集》所撰序言即表达了这一功能：

> 古圣人言："聪明正直足以称神。"非淫祠邪祟，滥得而称也。我皇粤宇内诸神，古来多矣。能彰厥绩，阴相生灵者有几哉？然从来品

[1]《黎朝教化条律四十七条》，载北京大学《儒藏》编撰与研究中心编：《儒藏》（精华编越南之部一册　经部　史部），北京大学出版社，2013年，第1017页。

[2]《黎朝教化条律四十七条》，载北京大学《儒藏》编撰与研究中心编：《儒藏》（精华编越南之部一册　经部　史部），北京大学出版社，2013年，第1017页。

[3] 孙逊、郑克孟、陈益源主编：《越南汉文小说集成》第2册，上海古籍出版社，2011年，第1页。

[4] 聂珍钊著：《文学伦理学批评导论》，北京大学出版社，2014年，第13页。

类不等。或山川精粹，或人物杰灵。腾气势于当时，总英灵于来世。若不纪实，朱紫难明，因随浅见罕闻，编集成书。或好事者，尚其正之，是所望也。[1]

越南汉文文献较早明确记载《西游记》传入越南的时间是乾隆二十六年（1761）。越南如清贡使黎贵惇（1726—1784）在其回忆录《北使通录》中记载，1761年八月初五赴京途经江西九江府，与清朝钦差官秦朝釪笔谈，笔谈内容明确了黎贵惇曾读过《西游记》。《北使通录》载：

午时，伊邀甲副使官道船，以笔谈诗谈文，问贵国制何如？曰：“亦仿中朝。”开科何如？曰：“一样。”官员有几？曰：“内外四五百员。”曰：“何少？”曰：“官任得人不在员多。”曰：“行□何如？”曰：“尊卑大小，各有等级。仆等来此，旧例只有二十五名，从便简略，到国则依本国。大凡傔从、节眷皆有官者分事内常事，非高雅之所屑道也。”伊笑问通事如何？伊曰：“等传导言语，有劳例酬杂流小职耳。”伊设酒饭盐荔枝，问南方有否？曰：“最多。”曰：“贵国产物如何？”曰：“传记不曰‘称奇草木皆在南方乎？’不敢过说，《西游记》有云‘中华虽是中华，虽是大邦，其穷无此’，此非仆等捏言也。”伊笑曰：“可数贵邦有甚佳异？……”。[2]

尽管黎贵惇在《北使通录》的记载可以证明《西游记》在18世纪已为越南学者知晓。但一方面由于后黎朝儒家思想在越南已占据正统，所谓

[1]〔越〕李济川撰：《越甸幽灵集录序》，载孙逊、郑克孟、陈益源主编：《越南汉文小说集成》第2册，上海古籍出版社，2011年，第6页。

[2] Lê Quý Đôn soạn. Nguyễn Thị Tuyết dịch chú và giới thiệu, Trần Thị Băng Thanh hiệu đính. *Bắc sứ thông lục*. Nhà xuất bản Đại học Sư Phạm, 2018, tr. 6B-7A.

“子不语怪力乱神”，《西游记》传播至越南并没有获得儒士和高层的重视。2013年，越南学者黎亭卿在华东师范大学的博士论文中提出观点认为：“证明《西游记》最晚从十八世纪传入越南的第二件事情就是一本叫《西游传》的无名氏喃字诗传。虽有许多不同的情节，但从内容来看，《西游传》是从章回小说《西游记》的一部分内容创造出来的。这部喃字诗歌集还没确定是何时间问世的，可是，根据颜保（教授），如果从创作的作风来看，这个喃字诗歌集可能是在十八世纪问世的。”[1]笔者并不想否定这一推测，但就现存越南汉喃文献考察，我们发现无名氏喃传诗《西游传》是19世纪下半叶才诞生的。

二、19世纪末20世纪初越南对《西游记》故事的诗传和戏曲改编

19世纪末至20世纪初越南对《西游记》的改编，主要有诗传和戏剧两类。喃字诗传目前我们能考察到的内容见少，《越南汉喃文献目录提要》载：

> 《西游传》（Tây Du Truyện，喃文书），今存印本1种，法国远东学院藏书。河内同文堂成泰五年（1893）印。57页，高17公分，宽13公分。六八体喃文诗传，中国《西游记》的译编，与《南无新传》《林泉奇遇》《春情想望》合订。[2]

1925年，阮玉春（Nguyễn Ngọc Xuân）从喃文转写为拉丁化越南文，在河内和海防印行。遗憾的是存世的《西游传》喃文书并不全，因此阮玉

[1]〔越〕黎亭卿：《中国古代小说在越南——以〈三国演义〉〈水浒传〉〈西游记〉为中心》，华东师范大学中国古代文学专业博士学位论文，2013年，第52页。

[2] 刘春银、王小盾、陈义主编：《越南汉喃文献目录提要》，台湾“中央研究院”文史哲研究所，2002年，第887页。

春转写的篇幅也较少，但其运用“六八体”诗式进行改写，具有浓厚的越南本土特色，其开篇曰：

Tây Du Truyện cũ lược bày（《西游传》故事略说），
Thủa đời Đường - đế kén thày cầu kinh（唐皇寻人索求经）。
Đường -Tăng thày tớ bộ hành（三藏师徒徐行），
Khâm - sai sắc chỉ lấy kinh chợ nàn（钦差指令却犯难）。
Thẳng dong ngựa tếch gác an（唐僧鞍马直步来），
Thanh thanh bước tới, khoan khoan lộ trình（碎步轻盈缓缓来）。
Đường trường dậm liễu cảnh thanh（沿途柳绿景青），
Cỏ hoa đua đón ngàn xanh một mầu（花接绿迎一片）。

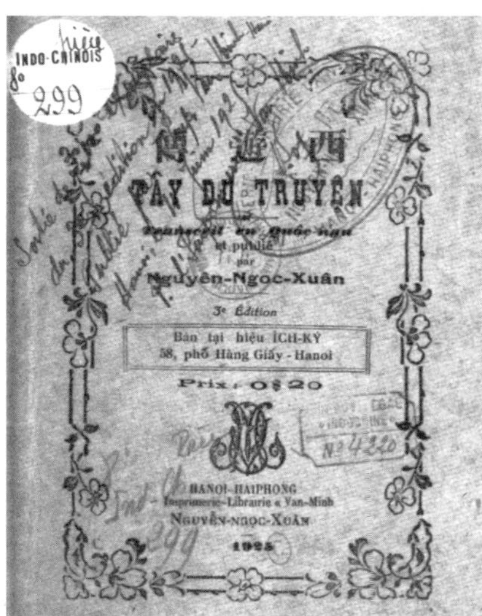

河内益己出版社 1925 年印行的《西游传》

值得一提的是，就存世文献考察，用“六八体”诗式对《西游记》进行改编，在中国四大名著中是唯一的，其中的原因，应是历史的偶然。至于《西游记》没有被改编全部内容的原因，不得而知。但是若真全部改编了，能理解的也许更多还是文人士子。我们设想一下，假如中国四大名著全部于18—19世纪被改编为“六八体”诗式，其在越南的影响是否能超过阮攸的《金云翘传》呢？可惜历史没有如果。但值得思考的是，如果中国四大名著都被改编为“六八体”诗式，其未必能像直接翻译更能表达出四大名著文学艺术的细腻和精华。

确实，“六八体”的《西游记》容易朗朗上口，贴近越南语口语，但是由于越南后黎朝和阮朝（1802—1945）独尊儒术，以佛道教理念为主的《西游记》并不符合这一时期越南官方对社会的伦理教化需求。阮朝于明命十五年（1834）“颁训条于中外”，其《皇朝圣谕训迪十条》正心术条载：

> 夫心者，人之本也。其心正则万善所由生，其心不正则百恶所从出，可不慎欤？惟皇上帝，降衷于下民，若有恒性，是以仁义礼智，蔼然四端，人之初生，无不固有。朕原尔百姓等，各思恒守善心，存养良性，虽所业有不同，而向善则一。富者勿至于骄者，贫者勿流于奸伪，勿迁于利诱，勿陷于恶习。苟有一言之不正，一行之不善，必知愧耻于心，深自改悔。乐善好义，以保其生；辟恶去邪，咸归于正。若不思警者，淫僻邪秽，无所不为，到此陷于刑章，噬脐何及！《书》曰：“惠迪吉，从逆凶，惟影响。”夫朕教养万民，乐观尔等之成，而不乐见尔等之罗于咎也。尔等其慎思之。[1]

其崇正学条也提醒：“务崇正学，讲明人伦。尧舜之道，孝悌而已；孔孟之教，仁义为先：是皆所当讲也。若夫一切左道异端，勿为其所诳惑。”[2]

---

[1]《黎朝教化条律四十七条》，载北京大学《儒藏》编撰与研究中心编：《儒藏》（精华编越南之部一册 经部 史部），北京大学出版社，2013年，第1029—1030页。

[2]《黎朝教化条律四十七条》，载北京大学《儒藏》编撰与研究中心编：《儒藏》（精华编越南之部一册 经部 史部），北京大学出版社，2013年，第1033页。

正由于此，我们在存世越南官方文献和士大夫的汉文作品中，几乎看不到任何征引《西游记》的内容。这一点，与《三国演义》在越南传播的情况明显相左。值得一提的是，尽管官方和士大夫由于主流意识形态的原因，在阮朝结束以前，较少征引或进行模仿再创作，但作为民间对《西游记》的戏剧改编，则是另一番现象。存世所藏较早的《西游记》戏剧改编本至迟出现在19世纪。《越南汉喃文献目录提要》载：

> 《西游记演传》（Tây Du Ký Diễn Truyện，喃文书），今存抄本1种，藏于法国远东学院。2414页，100册，高29公分，宽16公分。据《西游记》所撰嗺剧，共一百回，存97回，欠13、29、30回。第53回残缺，第72、100回重出。汉喃两种文字间用，内容为唐玄奘跋山涉水往西竺求经的故事。[1]

另据张秀民先生早年的研究，1878年，有越南嘉定城惟明氏撰《西游演歌二板》（Tây Du Diễn Ca Nhì Bản）（戏曲剧本）在广东佛山粤东陈村永和源刊刻，并发售于越南堤岸（西贡）。[2] 此书现藏于荷兰莱顿大学图书馆，篇幅也不大，共18页。英国国家图书馆另藏有《西游唐僧求经歌传》戏曲剧本，共52页，年代不详。越南国家图书馆又藏有《西游》《西游传》分别为23页和30页篇幅的戏曲剧本。[3]

20世纪初，拉丁化越南文逐渐推广和近代印刷术在越南的引入，拉丁化越南文版的《西游记》故事在越南北方和南方均具有较大的民间读者市场。由此，戏剧形式的《西游记》故事市场逐渐为商家发现和推广。1929

[1] 刘春银、王小盾、陈义主编：《越南汉喃文献目录提要》，台湾"中央研究院"文史哲研究所，2002年，第878页。

[2] 张秀民：《中越关系史书目续编》，载《中国东南亚研究会通讯》2002年第1期。

[3]〔越〕黎亭卿：《中国古代小说在越南——以〈三国演义〉〈水浒传〉〈西游记〉为中心》，华东师范大学中国古代文学专业博士学位论文，2013年，第170、171、177页。

年，《西游演剧——大圣闹天宫》（Tay Du Ky Dien Kich）在河内印行，并不署名改编者，但署“富文出版”。值得一提的是这一《西游记》故事的戏剧改编本从审美上并没有过多的特色，只是把《西游演剧——大圣闹天宫》故事全部以对话的形式进行描述，改编者也没有署名。但在《西游演剧——大圣乱打妖洞》这一剧本中，则出现了少量的诗歌，但这些诗歌并没有运用越南特色的“双七”或“六八”体诗式，而是模仿了中国律诗，尽管没有署名再创作者，但所创作的诗歌仍具有较高的审美。如《西游演剧——大圣乱打妖洞》第一场描述孙悟空为百姓除妖降魔的功绩时，有诗曰：

Giời đã sinh ra một giống yêu（世间尽生妖孽种），
Làm ra quấy rối chốn dân miêu（骚扰民间躲庙中）。
Ai hay Hành Giả nhiều oai phép（谁知悟空多法力），
Đánh phá toang hoang rất hiểm nghèo（除魔降妖扫荡空）。[1]

1929 年《大圣闹天宫》

1929 年《大圣乱打妖洞》

[1]〔越〕无名氏编：《西游演剧——大圣乱打妖洞》，河内富文出版社，1929 年，第 1 页。

这些诗歌使用越南语进行朗诵，朗朗上口，也是《西游记》故事本土化和民间化的一个重要标志。

越南吴永康（Ngô Vĩnh Khang）还曾把《西游记》的故事改编为改良戏（Tuồng Cải Lương），较为出名的是 1930 年由西贡今夕出版社出版发行的《孙悟空闹地府》等。其改编的蓝本，应是 18—19 世纪问世的喃字㗂剧剧本。

1930 年由西贡今夕出版社印行的《孙悟空闹地府》

另根据其封面、封底广告，尚有《石猴出世》《混世魔王》《水帘洞》《孙悟空补任弼马温》《齐天大圣乱天庭》《唐太宗游地府》《唐三藏救孙行者》《三藏出世》等销售。[1] 与全部用“六八体”诗式改编为喃传不同，㗂剧改良的文本，既有旁白，也有对话，更穿插“双七”“六八”体诗式，且增添诸多场景。如《孙悟空闹地府》第一幕，先描述混世魔王与青柳娘在水脏洞中寻欢取乐的对话，随即侍女们主动

[1] Ngô Vĩnh Khang soạn, Phạm Văn Thình xuất bản, *Tôn Ngộ Không Náo Địa Phủ*, Nhà in Xưa Nay, Sài Gòn, 1930.

歌舞，其歌曰：

Gió xuân - phong thổi cùng khắp nơi（春风吹送回大地），
Khiến cỏ hoa múa khoe sắc đẹp（花草迎风，曼舞争艳）。
Cùng với cảnh sắc đua tươi（景色醉人可堪），
Thế - gian thú nầy mấy mươi（世间乐趣无穷）。
Xuân cảnh xuân chén rượu nồng（春景春酒正浓），
Thú vui chẳng cùng, cúi đầu quì dưng（幸事无尽王尽享）。
Chén huỳnh tiệc xuân, cúi xin nhậm dùng（金樽春宴请王赏）！[1]

1935 年，由新山（Tân Sơn）编剧的另一个版本的《孙悟空闹地府》改良唤剧剧本问世，同样是由范文盛（Phạm Văn Thình）在越南西贡印行出版。

1935 年在越南西贡印行的《孙悟空闹地府》唤剧剧本

---

[1] Ngô Vĩnh Khang soạn, Phạm Văn Thình xuất bản, *Tôn Ngộ Không Náo Địa Phủ*, Nhà in Xưa Nay, Sài Gòn, 1930, tr.3.

聂珍钊教授认为，不同历史时期的文学有其固定的属于特定历史时期的伦理环境和伦理语境，对文学的理解必须让文学回归属于它的伦理环境和伦理语境，这是理解文学的一个前提。[1] 19 世纪末，越南沦为法国殖民地，其全境包括：南部以西贡为中心的交趾支那、中部阮朝、北部东京。在法国的殖民统治下，越南传统思想和文化受到强烈的冲击，尤其是西贡和河内。作为民间，惩恶扬善、反抗不公、修身爱民的故事，依然具有教诲能力，并能引发较强的民族共情。以《西游记》在越南的戏曲改写本为例，除了娱乐功能外，其对于下层社会的教诲功能是毫无疑问的。佛家的一些理念对于个人的教化而言，也是不言而喻的，正如苏东坡的诗句：

酒色财气四堵墙，人人都在里边藏。
谁能跳出圈外头，不活百岁寿也长。

三、《西游记》拉丁化越南文译本

笔者认为改写本不能称之为译本，尽管改写本也是根据蓝本进行改写的。译本应根据蓝本进行较为忠实的节译或全译，保持文体不变，才能称之为译本。就《西游记》的拉丁化越南文译本而言，前辈学人也进行过一些重要的研究。

2003 年，马祖毅先生在其《汉籍外译史》中提及，《三国演义》和《西游记》传入越南的时间最早，在喃字时代就有了《西游记》的改写本，实为不虚。马祖毅先生还提及，1914 年前，有陈丰穑译的《西游记》，其后，河内、西贡、边和三地出版了乐苦、阮公矫、黄明自、苏缜的译本。1961 年，河内普通出版社又出版了越文本《西游记》，译者为瑞亭（Thuy

[1] 聂珍钊著：《文学伦理学批评导论》，北京大学出版社，2014 年，第 14 页。

Dinh），该译本是根据北京作家出版社 1957 年的印本而成。[1] 遗憾的是这些译本未曾得见，《汉籍外译史》对《西游记》在越南的翻译仅此一段话而已。考察颜保先生 1989 年在《中国传统小说在亚洲》一书中的相关研究，1952 年以前，《西游记》大致有五个拉丁化越南文的译本。

表 2：颜保教授整理的 1952 年以前《西游记》拉丁化越南文译本 [2]

序号	汉文书名	越南文书名	译者姓名	出版信息
1	《西游记》	Tây Du Ký	Trần Phong Sắc（陈丰穑）	西贡 /1914
2	《西游记》	Tây Du Ký	Lạc Khổ（乐苦）	河内 /1933—1935
3	《西游演义》	Tay Du Diễn Nghĩa	Nguyễn Công Kiêu（阮公娇）	西贡 /1917
4	《西游演义》	Tay Du Diễn Nghĩa	Hoàng Minh Tự（黄明自）	槟榔 /1935
5	《西游演义》	Tay Du Diễn Nghĩa	Tô Chẩn（苏缜）	西贡 /1951—1952

根据笔者考察法国国家图书馆藏黄明自翻译的《西游演义》，实际上这个译本只翻译到七十九回，共计 369 页。但七十九回却翻译至大雷音寺，而雷音寺的出现应是在第九十八回。尽管内容不全，但黄明自的译本在 20 世纪上半叶，受到了越南民间读者的喜爱，曾数次再版。

黄明自翻译的《西游演义》，实际上是《西游记》的节译，如第一回略去诸多诗句，只以律诗一首，略译了猴王在西海牛贺洲地界突遇樵夫所唱之词——《满庭芳》：

[1] 马祖毅、任荣珍著：《汉籍外译史》（修订本），湖北教育出版社，2003 年，第 615 页。

[2]〔法〕克劳婷・苏尔梦编著，颜保等译：《中国传统小说在亚洲》，国际文化出版公司，1989 年，第 231 页。

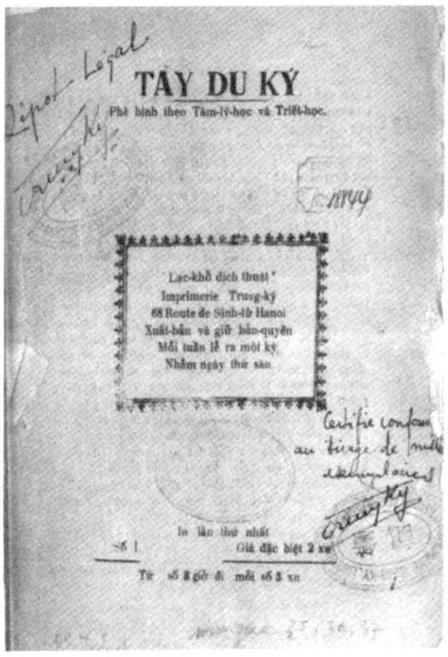

乐苦译《西游记》封面

黄明自译《西游演义》封面

观棋柯烂，伐木丁丁，云边谷口徐行。卖薪沽酒，狂笑自陶情。苍径秋高，对月枕松根，一觉天明。认旧林，登崖过岭，持斧断枯藤。收来成一担，行歌市上，易米三升。更无些子争竞，时价平平。不会计谋巧算，没荣辱，恬淡延生。相逢处，非仙即道，静坐讲《黄庭》。[1]

黄明自先生将大意译为简短的律诗：

Mẩn nhản dươn trần thế Tô-thân,
Siêu nhiên độ ngoại ly hả tâm.
Hề nhàn sạ nại kiều khôn huợt,
Việc ngạn vu linh nhựt nguyệt sơn.
Đại chỉ đất thành tiên bất phụ,
Vô tâm nan hóa vỉ thương nhân.

[1]（明）吴承恩著:《西游记》，商务印书馆，2018 年，第 7 页。

Quân - sơn khá tiểu y thì lực,

Đáo bộ bổng lai dấu thượng tầm.

20 世纪上半叶，译者这样对诗词的处理，让《西游记》的文学审美受到一定的损害，但这并未减弱小说故事情节对读者的吸引。因为普通读者更多地从娱乐的角度去欣赏《西游记》。20 世纪中叶，越南才出现了《西游记》的全译本。越南学者在评价《西游记》在越南的传播时说道："世界上存在诸多《西游记》的译本。在越南，《西游记》和《三国演义》《水浒传》一样有名，遗憾的是，现行的译本并不完整，遗漏了许多段落的内容。"[1]

1961 年，瑞亭把这首《满庭芳》全译为：

Xem cờ mục cán búa,

Chặt củi rình rình,

Cửa hang lững thững mây xanh.

Bán củi mua rượu,

Cười say thỏa tình.

Đêm thu xanh thẫm,

Gối cây nằm ngắm trăng thanh,

Một giấc đến sáng.

Theo rừng cũ,

Vượt núi qua đồi,

Giơ búa chặt cành nỏ.

Thu lại thành bó rồi,

[1] Trương Chính, *Lịch sử Văn học Trung Quốc*, Nhà Xuất bản Giáo Dục, 1971, tr.85.

Nghiêu ngao trên chợ,
Đổi gạo ba thăng.
Không có chút gì tranh cạnh.
Thời giá vẫn ngang bình.
Chẳng biết lường thưng giảo đấu,
Đời sống thanh đạm,
Kệ nhục vinh.
Gặp gỡ không tiên thời phật,
Ngồi yên giảng sách Hoàng Đình. [1]

瑞亭的全译本对原著的诗词全部进行了翻译，但全译本篇幅较长，两册共计 1666 页。如果没有被《西游记》深深吸引和对汉语越南语都精通的才华，全部翻译是难以做到的。瑞亭使《西游记》在越南的译本较为充分地体现出文学审美价值。这一译本也获得了读者的认可，自 1961 年越南河内普通出版社出版以来，曾于 1988 年、1992 年、1997 年、2000 年、2008 年、2014 年获得文学出版社、胡志明文艺出版社、清化出版社的再版。

四、当代《西游记》在越南传播的伦理选择

聂珍钊教授认为，理性意志约束自由意识的文学范例，在《西游记》描写的孙悟空身上也同样可以看到。孙悟空究竟是一个什么形象，虽然有不同的观点，但是他作为一种自由意识的体现，则是显而易见的。[2]《西游记》问世的时代，正是越南独尊儒术的时代，而儒家是提倡修身、自我约束的。这与《西游记》中孙悟空为所欲为、无法无天的形象相悖，尽管

[1] Thụy Đình dịch, Chu Thiên hiệu đính, Ngô Thừa Ân, *Tây Du Ký*, Nhà xuất bản Văn học, 2014, tr.32-33.
[2] 聂珍钊著:《文学伦理学批评导论》，北京大学出版社，2014 年，第 47 页。

最后孙悟空同样得道成佛，但在越南独尊儒术的后黎朝和阮朝并未获得过官方和士大夫阶层的认可，这是造成《西游记》早期在越南传播有限的伦理因素。

但是自19世纪中叶开始，法国殖民者开始侵占越南，至1884年越南完全沦为法国的殖民地。法国治下的越南，对于儒家“忠君爱国”的主旋律并不推崇，同时还希望推广新的文字，隔断中越文化的联系。于是19世纪后半叶，由于只推行法文会受到越南民族主义的抵制，于是法国殖民者在越南开始推行拉丁化越南文，以通过这种方式让越南人逐步接受西方的价值观。但是如何使拉丁化越南文吸引更多人，这是一个让殖民者难办的问题。在这一过程中，法国一些文化素质高的官员与商人、通晓汉语的华人知识分子们似乎达成了一种默契，翻译出版大量的中国明清小说，通过拉丁化越南文的报刊、印刷商进行翻译传播，既使得普通越南人的文化认知得益于拉丁化越南文，也让商人、华人知识分子们各得其所。毕竟，越南在整个封建历史时期的识字率是极低的。这是20世纪初《西游记》被拉丁化越南文改编、翻译的重要因素。

佛教的伦理教诲功能也是20世纪初《西游记》被不断重复翻译的重要因素之一。1933—1935年越南学者乐苦重译了《西游记》，在译本序言中，他说道：

> 有人说，《西游记》是一部描写神圣变化，魔鬼妖精的荒唐小说，这样一部会让读者产生心乱头痛的小说，已经有不少人翻译牟利去了，奈何你还翻，还要评价它？这些人说得也没错，但是就我而言，《西游记》的读者可以分为两派，一派是沉迷的读者，被离奇的故事所吸引的。另一派则是清醒的读者，它就像符咒一样把读者带入佛界。
>
> 我试举《西游记》中的五点绝妙之处。一是阅读《西游记》，你可以明白化福转运、乐极伤悲、否极泰来之机，守住专一精神，哪怕

是千妖万怪都会避而远之，他们的千变万化都迷惑不了你。若离开一个“缘”，一个“一”字，则魔鬼即来扰乱。若自己阅读，您会发现诸多奥妙皆在《西游记》中。二是阅读《西游记》，会让我们体会到世间无所谓困境，只要我们一心向佛、道，则菩提之路不远，灵山自在眼前，极乐自在心中。多少苦恼和灾难皆是空，正如唐三藏，是修行者的旗帜，是信徒们的光明火炬。反之，若不专一，心无精诚，遇难丧志，见色起意如八戒则一无所成。三是阅读《西游记》，让我们明白，修行需要忍辱、精诚，谦和、淳勤方能到达彼岸。无论多么聪明，多么勇猛，如何有才，如何厉害之如孙悟空，都难以跳出造化之极。四是阅读《西游记》，让我们体会到，无论人如何愚钝、窘迫，只要皈依佛门，洗刷前罪，出生入死，一心向佛如唐三藏，亦无憾矣！五是阅读《西游记》，让我们知道我们的心是无比神圣，无比美好的，皆因染上尘埃，而生出诸苦、厄、惊、惧。如唐三藏所遭遇的八十一难皆由心生，看似荒唐而非荒唐也！[1]

在读者眼中，也许自己可以成为《西游记》中的任何一个人物，但无论如何，孙悟空这个人物是读者最青睐的。因为无论是东方还是西方，认为人性善恶共存是多数人的共识。正如聂珍钊教授说，无论西方的文学，还是中国的文学，大量的文学文本给我们提供了斯芬克斯因子不同组合与变化的范例，证明斯芬克斯因子对于理解文学的价值。斯芬克斯因子是由人性因子和兽性因子构成的，并通过理性意志和自由意志发挥作用。两种意志之间力量的消长，导致文学作品中人物性格的变化和故事情节的发展。[2] 法国殖民者的统治政策，客观上又让《西游记》的伦理价值获得一

[1] Lạc Khổ dịch thuật, *Tây Du Ký - Phê bình theo Tâm lý học và Triết học*, Trung Ký xuất bản, Hà Nội, 1933-1935, tr.2-5.

[2] 聂珍钊著：《文学伦理学批评导论》，北京大学出版社，2014 年，第 47 页。

种非儒家的选择。除了精神娱乐的伦理选择之外，作为普通读者，乃至儿童读者，在戏曲改编本和译本中也可以获得一种"人定胜天"、反抗不公的思想选择，这也与儒家王朝主流意识不完全相悖。

1945 年，越南最后一个封建王朝阮朝灭亡，越南民主共和国成立，但法国殖民者卷土重来，越南随即进入抗法战争时期（1945—1954）。在这一时期，领导抗法战争的是胡志明领导的越南共产党，抗法战争又是在中国的大力支持下取得胜利的。由此而观之，两国在主旋律的思想上是具有较大共性的，如讽刺和批判封建社会的不公、官场黑暗和封建社会统治阶级对普通百姓的压迫等。这一时期，越南翻译出版了《西游记》的全译本，蓝本是 1957 年北京作家出版社出版的版本，具有较为深刻的时代烙印。1955 年人民文学出版社出版的《西游记》前言说道：

> 宋、元至明初几百年间关于取经故事的民间口头传说以及话本小说和杂剧，使《西游记》取经故事通过不同的途径和文艺形式得到不断的发展。在长期的故事流传过程中，人民群众不断地改造和丰富原有故事的情节内容，同时也把他们对于封建统治阶级、封建社会的观察和认识，对于封建社会里种种丑恶势力和批判和斗争，乃至他们征服自然力的理想和愿望注入了取经故事。[1]

因此，20 世纪中后期，《西游记》在越南的传播，在伦理选择上，具有社会主义价值观的选择。越南自 1986 年改革开放，此后东西方外部的文学和各种伦理价值观冲击着越南。越南读者在阅读《西游记》时，有了更多元的伦理思考。但有一些是不会改变的，如对乐观、机智、勇敢、坚定和神通广大的孙悟空的喜爱，对贪吃好色的猪八戒的讽刺，对社会不公

---

[1]（明）吴承恩著：《西游记》，人民文学出版社，1955 年北京第 1 版，1980 年第 2 版，前言，第 6 页。

现象的不满等。2014 年，越南再版的瑞亭翻译的全译本《西游记》，对人民文学出版社的前言进行了全译，其中即强调小说反映了劳动人民对封建社会权威和等级制度的轻蔑，以及有一个民主、平等社会的愿望。[1]

《西游记》在越南传播的一个重要伦理选择，是家长对子女的教诲。这种教诲一方面是通过阅读漫画故事集或《西游记》儿童版进行的。如由慧文翻译的《西游记》漫画故事集，2010 年由河内美术出版社出版。2011 年，河内文化通讯出版社出版了由王梦宝翻译的《西游记》缩略版。2012 年，由陈友弄翻译的《西游记》漫画故事集由河内教育出版社出版。[2] 此外，诸多由唐僧师徒四人的人物形象和武器作为模型的儿童玩具在越南也较为盛行。

余 论

纵观《西游记》及其故事在越南的传播，我们可以得出以下不成熟的看法。首先，作为小说形态的《西游记》在越南的传播，至迟是 18 世纪已经明载。但由于与官方主流意识形态儒教思想相左，没有被官方和士大夫的作品征引。作为故事形态的传播，也许更早，但是我们并没有发现有现存的相关记载。其次，作为戏曲形式的《西游记》故事在越南获得较为广泛的传播，在 19 世纪至 20 世纪上半叶最盛。这一方面是由于法国殖民的文化政策使然，但商业和资本的注入、印刷术的推广和城市人口的增加等因素也不可忽视。第三，19 世纪至 20 世纪初，拉丁化越南语在越南获得前所未有的推广，客观上促进了《西游记》及其故事在越南的传播。从拉丁化全译本的文学审美而言，好的译本依然是可遇而不可求，因为汉文

[1] Thụy Đình dịch, Chu Thiên hiệu đính, Ngô Thừa Ân, *Tây Du Ký*, Nhà xuất bản Văn học, 2014, tr.5.

[2]〔越〕黎亭卿:《中国古代小说在越南——以〈三国演义〉〈水浒传〉〈西游记〉为中心》，华东师范大学中国古代文学专业博士学位论文，2013 年，第 55 页。

原著的文学审美相对于越南译者而言，实际上需要具有较高层次的汉越语言和文化修养才能办到。第四，《西游记》及其故事在越南的传播离不开不同历史时期和不同层次受众的伦理选择，其中佛教伦理在 20 世纪初的影响不容忽视。20 世纪 50 年代以来，其积极价值观的一面同样被新的社会制度所选择。正如聂珍钊教授所言，理解一部文学作品，需要从斯芬克斯因子的分析入手进行，进而对作品做出客观的价值判断，挖掘其对于我们今天的意义。

第二节 《西游记》诗词歌赋在越南语中的审美

被越南学界和出版界公认的《四大名著》经典译本中，只有《西游记》的译本在内容上是最忠实于原文的，尤其是其中的诗词歌赋，译者同样把原作翻译成越南语的诗式，令人欣慰的是，这种译法同样为越南读者接受，并成为经典，这在一定程度上体现出越南文化的包容性，也是我们去进一步理解越南文化和中越文化关系特殊性的重要一面。15 世纪越南胡朝皇帝胡季犛有诗告北国使臣，越南的风俗曰：“衣冠唐制度，礼乐汉君臣。年年二三月，桃李一般春。”

一、译者与校订者

如前文所言，20 世纪初，越南即出现《西游记》的越译本，但尚不能从文学审美上奉为经典，直至 1961 年，瑞亭译本的出现。由于史料的匮乏，我们尚且找不到任何关于瑞亭的介绍。越南文学出版社在出版《西游记》译本时，译者和校订者也均无说明。值得一提的是我们查到了校订者周天（Chu Thiên）的一些记载。

周天（1913—1992）

周天原名黄明鉴（Hoàng Minh Giám），另有笔名阳黄（Dương Hoàng），越南南定省意安（Ý Yên）县人，是越南著名的作家、文艺批评家和文学研究家。周天同样生逢乱世，但家族传统爱国，其始终以文章立身、守节，不仕法国殖民者当局，所谓“无道则隐”。1945 年越南独立以前，周天在河内民办学校教书，闲暇时光则以创作小说为业。1945—1954 年越南抗法期间，他携家迁居清化省，为《抗战》《救国》《首都》《南定》诸报撰写抗战、爱国等文章。所谓“辛苦遭逢起一经”，书生命运难免奔波与蹉跎。1954 年越南抗战胜利后，周天先在河南省一中学担任校长，后又赴河内综合大学（trường Đại học Tổng hợp Hà Nội）工作，担任该校近现代史和古代史学科教师，兼任该校翻译小组组长[1]。除此以外，1957 年，周天入选河内作家协会会员。周天一生著述颇多，代表性著作有 18 部，其中包括《李太祖》[2]（1941），《莫王脱宫》[3]（1942），《变化》[4]（1944），《雪江夫子》[5]（1943），《黎圣宗》[6]（1943），《文天祥》[7]（1944），《胡季犛》[8]（1945），《潘佩珠的革命价值》[9]（1946），《气节》[10]（1946），《抗蒙元》[11]（1957），《升龙（河内）雄气》[12]（1960），

[1] Tổ trưởng tổ phiên dịch.

[2] Lý Thái Tổ.

[3] Thoát cung vua Mạc.

[4] Biến đổi.

[5] Tuyết Giang Phu Tử.

[6] Lê Thánh Tông.

[7] Văn Thiên Tường.

[8] Hồ Qúy Lý.

[9] Giá trị Cách mạng Phan Bội Châu.

[10] Khí Tiết.

[11] Chống Quân Nguyên.

[12] Hùng khí Thăng Long.

《还剑湖影》[1]（1970），《19 世纪后半叶爱国诗歌》[2]（合作）等。1992 年周天在胡志明市逝世。[3]

后世为纪念周天，在南定省的省会专门命名一条街道为“黄明鉴街”。足见，周天生前人文之影响。校订者如此，翻译者应属非常人之辈。否则越南学界和出版界也不会认为，瑞亭翻译、周天校订的《西游记》译本，是经典的版本。

二、第一回代表性诗词歌赋的翻译

吴承恩所著《西游记》一百回中，第一回的诗词歌赋的数量可谓最多，难得的是译者在这一回并没有运用“六八体”诗式，而是尽量一一遵照原著而翻。如开篇诗：

混沌未分天地乱，
茫茫渺渺无人见。
自从盘古破鸿蒙，
开辟从兹清浊辨。
覆载群生仰至仁，
发明万物皆成善。
欲知造化会元功，
须看西游释厄传。[4]

[1] Bóng nước hồ Gươm.
[2] Thơ văn yêu nước nửa sau XIX.
[3]〔越〕德善（Đức Thiện）撰：《城南街道：黄明鉴街》，载《南定报》，2015 年 12 月 4 日。
[4]（明）吴承恩著：《西游记》，陕西新华出版社 / 陕西人民教育出版社，2016 年，第 1 页。

瑞亭译为：

Hỗn độn chưa chia trời đất loạn,
Mờ mờ mịt mịt chẳng ai **hay**.
Hồng mông từ khi Bàn Cổ mở,
Trong đục phân minh tự thuở **này**.
Che chở mọi loài nhờ trời đất,
Phát sinh muôn vật tốt lành **thay**.
Muốn biết công to của tạo hóa,
Đọc truyện Tây du giải ách **đây**. [1]

原诗八行，共五十六个字，原诗"见""辨""善""传"押韵，越南语使用"**hay**""**này**""**thay**""**đây**"一一对应谐韵。第二行"**茫茫渺渺**"，连续两个双音连绵词，译者使用了"**Mờ mờ mịt mịt**"，也是两个连绵词。词意吻合，音律契谐，译者汉学可谓功底深厚。开篇这一首诗在越南语中一样可谓包揽洪荒，涵盖气宇。难得的是描写花果山的这首辞赋的翻译：

势镇汪洋，威宁瑶**海**。
势镇汪洋，潮涌银山鱼入**穴**；
威宁瑶海，波翻雪浪蜃离**渊**。
水火方隅高积土，东海之处耸崇**巅**。
丹崖怪石，削壁奇峰。
丹崖上，彩凤双**鸣**；

[1] Ngô Thừa Ân, *Tây Du Ký*, Nhà Xuất bản Văn học, 2015, tr.23.

削壁前，麒麟独卧。
峰头时听锦鸡**鸣**，石窟每观龙出入。
林中有寿鹿仙狐，树上有灵禽玄鹤。
瑶草奇花不谢，青松翠柏长**春**。
仙桃常结果，修竹每留**云**。
一条涧壑藤萝密，四面原堤草色**新**。
正是：百川会处擎天柱，万劫无移大地**根**。[1]

Thế chấn bể **già**,
Trào dáng núi **bạc**, cá lớn vào hang kín.
Oai yên biển ngọc,
Sóng cồn nước rẫy, thuồng luồng tránh vực **xa**.
Góc Nam Phương đỉnh non cao ngất.
Phía Đông Hải ngọn núi nguy **nga**.
Sườn non đá **lạ**,
Vách phẳng non **hoa**.
Ngang sườn son líu lô đôi phượng,
Trước vách phẳng nằm khểnh lân **già**.
Trên đỉnh núi, giọng gà vàng xao **xác,**
Dưới hang đá, bóng rồng lượn vào **ra.**
Trên cây đủ chim thiêng, hạc **tía,**
Trong rừng sẵn cáo tiên, hươu **già.**
Cỏ lạ hoa thơm tươi **tắn**,
Thông xanh, trắc biếc lòa **xòa**.
Đào tiên thường kết **quả**,
Trúc tre vẫn ra **hoa.**
Một con suối đục, mây song lan kín,
Bốn mặt đê cao, cây cỏ rườm **rà.**
Chính là lời:

---

[1]（明）吴承恩著：《西游记》，陕西新华出版社 / 陕西人民教育出版社，2016 年，第 2 页。

Cột trời sững giữa trăm sông đổ **lại**,
Gốc đất to giữ muôn kiếp không **xa**. [1]

这一首辞赋，以描景写物为要旨，包含要素诸多：海山鱼浪，山石鸡麒，兽狐禽鹤，花草松柏，桃竹藤草等。不仅景物较多，还音色繁杂：势镇威宁，凤鸣鸡唤，丹彩青翠等。刘勰在《文心雕龙》中言："至于草区禽族，庶品杂类，则触兴致情，因变取会。拟诸形容，则言务纤密；象其物宜，则理贵侧附。斯又小制之区畛，奇巧之机要也。"[2]吴承恩先生的才笔可谓妙笔，瑞亭的译文也可谓生花。

译者省去了第一句"势镇汪洋，威宁瑶**海**"。"四七句式"译为"四四五句式"，如"势镇汪洋，潮涌银山鱼入**穴**"，译为：

Thế chấn bể **già**,
Trào dáng núi **bạc**, cá lớn vào hang kín.

"势镇汪洋"译为"Thế chấn bể **già**"字数不变，词意不变。"潮涌银山鱼入**穴**"中的"鱼入穴"则译为"cá lớn vào hang kín"（越南语原意为"大鱼入密穴"），译者添加了形容词，在汉文原作中若加词字，难免烦冗，但在越南语的审美中句子和语音更开阔。"威宁瑶海，波翻雪浪蜃离渊"句的翻译亦然：

Oai yên biển ngọc,
Sóng cồn nước rẫy, thuồng luồng tránh vực **xa**.

[1] Ngô Thừa Ân, *Tây Du Ký*, Nhà Xuất bản Văn học, 2015, tr.24.
[2] 刘勰著，王志彬译注：《文心雕龙》，中华书局，2012 年，第 89 页。

“威宁瑶海”译为“Oai yên biển ngọc”，字数不变，词意不更。“波翻雪浪”译为“Sóng cồn nước rẫy”，为越南语字词不二之选。“蜃离渊”，译为五字句“thuồng luồng tránh vực **xa**”（越南语原意“蛟龙避远渊”）。“水火方隅高积土，东海之处耸崇**巅**”译为：

Góc Nam Phương đỉnh non cao **ngất**.

Phía Đông Hải ngọn núi nguy **nga**.

译者直接用了七言诗式，翻译为汉语为“南方之隅高积土，东海之处山巍峨”。尽管译者把“水火”改为了“南方”，但对于越南语的读者而言，更容易理解。且方位词对应方位词，对仗工整，且“ngất”与“nga”谐韵。“丹崖怪石，削壁奇峰”译为：

Sườn non đá **lạ**,

Vách phẳng non **hoa**.

四字原句对四字原句，词意不变，“**lạ**”与“**hoa**”还谐韵。丹崖上，彩凤双鸣；削壁前，麒麟独卧。直译为：

Ngang sườn son líu lô đôi phượng,

Trước vách phẳng nằm khểnh lân **già**.

直译为七言诗，词意不变，使用“líu lô”（叽里咕噜）表达“鸣”；用“nằm khểnh”（越南语原意为“闲坐”）描写“独卧”，在越南语中更显形象和生动。“峰头时听锦鸡**鸣**，石窟每观龙出入。林中有寿鹿仙狐，树上有灵禽玄鹤。”直译为：

Trên đỉnh núi, giọng gà vàng xao **xác,**
Dưới hang đá, bóng rồng lượn vào **ra.**
Trên cây đủ chim thiêng, hạc **tía.**
Trong rừng sẵn cáo tiên, hươu **già.**

这四句七言诗汉语共二十八字，译者也用了越南语二十八字。与汉语四句明显不一样的是第一句“锦鸡鸣”三字，越南语用了五个字“giọng gà vàng xao **xác**”，其中“鸣”字用了双音节词“xao **xác**”（鸣闹）。若反向翻译成汉语，这首诗为：

锦鸡峰头鸣脆闹，
俯瞰石穴龙影翱。
枝上灵鸟紫鹤矗，
林中仙狐寿鹿跑。[1]

由此观之，译者把第三句和第四句位置进行了调换。第三句和第四句的“有”字，翻译为两个不同的词“đủ”和“sẵn”，均表示“许多”之意。且越南语中这四句诗末字“**xác**”“**ra**”“**tía**”“**già**”均押韵，从韵律上，在越南语的语境中，瑞亭的越南语译诗可谓不亚于原作。“瑶草奇花不谢，青松翠柏长春。仙桃常结果，修竹每留云。”这四句，译者译为：

Cỏ lạ hoa thơm tươi **tắn**,
Thông xanh, trắc biếc lòa **xòa**.
Đào tiên thường kết **quả**,
Trúc tre vẫn ra **hoa.**

[1] 笔者自译。

译者将“不谢”译为“tươi **tắn**”（鲜艳），且“不谢”和“长春”均用了双音节词“tươi **tắn**”“lòa **xòa**”。“修竹每留云”则译为“Trúc tre vẫn ra **hoa**”（竹子仍开花）。此句则译得没有原作雅致，若重新翻译为汉语，可为：

奇草香花艳丽，
青松翠柏披散。
仙桃常结果，
竹子仍开花。

相对原作，越南语对这四句的翻译，每句句末“**tắn**”“**xòa**”“**quả**”“**hoa**”均押韵，从语言韵律上观之，越南语译得朗朗上口。“一条涧壑藤萝密，四面原堤草色**新**。”这两句写景，语言精妙，点面铺开。越南语译为：

Một con suối đục, mây song lan kín,
Bốn mặt đê cao, cây cỏ rườm **rà.**

从把两句七言的译为两句八言的，每句八言的，又切为两句四言的，有语言上平衡之美。译为汉语：

一条涧壑，藤萝兰密。
四面高堤，草木繁盛。[1]

最末两句“百川会处擎天柱，万劫无移大地根”译者译为：

[1] 笔者自译。

Cột trời sững giữa trăm sông đổ **lại**,

Gốc đất to giữ muôn kiếp không **xa.**

这两句译者译为"八字句"，即把"七言"换成了"八言"，且句末"**lại**"与"**xa**"押韵。七言诗对于汉语读者并不陌生，而越南语读者对八言诗则同样熟悉。

瑞亭对这首赋尽管运用了不规则的句式进行翻译，不拘格律可谓是豪放的体现。但整首赋的翻译，至少有十二句押韵，在韵律上可谓"珠玉不断"。

再如吴承恩对水帘洞瀑布的描写：

一派白虹起，千寻雪浪**飞**。

海风吹不断，江月照还**依**。

冷气分青嶂，余流润翠**微**。

潺湲名瀑布，真似挂帘**帷**。[1]

译者译为：

Một dải cầu vồng trắng,

Nghìn tầm sóng tuyết **bay**.

Gió bể thổi chẳng dứt,

Trăng sông soi vẫn **đầy**.

Khí lạnh rõ đá núi,

Nước nguồn mát cỏ **cây**.

Réo rắt nước bọc bố,

[1]（明）吴承恩著:《西游记》，人民文学出版社，1980 年，第 4 页。

Khác gì treo rèm **mây**. [1]

这一首写景，原诗大气磅礴，意境自然，涳涳濛濛，烟波缥缈。在越南语中，“白虹”换成了“cầu vồng”，“雪浪”成为了“sóng tuyết”，“吹不断”译为了“thổi chẳng dứt”（越南语原意：吹又何断），“江月照还依”译为“Trăng sông soi vẫn **đầy**”（越南语原意：江月照仍盈），一字之差，“**đầy**”凸显月明，“依”突出温情。“冷气分青嶂，余流润翠微”译为：

Khí lạnh rõ đá núi,
Nước nguồn mát cỏ **cây**.

再译为汉语，可为：“冷气分山石，流水润草木。”末两句“Réo rắt nước bộc bố, Khác gì treo rèm **mây**.”又可译回汉语：

抑扬名瀑布，
无异挂云帘。

原诗“飞”“微”“帷”押韵，译诗“**bay**”“**đầy**”“**cây**”“**mây**”谐韵，各自有韵律，彼此有雅致。原作和译作可谓在各自语境中比翼双飞，令读者连流忘返。瑞亭对诗歌也有一些修改，不完全照译。袁行霈先生曾言：“创造新意境，需要艺术的勇气。谢榛《四溟诗话》说‘赋诗要有英雄气象；人不敢道，我则道之；人不肯为，我这为之。厉鬼不能夺其正，利剑不能折其刚’。”[2] 译者瑞亭可谓勇气可嘉，且对于笔者这样一个学习了数十年越南语的中国读者，穿越在两种语言的诗歌中，却毫无违和感。

---

[1] Ngô Thừa Ân, *Tây Du Ký*, Nhà Xuất bản Văn học, 2015, tr.25.

[2] 袁行霈著：《中国诗歌艺术研究》，北京大学出版社，1987 年，第 46 页。

瑞亭在翻译《西游记》中第一次使用“六八体”诗式是在翻译水帘洞景色时，且阅原词：

翠藓堆**蓝**，白云浮玉，光摇片片烟**霞**。虚窗静室，滑凳板生**花**。乳窟龙珠倚**挂**，萦回满地奇**葩**。锅灶傍崖存火迹，樽罍靠案见肴**渣**。石座石床真可爱，石盆石碗更堪**夸**。又见那一竿两竿修竹，三点五点梅**花**。几树青松常带雨，浑然像个人**家**。[1]

译者将这首词转译为越南本土“六八体”诗式：

Lăn tăn từng đám rêu **xanh**,	青藓片片如漪涟，
Ngọc gài mây trắng bức **tranh** sáng **ngời**.	白云佩玉明如画。
Yên hà lớp lớp ánh **soi**,	烟霞层层且辉映。
Nhà thanh cửa tĩnh, ghế **ngồi** nở **hoa**.	室静门清椅生花。
Long châu, thạch nhũ chan **hòa**,	龙珠石乳多融洽，
Quanh co khắp đất, cỏ **hoa** thanh **kỳ**.	萦回满地草奇葩。
Còn vết lửa cạnh bếp **lò**,	锅灶崖边仍火迹，
Chén trên bàn, vẫn thơm **tho** tiệc **nồng**.	樽盏桌上宴仍案。
Ghế giường toàn đá trắng **bong**,	石椅石床皆洁白，
Bát đĩa, chậu rửa đều **dùng** đá **hoa**.	碗碟菜盆皆花岗。
Nhành mai ba bảy nở **hoa**,	梅花几点又绽放，
Mấy cây thanh，trúc lòa **xòa** trước **sân**.	修竹院前有数竿。
Thanh tùng lá đượm mưa **xuân**,	密叶青松春带雨，

[1]（明）吴承恩著:《西游记》，人民文学出版社，1980 年，第 5 页。

Khác gì nhà cửa thường **dân** trên đời.[1]　　更似寻常百姓家。[2]

原词有四字句，五字句，六字句，七字句，九字句。全词共十五句，其中“**蓝**”“**霞**”“**花**”“**挂**”“**葩**”“**渣**”“**夸**”“**花**”“**家**”押韵。此词描绘了犹如“世外桃源”般的水帘洞风貌，写境和意境谐和，韵律和句法并妙。译者在翻译这首词时，用了一些双音连绵词，如“lăn tăn”“lớp lớp”“ba bảy”“lòa **xòa**”，这与原作不同。此外，译诗逐句之间均有押韵，如“**xanh**”与“**tranh**”，“**ngời**”与“**ngồi**”，“**hoa**”与“**hòa**”，“**hòa**”与“**hoa**”，“**kỳ**”与“**lò**”，“**lò**”与“**tho**”，“**nồng**”与“**bong**”，“**bong**”与“**dùng**”，“**hoa**”与“**hoa**”，“**hoa**”与“**xòa**”，“**sân**”与“**xuân**”谐韵。

译者还运用了对偶句式翻译单个句子，如“萦回满地奇**葩**”，译为：“Quanh co khắp đất, cỏ **hoa** thanh **kỳ**”（萦回满地，异草奇葩）。六八体句式中，六字句多运用“二二二”式，如“Lăn tăn từng đám rêu **xanh**”“Yên hà lớp lớp ánh **soi**”“Long châu, thạch nhũ chan **hòa**”等。八字句可运用“二二二二”式，如“Ngọc gài mây trắng bức **tranh** sáng **ngời**”“Nhà thanh cửa tĩnh, ghế **ngồi** nở **hoa**”；多运用“四四”式，如“Nhà thanh cửa tĩnh, ghế **ngồi** nở **hoa**”“Quanh co khắp đất, cỏ **hoa** thanh **kỳ**”；也有运用“三五”式的，如“Chén trên bàn, vẫn thơm **tho** tiệc **nồng**”“Mấy cây thanh, trúc lòa **xòa** trước **sân**”。

刘勰在《文心雕龙》中说：“夫裁文匠笔，篇有大小；离章合句，调有缓急；随变适会，莫见定准。句司数字，待相接以为用；章总一义，须意穷而成体。其控引情理，送迎际会，譬舞容回环，而有缀兆之位；歌声靡曼，而有抗坠之节也。”[3]译者瑞亭把《西游记》中的诗词翻译出的字句和

---

[1] Ngô Thừa Ân, *Tây Du Ký*, Nhà Xuất bản Văn học, 2015, tr.26.

[2] 笔者自译。

[3] 刘勰著，王志彬译注：《文心雕龙》，中华书局，2012 年，第 394 页。

韵律审美，在越南语读者中，获得高度认可，难怪被奉为经典译本。从汉语诗词译为越南语诗词，再从越南语诗词二度译为汉语诗词，虽字句略有差异，但词意审美依然，这也充分说明中越文学文化关系之紧密。

在对《西游记》第一回诗词的翻译中，译者时而直接以律诗翻译，时而以“六八体”，或其他变化的诗式，但不变的是仍保持意境和韵律节奏，这也充分说明了越南语与汉语在诗词方面的互译度较高，这也是东南亚其他语言所不能比拟的。再如第一回描述水帘洞内部环境时，有诗云：

刮风有处躲，下雨好存**身**。
霜雪全无惧，雷声永不闻。
烟霞常照耀，祥瑞每蒸**熏**。
松竹年年秀，奇花日日**新**。[1]

全诗共八行，四十个字。“身”“熏”“新”押韵。越南语同样用八行四十个字，与原诗一样押韵译出：

Gió có nơi ẩn nấu,
Mưa được chốn trú **thân**.
Sương tuyết không lo sợ,
Sấm sét chẳng ngại **ngần**.
Mây đẹp thường soi sáng,
Điềm lành vẫn xoay **vần**.
Tùng trúc quanh năm tốt,
Hoa lạ ngày cùng **xuân**. [2]

---

[1]（明）吴承恩著：《西游记》，人民文学出版社，1980 年，第 5 页。

[2] Ngô Thừa Ân, *Tây Du Ký*, Nhà Xuất bản Văn học, 2015, tr.27.

这首越南语译诗无论字数还是句意、押韵都与原作无异。“**thân**”“**ngần**”“**vần**”“**xuân**”押韵。越南语的六个语调读起来比现代汉语四个声调仍更有节奏，当然，古代汉语读音语调比现代汉语要多一些。这种翻译汉语诗词的方式，并不让越南语的读者感觉到陌生，尤其是这些译作出自 20 世纪初越南汉学家之手，更能让现当代越南语读者既有跨越时代之感觉，又有穿越曾使用汉字之念想。五言诗能直译，七言诗亦然，再如第一回这首著名的劝世七言：

争名夺利几时休？早起迟眠不自**由**！
骑着驴骡思骏马，官居宰相望王**侯**。
只愁衣食耽劳碌，何怕阎王就取**勾**？
继子封荫图富贵，更无一个肯回**头**。[1]

瑞亭译为：

Tranh giành trục lợi có thôi đâu!
Dậy sớm nằm khuya bó buộc **nhau**.
Cưỡi chú lừa gầy, thèm ngựa tốt,
Làm quan tể tướng muốn vương **hầu**.
Chỉ vì cơm áo mà lao khổ,
Chẳng sợ Diêm Vương bắt chóng **mau**.
Chúi mặt, làm giàu cho cháu chắt,
Chẳng ai tỉnh giấc biết quay **đầu**. [2]

[1]（明）吴承恩著：《西游记》，人民文学出版社，1980 年，第 9 页。
[2] Ngô Thừa Ân, *Tây Du Ký*, Nhà Xuất bản Văn học, 2015, tr.31.

原诗八行，五十六字，“由”“侯”“勾”“头”押韵，越南语译诗也是八行五十六字，“**nhau**”“**hầu**”“**mau**”“**đầu**”谐韵。字句变化不大，只有“驴骡”二字，译者用了“chú lừa gầy”（小瘦驴），称呼瘦驴为“chú”（原意为“小叔子”）特别诙谐生动。再考察悟空参访仙道途中所遇樵夫所歌之词：

观棋柯烂，伐木丁**丁**，云边谷口徐**行**。卖薪沽酒，狂笑自陶**情**。苍径秋高，对月枕松根，一觉天**明**。认旧**林**，登崖过**岭**，持斧断枯**藤**。

收来成一担，行歌市**上**，易米三**升**。更无些子争**竞**，时价平**平**。不会机谋巧算，没荣辱，恬淡延**生**。相逢处，非仙即道，静坐讲黄**庭**。[1]

这一首《满庭芳》译者也译得精妙：

Xem cờ mục cán búa,
Chặt củi rình **rình**.
Cửa hang lững thững mây **xanh**.
Bán củi mua rượu,
Cười say thỏa **tình**.
Đêm thu xanh thẫm,
Gối cây nằm ngắm trăng **thanh**,
Một giấc đến sáng.
Theo rừng cũ,
Vượt núi qua **đồi**.
Giơ búa chặt cành nỏ.

Thu lại thành bó rồi,

[1]（明）吴承恩著：《西游记》，人民文学出版社，1980 年，第 10 页。

Ngheo ngao trên chợ,
Đổi gạo ba **thang**,
Không có chút gì tranh **cạnh**,
Thời giá vẫn ngang **bình**.
Chẳng biết lường thưng giảo đấu,
Kệ nhục **vinh**,
Đời sống thanh đạm,
Nơi tương phùng, [1]
Gặp gỡ không Tiên thời Phật,
Ngồi yên giảng sách Hoàng **Đình**. [2]

原词前后共二十二句，九十六字，上阙“**丁**”“**行**”“**情**”“**明**”“**林**”“**岭**”押韵，下阙“**上**”“**升**”“**竞**”“**平**”“**生**”“**庭**”押韵。译诗共二十一句，漏译了“相逢处”，[3] 笔者补译为“nơi tương phùng”。其中上阙“**rình**”“**xanh**”“**tình**”“**thanh**”谐韵，下阙“**thang**”“**cạnh**”“**bình**”“**vinh**”“**Đình**”谐韵。

在句式上，原词采用的三字、四字、五字和六字句式，译者翻译时大体雷同，但也有不同之处。在上阙中“观棋柯烂”译为五字句：“Xem cờ mục cán búa”（观棋柯斧烂），“狂笑自陶**情**”译为四字句：“Cười say thỏa **tình**”（醉笑酣情），“对月枕松根”译为六字句“Gối cây nằm ngắm trăng **thanh**”。下阙中“时价平**平**”译为五字句“hời giá vẫn ngang **bình**”（时价仍平平）、“非仙即道”译为六字句“Gặp gỡ không Tiên thời Phật”（所遇非仙即佛），“静坐讲黄**庭**”译为六字句“Ngồi yên giảng sách Hoàng **Đình**”（静坐讲《黄庭经》）。

---

[1] 此句为笔者补译。
[2] Ngô Thừa Ân, *Tây Du Ký*, Nhà Xuất bản Văn học, 2015, tr.32-33.
[3] 抑或为再版遗漏。——笔者注。

在用词上，“伐木丁丁”译为“Chặt củi rình **rình**”，其中汉语双音拟声词“丁丁”同样用越南语的双音拟声词“rình **rình**”，“云边谷口徐行”中的“徐行”用了双音节词“lững thững”，与上一句“rình **rình**”又呼应，节奏感十足。

这一首汉语的《满庭芳》，在越南译者的笔下，令读者颇感熟稔。正如袁行霈先生在《中国诗歌艺术研究》中所引况周颐《蕙风词话》所言：“读词之法，取前人名句意境绝佳者，将此意境缔构于吾想望中。然后澄思渺虑，以吾身入乎其中而涵泳玩索之。吾性灵与相浃而俱化，乃真实为吾有而外物不能夺。”[1]袁行霈先生论及中国古典诗歌的意境时，曾评论意境能令人有熟稔感、向往感和超越感。我们不敢高抬这首越南语译词有多精妙，但以笔者为例，至少能让我有较强的向往感。这种向往感有如陆游诗句“小楼一夜听春雨，深巷明朝卖杏花”之感受，或有苏东坡“庐山烟雨浙江潮”之警醒，抑或“事了拂衣去，深藏功与名”之洒脱，越南语译词一样令人心头一暖，酣畅淋漓。

三、其他举隅

以诗译词，也是译者瑞亭翻译《西游记》诗词的一大特点。如第九回“袁守诚妙算无私曲　老龙王拙计犯天条”，全回约二十首诗词，译者只翻译了六首，其中原因，不得而知。或是精力有限，删繁就简之译法，抑或是怕过多的辞章损了故事之初衷。但无论如何，其对第九回一些词的翻译，不可谓不妙。如渔翁张稍和樵夫李定的对词。第一首《蝶恋花》：

烟波万里扁舟小，静依孤篷，西施声音绕。涤虑洗心名利少，闲

[1]（清）况周颐著:《蕙风词话》，人民文学出版社，1960年，第9页。

攀蓼穗蒹葭**草**。

数点沙鸥堪乐**道**，柳岸芦湾，妻子同欢**笑**。一觉安眠风浪**俏**，无荣无辱无烦**恼**。[1]

瑞亭译为“六八体”诗：

Xa xa sóng vỗ thuyền **con**,
Giọng Tay Thi vẫn véo **von** quanh **buồm**.
Rỗi tìm cỏ ngắt hoa **thơm**,
Lo phiền rửa hết, chẳng **mạng** lợi **danh**.
Vui nhìn cò cốc lênh **đênh**,
Bờ lau ngàn liễu dập **dềnh** vợ **con**.
Sóng yên gió lặng ngủ **ngon**,
Không phiền, không não, chẳng **còn** nhục vinh. [2]

原词牌为双调，上片、下片同调，押仄声韵，十句，共六十字，前片、后片共四仄韵。越南语译诗八句共五十六字，“**con**”与“**von**”，“**buồm**”与“**thơm**”，“**thơm**”与“**mạng**”，“**danh**”与“**đênh**”，“**đênh**”与“**dềnh**”，“**con**”与“**ngon**”，“**ngon**”与“**còn**”七组词谐韵。译者以诗译词，写境、造境、意境皆全，这首译诗再译成汉语为：

烟波浪拍扁舟，
西施余音，绕船袅袅。
闲寻草碧香花，

[1]（明）吴承恩著：《西游记》，人民文学出版社，1980 年版，第 113 页。
[2] Ngô Thừa Ân, *Tây Du Ký*, Nhà Xuất bản Văn học, 2015, tr.158-159.

涤尽烦忧，名利不沾。
乐观鹤鹊现隐，
芦岸流湾，妻子乐欢。
浪静风平眠安，
无烦无恼，荣辱散尽。[1]

译诗中巧妙地运用了双音词如“xa xa”（远远的），“véo von”（清脆的），“lênh đênh（飘荡的）”。如果从现代汉语朗诵原作，这首《蝶恋花》六十个字中，只有四个语调的变化，而越南语译诗五十六个字却有六个语调的变化，因为现代越南语有六个语调，其朗读起来，节奏变化更多。袁行霈先生曾言：“境生于象而超乎象。”[2] 刘禹锡所谓：“杳如搏翠屏、浮层澜，视听所遇，非风尘间物。亦犹明金猝羽，得于遐裔。”[3] 这种境象与意象的交融，可堪评价中国诗词，也可用在评价越南语诗词，东方诗词之妙，可相通融。

再观李定所对之《蝶恋花》：

云林一段松花**满**，默听莺啼，巧舌如调**管**。红瘦绿肥春正**暖**，倏然夏至光阴**转**。

又值秋来容易**换**，黄花香，堪供玩。迅速严冬如指拈，逍遥四季无人**管**。[4]

瑞亭同样以“六八体”诗式把词译为诗：

[1] 笔者自译。
[2] 袁行霈著：《中国诗歌艺术研究》，北京大学出版社，1987 年，第 54 页。
[3]《刘宾客文集》卷一九，载《四部备要》本。转引自袁行霈著：《中国诗歌艺术研究》，北京大学出版社，1987 年，第 55 页。
[4]（明）吴承恩著：《西游记》，人民文学出版社，1980 年，第 113 页。

Mây Quanh đầy rẫy hoa **thông**,
Tiếng Oanh ríu rít như **cùng** đàn **ca**.
Xuân về xanh thẫm đỏ **nhờ**,
Hè nồng đổi đến, ngày **giờ** chuyển **mau**.
Đổi thay này tiết sang **thu**,
Hoa vàng thơm ngát, ngao **du** thích **tình**.
Mùa đông rét đến thình **lình**,
Bốn mùa vui thú mặc **mình** tiêu dao. [1]

原词共十句，五十七字，越南语译诗八句共五十六字。越南语译诗中，“**thông**”与“**cùng**”，“**ca**”与“**nhờ**”，“**nhờ**”与“**giờ**”，“**mau**”与“**thu**”，“**thu**”与“**du**”，“**tình**”与“**lình**”，“**lình**”与“**mình**”谐韵。译者瑞亭的译诗又可再译回汉语：

云绕绕松花满，
莺声清脆，犹如歌奏。
绿深红浓春回，
盛夏已至，时光倏然。
时节更换秋来，
黄花香郁，游趣闲情。
隆冬忽又踏来，
四季逍遥，怡人自在。[2]

以诗译词，可谓译坛新曲。清代纳兰容若曾说：“诗亡而词乃盛。”[3]但

[1] Ngô Thừa Ân, *Tây Du Ký*, Nhà Xuất bản Văn học, 2015,tr. 159.
[2] 笔者自译。
[3] 转引自（清）况周颐著：《蕙风词话》，人民文学出版社，1982 年，第 121 页。

于《西游记》的越译，似诗词又可共处一室，相得益彰。《西游记》中词的翻译，瑞亭采取更多的还是诗译。如第十四回“心猿归正 六贼无踪”，描写唐僧把孙悟空从五指山救出，悟空开始护送三藏取经，不觉饥餐渴饮，夜宿晓行，又值初冬时候。但见那：

霜凋红叶千林**瘦**，岭上几株松柏**秀**。未开梅蕊散香**幽**，暖短**昼**，小春**候**，菊残荷尽山茶**茂**。

寒桥古树争枝**斗**，曲涧涓涓泉水**溜**。淡云欲雪满天浮，朔风**骤**，牵衣**袖**，向晚寒威人怎**受**？[1]

这一首词写冬景，实属唯美之作。瑞亭同样用了“六八体”进行翻译：

Lá rừng đỏ úa sương **pha**,
Trên non tùng bách thật **là** tốt **xanh**.
Nhị mai còn rấm trên **cành**,
Đêm dài ngày ngắn đã **rành** tiểu **xuân**.
Trà tươi sen cúc lụi **dần**,
Cầu sương, cổ thụ cành **cằn** lá **rơi**.
Suối khe nước lượn dòng **khơi**,
Tuyết nhường sa suống đầy **trời** nhạt **mây**.
Tay áo rộng, gió heo **may**,
Về chiều rét dữ, nỗi **này** ai đang? [2]

原词十句共六十八字，译诗八句共七十字。其中“**pha**”与“**là**”，

---

[1]（明）吴承恩著:《西游记》，人民文学出版社，1980 年，第 179 页。

[2] Ngô Thừa Ân, *Tây Du Ký*, Nhà Xuất bản Văn học, 2015, tr.232.

“**xanh**” 与 “**cành**”，“**cành**” 与 “**rành**”，“**xuân**” 与 “**dần**”，“**dần**” 与 “**cằn**”，“**rơi**” 与 “**khơi**”，“**khơi**” 与 “**trời**”，“**mây**” 与 “**may**”，“**may**” 与 “**này**” 九对音谐韵。这首越南语诗重译成汉语为：

林叶凋零霜挂，
岭上松柏，青秀仍飒。
梅蕊含苞待放，
夜长昼短，小春已来。
荷残菊尽荼茂，
寒桥古树，枝瘦叶零。
泉涓溪曲犹然，
淡云铺盖，天雪欲降。
袖宽风骤无挡，
向晚凌寒，谁人可抗？[1]

越南语中的“六八体”，从朗读角度审视，多是“二二”节奏，即两个字、两个字互相停顿地阅读，但是六字句和八字句中又有越南语六个语调可选，此外还有上下句的腰韵和尾韵的相互押韵，可谓声律节奏繁花。刘勰谓：“练才洞鉴，剖字钻响，疏识阔略，随音所遇，若长风之过籁，东郭之吹竽耳。古之佩玉，左宫右徵，以节其步，声不失序，音以律文，其可忽哉！”[2]

瑞亭对《西游记》诗词歌赋的翻译，最具特点的是在“六八体”诗式及其韵律上。但无论是“六八体”还是直接译为“七言”，译者对于韵律的自我要求还是很高的，这充分说明译者的高超翻译水平以及汉越两种语

[1] 笔者自译。
[2] 刘勰著：《文心雕龙》，中华书局，2012 年，第 388 页。

言切换的精妙之处。

第三节 《西游记》在越南和泰国与东南亚其他国家传播的比较

泰国传统上受到印度文化影响较大，体现在文学方面较为突出的标志是罗摩故事及《罗摩衍那》在泰国具有深刻的影响。要探讨中印两国文化经典对泰国的影响，不能不提及《西游记》和《罗摩衍那》，但《西游记》的影响远比《罗摩衍那》要逊色一些。《西游记》小说文本诞生于明代，彼时越南已经进入独尊儒术的时代，对于神魔小说，是很难为官方认可的。但在泰国的情况则不然，中南半岛国家中，泰国深受印度文化影响。印度教和印度佛教的文化对泰国的影响较早，且体现在诸多方面，除了各种印度语言文字、风俗、建筑风格之外，文学的影响也颇大，在文学现象中以《罗摩衍那》为蓝本创作的《拉玛坚》即为一典型例子。

一、早期中泰《西游记》文本传播的比较

较之越南，《西游记》传播至泰国的时间算是较晚的。谢玉冰认为中国文学在泰国早期的流传首先表现在宫廷里。[1] 这一观点值得商榷，明清时期迁居暹罗的华人，若说无人携带《西游记》，恐令人难以信服。不过，翻译中国文学成为国策，则是从拉玛王朝（1782—1809）开始的。这在古代东南亚国家接受中国文学和文化现象中，是一个特例。尽管历史上越南

[1]〔泰国〕谢玉冰著：《神猴：印度“哈奴曼”和中国“孙悟空”的故事在泰国的传播》，社会科学文献出版社，2017 年，第 90 页。

官方也曾命令采购中国书籍，但是到了 18 世纪，下令翻译中国文学之事，确从未发生过。

最先被翻译成泰文的中国文学作品是《三国》（1802）和《西汉》（1844 年以前）。这两部历史小说深受国王和宫廷贵族的喜爱。尤其是《三国》改译的成功，致使泰国拉玛王朝二世王至六世王时期（1809—1925）的百余年间，成为泰国翻译中国古代文学作品的高潮。相对于泰国，越南翻译中国古代文学作品的高潮也差不多在这一时期。

《西游记》在泰国的翻译是在 19 世纪晚期，比其他许多文学作品被翻译的时间都较晚。迄今为止，《西游记》在泰国有两个全译本。较之，越南迄今发现的全译本只有一部，且是 20 世纪中叶之后才逐渐得以广泛刊行的。但作者出生于 20 世纪初，汉学功底和越南语根基都很好。泰国现存最早的《西游记》译本是 1898 年（拉玛王朝五世王时期）由乃鼎翻译的版本。这一版本封面题字“西游”（Sai - you），是闽南语的发音。这一版本也是泰国现存最完整的百回全译本。值得一提的是，当时泰国已经吸收了西方较为发达的印刷术等先进技术，翻译中国文学又成为国策之一，《西游记》在泰国的翻译和传播获得了民间的动力机制。较之其他由官方组织翻译的中国古代文学作品，《西游记》是被私人出版公司选中翻译的。当时一名私人出版公司经理乃乐克认为，《西游记》是一部有趣的中国小说，遂聘请一位名叫乃鼎的泰国华人进行翻译，同时还聘请一位名叫乃万的泰国人对译文进行修改和润饰。不过，《西游记》的这一译本，与洪版《三国》类似，删去了不少原文的内容，包括韵文，也就是诗词歌赋，且翻译文笔也有诸多用词不当、词不达意之处。[1]

由此而观之，早期《西游记》在泰国的翻译带有泰国华人的印记，华人起到了重要的作用。泰国民间多称呼孙悟空为“Hengjie”（“行者”的闽

[1]〔泰国〕谢玉冰著：《神猴：印度“哈奴曼”和中国“孙悟空”的故事在泰国的传播》，社会科学文献出版社，2017 年，第 93—94 页。

南语读音）。相对于越南，则不然，其中的原因，是因为汉字在当时是越南官方和民间都使用的文字形式，越南知识分子不需要华人翻译也能读得懂汉字。

较之泰国，《西游记》文本传入越南可追溯至18世纪，这明显要早于泰国。在越南没有全译本之前，《西游记》在越南的传播形式，更多的是通过民间戏剧，至19世纪末20世纪初逐渐出现节译、改译和全译本。而泰国的情况是有区别的，由于印度文化在泰国影响较早，《罗摩衍那》的故事、罗摩的形象在泰国早已先入为主和深入人心，所以《西游记》和孙悟空的形象在早期传播的过程中，并不能像《西游记》在越南儒家文化语境中传播得那么具有异域风情。

二、20世纪60年代以来中泰《西游记》传播的比较

20世纪60年代，越南北部正处在抗法、抗美的民族主义斗争阶段。《西游记》在越南的传播，从民族主义层面，需要抗争的精神需求。而在民间，劝人弃恶从善，佛道理念又可以调和社会秩序。这一时期中越关系也处在“蜜月期”，20世纪60年代，《西游记》在越南的传播也获得了较大的普及。

就文本而言，《西游记》在越南的全译本是20世纪60年代开始才逐渐传播开的。较之越南，在20世纪60—70年代，《西游记》在泰国的翻译和传播并不像《三国演义》在泰国的情况那样受到中泰政治关系的负面的影响。1960年，寿·博达普墨盎的译本《〈西游记〉向西天取经》在泰国《财雅铺》月刊陆续刊载，但遗憾的是只刊载至第11回就停止了。从1960年第2期《财雅铺》刊登的译者前言可知，这一译本，实际上是从1919年开始得到其他刊物的刊载，译者花了40个月才把全书翻译完成的。谢玉冰认为寿·博达普墨盎的译本较之乃鼎的译本在文笔上要更胜一

筹。且该译本能让读者在泰文中感受到泰文、巴利文和梵文的典雅。[1]

值得一提的是，20 世纪 60 年代《西游记》在泰国的绘图本只有一种，即 1966 年由坡 · 傍譬翻译出版的《西游故事》。相对泰国，越南在这一时期的绘图本层出不穷，且儿童读者颇多。此外，坡 · 傍譬还于 1968 年出版了节译本。1974 年，泰国僧侣开玛南达根据乃鼎泰译本进行浓缩，编译了《〈西游记〉远途之旅》，由泰国实习和实行佛法基金会印行。较之泰国，越南从无僧侣参与《西游记》的翻译出版工作。但越南改编《西游记》成为戏剧剧本之时，却有佛教伦理教化的初衷。无独有偶，泰国僧侣改编本的初念，也有此想法。开玛南达说，《西游》之奥妙在于：首先读者要把全部内容看成“无”，即所谓西天则是佛法所说的涅槃，如来佛是佛境，三个徒弟原来是智慧（孙悟空）、戒（猪八戒）、定（沙僧），唐三藏代表“忍”，白马代表“精进”，各路妖怪是人类的种种“欲念”。[2]

1975 年中泰建交之后，两国文化往来日益密切，意识形态的隔阂逐渐褪去，《西游记》在泰国的传播得以顺畅起来，传播媒介也逐步多元化，尤其是影视传播方式影响较大，这一点与在越南的情况类似。

三、越泰民间对《西游记》中孙悟空崇拜的比较

相对于越南，泰国民间对《西游记》人物的崇拜有过之而无不及。其中的原因，笔者认为一是华人迁居泰国带去的，二是由于佛教的缘故。谢玉冰认为对孙悟空的信仰崇拜自 18 世纪末就随着华人旅居泰国而存在了。不过，早期华人对孙悟空的偶像崇拜，大多以各种形象安放在自己宅中，

[1]〔泰国〕谢玉冰著：《神猴：印度“哈奴曼”和中国“孙悟空”的故事在泰国的传播》，社会科学文献出版社，2017 年，第 95—96 页。

[2]〔泰国〕谢玉冰著：《神猴：印度“哈奴曼”和中国“孙悟空”的故事在泰国的传播》，社会科学文献出版社，2017 年，第 99 页。

胡志明市二府会馆供奉的“齐天大圣”

胡志明市霞漳会馆供奉的“齐天大圣”

胡志明市温陵会馆供奉的“齐天大圣”

本页图片来源：2024 年李鸿烨摄于胡志明市。

而非庙宇。在泰国，崇拜和祭祀“大圣爷”“大圣佛祖”“猴面佛”的风俗较为普遍，在曼谷、春武里和普吉府有约40座供奉孙悟空的庙宇。[1]不过这些庙宇大多是华人供奉的庙宇，闽南华人移居泰国，把闽南崇拜和供奉孙悟空的文化带到了泰国。这一点，与马来西亚华人的孙悟空崇拜也有异曲同工之妙。

孙悟空祭祀和崇拜现象在越南华人群体中亦有所体现，且尤以福建人群体最为集中。以胡志明市为例，由福建华人兴建的二府会馆、霞漳会馆、温陵会馆中至今仍供奉“齐天大圣”。据二府会馆的简介可知，其前身为旅居嘉定的福建泉州和漳州商贾出资修建的二府庙，而最迟至18世纪末，二府会馆就已经出现。介绍中提到，会馆中“在金花娘娘供奉殿右边还有《西游记》中人物齐天大圣的供奉殿”。[2]霞漳会馆的兴建年份不详，但据其馆内碑记可知曾分别于1848年、1871年进行重修。[3]温陵会馆修建时间亦不详，但据会馆内石碑内容可知曾于1828年、1867年进行修葺。[4]

不过，除华人群体外，早期越南民间对《西游记》的喜爱，大多还是以戏剧的形式存在。19世纪阮朝建立后，尤其是到了明命时期，官方崇儒更甚，明令各地修建关公庙，儒佛在阮朝难以两立，新建佛教庙宇在阮朝得不到官方鼓励。20世纪下半叶，越南又出现过排华潮，以致华人社会和庙宇发展缓慢。直至现当代，《西游记》及相关人物又以文本、影视、雕塑、玩具等方式传播。

在越南历代的汉文小说中，我们能看到的被塑造出来的关于猴的神仙

[1]〔泰国〕谢玉冰：《〈西游记〉在泰国的传播、再现与衍生》，载《国际汉学》，2018年第2期。

[2] 越南胡志明市第五郡文化与通讯处编：《第五郡文化遗迹引以为豪》，梅英勇印刷有限公司，2018年，第53—55页。

[3] 麒麟：《百年遗迹　风雨侵蚀：福建霞漳会馆妈祖庙期盼各界慷慨解囊》，《西贡解放日报》，2024年4月22日。

[4] 越南胡志明市第五郡文化与通讯处编：《第五郡文化遗迹引以为豪》，梅英勇印刷有限公司，2018年，第67页。

形象并不多，除了《岭南摭怪》之《夜叉王传》之外，越南的主体民族京族对猴子的形象塑造不多。《夜叉王传》字数不多：

> 昔在上古时，南越瓯貉国之外有妙严国，国王号曰“夜叉王”，一曰“长明王”，一曰“十头王”。其国北接胡孙精之国，胡孙精国王十车王，太子曰微姿，其妻曰白净后娘，容貌美丽，世所罕有。夜叉闻之而悦，乃率众攻围胡孙精国，接得白净后以归。微姿怒，遂领猕猴之众，移山填海，尽为平路，攻破妙严国，杀夜叉王，复取净后娘而还。盖胡精类乃猕猴之精，今占城是也。[1]

实际上，这是越南京族人描绘占城国起源的故事。很显然，东南亚国家对神猴故事的建构和崇拜实际上更集中于历史上深受印度文化影响的文化传统中。占城是于 2 世纪立国，至 19 世纪初被越南主体民族京族消灭的东南亚文明古国。在现存越南汉文文献中，我们能看到的有《鸿庞氏传》《狐精传》《鱼精传》《金龟传》等，并无崇拜神猴或孙悟空的传说。

四、《西游记》在越南与泰国之外东南亚其他国家传播的比较

与在越南和泰国的情况类似，《西游记》在印度尼西亚的传播也较早。除了戏剧形式之外，文本的翻译可以追溯至 19 世纪下半叶。根据马祖毅先生早年的研究，《西游记》在印度尼西亚最早的译本是施贯彝翻译的，不过仅一卷共 56 页而已，该译本于 1886 年在三宝垄出版。马来文全译本《西游记》二十四卷 1200 余页，则出版于 1895—1896 年间，译者是巴达维亚（雅加达）的叶元和。叶元和的译本于 1917 年得到再版，1920 年出版了改

[1]〔越〕陈世法等撰，任明华点校：《岭南摭怪列传》（丙本），载孙逊、郑克孟、陈益源主编：《越南汉文小说集成》第 1 册，上海古籍出版社，2011 年，第 199 页。

编的简写本，仅 82 页。另有胡永强的全译本，取名《西游真诠》，1937 年 9 月开始在印度尼西亚中爪哇的《梭罗》报上连载。胡永强早在 1926 年元宵节前就以梭罗孔教会馆的名义将其译文向听众宣讲，以后每逢正月十五前夕就宣讲一次。胡永强坚持了十年，这部小说的译文，通过口头宣讲到书面连载，且经历了“十年磨一剑”的功夫，在《西游记》传播至东南亚国家中的这一特点是罕见的。1888 年，印度尼西亚土生华人翻译介绍了《后西游记》。1891 年，叶元和又出版了《后西游记》新译本，共七卷 560 页。[1]

值得一提的是，《西游记》在印度尼西亚的传播与在泰国类似，均依靠华人的力量。而在越南却由于知识分子均通晓汉字而不需要依赖华人。

相对而言，《西游记》在东南亚国家传播和影响的强弱，主要由两个因素决定。一是国家主流意识形态的传统，二是华人群体规模的大小。一般而言，东南亚佛教国家较早受到印度宗教和神话的影响，接受或改写《罗摩衍那》、神猴哈奴曼等较之《西游记》更早，例如泰国、缅甸。但较之缅甸，泰国华人的群体和知识分子规模又较大。故《西游记》在泰国的传播和影响又较具生命力。缅甸的情况则不然。

虽然历史上中国侨民在缅甸的人数不少，但他们大多是经商或从事手工业，文化层次并不高。新中国成立以前，中缅文学交流相对其他东南亚国家而言，远远不够。当然，还有一个重要的原因就是近代东南亚多数国家被西方殖民，二战以前，中国与东南亚国家文学之间的直接交流较为困难。不少国家对中国文学的了解甚至翻译不得不依靠英语。以《西游记》在缅甸的传播为例，1973 年，缅甸著名作家貌廷在其著作《世界文学简编》中，对中国文学史和各个时期著名的文学代表人物和作品进行了介绍、评述，其中包括《西游记》。貌廷介绍说，《西游记》是中国古典小说的经典作品之一，具有较强的可读性。他还从《西游记》英译本中选译了两页内容。[2]

---

[1] 马祖毅、任荣珍著：《汉籍外译史》（修订本），湖北教育出版社，2003 年，第 635 页。
[2]〔缅甸〕貌廷：《世界文学简编》，境界出版社（仰光），2008 年，第 371 页。感谢吴迪提供此材料。

1995 年《神奇的险途》

缅甸学者德格多林内昂在《世界文学简编》中阅读到《西游记》选段，被其中内容吸引，于是把《西游记》翻译为缅文，以飨缅甸读者。德格多内林昂采用缩译改编的方法，在保留原著情节的前提下，尽量使用简单、平实、生动的语言进行翻译，使译本更具普及性和可读性。该译本于1995 年以《神奇的险途》为书名在缅甸仰光内摩萨出版社出版。由此可见，《西游记》在缅甸的翻译和改编是 20 世纪末的事。较之越南，晚之又晚。当然，《西游记》在缅甸的传播也与在越南的情况有相似之处，即在现当代都有很多儿童版。

第三章

《水浒传》在越南的传播及影响

第一节 《水浒传》及其故事在越南的传播及影响

相对而言，过去四十余年，学界对《水浒传》在越南的传播及影响的关注并不多，尽管也有一些研究成果。[1]但由于历史上越南文字的变迁和图籍保存的有限等诸多原因，对于早期《水浒传》在越南传播的情况尚未做到佳处。尤其是对《水浒传》在越南获得的戏剧形式的改编，拉丁化越南文的译介等诸多情况，仍缺乏更多的考据。有鉴于此，本节主要利用文献的证据，结合历史、政治等诸因素，试图勾勒出《水浒传》在越南传播和影响更为全面的传播图像。

一、早期的文献记载

2013年，越南留学生黎亭卿在其博士论文《中国古代小说在越南——以〈三国演义〉〈水浒传〉〈西游记〉为中心》中写道，在进行考察研究过程中，尚未找到19世纪末以前《水浒传》传播至越南的相关资料。[2]其实不然，事实上，根据文献记载，《水浒传》传播至越南至迟可以追溯至18世纪。越南后黎朝大儒黎贵惇（1726—1784）在其所著《芸台类语》说道：

---

[1] 1997年，马祖毅、任荣珍所著《汉籍外译史》（湖北教育出版社，2003年再版）中有论及《水浒传》在越南的译介情况，但相关信息考据略少。2013年，越南留学生黎亭卿在华东师范大学完成博士论文《中国古代在越南——以〈三国演义〉〈水浒传〉〈西游记〉为中心》，但该篇关于《水浒传》在越南传播的叙述，篇幅较少。同样是在2013年，阮芳草在越南社科院文学研究院主办的刊物《文学研究》上发表了《从20世纪初相关研究成果考察越南对〈水浒传〉的接触》，该文从较为宏观的角度对20世纪初越南学界对《水浒传》的相关评论进行研究，但做考据较少。

[2]〔越〕黎亭卿：《中国古代小说在越南——以〈三国演义〉〈水浒传〉〈西游记〉为中心》，华东师范大学中国古代文学专业博士学位论文，2013年，第50页。

《委巷丛谈》[1]录云:"钱塘罗贯中，名本。南宋诗人，撰小说数十种，如《**水浒传**》，序宋江等事，奸盗脱漏，机巧甚详，然变诈百端，坏人心术，其后子孙三代皆哑，天道好还之报如此。按《三国演义》亦贯中作也。依傍正史，捏造空说，多不近理也。儒不信陈寿书而信此，已无真见。且里谈乡谚，原非作文正法，乃有用其语，而托以为新奇，洋洋自得，不知悟者。"[2]

由此而知，士大夫黎贵惇并不认可《水浒传》《三国演义》之类小说，同时也劝诫士人多读信史，以免误入歧途。但相信黎贵惇已经意识到了，即使他劝诫，仍有不少知识分子迷上了《水浒传》。19世纪上半叶，枚吉甫在评论《桃花梦记——续断肠新声》时以《水浒传》相对比，其曰:

因者何?根在此也。下笔者先究其根其因，而后其事其人，始有条绪。若写其人其事，无有所因，则事不几为无根之事，人不几为无根之人乎?如《桃花源记》写寻源之客，必先写其见沿溪的桃花，则前来之为植桃树，其根可见。又如《水浒》欲写群贼，先说"洪太尉误走妖魔"以为之因，则天罡地煞之降生，不为无据,《桃花梦》写兰娘再世之缘，而先以叹花泣《传》为之因，其有得于《桃源》、《水浒》二记之笔意乎?[3]

不难看出，枚吉甫认为越南汉文小说《桃花梦》受到《水浒传》等中国作品写作手法的影响。

---

[1] 明人田汝成所撰笔记作品。

[2]〔越〕后黎黎贵惇:《芸台类语》，卷七，书籍，越南汉喃研究院藏书，原书编号:4229。

[3]〔越〕阮登选撰:《桃花梦记——续断肠新声》，载孙逊、郑克孟、陈益源主编:《越南汉文小说集成》第5册，上海古籍出版社，2011年，第224页。

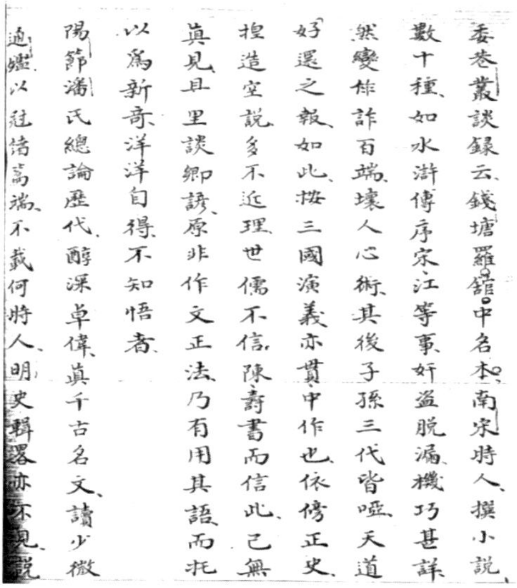
委巷叢談録云、錢塘羅貫中名本、南宋時人、撰小說、
數十種、如水滸傳序宋江等事、奸盜脫漏、機巧甚詳、
然變炸詐百端、壞人心術、其後子孫三代皆啞、天道
好還之報如此、按三國演義亦貫中作也、依傍正史、
揑造空說、多不近理、世儒不信陳壽書而信此、已無
眞見、且里談鄉諺、原非作文正法、乃有用其語而托
以爲新奇、洋洋自得、不知悟者、
陽節潘氏總論歷代、醇深卓偉、眞千古名文、讀少微
通鑑以廷誥高端、不載何時人、明史輯畧亦不見說

黎贵惇《芸台类语》关于《水浒传》的评论

二、越南阮朝官方和民间的态度

《水浒传》的主旨是"官逼民反"，自然与儒家教化相左。越南后黎朝《黎朝教化条律四十七条》第一条即言：

> 为人臣当尽忠效力。文则履公奉正，恪勤职业。其议事则献可替否，使皆中理，不可雷同缄默，无所建明。其勘讼则分别善恶，使各伸情，不可偏为财义，树恩结党。武则卫内捍外，叶心同力。其治兵则讲时练法，使悉精锐，不可废弛教习，不明行伍。其该民则宽征舒力，使能被泽，不可威胁诈力，务行苛虐。务尽为臣之道。[1]

[1]〔越〕后黎朝：《黎朝教化条律四十七条》，第一条，载北京大学《儒藏》编撰与研究中心编：《儒藏》（精华编越南之部一册经部　史部），北京大学出版社，2013 年，第 1009 页。

第三十五条又曰：

凡经、史、子、集及文章有裨于世教者，方可刊板通行。[1]

及至阮朝，官方的《皇朝圣谕训迪十条》之厚风俗条云：

夫风俗所关非细，风醇俗美则刑措兵寝，四海之内有太平音。朕愿尔士庶军人等，相观为善，偕之大道，有恩意以厚宗族，有信顺以睦乡党，有礼让以和上下。毋以富侵贫，毋以贵骄贱，毋以智欺愚，毋以强凌弱。居平则相保爱，有事则相赒恤。勿积仇忿以构争端，勿好健讼以妨生理。联守望以弭盗贼，诫逆逃以免株连。有廉耻忠信之习，无浮伪险诈之风。为士者必知处心纯厚，立操恬静。农圃则勿越畔以求益，勿曲妨以害人。工贾则勿射利而交争，勿眩货而求售。《书》曰："凡阙庶民，无有淫朋，人无有比德。"尔等宜喻此意，于以尽革浇风，咸臻美俗，永迓和平之福，聿跻大顺之庥。尔等其勉旃哉！[2]

若考察阮朝《皇越律例》，谋反属于大逆：

凡谋反（不利于国，谓谋危社稷）及大逆（不利于君，谓谋毁宗庙、山陵及宫阙）。但共谋者不分首从（已未行），皆凌迟处死。正犯之祖父、父、子、孙、兄、弟及同居之人（如本族无服亲属及外祖父、妻、父、女婿之类），不分异性及正犯之期亲、伯、叔父，兄弟之子不

[1]〔越〕后黎朝：《黎朝教化条律四十七条》，第一条，载北京大学《儒藏》编撰与研究中心编：《儒藏》（精华编越南之部一册经部　史部），北京大学出版社，2013年，第1017页。

[2]〔越〕阮朝：《皇朝圣谕训迪十条》，第一条，载北京大学《儒藏》编撰与研究中心编：《儒藏》（精华编越南之部一册经部　史部），北京大学出版社，2013年，第1031—1032页。

> 限籍之异同，男年十六以上不论笃疾废疾皆斩。其男十五以下，及正犯之母女、妻妾、姊妹若子之妻妾给付功臣之家为奴。正犯财产入官。若女兼姊妹，许嫁已定，归其夫。正犯子孙过房与人。及正犯之聘妻未成者，俱不追坐。上止坐正犯，兄弟之子不及其孙，余律文不载，并不得株连。知情故纵隐藏者斩。有能捕获正犯者，民授以民官，官军授予军职（量功授职）。仍将犯人财产全给充赏。知而首告官，为捕获者，止给财产，虽无故纵，但不首者，杖一百，流三千里。[1]

由此而知，越南封建王朝官方对于《水浒传》之类宣扬“官逼民反”主旨的小说，是难以接受的。我们在越南汉喃研究院现存文献目录中，还找不到《水浒传》的任何汉字本或喃字改写本。

但在历史的长河中，官方与民间往往很难达成一致。《水浒传》尽管塑造了一批造反英雄的形象，但其在明清两朝却没有被禁毁，反而得到迅速而广泛的传播。因为《水浒传》用忠义思想掩护了它。事实上，明末崇祯十五年（1642）和清乾隆十九年（1754），中国官方都有禁令《水浒传》，但皆是“雷声大，雨点小”。[2]《水浒传》在越南没有被官方明令禁止，实际上更多是由于法国殖民统治带来的非封建统治的阅读空间。20世纪初，这一情况开始有了变化，尽管1906年至1910年已经出现《水浒演义》的拉丁化译本，但作为小说译本的流传似乎并不广泛，这主要是因为这一时期无论是法文、汉文还是拉丁化越南文的普及率都较低，越南普通民众的阅读力有限，但其民间戏剧改写本则具有较大的民间读者群。

我们在越南国家图书馆还查到1925年出版的拉丁化版本的《荡寇

[1]〔越〕阮朝《皇越律例》，卷之十二，刑律，盗贼上，谋反大逆，载《域外汉籍珍本文库》（史部）第二十九册，西南师范大学出版社／人民出版社，2012年，第259页。

[2]（明）施耐庵著：《水浒传》，佘大平序，陕西新华出版传媒集团／陕西人民教育出版社，2016年，第6—7页。

志》[1]，这说明道光年间俞万春所撰的这部《水浒传》的续书也传到了越南，且被翻译为拉丁化越南文。但纵观越南国家图书馆所藏，《荡寇志》在越南的传播实际上极其有限，远不如《水浒传》。20 世纪上半叶，《水浒传》在越南传播最广的是其改良戏《武松杀嫂》，越南国家图书馆现存最早的改良戏剧本《武松杀嫂》是 1927 年版。[2] 越南国家图书馆所藏 1927 年版共 3 个版本，皆无封面，剧本有长有短。从越南国家图书馆藏书观之，《水浒传》改良戏最多的是《武松杀嫂》，一共有 12 个版本（见下表 3）。值得一提的是，《武松杀嫂》是我们迄今能看到的《水浒传》在越南唯一的改良戏剧本。

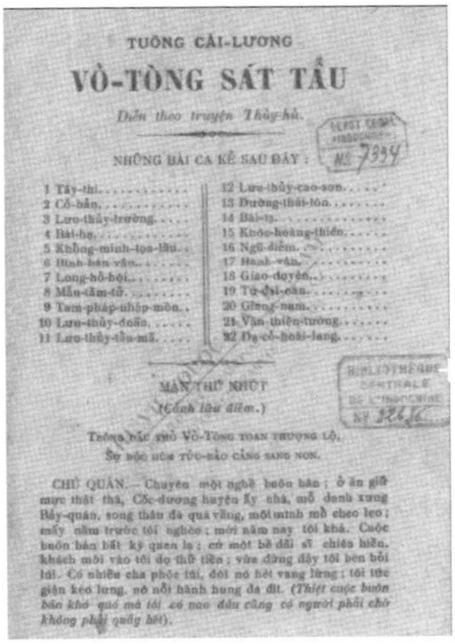
TUÔNG CẢI-LƯƠNG

VÕ-TÒNG SÁT TẨU

Diễn theo truyện Thủy-hử.

NHỮNG BÀI CA KỂ SAU ĐÂY :

1 Tây-thi. . . . . 12 Lưu-thủy-cao-sơn. . . . .
2 Cổ-bản. . . . . 13 Dương-thái-tôn. . . . . . .
3 Lưu-thủy-trường. . . . . 14 Bài-tạ. . . . .
4 Bài-hạ. . . . . 15 Khóc-hoàng-thiên. . . . .
5 Khổng-minh-tọa-lầu. . 16 Ngũ-điểm. . . . .
6 Bình-bán vân. . . . . . . 17 Hành-vân. . . . .
7 Long-hổ-hội. . . . . 18 Giao-duyên. . . . .
8 Mẫu-tầm-tử. . . . . 19 Tứ-đại-oán. . . . .
9 Tam-pháp-nhập-môn. . 20 Giang-nam. . . . .
10 Lưu-thủy-đoản. . . . . . 21 Vân-thiên-tường. . . . . .
11 Lưu-thủy-tẩu-mã. . . . 22 Dạ-cổ-hoài-lang. . . . . .

MÀN THỨ NHỨT

(*Cảnh lữu điếm.*)

THÔNG BẮC XHỨ VÕ-TÒNG TOAN THƯỢNG LỘ,
SỢ ĐỘC HÙM TỦU-BẢO CẢNG SANG NON.

CHỦ QUÁN. — Chuyện một nghề buôn bán ; ở ăn giữ mực thật thà, Cốc-dương huyện ấy nhà, mỗ danh xưng Bảy-quán, song thân đã quá vãng, một mình mỗ cheo leo ; mấy năm trước tôi nghèo ; mới năm nay tôi khá. Cuộc buôn bán bất kỳ quen lạ ; có một bề dãi sĩ chiêu hiền, khách mời vào tôi đọ thử tiền ; vừa đứng dậy tôi bèn hỏi lửi. Có nhiều cha phộc tùi, đòi nó hét vang lừng ; tôi tức giận kéo lưng, nó nổi hành hung đá đít. (*Thiệt cuộc buôn bán khó quá mà tôi có nao đâu cũng có người phải chớ không phải quấy hết*).

1927 年信德书社版《武松杀嫂》首页

改良戏剧照——武松打虎

庆幸的是，我们从法国国家图书馆获得一部 1933 年发行的较为完整的《武松煞嫂书》[3]。

[1] Đăng khấu chí: Tiếp theo bộ Thuỷ hử, Thông tin xuất bản: H.: Thanh niên, 1925.

[2] Võ Tòng Sát Tẩu: Diễn theo Tống gian Thuỷ hử: Tuồng hát cải lương Thông tin xuất bản: S.: Impr. Boả tồn, 1927. Võ tòng sát tẩu: Diễn theo truyện Thuỷ Hử: Tuồng cải lương Thông tin xuất bản: S.: Nhà in Tín đức Thư xã, 1927.

[3]《武松煞嫂书》为喃字撰写拉丁化越南语名称—— Võ Tòng Sát Tẩu，汉语即《武松杀嫂》。

表 3：越南国家图书馆藏《武松杀嫂》改良戏剧本表[1]

序号	作者	版本 （出版社 / 者）	出版时间 （年）	备注
1	——	保存印刷厂 （Impr. Bảo Tồn）	1927	改良剧（Tuồng hát cải lương）； 根据《宋江水浒》（Tống giang Thuỷ hử）改编
2	——	信德书社 （Nhà in Tín đức Thư xã）	1927	改良剧（Tuồng cải lương）； 根据《水浒传》（truyện Thuỷ Hử）改编
3	——	保存（印刷厂） （Bảo Tồn）	1927	根据《宋江水浒》（Tống Giang thuỷ hử）改编； 文本编号：V6（1）-6 / V400T
4	吴永康 （Ngô Vĩnh Khang）	古今出版社 （Nhà in Xưa Nay）	1928	根据《宋江水浒》故事（chuyện “Tống giang Thuỷ hử”）改编
5	吴永康 （Ngô Vĩnh Khang）	古今出版社 （Nhà in Xưa Nay）	1929	改良剧（Tuồng hát cải lương）； 根据《宋江水浒》传（truyện “Tống Giang Thuỷ hử”）改编
6	吴永康 （Ngô Vĩnh Khang）	古今出版社 （Nhà in Xưa Nay）	1929	根据《宋江水浒》传（truyện “Tống Giang thuỷ hử”）“武大郎卖豆腐”（Võ Đại Lang bán đậu hũ）到“武松杀嫂”（Võ Tòng sát tẩu）部分改编
7	吴永康 （Ngô Vĩnh Khang）	范文盛 （Phạm Văn Thịnh）	1931	根据《宋江水浒》（truyện “Tống Giang Thuỷ Hử”）改编； 文本编号：V6（1）-6 / V400T

[1] 笔者根据越南国家图书馆藏书情况自制。

续表

序号	作者	版本 （出版社 / 者）	出版时间 （年）	备注
8	寇武辉 （Khấu Võ Huy）	古今出版社 （Nhà in Xưa Nay）	1935	源自《宋江水浒》故事（tích truyện “Tống Giang Thuỷ hử”）
9	寇武仪 （Khấu Võ Nghi）	古今出版社 （Nhà in Xưa nay）	1938	源自《宋江－水浒》故事（tích truyện Tống Giang - Thuỷ hử）; 文本编号：V6（1）-5 / V400T
10	寇武仪 （Khấu Võ Nghi）	阮浩永 （Nguyễn Háo Vĩnh）	1938	源自《宋江水浒》故事（tích truyện “Tống Giang thuỷ hử”）
11	寇武仪 （Khấu Võ Nghi）	古今印刷厂 （Impr. Xưa Nay）	1939	源自《宋江水浒》故事（tích truyện “Tống Giang Thuỷ Hử”）; 文本编号：V6(1)-5 / V400T
12	寇武仪 （Khấu Võ Nghi）	阮浩永 （Nguyễn HáoVĩnh）	1939	源自《宋江水浒》故事（tích truyện “Tống Giang Thuỷ Hử”）

法国国家图书馆藏《武松煞嫂书》，1933年

20世纪上半叶《武松杀嫂》改良戏在民间影响较大的原因，是其主旨符合儒家思想中的三纲五常伦理。改良戏剧本开篇即云：

> Lấy trong nhân đạo suy ra, điều cần nhứt phải biết là nhân luân, dầu nam tử, dẫu phu nhân, đứng trong trời đất, có thân có phần, vơi vơi biển ái nguồn ân, tuy gần chớ để sảy chân lụy mình, nử nhi cốt ở chữ trinh, may trong ruổi đục cũng gìn một câu, Trung ngay nghĩa vụ mày râu, giữ lòng chánh trực làm đầu mới hay. [1]
>
> 从仁道考量，最应守住的是人伦，无论男子还是妇人。夫人之立于天地，有身有份，恩爱虽少，亲近但不失足作孽，女子贞洁惟上，行于浊世，亦应恪守“须眉需秉忠义，心持正直才是”。

1933年版《武松杀嫂》剧本篇幅并不长，仅18页而已。其剧末体现

[1] *Võ Tòng Sát Tẩu*, người xuất bản, Nguyễn Quới Loan, Nhà in Xưa nay, Sài Gòn, 1933, tr.3.

出儒家的劝世良言：

Làm người phải trọng nhân luân, Tam tùng tứ đức đều cần đầu tiên, oan oan tương báo nhãn tiền, chạy đâu cho khỏi hoàng thiên công binh. Kẻ gian lấy đó răn mình, Vỏ Tòng trả hận hành hình chẳng oan. Dầu cho Hoàng Đế dâm loãn, thạnh cường bốn biển thân vàng khó yên. Bởi Tây Môn Khánh chẳng hiền, cho nên thác chẳng vẹn tuyền châu thân. Mai - nhân bày việc ác nhân, chặt đầu cúng tế tội cân công bằng. Kim Liên lòng thú dạ lang, dầu cho lóc thịt xé gan cũng đành!

Tích xưa chép lại đành ràng, răn mình tráng rữ gần lành mới an, phải gìn phong hóa vẹn toàn, cùng là tứ tức, tam cang, ngũ thường. Làm người giữ người giữ vẹn mọi đường, còn hơn những bực đế vương lăng loàn. [1]

为人要重人伦，首重三从四德，冤冤相报眼前，公平皇天何曾饶谁？奸者自警，武松报仇何曾有冤？若皇帝淫乱，四海盛强亦难安。西门庆非贤，身不能免。媒人恶贯满盈，斩头贡祭，罪有应得。金莲狼子野心，千刀万剐，难快人心！前事朗朗可鉴，警世人远恶近善方可平安，须秉全风化，最重四德三纲五常。做人为人保全各路，胜过不伦不类帝王。

越南改良戏《武松杀嫂》为民间青睐，剧本所宣扬的宗旨乃守人伦，这与《水浒传》第二十六回“郓哥大闹授官厅　武松斗杀西门庆”开篇之诗相符：

参透风流二字禅，好因缘是恶因缘。

[1] *Võ Tòng Sát Tẩu*, người xuất bản, Nguyễn Quới Loan, Nhà in Xưa nay, Sài Gòn, 1933, tr.18.

痴心做处人人爱，冷眼观时人人嫌。

野草闲花休采折，贞姿劲质自安然。

山妻稚子家常饭，不害相思不损钱。[1]

阮朝政令对于女子守节，突出者朝廷要加以表彰的。如《明命政要》有载：节妇以名闻。至是，谕侍臣曰："天下治乱，系风俗之美恶，人主能崇尚节义，表正风俗，则可培养国脉，长治久安之基，其在是矣。朕初诏中外，察有孝顺节义者，奏请旌赏，所以励风化也，而今未有应举者，其何以负朕化民成俗之至意乎？复命诸地方察访以闻，后有平定女阮氏漂、京北女何氏边皆不污强暴，所在以奏，帝命各赐金匾以旌之。"[2]也就是尽管《水浒传》写的是"官逼民反"，但小说中不同的内容，也能被越南官方和民间的接受找到契合点——即官方需要的教化良民和民间想守住的人伦道德。

三、20 世纪初至 1945 年以前知识分子的评价

自 20 世纪初至 1945 年以前，越南知识分子对《水浒传》的评价，其共情点与阮朝官方和民间有一些差异。

1997 年，马祖毅先生谓，"同日本、朝鲜相比，《水浒传》传入越南的时间似乎晚了一些"[3]。但《水浒传》的越译却早于《三国演义》《西游记》和《红楼梦》的翻译。1906 年至 1910 年，西贡出版了《水浒演义》的译本，译者是阮安姜（Nguyễn An Khương）。稍后，又有阮政瑟

[1]（明）施耐庵著：《水浒传》，第二十回，陕西新华出版传媒集团 / 陕西人民教育出版社，2016 年，第 231 页。

[2]〔越〕阮朝国史馆：《明命政要》，卷十二，教化条，南越教育文化与青年部出版，1972 年，第 3a—3b 页。

[3] 马祖毅、任荣珍著：《汉籍外译史》（修订本），湖北教育出版社，2003 年，第 616 页。

（Nguyễn Chánh Sát）、阮杜牧、武明智（Võ Minh Trí）的译本在西贡和河内两地问世。1960年，罗辰翻译的七十回本，由河内明日出版社推出，全书分三卷，附插图，译文实际上是六十九回。译者在序言中说："《水浒》在中国古典文学宝库中占有重要地位，被列为四部杰出著作之一。此书在中国社会广泛流传。美国作家赛珍珠将它译成英文，使之进入世界文学名著之林，因而为千百万欧亚读者所熟知。《水浒》是中国古典文学中具有现实意义的作品，它歌颂了正直人的自强自立，不甘受朝廷束缚，不愿做昏庸君主奴仆的精神。它像一颗珍珠，不仅是中国人民的骄傲，也是亚洲人民的骄傲。"[1]

实际上，如果我们回到20世纪初，情况似乎又显得更复杂些。法国为了在文化上殖民越南，隔断中越传统文化联系，并不推崇中国小说。但由于需要利用中国小说的拉丁化译本推广拉丁化越南文的缘故，殖民者对《水浒传》等中国小说拉丁化译本的传播采取了默认的态度。

1906年之后，越南的拉丁化越南文报纸如《东洋杂志》（Đông Dương Tạp Chí）、《南圻旬报》（Nam Kỳ Tuần Báo）、《清议报》（Thanh Nghị），这些报纸纷纷刊载一些对《水浒传》的评价，其中具有代表性的文章是1937年3月15日竹亭所撰《中国最著名的四部小说》。尽管文章不长，但作者对《水浒传》在越南传播的评价颇高。他说："读《水浒传》，我们可以了解到中国的一些残酷的社会现象如囚禁妇女，贩卖子女，血债血偿，活人祭祀等。总之，这些在我们国家发生的事情也可以在中国的报纸中读到。"[2] 竹亭认为，中国的封建社会图像，如酒馆、茶楼、江湖武者，在施耐庵笔下显现得清晰、饱满和生动。通过《水浒传》，一方面，越南的读者可以增长见识和生活经验，同时，作者也可以在作品中找到与自己经历相近之处。

---

[1] 马祖毅、任荣珍著：《汉籍外译史》（修订本），湖北教育出版社，2003年，第616—617页。

[2] Trúc Đỳnh: "Bốn pho tiểu thuyết Tàu hay nhất", *Đông Dương Tạp Chí*, số 1, 1937, tr.16.

1ère Année No 2 Samedi 22 Mai 1937

DÔNG-DƯƠNG TẠP-CHÍ

MỘT TẤM GƯƠNG KIÊN-NGHỊ NHẪN-NẠI CỦA TỔ-TIÊN CHÚNG TA

Bốn pho tiểu-thuyết Tàu hay nhất

法国殖民者在河内办的《东洋杂志》，1937 年 3 月 15 日

1942 年，越南著名学者陈文玾（1898—1973）在《清议报》上发表《中国小说略考——兼论越南旧小说》一文。陈文玾一文对水浒尽管评价不多，但认为“《水浒传》是一部很有价值的小说，相信大家都有了解”[1]。他还肯定《水浒传》是一部“大才笔”之作。[2] 陈文玾在越南近现代学界中是权威人士，他对《水浒传》的评价是能让人信服的。这说明越南学界对《水浒传》的积极评价占据了主流。

1943 年，越南南方《南圻旬报》刊登了署名梦仙的《施耐庵为何会写〈水浒传〉？》一文。梦仙评价说：“没有任何一部小说像《水浒传》这样具有如此魔力。”[3] 他甚至认为：“大家应该公认，无需争论地承认，没有哪一部小说能让越南、中国甚至西欧如此废寝忘食地雅俗共赏。”[4] 梦仙还

[1] Thúc Ngọc Trần Văn Giáp: “Lược khảo về tiểu thuyết Tàu – phụ thêm tiểu thuyết Việt Nam xưa”, *Tạp chí Thanh Nghị*, số 8,1942, tr.13-14.

[2] Thúc Ngọc Trần Văn Giáp: “Lược khảo về tiểu thuyết Tàu – phụ thêm tiểu thuyết Việt Nam xưa”, *Tạp chí Thanh Nghị*, số 11, 1942, tr.13.

[3] Mộng Tiên: “Vì sao Thi Nại Am Viết truyện Thủy Hử”, *Nam Kỳ Tuần Báo*, số 61, 1943, tr.3.

[4] Mộng Tiên: “Vì sao Thi Nại Am Viết truyện Thủy Hử”, *Nam Kỳ Tuần Báo*, số 62, 1943, tr.3.

评论说，《水浒传》在中国的接受和传播也经历了曲折的过程，也有被批判，甚至被禁止的阶段。明代时，中国人也很喜欢读《水浒传》，谁没读过这部小说的话，会被认为读书少。中国学者胡适对《水浒传》的评价也颇高。[1] 梦仙认为《三国演义》在文采上当属第一，但论及小说内容的结构布局，《水浒传》要更胜一筹。[2]

1944 年，越南学者黎廷真选译了美国著名作家赛珍珠的《赛珍珠论中国小说》中对《水浒传》积极评价的部分内容，发表在《清议报》[3] 上。赛珍珠认为，《水浒传》不仅仅在中国、越南和日本著名，在全世界诸多地方都有很多人喜爱。《水浒传》把中国生活的景象通过生动的文学画面展现出来，通过作者丰富的想象力，各路英雄好汉的形象得以生动塑造出来，小说中有些人物是历史上真实存在的，这些人物在作品中被描绘得很细腻，《水浒传》中反映出的中国人民的生活场景，确实是存在的。[4]

总体而言，20 世纪上半叶，越南对《水浒传》的评价以积极为主。但也有对《水浒传》持批评态度的，如《三国演义》的越译者、越南著名汉学家潘继柄评价《水浒传》是“幼稚、荒唐的，作者胡编乱造出那些不合情理的事，貌似使人觉得痛快，但实际上却毁人心术，让那些愚昧者胡思乱想。其文笔幼稚、粗糙，似非出自名家之手”。[5] 尽管潘继柄对《水浒传》提出了尖锐的批评，但知识分子和民间对《水浒传》持肯定意见的依然较多。

---

[1] Nguyễn Phương Thảo: Tiếp nhận Thủy Hử qua các công trình nghiên cứu giai đoạn nửa đầu thế kỷ XX ở Việt Nam, *Nghiên cứu Văn học*, số 5, 2013.

[2] Mộng Tiên: “Vì sao Thi Nại Am Viết truyện Thủy Hử”, *Nam Kỳ Tuần Báo*, số 62, 1943, tr.4.

[3]《清议报》是法国殖民者控制下每周六发行的报纸，由越南人武婷噱（Vũ Đình Hòe）担任编辑部主任，该报有三大主题：议论、文学、考据。此类报纸发行较大，在越南全境以及柬埔寨、老挝都发行。

[4] Pearl S. Buck: “tiểu Thuyết Tàu” (Lê Đình Chân Dịch), *Tạp chí Thanh Nghị*, số 85, 1944, tr.13.

[5] Bùi Văn Vượng chủ biên, Lê Thanh Bình sưu tầm, biên soạn. *Phan Kế Bính: Tác giả, tác phẩm*, Nhà xuất bản Thanh Niên, 2004, tr.666.

TUAN BAO RA NGAY THU BAY

THANH-NGHỊ

NGHỊ-LUẬN. VĂN-CHƯƠNG. KHẢO-CỨU

Chủ nhiệm VŨ ĐÌNH HÒE

TRONG SỐ NÀY :

Tín tưởng với a-tông	PHAN QUÂN
— Điều tra nhỏ : Một đồn điền lớn ở Thái-nguyên	V. H.
— Học thuật và hành-động (Gửi cho bạn)	THANH TUYỀN
— Tiểu thuyết tàu	LÊ ĐÌNH CHÂN dịch
— Tổ chức xã-hội và kinh-tế ở nước Đức — Chính sách nghiệp đoàn	ĐỖ ĐỨC DỤC
— Sử liệu : Vua Gia-long với nước Xiêm, nước Lạp	NGUYỄN THIỆU LÂU
— Bi kịch : Lôi vũ (Nguyên văn của Tào Ngu — tiếp theo)	ĐẶNG THÁI MAI dịch
— Việc quốc tế	Đ. Đ. D.

NĂM THỨ TƯ : SỐ 83 - NGÀY 16 SEPTEMBRE 1944

TÒA BÁO : 15 PHỐ HÀNG DA HANOI — Giây nói : 19.43 — GIÁ 0$50

GIÁ BÁO. — BẮC-KỲ. TRUNG-KỲ. NAM-KỲ. CAO-MIÊN. LÀO

1944 年 9 月 16 日《清议报》

四、《水浒传》在越南的翻译和影响

我们未能查到越南汉喃研究院藏有汉文文本的《水浒传》，当然，可以理解的是，在封建社会时期，越南的汉字识字率较低，因此，《水浒传》在越南的传播是较为有限的。1919 年，越南停止科举考试后，拉丁化越南语逐渐得到推广。法国殖民者直接推广法语，会受到各种制约，推广拉丁化越南文具有一定的基础，一方面有利于去中国化，另一方面又有利于“就地取材”，翻译中国的著名小说，以推广拉丁化越南文。1945 年，越南民主共和国成立，拉丁化越南文成为北越的官方文字，尽管南北依然在进行抗法战争，但是拉丁化越南文经过法国前期殖民的推广，已经逐步具有普遍性。因此，拉丁化越南文的译本成为现当代《水浒传》在越南传播的主要形式，直至中国电视连续剧《水浒传》在越南热映。

《水浒传》首部拉丁化的越南文译本问世于 1906 年，译者是阮安姜。[1] 遗憾的是我们尚未能找到这个译本。越南官方和社会公认的最好译本是陈俊凯[2]于 1926 年出版的译本，也是目前越南各大出版社再版最多的版本。

此外，我们从越南国家图书馆又查到自 1988 年至 2022 年各类《水浒传》的儿童插图读物共计 102 册。可见，在革新开放后，《水浒传》在越南又具有广泛的儿童读者。

陈俊凯及其译著《水浒传》[3]

我们尚未找到陈俊凯先生 1926 年出版的译本，但我们找到越南文学出版社于 1983 年和 2018 年再版的译本。根据一些资料提供的信息，1926 年，陈俊凯的《水浒传》译本一问世，便得到了学界、青年和流亡海外的革命者来信来函购买，这让陈俊凯先生名噪一时。不仅如此，陈俊凯获得

---

[1] Thi Nại Am, *Thủy Hử*, Nhà xuất bản Văn học & Công ty Cổ phần Văn hóa Đông A, 2018, Lời nói đầu, tr.5.

[2] Trần Tuấn Khải（1895–1983），曾翻译《水浒传》《红楼梦》和《东周列国传》等名著，是越南文化名人，2018 年，越南文化体育与旅游部曾举行研讨会纪念他。

[3] Lan Hinh Trần Thị Lan biên soạn, *Kim Sinh Lụy Á Nam Trần Tuấn Khải – Tác Phẩm, Nhận Định và Tư Liệu*, Nhà xuất bản Văn Hóa - Văn Nghệ TP. HCM, 2015, tr.3.

表 4：越南国家图书馆藏《水浒传》译本统计表[1]

序号	书名	出版商 / 作者	译者	出版信息	备注
1	Đăng khấu chí: Tiếp theo bộ Thuỷ hử 《荡寇志》：续《水浒传》	——	Trần Tuấn Khải （陈俊凯）	H.: Thanh niên, 1925 青年（出版社），1925	320 页
2	Thuỷ hử diễn nghĩa: Đệ ngũ tài tử kỳ thư. Q.5 《水浒演义》：第五才子奇书	——	Nguyễn Đỗ Mục （阮杜牧）	H.: Tân dân, 1934 新民（出版社），1934	265 页
3	Đăng khấu chí: Tiếp theo bộ Thuỷ Hử 《荡寇志》：续《水浒传》	Du Tùng Hoa 游丛华	Nguyễn Khắc Hanh 阮克亨	H.: Nhà in Chân Phương, 1935 真方书局，1935	80 页，插图版
4	Tục Thuỷ hử. Số 1-7 《续水浒》1—7 册	Lương Bộ Vân 梁步云	Tân Hiên 新轩	H.: Bình Sơn thư xã, 1935 平山书社，1935	112 页
5	Đăng khấu chí: Tiếp theo bộ Thuỷ hử 《荡寇志》：续《水浒传》	Du Trùng Hoa 游丛华	Nguyễn Khắc Hanh 阮克亨	H.: Impr. Chân Phương, 1935 真方书局，1935	80 页
6	Thuỷ hử: Trọn bộ 3 tập. T.1 《水浒》：第 1 册（整套共 3 册）	Thi Nại Am 施耐庵	Trúc Đình, Kỳ Ân 竹亭，其恩	H.: Văn hoá, 1957 文化（出版社），1957	396 页
7	Thuỷ hử: Trọn bộ 3 tập. T.2 《水浒》：第 2 册（整套共 3 册）	Thi Nại Am 施耐庵	Trúc Đình, Kỳ Ân 竹亭，其恩	H.: Văn hoá, 1957 文化（出版社），1957	400 页

[1] 笔者根据越南国家图书馆所藏数据整理自制。

续表

序号	书名	出版商 / 作者	译者	出版信息	备注
8	Thuỷ hử: Trọn bộ 3 tập 《水浒》：整套共 3 册	Thi Nại Am 施耐庵	Trúc Đình, Kỳ Ân 竹亭，其恩	H.: Văn hoá, 1957 文化（出版社），1957	502 页
9	Lâm Xung: Trích đoạn Thuỷ Hử 林冲:《水浒》选段	Thi Nại Am 施耐庵	Hồ Lãng 胡琅	H.: Phổ thông, 1964 普通（出版社），1964	126 页
10	Thuỷ hử. Tập 1 《水浒》第 1 册	Thi Nại Am 施耐庵	Trần Tuấn Khải 陈俊凯	H., Tp. Hồ Chí Minh: Văn học, Nxb. Trẻ, 1988 胡志明市：青年出版社，1988	422 页
11	Thuỷ Hử. Tập 2 《水浒》第 2 册	Thi Nại Am 施耐庵	Trần Tuấn Khải 陈俊凯	H., Tp. Hồ Chí Minh: Văn học, Nxb. Trẻ, 1988 胡志明市：青年出版社，1988	459 页
12	Thuỷ hử. Tập 3 《水浒》第 3 册	Thi Nại Am 施耐庵	Trần Tuấn Khải 陈俊凯	H., Tp. Hồ Chí Minh: Văn học, Nxb. Tp. Hồ Chí Minh, 1988 胡志明市：胡志明市出版社，1988	456 页
13	Thuỷ hử. Tập 4 《水浒》第 4 册	Thi Nại Am 施耐庵	Trần Tuấn Khải 陈俊凯	H., Tp. Hồ Chí Minh: Văn học, Nxb. Tp. Hồ Chí Minh, 1988 胡志明市：胡志明市出版社，1988	417 页

续表

序号	书名	出版商 / 作者	译者	出版信息	备注
14	Hậu Thuỷ hử: 3 tập. T.1 《后水浒》：第 1 册（共 3 册）	Thi Nại Am, La Quán Trung 施耐庵， 罗贯中	Ngô Đức Thọ, Nguyễn Thuý Nga 吴德寿，阮翠娥	H.: Văn học, 1994 文学（出版社），1994	319 页
15	Hậu Thuỷ hử: 3 tập. T.2 《后水浒》：第 2 册（共 3 册）	Thi Nại Am La Quán Trung 施耐庵， 罗贯中	Ngô Đức Thọ, Nguyễn Thuý Nga 吴德寿，阮翠娥	H.: Văn học, 1994 文学（出版社），1994	258 页
16	Hậu Thuỷ hử: 3 tập. T.3 《后水浒》：第 3 册（共 3 册）	Thi Nại Am La Quán Trung 施耐庵， 罗贯中	Ngô Đức Thọ, Nguyễn Thuý Nga 吴德寿，阮翠娥	H.: Văn học, 1994 文学（出版社），1994	338 页
17	Thuỷ hử: Tiểu thuyết: Ba tập. T.1 《水浒》：小说，共 3 册，第 1 册		Á Nam Trần Tuấn Khải 亚南（陈俊凯）[1]	H.: Văn học, 1998 文学（出版社），1998	475 页
18	Thuỷ hử: Tiểu thuyết: Ba tập. T.2 《水浒》：小说，共 3 册，第 2 册	Thi Nại Am 施耐庵	Á Nam Trần Tuấn Khải 亚南（陈俊凯）	H.: Văn học, 1998 文学（出版社），1998	441 页

[1] Á Nam（亚南）为陈俊凯先生常用笔名之一。

续表

序号	书名	出版商 / 作者	译者	出版信息	备注
19	Thuỷ hử: Tiểu thuyết: Ba tập. T.3 《水浒》：小说，共 3 册，第 3 册	Thi Nại Am 施耐庵	Á Nam Trần Tuấn Khải 亚南（陈俊凯）	H.: Văn học, 1998 文学（出版社），1998	451 页
20	Thuỷ hử: Truyện lịch sử. T.1 《水浒》：历史故事，第 1 册	Thi Nại Am 施耐庵	Á Nam Trần Tuấn Khải 亚南（陈俊凯）	Tp. Hồ Chí Minh: Văn nghệ Tp. Hồ Chí Minh, 2000 胡志明市：胡志明市文艺出版社，2000	721 页
21	Thuỷ hử: Truyện lịch sử. T.2 《水浒》：历史故事，第 2 册	Thi Nại Am 施耐庵	Á Nam Trần Tuấn Khải 亚南（陈俊凯）	Tp. Hồ Chí Minh: Văn nghệ Tp. Hồ Chí Minh, 2000 胡志明市：胡志明市文艺出版社，2000	711 页
22	Thuỷ hử: Tiểu thuyết lịch sử. T.1 《水浒》：历史小说，第 1 册	Thi Nại Am La Quán Trung 施耐庵， 罗贯中	Đại Lãn 大懒	Đồng Nai: Nxb. Đồng Nai, 2001 同奈省：同奈出版社，2001	299 页
23	Thuỷ hử: Tiểu thuyết lịch sử. T.2 《水浒》：历史小说，第 2 册	Thi Nại Am La Quán Trung 施耐庵， 罗贯中	Đại Lãn 大懒	Đồng Nai: Nxb. Đồng Nai, 2001 同奈省：同奈出版社，2001	299 页

续表

序号	书名	出版商 / 作者	译者	出版信息	备注
24	Thuỷ hử: Tiểu thuyết lịch sử. T.3 《水浒》：历史小说，第 3 册	Thi Nại Am La Quán Trung 施耐庵， 罗贯中	Đại Lãn 大懒	Đồng Nai: Nxb. Đồng Nai, 2001 同奈省：同奈出版社，2001	299 页
25	Thuỷ hử: Tiểu thuyết lịch sử. T.4 《水浒》：历史小说，第 4 册	Thi Nại Am La Quán Trung 施耐庵， 罗贯中	Đại Lãn 大懒	Đồng Nai: Nxb. Đồng Nai, 2001 同奈省：同奈出版社，2001	299 页
26	Thuỷ hử. T.1 《水浒》第 1 册	Thi Nại Am 施耐庵	Trần Tuấn Khải 陈俊凯	H.: Văn học, 2001 文学（出版社），2001	663 页
27	Thuỷ hử. T.2 《水浒》第 2 册	Thi Nại Am 施耐庵	Trần Tuấn Khải 陈俊凯	H.: Văn học, 2001 文学（出版社），2001	719 页
28	Hậu Thuỷ hử 《后水浒》	Thi Nại Am La Quán Trung 施耐庵， 罗贯中	Ngô Đức Thọ; Nguyễn Thuý Nga 吴德寿，阮翠娥	H.: Văn học, 2002 文学（出版社），2002	843 页
29	Thuỷ Hử 《水浒》	Thi Nại Am 施耐庵	Mộng Bình Sơn 梦平山	H.: Văn hoá Thông tin, 2003 通信文化（出版社），2003	855 页

续表

序号	书名	出版商 / 作者	译者	出版信息	备注
30	Thuỷ hử. T.1 《水浒》第 1 册	Thi Nại Am 施耐庵	Trần Tuấn Khải 陈俊凯	Tp. Hồ Chí Minh: Nxb. Văn hoá Sài Gòn, 2006 胡志明市：西贡文化出版社，2006	721 页
31	Thuỷ hử. T.2 《水浒》第 2 册	Thi Nại Am 施耐庵	Trần Tuấn Khải 陈俊凯	Tp. Hồ Chí Minh: Nxb. Văn hoá Sài Gòn, 2006 胡志明市：西贡文化出版社，2006	711 页
32	Thuỷ hử 《水浒》	Thi Nại Am 施耐庵	Vương Mộng Bưu 王梦彪	H.: Nxb. Hà Nội, 2006 河内出版社，2006	95 页
33	Thuỷ hử: Tiểu thuyết 《水浒》：小说	Thi Nại Am 施耐庵	Á Nam Trần Tuấn Khải 亚南（陈俊凯）	H.: Thời đại, 2010 时代（出版社），2010	1075 页
34	Thuỷ hử: Tiểu thuyết chương hồi. T.1 《水浒》：章回小说，第 1 册	Thi Nại Am 施耐庵	Á Nam Trần Tuấn Khải 亚南（陈俊凯）	H.: Văn học; Công ty Văn hoá Đinh Tị, 2017 文学；丁巳文化公司，2017	591 页
35	Thuỷ hử: Tiểu thuyết chương hồi. T.2 《水浒》：章回小说，第 2 册	Thi Nại Am 施耐庵	Á Nam Trần Tuấn Khải 亚南（陈俊凯）	H.: Văn học; Công ty Văn hoá Đinh Tị, 2017 文学；丁巳文化公司，2017	——
36	Thuỷ hử. T.1 《水浒》第 1 册	Thi Nại Am 施耐庵	Á Nam Trần Tuấn Khải 亚南（陈俊凯）	H.: Văn học, 2018 文学（出版社），2018	502 页，插图版

续表

序号	书名	出版商 / 作者	译者	出版信息	备注
37	Thuỷ hử. T.2 《水浒》第 2 册	Thi Nại Am 施耐庵	Á Nam Trần Tuấn Khải 亚南（陈俊凯）	H.: Văn học, 2018 文学（出版社），2018	511 页，插图版
38	Thuỷ hử. T.3 《水浒》第 3 册	Thi Nại Am 施耐庵	Á Nam Trần Tuấn Khải 亚南（陈俊凯）	H.: Văn học, 2018 文学（出版社），2018	470 页，插图版
39	Thuỷ hử: Tiểu thuyết chương hồi. T.1 《水浒》：章回小说，第 1 册	Thi Nại Am 施耐庵	Á Nam Trần Tuấn Khải 亚南（陈俊凯）	H.: Văn học, 2018 文学（出版社），2018	415 页
40	Thuỷ hử: Tiểu thuyết chương hồi. T.2 《水浒》：章回小说，第 2 册	Thi Nại Am 施耐庵	Á Nam Trần Tuấn Khải 亚南（陈俊凯）	H.: Văn học, 2018 文学（出版社），2018	440 页，插图版
41	Thuỷ hử: Tiểu thuyết chương hồi. T.3 《水浒》：章回小说，第 3 册	Thi Nại Am 施耐庵	Á Nam Trần Tuấn Khải 亚南（陈俊凯）	H.: Văn học, 2018 文学（出版社），2018	419 页
42	Thuỷ hử. T.1 《水浒》第 1 册	Thi Nại Am 施耐庵	Á Nam Trần Tuấn Khải 亚南（陈俊凯）	H.: Văn học; Công ty Văn hoá Đông A, 2020 文学；东阿文化公司，2020	——
43	Thuỷ hử. T.2 《水浒》第 2 册	Thi Nại Am 施耐庵	Á Nam Trần Tuấn Khải 亚南（陈俊凯）	H.: Văn học; Công ty Văn hoá Đông A, 2020 文学；东阿文化公司，2020	689 页，插图版
44	Thuỷ hử. T.1 《水浒》第 1 册	Thi Nại Am 施耐庵	Á Nam Trần Tuấn Khải - dịch 亚南（陈俊凯）– 译	H.: Văn học, 2023 文学（出版社），2023	879 页
45	Thuỷ hử. T.2 《水浒》第 2 册	Thi Nại Am 施耐庵	Á Nam Trần Tuấn Khải 亚南（陈俊凯）	H.: Văn học, 2023 文学（出版社），2023	827 页

了越南各地报业同行、作家的高度认可，如阮文咏（Nguyễn Văn Vĩnh）、阮文论（Nguyễn Văn Luận）、范辉陆（Phạm Huy Lục）、陈重金（Trần Trọng Kim）、阮文玉（Nguyễn Văn Ngọc）、阮伯卓（Nguyễn Bá Trắc）、范琼（Phạm Quỳnh）等名儒，再如大商人黎文福（Lê Văn Phúc）、裴春（Bùi Xuân）。此外，官宦人士申重晖（Thân Trọng Huề）、黎忠玉（Lê Trung Ngọc）和都统杜廷述（Đỗ Đình Thuật）等都争相与其结交。[1]

陈俊凯不仅出身儒家，结交各路名儒，对《水浒传》的翻译情有独钟。1924 年，他在翻译《水浒传》时，作有《水浒题词》[2] 一首，影响颇大，各家出版社出版其《水浒传》译本时，均刊登在书前。

THỦY HỬ ĐỀ TỪ [3]《水浒题词》

Tai, Mắt, tim, gan đứng cõi đời,	耳眼心肝立于世，
Không duyên cũng nợ núi sông chơi.	无缘也欠山水游。
Còn vầng máu đỏ còn nhân loại,	热血依然人仍在，
Đâu đã khoanh tay chịu mặc trời?	岂能袖手命由天？
Mở gương thiên cổ mà coi:	试展千古镜子鉴：
Anh hùng, hiệp nữ những ai đó mà.	英雄侠女历在目。
Đòi phen gió táp mưa sa,	多少风吹雨打去，
Cỏ cây ai chuyển, sơn hà ai xoay?	草木山河几度更？

[1] Lan Hinh Trần Thị Lan biên soạn, *Kim Sinh Lụy Á Nam Trần Tuấn Khải – Tác Phẩm, Nhận Định và Tư Liệu*, Nhà xuất bản Văn Hóa - Văn Nghệ TP. HCM, 2015, tr.15.

[2] 陈俊凯撰《水浒题词》用的是“七言六八体”诗式，即每阙八行诗，首四句为七言律诗，后四句为六八六八句式，这种诗式越南语称为“Thất Ngôn xen Lục Bát”（七言六八），这是一种中越诗式高度融合的诗体。

[3] Thi Nại Am, *Thủy Hử*, Nhà xuất bản Văn học & Công ty Cổ phần Văn hóa Đông A, 2018, Lời nói đầu, tr.23-24.

Chén rượu thanh gươm thích tháng ngày,	酒杯宝剑伴日月，
Việc đời như trở một bàn tay.	世事无常如反手。
Công danh phú quý cơn mơ mộng,	功名富贵如一梦，
Vũ trụ thăng trầm cuộc tỉnh say.	宇宙沉浮一醉醒。
Vẫy vùng Nam, Bắc, Đông Tây,	纵横南北西又东，
Lưng bầu nhiệt huyết dễ ngày nào vơi.	热血颠沛何曾易。
Phá toang trần lụy trên đời,	打破尘世累人生，
Mở tung lạc cảnh cho người bước qua.	境遇展示为前人。
Bốn bể anh em họp một nhà,	四海一家皆兄弟，
Hào phong tung động khắp gần xa.	豪风震动连远近。
Chí hăng đạp phẳng mười phương đất;	志气直奔至四方，
Lặn lội chông gai mấy cũng là.	披荆斩棘常作乐。
Đã Liều gánh vác xông pha,	闯荡江湖何所惧，
Buồm gan để mấy phong ba mà chùng?	有勇何怕历风波？
Kiếp người ai chẳng kiếp chung,	谁人一生不了终，
Có chăng một tiếng anh hùng hơn nhau.	何曾英雄胜英雄。
Chết đi còn để tiếng thơm lâu,	留取丹心照汗青，
Phảng phất nghìn thu gọi lũ sau.	千秋万世得后名。
Thời buổi hoàng kim nay đa chán,	黄金岁月今已厌，
Hỏi hồn nghĩa hiệp ở đâu đâu?	问魂侠义在何处？
Xót đời chìm đắm đã lâu,	可悲沉寂已多年，
Lấy ai mở mặt đỡ đầu cho ai?	谁可扬眉为谁扬？
Thương thôi nghĩ cũng nực cười,	可堪沉思亦可笑，
Cúi luồn phỏng thẹn với người xưa không?	有何颜面见古人？
Ngang dọc nào ai chắc thỏa lòng?	横竖舒心有几人？

Việc đời nhìn khổ phải ra công.	人生实苦须勤勉。
Hỏi chi thành bại xưa nay nhỉ,	何问古今成败事，
Kìa cái Dã Tràng tát bể Đông.	野长 [1] 亦可掀东海。
Nhờ ai nhắn ngọn đông phong.	靠谁寄语付东风，
Triều hồn nghĩa hiệp về cùng nước non.	还照侠义回家国。
Bâng khuâng người mất truyện còn,	人已逝去事仍传，
Nhớ ai thêm thẹn thêm buồn cho ai?	常忆古人意能平？

陈俊凯译完《水浒传》，又有感而发，用越南本土唱诗形式——歌筹创作了一首《咏水浒》：

VỊNH THỦY HỬ [2]《咏水浒》

（Mưỡu）[3]

Đội trời đạp đất ở đời,	顶天立地于世，
Anh hùng thấy giữa trần ai mới già.	尘世英雄皆鬓霜。
Xung quanh vẫn nước non nhà,	青山依旧在，
Nỗi niềm tâm sự biết là hỏi ai?	知音少，心事有谁听？

(Hát nói) [4]

Có nhiệt huyết mới nên trang hảo hán,	有热血方称好汉，
Không kiếm cung, sao rõ mặt anh hùng。	无弓剑英雄何面？

---

[1] Dã Tràng 是越南民间故事《野长搬东海之沙》的主人翁。故事中主人翁野长因救了鹅一家而获赠珍珠，珍珠的力量可搅动大海。

[2] Lan Hinh Trần Thị Lan biên soạn, *Kim Sinh Lụy Á Nam Trần Tuấn Khải – Tác Phẩm, Nhận Định và Tư Liệu*, Nhà Xuất bản Văn Hóa - Văn Nghệ TP. HCM, 2015, tr.193

[3] Mưỡu，歌筹开场时“起唱”之意。

[4] Hát nói，说唱之意。

Đã làm người đứng với núi sông,	即为人而立山河，
Thì nghĩa lớn báu chung ai chẳng có?	大义报忠乃必然。
Trí cũng rắp mong xoay vũ trụ,	才智亦可惊宇宙，
Công danh chi sá vướng cơ mi?	功名何惧遇羁縻？
Bước giang hồ để đính chữ tương tri,	一入江湖附相知，
Trông bốn bể thiếu chi người nghĩa hiệp,	四海之内皆豪侠。
Chìm nổi phong trần thương nặng kiếp,	沉浮风尘命蹉跎，
Ra vào sinh tử phải liều gan...	生死出入要勇敢。
Lò máu thiêng chung đúc một đoàn,	血炉千忠铸一团，
Dẫu đất lở giời tan thôi cũng kệ.	天崩地裂又何妨。
Gái như thế, làm trai như thế,	英雄儿女尽皆然，
Quyền tự do há dễ chịu nhường ai!	自由权利不可让。
Vũng Lương Sơn trăm tám mặt anh tài,	梁山一百单八才，
Gương nghĩa hiệp để muôn đời soi tỏ.	侠义精神千秋耀。
Nâng chén rượu xem câu chuyện cổ,	举杯开卷读古书，
Trông giang san sực nhớ đến người xưa,	览江山突想旧人。
Trăm năm dù có bao giờ...?	百年似曾有相似？

越南著名文人潘魁（Phan Khôi）在读完陈俊凯的译本后，感慨译笔精妙，曾作诗一首赠译者：

ĐỌC BẢN DỊCH THỦY HỬ - Gửi cho dịch giả [1]

《读〈水浒〉译本——寄译者》

Đời loạn, vua hen quan giết dân,	乱世帝弱官杀民，

[1] Thi Nại Am, *Thủy Hử*, Nhà xuất bản Văn học & Công ty Cổ phần Văn hóa Đông A, 2018, Lời nói đầu, tr.27.

Ông thần pháp luật đứng bằng chân.	神仙法律皆无用。
Trời sinh thẻo sắt tuôn ra máu,	天生割铁冒出血，
Đổ lại trên đầu lũ bất nhân.	洪水不仁泄在头。
Trăm tám người linh, một vẻ hào,	一百单八全英豪，
Nằm trên rượu thịt gối thương đau.	地躺酒肉枕伤心。
Xưa nay nổi việc phường này cả,	古今闹事皆此辈，
Tú Sĩ, Vương Luân có kẻ nào?	秀士王伦均是也。
Khăn áo hương hoa lạy Võ Tòng,	巾服香花敬武松，
Giết người như bác mới anh hùng:	诛人如他方英雄。
Một đêm đi đứt mười lăm mạng,	一夜斩去十五命，
Hăng máu trên tường nhỏ giọt hồng.	血溅上墙滴鲜红。
Võ nghệ tuy thường, lượng khác thường,	武艺纵常豪气长，
Gần xa suy phục Hắc Tam Lang.	远近追随黑三郎。
Cho hay trong cuộc phong vân đó,	风云之中谁又知，
Ai lượng hơn người, ấy chủ trương.	气量谁大谁主张。
Này vũng Lương Sơn nay ở đâu?	梁山泊此今何处？
Xa trông che khuất mấy ngàn lau.	数千芦苇遮眼隐。
Hát anh bài hát sau bìa sách,	掩卷高歌为君唱，
Cảm khái riêng ta với ả đầu...	我与歌妓徒感慨……

这充分说明陈俊凯译本在那个时代具有强大的吸引力和较为广泛的知识分子读者群。

余 论

《水浒传》至迟自18世纪便传至越南，在封建社会时期，知识分子是有机会读到这部名著的，但由于其塑造的是官逼民反的造反英雄，难为崇儒的越南封建社会官方所认可。尽管后黎朝大儒黎贵惇有过激的批评言论，我们也尚未发现有明令禁止的证据。20世纪初，法国殖民统治者对中国小说翻译成拉丁化越南文的宽松政策和越南民族主义者急切希望开启民智的愿望，让《水浒传》在越南的传播得到了更为适应的时代土壤。这一时期，不仅《水浒传》改良戏获得普通民众的青睐，作为小说的翻译本也获得知识分子的好评。

1986年，越南革新开放以来，对《水浒传》的接受还得以普及至少儿读物，这充分说明儒家思想底色的越南读者依然占有相当的规模，这让两国对于东方文学名著具有更为广泛的共情度。

第二节 《水浒传》诗词在越南语中的审美

译文在某种程度上也是为文或曰作文。但要翻译四大名著这皇皇巨著，无才难以完成，无德不能译成佳作。因为诗词的翻译，必然需要译者有形而上的思想和境界，也就是为文之德。刘勰在《文心雕龙》中言："文之为德也大矣，与天地并生者何哉？夫玄黄色杂，方圆体分，日月叠璧，以垂丽天之象；山川焕绮，以铺理地之形：此盖道之文也。"[1]所谓"心声而言立，言立而文明"，中国四大名著在越南的传播和影响体现在语言审

[1] 刘勰：《文心雕龙》原道第一，中华书局，2012年，第3页。

美中，渗透到思想审美处，这其中，译者显然充当了桥梁的作用。七十回本《水浒传》中，译者陈俊凯并不像《三国演义》译者一样，均一一译出，更多的是弃之而不译，但在每一回中，均“夹带私货”，自创诗歌于其中，甚至借用阮攸《金云翘传》之诗歌，这对于一个 31 岁的青年诗人译者，不可谓不匠心也。

一、诗人译者陈俊凯

20 世纪初，越南的优秀译者，难免不把自己的人生经历代入至经典作品的翻译中去。除了上文提及的《三国演义》的译者潘继柄、校对者裴杞之外，《水浒传》的译者陈俊凯又是另外一位奇人。

诗人译者陈俊凯（1924 年）[1]

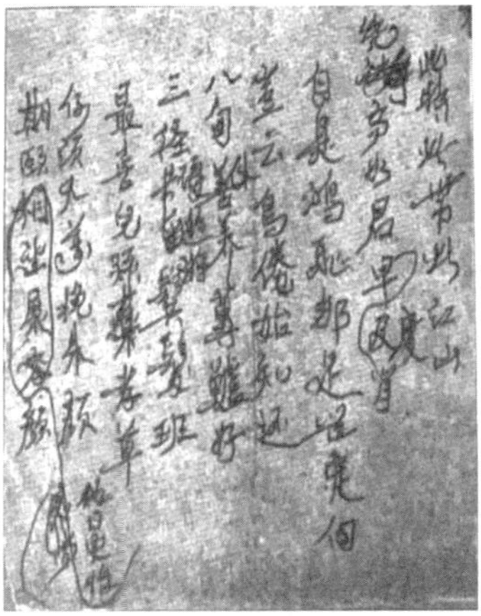

陈俊凯汉诗手稿 [2]

[1] Lan Hinh Trần Thị Lan biên soạn, *Kim Sinh Lụy Á Nam Trần Tuấn Khải – Tác Phẩm, Nhận Định và Tư Liệu*, Nhà xuất bản Văn Hóa - Văn Nghệ TP. HCM, 2015, tr.26.

[2] Lan Hinh Trần Thị Lan biên soạn, *Kim Sinh Lụy Á Nam Trần Tuấn Khải – Tác Phẩm, Nhận Định và Tư Liệu*, Nhà Xuất bản Văn Hóa - Văn Nghệ TP. HCM, 2015, tr.488.

陈俊凯（1895—1983）出生于越南南定省，笔名亚南，成长在一个书香家庭。其父陈瑞甲（Trần Thụy Giáp）于1900年曾中越南科举举人，当世之时，“东京义塾”运动兴起，潘佩珠等曾多次盛邀陈瑞甲参与，陈瑞甲亦积极响应。但所谓“乱世修身”，他还是归返田园。至1909年，被法国殖民当局胁迫做了海阳市锦长县[1]训导。1912年，又任南定省乡试监考主官。1914年，陈瑞甲谢世。陈瑞甲生前对陈俊凯耳提面命，作为儿子，陈俊凯在文章方面，既有天赋，又勤奋刻苦。11岁时，已熟读汉文儒家经史，对于汉文的诗、词、歌、赋均有涉猎。14岁时，其国语文章逐渐崭露头角，获得前辈同行的高度评价。因生逢乱世，1917年，陈俊凯曾想奔赴中国，因故未能成行。

1921年，陈俊凯出版第一部国语诗集《今生累》[2]，在越南知识界影响较大。越南太平省巡抚陈美也是科举出身，曾作“六八体”诗赞曰：

Xem qua một tập Kim **Sinh**,	览《今生累》一部，
Rằng tài nên trọng mà **tình** nên **thương**.	才情一片，应珍应重。
Nhớ ai vơ vẩn đêm **trường**?	念谁辗转长夜？
Sầu ai trăm mối tơ **vương** bên **mình**!	思君百般，虐己千遍！
Than than khóc khóc cười **cười**,	叹叹，哭哭，笑笑！
Có câu phong vận, có **lời** nghiêm **trang**.	文风巧妙，雅俗并茂。
Ví dù không tập “Đoạn **trường**”	“《断肠》”一曲问世，
Thì treo giải nhất chi **nhường** cho ai! [3]	桂冠不摘，更与付谁！[4]

[1] Huyện Cẩm Giàng, Hải Dương.

[2] Duyên nợ Phù Sinh I.

[3] Lan Hinh Trần Thị Lan biên soạn, *Kim Sinh Lụy Á Nam Trần Tuấn Khải – Tác Phẩm, Nhận Định và Tư Liệu*, Nhà Xuất bản Văn Hóa - Văn Nghệ TP. HCM, 2015, tr.13.

[4] 笔者自译。

由此推断，陈俊凯年方 26 岁时，所出之诗集，才情兼具，文笔夺人眼目，为越南文人赞誉有加。1923 年，陈俊凯又出版《续今生累》[1]，1924 年出版第三部诗集《关怀笔》[2]，1925 年出版小说《沧桑镜》[3]。1925 年，越南东北遭遇水涝，陈俊凯编写戏曲《人间镜》[4]，以筹款赈灾。1926 年，所译《水浒传》出版。

陈俊凯不仅热爱越南山川人文，同时还反对不公的法国殖民统治。1927 年，潘佩珠被法国殖民当局逮捕关押在河内，陈俊凯曾跟法国交涉，愿意代替潘佩珠服狱，但法方不允，足见陈俊凯士人风骨。越南国民党元老范俊才、阮太学等曾邀其入党，陈俊凯以儒家经典回绝道："吾闻君子不党，子曰：仁者爱人。"陈俊凯始终守身持仁，1945 年，日本短暂占领越南期间，又有人邀请陈俊凯为日本效劳，陈俊凯果辞。越南民主共和国成立后，陈俊凯一度被审查是否曾为越南国民党、日本从事活动，后获澄清。1947 年，陈俊凯在河内各中学教书。1954 年，日内瓦协议签订后，陈俊凯旅居越南南方。1958 年，南越政权总理吴廷琰举办全国诗文大赛，陈俊凯任主考官。1960 年，任南越政权文化署汉学专员。1966—1967 年，任南越文艺协会主席，民族文化保卫力量协会荣誉主席。1971 年，任南越翻译委员会副主席。1975—1983 年，任胡志明市文艺协会名誉主席。[5]

由此而知，诗人译者陈俊凯的一生可谓颠沛流离，蹉跎艰辛，但他始终以士人本分要求自己，即以文章而立世，可谓难能可贵。也正是由于此，他获得后人的敬仰。他一生除了有 5 部诗集问世之外，还有译著和创

[1] Duyên nợ Phù Sinh II.

[2] Bút Quan hoài.

[3] Gương bể dâu.

[4] Mảnh gương đời.

[5] Lan Hinh Trần Thị Lan biên soạn, *Kim Sinh Lụy Á Nam Trần Tuấn Khải – Tác Phẩm, Nhận Định và Tư Liệu*, Nhà Xuất bản Văn Hóa - Văn Nghệ TP. HCM, 2015, tr.14-22.

作22部，其中包括译著《水浒传》《红楼梦》[1]《孟子演义》《青楼梦》《三字经》《东周列国传》《大越史记全书》等，此外还有8部编撰的作品，如《古越寓言》《处世伦理》《处世箴言》等。[2]由此可知，陈俊凯可谓当时之硕儒。

所谓"国家不幸诗家幸，赋到沧桑句便工"。陈俊凯以31岁之才笔，翻译出《水浒传》，尽管是七十回本，但也是皇皇巨著，且陈俊凯所译诗词优美，可谓功德无量。

二、开篇诗词的翻译

王国维在《人间词话》中说道："客观之诗人，不可不多阅世。阅世愈深，则材料愈丰富，愈变化，《水浒传》《红楼梦》之作者是也。主观之诗人，不必多阅世。阅世愈浅，则性情愈真，李后主是也。"[3]施耐庵所撰《水浒传》时，阅世之厚度，当比陈俊凯要甚，但陈俊凯生于乱世之中，31岁经历的家国与家庭的变故，也是一般士子难以比拟的。因此，在翻译诗词过程中，难免如《文心雕龙》所言，"道心惟微，神理设教"。《水浒传》开篇第一首词被认为是这部小说诗词的顶峰：

试看书林隐去，几多俊逸儒**流**。虚名薄利不关**愁**，裁冰及剪雪，谈笑看吴**钩**。评议前王并后帝，分真伪占据中**州**，七雄扰扰乱春**秋**。兴亡如脆**柳**，身世类虚**舟**。

见成名无**数**，图名无**数**，更有那逃名无**数**。霎时新月下长川，江

[1] 遗憾的是陈俊凯《红楼梦》的译著未见保留下来。

[2] Lan Hinh Trần Thị Lan biên soạn, *Kim Sinh Lụy Á Nam Trần Tuấn Khải – Tác Phẩm, Nhận Định và Tư Liệu*, Nhà Xuất bản Văn Hóa - Văn Nghệ TP. HCM, 2015, tr.24.

[3] 王国维著：《人间词话》，北京联合出版公司，2018年，第64页。

湖变桑田古**路**。讶求鱼缘**木**，拟穷猿择**木**，恐伤弓远之曲**木**，不如且覆掌中杯，再听取新声曲**度**。[1]

陈俊凯将这首《试看书林隐去》译为：

Thử ngó thư lâm chốn ẩn,
Biết bao tuấn nhã làng **nho**?
Danh suông lợi nhỏ chẳng vương **sầu**.
Cắt băng rồi xẻ tuyết,
Cười nói ngắm Ngô **Câu**.

Bình luận trước vương cùng sau đế,
Chia chân ngụy chiếm giữ Trung **Châu**.
Bảy hùng rối tý loạn Xuân Thu,
Hưng vong như liễu **yếu**,
Thân thế tựa thuyền **câu**...

Thấy: Thành danh vô **số**,
Cầu danh vô **số**,
Lại có kẻ trốn danh vô **số**.
Chốc thôi trăng mới xuống sông dài,
Bể bạc hóa ruộng dâu đường **cũ**.

Quái tìm cá [2] leo **cây**,

[1]（明）施耐庵著：《水浒传》，陕西新华出版传媒集团 / 陕西人民教育出版社，2016 年，第 1 页。
[2] 出版社印刷时是 cú，当是 cá，即鱼之意。

Bày khỉ quẩn tìm **cây**,
Lại e phải cung đến sợ **cây**.
Chi bằng dốc chén rượu trong **tay**,
Hãy nghe tiếng mới trong khúc **này**... [1]

《水浒传》开篇第一首词牌名不详，应是施耐庵自创曲调，前后共一百二十字，上下阙对应，用词巧妙清新。陈俊凯把这首词分为四阙进行翻译，每句字数一样，平仄押韵雷同，每五句诗有三、四句谐韵。译文第一段"**nho**""**sầu**""**Câu**"谐韵；第二段"**Châu**""**yếu**""**câu**"谐韵；第三段前三句句末都是"**số**"，并与第五句"**cũ**"谐韵；第四段前三句句末都是"**cây**"，并与第四句"**tay**"和第五句"**này**"谐韵。除韵律外，译者在用句上多使用纯越词和纯越南语的句法。如"几多俊逸儒**流**"译为"Biết bao tuấn nhã làng **nho**?"，越南语原意为"俊雅儒辈知多少？"。"虚名薄利不关**愁**"译为"Danh suông lợi nhỏ chẳng vương **sầu**"，越南语原意为"空名小利何勾愁"。"裁冰及剪雪，谈笑看吴**钩**"译为"Cắt băng rồi xẻ tuyết, Cười nói ngắm Ngô **Câu**"。其中裁用"Cắt"，剪用"xẻ"，谈笑用"cười nói"，用词亦别出心裁。

"七雄扰扰乱春秋"译为"Bảy hùng rối tý loạn Xuân Thu"，越南语原意为"七雄轻扰乱春秋"。"扰扰"译为"rối tý"，纯越词。"兴亡如脆柳"译为"Hưng vong như liễu **yếu**"，越南语原意为"兴亡如弱柳"。"身世类虚舟"译为"Thân thế tựa thuyền **câu**"，越南语原意为"身世倚钓船"。"虚舟"用了"thuyền **câu**"（钓鱼船）。

第三段翻译时用了"Thấy: Thành danh vô **số**"（见成名无数），"Cầu danh vô **số**"（越南语原意为"求名无数"），"Lại có kẻ trốn danh vô **số**"

---

[1] Thi Nại Am, *Thủy Hử*, dịch giả: Á Nam Trần Tuấn khải, lời bàn: Kim Thánh Thán, Nhà xuất bản văn học & Công ty Cô phần Văn hóa Đông A, 2017, tr.98.

（越南语原意为“更有那逃名无数”）来演绎，无论是韵律还是节奏感都与汉语原词句不分伯仲。第四段连用三次“**cây**”，即“Quái tìm cá leo **cây**”（讶求鱼缘**木**），“Bày khỉ quẩn tìm **cây**”（拟穷猿择**木**），“Lại e phải cung đến sợ **cây**”（恐伤弓远之曲**木**）。最后两句翻译得逍遥而洒脱：“Chi bằng dốc chén rượu trong **tay**，Hãy nghe tiếng mới trong khúc **này**”（不如且覆掌中杯，再听取新声曲**度**）。这两句句末“**tay**”和“**này**”还注重了押韵。

如果说陈俊凯翻译这首词情、景、意均来自原词，那么声律则是陈俊凯独创。如《文心雕龙》所言“属笔易巧，而选和至难”，意即提笔作文容易工巧，但选定和谐的声调却非常困难。[1] 由此观之，陈俊凯运用越南语创作巧妙绝伦，且 1926 年，正是推广拉丁化越南语如火如荼的时代，要翻译经典，对越南语的运用非有才之士，不能为之。

再考察《水浒传》引首中的第一首诗：

纷纷五代离乱**间**，一旦云开复见**天**。
草木百年新雨露，车书万里旧江**山**。
寻常巷陌陈罗绮，几处楼台奏管**弦**。
人乐太平无事日，莺花无限日高**歌**。[2]

这一首诗，陈俊凯直接用七言律诗翻译为：

Loạn ly ngũ đại rối tơi **bời**,
Phút chốc mây tan lại thấy **trời**.
Cây cỏ trăm năm mưa móc mướt,
Thư xe muôn dặm nước non dài.

---

[1] 刘勰：《文心雕龙》原道第一，中华书局，2012 年，第 386—387 页。
[2]（明）施耐庵著：《水浒传》，陕西新华出版传媒集团 / 陕西人民教育出版社，2016 年，第 1 页。

Tầm thường ngõ hẹp xanh vàng thắm,
Chót vót lầu cao sáo nhị **vui**.
Thiên hạ thái bình ngày rỗi rãi,
Oanh ca ríu rít cảnh cao **chơi**. [1]

《水浒传》所引宋代名儒邵雍这首《观盛花吟》，用以感叹五代残唐天下干戈不息，同时表达期待太平盛世的理想。陈俊凯在翻译这首诗时，除了谐韵外，还恰到好处地使用了双声连绵词。

根据原诗的押韵，“**bời**”“**trời**”“**vui**”“**chơi**”谐韵。“离乱”译为“tơi **bời**”，“雨露”译为“móc mướt”，“江山”译为“nước non”，“无事”译为“rỗi rãi”，“高歌”译为“ríu rít”（越南语原意为“叽叽喳喳”）。双声连绵词的选用让越南语诗读起来别具格调，朗朗上口。这首诗完美地翻译出原诗的物境、情景和意境，而不失音色之美。

三、译者在翻译中自创的诗词

《水浒传》每一回都有诗或词，或兼具诗词，这对于译者才华，无不是一项巨大的挑战。与《三国演义》的译者不同，陈俊凯并没有翻译原著每一回的诗词，这令译本较之原著在辞章方面黯然失色不少。当然，读者也似乎没有太过的挑剔，因为除了诗词的翻译外，陈俊凯的译本已难有出其右者。[2] 尤其难得可贵的是，陈俊凯在每一回的翻译时，均有感而发，根据情节，自行创作诗词。

[1] Thi Nại Am, *Thủy Hử*, dịch giả: Á Nam Trần Tuấn khải, lời bàn: Kim Thánh Thán, Nhà xuất bản văn học & Công ty Cô phần Văn hóa Đông A, 2017, tr.101.

[2] Thi Nại Am, *Thủy Hử*, dịch giả: Á Nam Trần Tuấn khải, lời bàn: Kim Thánh Thán, Nhà xuất bản văn học & Công ty Cô phần Văn hóa Đông A, 2017, lời nói đầu, tr.5.

陈俊凯翻译的译本，被越南学界和出版社认为是经典的译本。但其译本省略了《水浒传》中的大部分诗词翻译，除了开篇那两首《试看书林隐去》和《观盛花吟》外。其中原因，不得而知。陈俊凯的译本还省去了第一回“张天师祈禳瘟疫　洪太尉误走妖魔”。因此，译本第一回为“王教头私走延安府　九纹龙大闹史家村”。原著每一回均以一首诗或词开头，但陈俊凯全部省去，直接进入故事情节的翻译。“王教头私走延安府　九纹龙大闹史家村”这一回，施耐庵至少用了七首诗词，但陈俊凯没有翻译任何一首，只在这一回末做了一首评论的诗：

Rượu còn chếnh **choáng**,	酒仍翻腾，
Người đã xôn **xao**.	人已喧闹。
Vì không tỏ mặt anh **hào**,	英豪不露面，
Bỗng nhưng đâu có lụy **vào** đến **thân**?	何至累及身？
Đã nên có dũng có **nhân**,	有勇怀仁，
Nặng lòng nghĩa hiệp, nhẹ **cân** bạc **tiền**.	侠义在心钱财轻。
Nước non đã vực anh **tài**,	山河护英才，
Sá gì luồn cúi thiệt **đời** bồng **tang** [1].	岂能谄媚舍桑蓬。
Tiếng hào còn để làm **gương**,	豪气可为鉴，
Trăm năm thẹn chết những **phường** tham ngu. [2]	百年耻死贪愚辈。

这首诗使用的是：“双四—六八—六八句式”。这一句式实际上少见，但“六八体”则为越南语诗歌常用。第一句第四个字（即句末）“**choáng**”，第二句第四个字（即句末）“**xao**”和第三句第六个字“**hào**”

[1] “bồng tang”，即桑蓬，指桑弧蓬矢，即志向远大之意。

[2] Thi Nại Am, *Thủy Hử*, dịch giả: Á Nam Trần Tuấn khải, lời bàn: Kim Thánh Thán, Nhà xuất bản văn học & Công ty Cô phần Văn hóa Đông A, 2017, tr.146.

（即六八体起句）谐韵。

“六八体”句式中，“**hào**”与“**vào**”，“**thân**”与“**nhân**”，“**nhân**”与“**cân**”，“**tiền**”与“**tài**”，“**tài**”与“**đời**”，“**tang**”与“**gương**”，“**gương**”与“**phường**”谐韵。陈俊凯这首诗尽管没点名，但高度评价了王进和史进，贬斥了“为三斗米折腰”之辈。这首诗与原作第一首诗意又相吻合：

千古幽扃一旦开，天罡地煞出泉台。
自来无事多生事，本为禳灾却惹灾。
社稷从今云扰扰，兵戈到处闹垓垓。
高俅奸佞虽堪恨，洪信从今酿祸胎。[1]

在原作第三回“史大郎夜走华阴县　鲁提辖拳打镇关西”的翻译中，陈俊凯在鲁智深打死郑屠时，用一句“六八体”形容郑屠的死状：

Biết đâu cái đánh vô **tình**,	岂料被打无情，
Xuôi hồn biển tử tan **tành** như chơi! [2]	驱魂扁死，支离如戏！

这一句其实在施耐庵的原著中并不存在，但陈俊凯自我发挥，加入了越南本土语言元素，增强了与越南语读者的共情力。除此以外，在这一回中，有五首诗词，陈俊凯均省略了翻译，仅在这一回末加上了一首评论的六八体诗：

Anh hùng tiếng đã gọi **rằng**,	英雄名声即已立，

[1]（明）施耐庵著：《水浒传》，陕西新华出版传媒集团 / 陕西人民教育出版社，2016 年，第 11 页。

[2] Thi Nại Am, *Thủy Hử*, dịch giả: Á Nam Trần Tuấn khải, lời bàn: Kim Thánh Thán, Nhà xuất bản văn học & Công ty Cô phần Văn hóa Đông A, 2017, tr.161.

Giữa đường dẫu thấy bất **bằng** mà **tha**.	路见不平一声吼。
Bốn phương đâu chẳng là **nhà**,	四海何处不为家，
Sao cho thảo mộc sơn **hà** biết **tên**?	当扬名草木山河？
Chắc đâu là họa là **duyên**,	岂料是祸或是缘，
Chắc đâu oán trả ơn **đền** là **đâu**?	岂料抱怨或还恩？
Ở đời thấm thoát bao **lâu**,	人生荏苒有几何？
Biết nhau tế độ cho **nhau** mới là... [1]	相互济度方为道。[2]

在原作第四回“赵员外重修文殊院　鲁智深大闹五台山”这一回中，原作八首诗词，陈俊凯同样省略绝大多数诗词的翻译，仅对个别诗歌使用了“六八体”进行翻译，如描绘至鲁智深在五台山无酒撒闷气时，听到担酒夫所唱之歌：

九里山前作战场，
牧童拾得旧刀枪。
顺风吹动乌江水，
好似虞姬别霸王。[3]

Non xa có phải chiến **trường**?
Mục đồng nhặt ngọn **gươm** tàn ngày **xưa**.
Gió dồn ngọn nước sông **Ô**,
Nỉ non như tiếng Ngu **Cơ** biệt chồng. [4]

---

[1] Thi Nại Am, *Thủy Hử*, dịch giả: Á Nam Trần Tuấn khải, lời bàn: Kim Thánh Thán, Nhà xuất bản văn học & Công ty Cô phần Văn hóa Đông A, 2017, tr.162.

[2] 笔者自译。

[3]（明）施耐庵著：《水浒传》，陕西新华出版传媒集团 / 陕西人民教育出版社，2016 年，第 39 页。

[4] Thi Nại Am, *Thủy Hử*, dịch giả: Á Nam Trần Tuấn khải, lời bàn: Kim Thánh Thán, Nhà xuất bản văn học & Công ty Cô phần Văn hóa Đông A, 2017, tr.171.

这首六八体，严格意义上，也算是陈俊凯自行发挥了，若按照越南语原意，又可以翻译为：

远山是否旧战场，
牧童拾得断残剑。
好风轻拂乌江水，
却似虞姬别夫情。[1]

其中原诗“九里山前”陈俊凯译为“Non xa”（远山），“旧刀枪”译为“**gươm** tàn ngày **xưa**”（断残剑），“好似虞姬别霸王”用了“Nỉ non”（低声哭诉）一词，让画面感更加充盈，由景思人，由人念情，可谓越南语中之妙诗。在这一回末，陈俊凯又自创一首“六八体”评论诗：

Cửa thiền vừa thuở vui **chơi**,
Cũng toan chợp mắt sự **đời** bỏ **qua**.
Hay đâu trần hải phong **ba**,
Lửa lòng hồ dễ ai **mà** tưới **tan**?
Một bầu nhiệt huyết chan **chan**,
Thân này nợ với giang **san** còn **nhiều**.
Sá gì mặt nước cánh **bèo**,
Nam nhi hồ thỉ quyết **liều** mới gan...[2]

喜禅门正好，

[1] 笔者自译。

[2] Thi Nại Am, *Thủy Hử*, dịch giả: Á Nam Trần Tuấn khải, lời bàn: Kim Thánh Thán, Nhà xuất bản văn học & Công ty Cô phần Văn hóa Đông A, 2017, tr.182-183.

恨世事如梭。
岂料尘海风波，
怒火何谈消散？
一腔热血满膛，
此身犹欠江山无数。
管他浮生尽飘零，
平生须遂男儿志。[1]

这一首"六八体"五十六字，"**chơi**"与"**đời**"，"**qua**"与"**ba**"，"**ba**"与"**mà**"，"**tan**"与"**chan**"，"**chan**"与"**san**"，"**nhiều**"与"**bèo**"，"**bèo**"与"**liều**"相互谐韵，是评论诗，难免不是陈俊凯作为读者兼译者的自我感慨。

王国维先生在《人间词话》中说"有有我之境，有无我之境。有我之境，以我观物，故物皆著我之色彩。无我之境，以物观物，故不知何者为我，何者为物。古人写词，写有我之境者为多，然未始不能写无我之境，此在豪杰之士能自树立耳。"[2]其实又岂是词如此，诗歌亦然。陈俊凯在译作中自创的"六八体"诗所评既是鲁智深，何尝不是乱世之下，有志难伸之男儿之叹！

至于陈俊凯翻译的《水浒传》居然还引用阮攸《金云翘传》诗句，可谓中越文化关系千丝万缕，"剪不断，理还乱"的明证之一。陈俊凯翻译至第十七回"花和尚单打二龙山　青年手双夺宝珠寺"的开头时，并不翻译开篇诗，而是对杨志被劫走生辰纲时的英雄气短作了一首诗评：

Tiểu nhân sống lắm cũng **thừa**,

---

[1] 笔者自译。
[2] 王国维著：《人间词话》，北京联合出版公司，2018 年，第 5 页。

Anh hào chết vội cũng **chưa** đáng **đời**.

Còn non còn nước còn **người**,

Lẽ đâu phó mặc đất **trời** cho cam. [1]

小人命长寿亦短，

英豪速死不值当。

山高水碧人仍在，

天长地久又何妨。[2]

这一首陈俊凯所创的“六八体”诗，“**thừa**”与“**chưa**”，“**đời**”与“**người**”，“**người**”与“**trời**”谐韵。其中“Còn non còn nước còn **người**”（山高水碧人仍在）出自阮攸《金云翘传》诗句“Còn non còn nước còn dài, còn về còn nhớ đến người hôm nay”（山高水碧道且长，他年勿忘今朝人[3]）。当翻译至杨志在黄泥冈寻死，老都管和护送生辰纲的其他十四人打算告官，把罪责推给杨志，同时陷害杨志与贼人是一伙之时，陈俊凯又在译本中自创了一首“六八体”诗：

Gớm quân mặt nạc đốm **dày,**

Làm không nổi việc còn **hay** hại **người**.

Công to việc lớn trên **đời**,

Xưa nay tan nát tội **thời** tại ai? [4]

---

[1] Thi Nại Am, *Thủy Hử*, dịch giả: Á Nam Trần Tuấn khải, lời bàn: Kim Thánh Thán, Nhà xuất bản văn học & Công ty Cô phần Văn hóa Đông A, 2017, tr.372.

[2] 笔者自译。

[3] 笔者自译。

[4] Thi Nại Am, *Thủy Hử*, dịch giả: Á Nam Trần Tuấn khải, lời bàn: Kim Thánh Thán, Nhà xuất bản văn học & Công ty Cô phần Văn hóa Đông A, 2017, tr.373.

鄙俚薄脸厚斑贼，
败事有余反害人。
天下丰功伟业事。
古今俱败更咎谁？[1]

这首“六八体”诗，“**dày**”与“**hay**”，“**người**”与“**đời**”，“**đời**”与“**thời**”谐韵，不仅韵律得当，此诗还鞭笞了历代做坏事的小人们，所谓“小人无事艺，败事多有余”。翻译至曹正收留杨志一宿，杨志投奔二龙山之时，陈俊凯又写了一首“六八体”诗：

Có ăn mới biết ớt **cay**,
Có từng trải lắm mới **hay** mùi **đời**.
Cao lang mấy kẻ ra **ngoài**,
Quê mùa rau cháo là **nơi** hữu tình. [2]

果腹方知辣味，
坎坷才悟世道。
高郎离乡背井，
村野菜粥乃瑶。[3]

陈俊凯这首“六八体”诗，就韵律而言，“**cay**”与“**hay**”，“**đời**”与

[1] 笔者自译。
[2] Thi Nại Am, *Thủy Hử*, dịch giả: Á Nam Trần Tuấn khải, lời bàn: Kim Thánh Thán, Nhà xuất bản văn học & Công ty Cổ phần Văn hóa Đông A, 2017, tr.373.
[3] 笔者自译。

“**ngoài**”，“**ngoài**” 与 “**nơi**” 谐韵。就情境而言，笔者认为有两层。一是感叹曹正和杨志人生不易。曹正“乃是八十万禁军都教头林冲的徒弟，为因本处一个财主，将五千贯钱教小人来此山东做客，不想折本，回乡不得，在此入赘在这个农庄人家”。[1]至于杨志，自不待言。真是身有本领，又被迫离家。二是隐喻了陈俊凯本人，生不逢时，也是颠沛流离于越南各地，谋生不易。至于意境，古今中外，凡乱世，难免如黄庭坚先生所言，“毕竟几人真得鹿，不知终日梦为鱼”。离乡背井，经历坎坷之时，最难忘仍是家乡味道。

这一回描写至鲁智深、杨志杀了邓龙，正式在二龙山落草时，陈俊凯对二人落草，略有感慨，有“六八体”诗插入译文：

Nước non riêng một bầu **trời**.
Đêm thân chí khí ra **ngoài** cỏ **my**.
Ngang tàng rõ mặt nam **nhi**,
Những phường luồn cúi kể **chi** từ rày! [2]

江山一片天，
舍身入草寇。
堂堂仪表儿，
今日不折腰。[3]

这首诗“**trời**”与“**ngoài**”，“**my**”与“**nhi**”，“**nhi**”与“**chi**”谐韵。

[1]（明）施耐庵著：《水浒传》，陕西新华出版传媒集团 / 陕西人民教育出版社，2016 年，第 142 页。
[2] Thi Nại Am, *Thủy Hử*, dịch giả: Á Nam Trần Tuấn khải, lời bàn: Kim Thánh Thán, Nhà xuất bản văn học & Công ty Cô phần Văn hóa Đông A, 2017, tr.384.
[3] 笔者自译。

诗虽短，但后面两句“Ngang tàng rõ mặt nam **nhi**, Những phường luồn cúi kể **chi** từ rày!”越南语原意是“仪表堂堂之男儿，自今日起，绝不做谄媚跪舔之辈！”正如《晋书·陶潜传》所言：“吾不能为五斗米折腰，拳拳事乡里小人邪！”

陈俊凯翻译至何涛求助于弟弟时，弟弟何清抱怨哥哥平日里对弟弟刻薄，“急来抱佛脚，闲时不烧香”。陈俊凯有诗穿插在正文中：

Khi vui vui những đâu **đâu**,
Tới khi hoạn nạn mới **cầu** anh **em**.
Ai ới! Thử ngẫm mà **xem**,
Nhân tình như thế bạc **đen** chăng đời? [1]

快乐之时谁曾记，
患难之时见真情。
诸君！且思且扪心，
人情如此习为常？[2]

这一首“六八体”，“**đâu**”与“**cầu**”，“**em**”与“**xem**”，“**xem**”与“**đen**”谐韵。第一句用了叠字“Khi vui vui”（快乐之时），“những đâu **đâu**”（愉悦之地）。在节奏上一则显得明快，二则突出抱怨。第三句使用了感叹句开头“Ai ới!”（诸君啊！），起到了令人反思和教诲的作用。越南阮朝《皇朝圣谕训迪十条》为首者即敦人伦：

[1] Thi Nại Am, *Thủy Hử*, dịch giả: Á Nam Trần Tuấn khải, lời bàn: Kim Thánh Thán, Nhà xuất bản văn học & Công ty Cô phần Văn hóa Đông A, 2017, tr.389.
[2] 笔者自译。

夫人道，莫先于明伦。君臣有义，父子有亲，夫妇有别，兄弟有序，朋友有信，此人之大伦也。[1]

由此而知，译者陈俊凯借此发挥，植入自己认可的儒家价值观了。《水浒传》原著第十八回回末并无诗评，但陈俊凯依旧按照自己的惯例，写了一首：

Mấy anh phỗng đá ngồi **trên**,
Đã không ích nước lại **thêm** lụy **người**.
Túi tham vét sạch của **đời,**
Giả danh quân quốc làm **mồi** ấm **no**.
Vẽ hươu vẽ vượn trăm **trò**,
Chẳng qua đục nước béo **cò** hay **chi**?
Rồi đây binh biến bất **kỳ**,
Muôn dân đồ thán tội **gì** tại ai? [2]

列位高高在上，
于国无益，偏又累人。
搜刮民脂民膏，
假名官军，中饱私囊。
画鹿画猿心计，
无非意在水混鹭肥。

[1]〔越〕阮朝阮福担撰，裴伯钧点校：《皇朝圣谕训迪十条》，载北京大学《儒藏》编撰与研究中心编：《儒藏》（精华编越南之部一册经部　史部），北京大学出版社，2013 年，第 1029 页。

[2] Thi Nại Am, *Thủy Hử*, dịch giả: Á Nam Trần Tuấn khải, lời bàn: Kim Thánh Thán, Nhà xuất bản văn học & Công ty Cô phần Văn hóa Đông A, 2017, tr.390.

谁料兵变突发，

万民涂炭，罪该谁过？

这一首“六八体”诗共八句，五十六个字。“**trên**”与“**thêm**”,“**người**”与“**đời**”,“**đời**”与“**mồi**”,“**no**”与“**trò**”,“**trò**”与“**cò**”,“**chi**”与“**kỳ**”,“**kỳ**”与“**gì**”，共七个词谐韵。陈俊凯难免借此暗讽阮朝和法国殖民统治之腐败。如唐代曹邺之《官仓鼠》云：

官仓老鼠大如斗，见人开仓亦不走。

健儿无粮百姓饥，谁遣朝朝入君口。

余 论

在越南学界和出版界公认的四大名著译本中，陈俊凯所翻译的《水浒传》译本算是一朵奇葩，或可谓别出心裁。他除了翻译开篇诗词之外，其他每回诗词都不翻译，然后根据自己阅读的体会，创作出相关诗词，尤其在每一回回末都有一首诗评。陈俊凯在七十回的译本中所创作的诗量，有一百五十首左右，相对于原著每回诗词数量而言，是逊色较多的。但自1926年该译本问世以来，似乎从未因舍去原作诗词不译、在译本中自行创作“六八体”诗而受到越南学界和出版界的批评，这是令我们感到意外的。

就笔者体会，一是施耐庵原著乃皇皇巨著，要翻译完所有诗词，需要耗费诸多精力，就26岁时颠沛流离的陈俊凯而言，实属不易。二是对于越南语读者而言，更容易共情“六八体”诗而非汉语诗词，尤其是那些并不通晓汉文诗词的越南语读者。三是陈俊凯在译本中所创的“六八体”诗，运用越南语精妙，且思想依然是儒家所崇尚，故不被人诟病删原作而自创“谋私”。

第三节 《水浒传》在越南与在日本传播和影响的比较

《水浒传》在同属于汉字文化圈的日本的传播，也有与越南类似和不一样的地方。尽管《水浒传》传播至越南和日本时间都差不多，是在17世纪左右，但《水浒传》在日本的影响远超越南。

一、早期传播的比较

学界对于《水浒传》传入日本的具体时间尚未明确，只能说大约是在明末清初，时为日本的江户时代初期，也就是17世纪。《水浒传》更多的是通过江户时代中日贸易传入日本的。这与越南通过文人交往方式传播又略有不同。

江户时期，汉籍流入日本与当时的贸易密不可分，但书籍在贸易品中所占的比重并不大。例如《唐蛮货物账》记载的日本正德元年（1711）全年54艘船只中载有书籍的只有6艘。到了江户时代后期，载有书籍的船只则明显增多，如文化元年（1804）来到长崎的11艘船中有10艘载有书籍。至弘化、嘉永年间几乎每艘来日本的船上都有书籍。江户时代从长崎传入的中国古典文献共计达7893种。

日本江户时代汉籍传入日本具有其特殊的时代特征。在《水浒传》传入日本的江户时代，江户幕府在宽永十年（1633）至宽永十六年（1639）先后五次发布锁国令，宽永十二年（1635）后日本人被禁止出国和回国。由于闭关锁国政策，宽永十二年之后的中国书籍都是由中国商人带至日本的，而且是作为商品带到日本的。[1]这与越南的情况有较大差异。尽管越南历代官方也有购买中国书籍的谕旨，尤其到了19世纪初，《明命政要》载：

> 明命元年，帝谕群臣曰：书籍益人神智，今册府所载甚多，尔等当于公暇借观之后，有使如清者，辄令访买古诗、奇书、秘文以备清览。[2]

但越南购买中国书籍规模并不大，阮朝后来为了民族主义，一度还禁止购买中国之书。从存世文献考察，《水浒传》是17世纪传入日本的，比越南又稍早一点。相对越南，历史上日本保留下来的书目可以更为清晰地追溯《水浒传》传播至日本的情况。如宽永十六年（1639）收录入《御文库目录》中有《水浒全传》，正保三年（1646）收录入御文库的《二刻英雄谱》(《水浒传》与《三国演义》的合装本），都是1635年日本闭关锁国政策推行之后才传入日本的。这些水浒书籍也和后来传入日本的其他书籍一样，是清一色的中国贸易商人带入日本的。

吴蓉斌认为，作为贸易商品的一种，它流传至日本的绝对数量少和相对数量多却是一大特色。所谓输入的绝对数量少，指的是明清时期汉籍传入日本的总量虽然不少，但每一只商船上载有的书籍总量是限定的，而某一部具体的作品传入日本国内的量则更少，《水浒传》也不例外。《商舶载来书目》是在长崎担任书籍检察官的向井富根据海关档案文献编撰的书籍，其中有《水浒传》的记载：清康熙五十二年（日本正德三年），《金瓶梅》《女仙外史》《水浒传》经商船载入日本。康熙五十六年（日本享保二

[1] 吴蓉斌著:《〈水浒传〉在日本》，浙江大学出版社，2021年，第3—6页。

[2]〔越〕阮朝国史馆编修《明命政要》卷十九，崇文第十七，南越政权国务卿府文化特责处影印出版，1972年，第1a页。

年），第五才子书《水浒传》一部两套载入日本。[1]这种情况，在《水浒传》传播至越南的历史中，是不存在的。这主要是因为中日之间的海洋贸易远比历史上中越之间要兴盛的多。中越之间的海洋贸易中，货物贸易占百分之百。

再如，以日本《舶载书目》所录为例，自1741—1855年期间，《水浒传》传入日本的数量超过了《三国演义》《西游记》《女仙外史》《仙佛奇踪》中的任何一部。这与越南的情况又不同，越南明显是《三国演义》的传播更胜《水浒传》。很明显，明清时期以《水浒传》为代表的书籍传入日本是随着中日贸易的发展，是以书籍作为商品本身由中国商人带入日本的。《水浒传》传播至越南的情况则与日本有较大差异，即《水浒传》从未有以两国贸易商品的形式传播至越南，这在一定程度上，说明越南的知识分子规模稍逊于日本。

二、翻译与改编的比较

马祖毅先生在早年即提出，日本翻译汉籍之多，在世界上首屈一指。其中对中国古典文学名著的翻译尤甚。截至20世纪70年代末，《水浒传》译本即有33种，《三国演义》20种，《西游记》20种，《红楼梦》10余种。较之越南，日本对《水浒传》的翻译要早百余年。日译本《水浒传》与其他语种相比，其出版时间最早，译本也较多。越南则要到19世纪末20世纪初才有翻译，且各种改编本又以20世纪初期的戏剧形式居多。《水浒传》最早的日语译本出版于1790年，译者是冈岛冠山、丢甩道人，译本名称为《通俗忠义水浒传》。该译本采用一百二十回李卓吾评点本为蓝本，前一百回采用冈岛冠山译文，后二十回由丢甩道人翻译。

[1] 冯兴国著:《中国古典小说与日本文学》，辽宁教育出版社，1993年，第164页。

译者冈岛冠山是日本杰出的中国语言学家，1724年曾出任过唐通事。他从青年时代起就翻译中国通俗小说《皇明英烈传》二十卷，《太平记演义》三卷等。1790年出版的译本《通俗忠义水浒传》包括二十回训点本和一百回编译本。这是日本翻译史上第一次把《水浒传》以和训与和译的方式进行译介。与越南的《水浒传》译者陈俊凯一样，冈岛冠山因此得以扬名立万。当时有人评价冈岛冠山：冈岛玉成子者，精通华之音与语也。一开口，则铮铮然成于金玉之声；一下笔，则绵绵乎联于锦绣之句。乃以是鸣于当世，赫赫然惊人耳目，郁郁流芳远近者，有年于兹也。[1]

从江户、明治时代至当代，《水浒传》影响了诸多日本作家的创作。较为著名的有曲亭马琴（1767—1848）。1796年，曲亭马琴的第一部读本小说《高尾船字文》出版，该书全面借用了《水浒传》，并对其进行了改编。受到曲亭马琴创作手法的启发，另外一位作家山东京传又创作了读本小说《忠臣水浒传》，并于宽正十一年（1799）、享和元年（1801）先后完成了作品前编和后编的创作。

曲亭马琴与高井兰山还合作编译了《新编水浒画传》共七册七十回，该书中的插画由日本著名画家葛饰北斋所绘。《新编水浒画传》于1808—1814年间陆续出版，译文多使用日本俗语，能生动表达原文，使该译本在当时影响较大。

值得一提的是，曲亭马琴还用二十八年时间创作了九十八卷一百八十章的《水浒传》翻案小说《南总里见八犬传》（又称《八犬传》）。在众多的《水浒传》翻案小说中，《八犬传》的影响最大，这是曲亭马琴自文化十一年（1814）开始创作，至天保十三年（1842）才完成的。1814年《八犬传》读本在日本刊行，一时洛阳纸贵。19世纪日本作家依田百川在其汉文小说《谭海》中盛赞《八犬传》：“书贾雕工日踵其门，待成一纸刻

[1] 马祖毅、任荣珍著：《汉籍外译史》（修订本），湖北教育出版社，2003年，第522—523页。

一纸；成一篇刻一篇。万册立售，远迩争睹。三都七道，边陬僻邑，公侯富贵，士女农商，提到小说必称《八犬传》为巨擘。”[1]

此外，《水浒传》还影响了山东京传、上田秋成、幸田露伴、芥川龙之介、森鸥外、吉川英治、北方谦三等作家的创作。在江户时代，《水浒传》被大量地翻译和改编，足证其在日本影响之大。《水浒传》在日本被翻译和改写的传播盛况是在越南不能比拟的。之所以产生这样的差距，笔者认为至少有三个方面的原因。一是文字的原因。越南历史上长期使用汉字，喃字在15世纪初也被短暂地宣布为国家文字，但是用来创作小说，仍然困难不小。且喃字要想在士大夫尤其是民间普及更是不容易。19世纪以前，拉丁化越南文又多限制于传教徒使用，如果《水浒传》传播至越南，使用汉字改编，一则越南通晓汉字的人本来就少，二则脱离越南语口语，难以本土化。这也是19世纪，越南知识分子大量转译喃字戏剧剧本或诗歌成为拉丁化越南语的重要原因。而这一点在日本不需要担心，因为日本普及自己的文字较早，尽管同时也使用汉字。

二是在江户时代，唐话[2]学习的流行让《水浒传》成为语言教材之一。为了应对清朝和日本之间长期存在的秘密贸易，日本在长崎设置了翻译官，除了荷兰语翻译兰通事之外，还有汉语翻译唐通事。唐通事除了承担贸易翻译工作外，还承担书籍、货物台账翻译等工作。在18世纪中叶，长崎成立了唐通事会所，这让长崎成为了唐话学习的重要中心。历史上，日本人学习文言文的参考书离不开以“四书五经”为中心，但江户时代日本人流行学习唐话，很多人使用的范本却是《水浒传》，这是因为《水浒传》被认为是白话小说的杰作。包括冈岛冠山等人，也是在这一时期开始

[1]〔日〕曲亭马琴著，李树果译：《南总里见八犬传》，南开大学出版社，1992年，第1—2页。

[2] 所谓唐话，又称为“白话”“俗语”。日本江户时期流行学习的唐话，也就是中文的白话，与文言文相对。

接受《水浒传》和学习唐话的。[1]

除了长崎，日本唐话学习中心还包括江户和关西地区。江户的萱园是专攻古典的学者荻生徂徕的学堂。荻生徂徕曾邀请冈岛冠山等精通唐话的先生担任教师，冈岛冠山为教学编写了不少教材，学员们的唐话到达高级级别之后，便使用《水浒传》作为教科书。日本的关西地区情况亦然，享保十二年（1727），有名的唐话学者冈白驹撰写的《水浒传译解》问世。关西地区良好的唐话学习氛围也吸引了冈岛冠山、释大潮等人从江户前往京都。这同时又促进了中国小说日本刻本《水浒传》在京都的刊发和刻本的出现，使《水浒传》的受众不再局限于权贵阶层，同时扩大了阅读对象，推动了《水浒传》在日本的普及。

越南尽管在阮朝明命时期也模仿中国成立了类似四译馆的机构，但数量和规模都相当有限，不像日本，唐通事规模逾 200 人，这其中也有中日朝贡贸易规模的原因。但在越南历史上，汉语白话始终没有像在日本出现过学习的风潮，笔者认为这与越南民族主义兴起过早和多发有关。也就是历史上由于种种因素，越南对中国文化的学习，其实相对于日本，还是保守得多。一方面是由于中越贸易体量相对不大，且其知识分子群的规模相对日本而言，也较小。

三是町人精神上的需要。17 世纪初期，日本进入江户时代，新兴的商业城市相继出现，形成了日渐壮大的町人[2]势力。町人在追求金钱财富和官能享受的同时，也力求在精神上得到满足。这些拥有丰富的财富，同时又控制着物资流通的町人们，逐渐成为文化上的重要力量。在这种背景下，中国明清俗语文学作品，引起了町人们极大的热情与兴趣，他们中的文化人，借用了中国明清俗语文学的特色，结合日本文化与文学中的传统因素，创作了日本前近代型小说，形成了日本江户时代庶民文化与文学的

---

[1] 吴蓉斌著：《〈水浒传〉在日本》，浙江大学出版社，2021 年，第 42—45 页。

[2] 即城市居民。

繁荣。[1]越南的历史在17—18世纪的情况并没有日本幸运，这两个世纪正处于越南南北对立的阶段，北方在商业贸易上与南方相互也有竞争，与中国贸易量也不像中日那么大，市民阶层并没有大批形成，市井文化发展相对滞后。直至19世纪末20世纪初，越南文人才开始大量翻译和改编中国明清小说。

三、影响的比较

由于越南在政治层面难以接受《水浒传》"官逼民反"主旨等原因，18世纪《水浒传》传播至越南时，官方和知识阶层的表现是冷淡的，这种情况实际上一直延续至19世纪末20世纪初。日本的情况则不同，《水浒传》在日本的影响至少比越南早了一个世纪。明代的话本小说比传奇更具有文学性，尤其是才子佳人的悲欢离合、侠士们的忠肝义胆，极大地吸引了江户时代的町人们。18世纪末的日本学者皆川淇园曾经回忆小时候包括《水浒传》等中国明清小说流传的盛况：

> 余与弟章，幼时尝闻家大人说《水浒传》第一回"魔君出幽将生死之事"，而心愿续闻其后事，而家大人无暇及之。余弟兄请其书，枕藉以读之，经一年后粗得通晓其大略。及十八九岁，得一百回《水浒》读之。友人清君锦亦酷好之，每会，互举其文奇者以为谈资。后由遂与君锦共读他演奇小说，如《西游》《西洋》《封神》《女仙》《禅真》等诸书，无不编读……。[2]

严绍璗先生指出，18世纪中期，以《水浒传》的传播为中心，逐渐形

[1] 严绍璗、刘渤著：《中国与东北亚文化交流志》，北京大学出版社，2016年，第274页。
[2] 严绍璗、刘渤著：《中国与东北亚文化交流志》，北京大学出版社，2016年，第299页。

成了一大批《水浒传》的模仿作品，它成为江户时代后期“前近代”小说形成的先驱。18 世纪前半叶的江户时代日本研究、改编《水浒传》不断，甚至形成了“水浒学”，历半个世纪而不衰。至 18 世纪下半叶，江户的文学创作又陆续涌现了一批《水浒传》的模拟作品，其中包括 1777 年仇鼎山人创作的《日本水浒传》十卷，1783 年伊丹椿园创作的《女水浒传》四卷，1792 年山东京传创作的《梁山一步笑》和《天刚垂杨柳》，1793 年振鹭亭创作的《伊吕波水浒传》，1798 年山东京传创作的《忠臣水浒传》十卷，1804 年好花堂野亭创作的《新编女水浒传》，1825—1840 年泷泽马琴创作的《倾城水浒传》二十五卷，1830 年岳亭丘山创作的《水浒太平记》，1837 年飘瓢舍千人创作的《天魔水浒传》，1814—1879 年岳亭定冈、知足馆松旭、友鸣吉兵卫三人先后创作完成的《俊杰神道水浒传》一百四十卷等。[1]

《水浒传》在越南的影响，直至 20 世纪初才加强。一方面是法国殖民者在推广文字之时，对类似小说的宽松管理。另一方面是拉丁化越南文需要全国推广，民智需要增进。但由于《水浒传》在日本的功能和在越南的并不等量，造成了影响的强弱。《水浒传》在越南传播的同时，还有其他明清小说，诸如《三国演义》和《西游记》以及才子佳人小说等。《水浒传》在越南并不“木秀于林”。而在日本的情况就不一样了，在 18—19 世纪，在文本翻译和改编以及模仿创作方面，《水浒传》的影响盖过了《三国演义》。其中的原因，应与江户时期著名文人曲亭马琴对《水浒传》的偏好不无关系。[2] 18—19 世纪越南的文人难以冒着政治风险去翻译、改编或推广这部作品。处在南北对抗的时代，越南文人更多也是无暇顾及人文之务，而试图讨好政治的改编，又被《三国演义》抢了头筹，《皇越春秋》即为明证。

[1] 严绍璗、刘渤著:《中国与东北亚文化交流志》，北京大学出版社，2016 年，第 302 页。
[2] 陈岗龙、张玉安主编:《〈三国演义〉在东方》，北京大学出版社，2016 年，第 32—33 页。

至现当代时期，随着影视发展和网络的发达，以及全球化的历程，《水浒传》在日本和越南的影响也是跟着时代迈进的，但日本经济社会的发展，又使得《水浒传》在日本的影响同样超过了越南。

第四章

《红楼梦》在越南的传播及影响

作为中国古典文学四大名著之一的《红楼梦》，自问世之后，得以在世界范围内传播，并产生过不同程度的影响。早期《红楼梦》在越南的传播并不如其他三大名著，这是由越南当时的国家主流意识形态和士大夫思想决定的。20世纪中叶以来，《红楼梦》逐渐在越南传播较盛，也是伴随着越南历史进程被时代塑造的结果。

第一节 《红楼梦》在越南传播及影响的再考察

就存世文献考察，中国四大名著在越南的传播，最谦逊的是《红楼梦》。其中原因，似乎已然成为学界公案，迄今未能了结。有关《红楼梦》在越南传播的情况，在过去近四十年，国内学界的探讨也不少。[1]或从译介学视域对当代越南翻译和评论《红楼梦》的情况进行梳理，或从文献学角度，利用阮朝相关文献目录，试图寻找出《红楼梦》在越南传播的蛛丝马迹，但“恨古人不见我，亦恨我不见古人”，存世可考者，实不见多。本文试图从不同的侧面进行回溯和学术对话，同时从更长的历史时段对《红楼梦》在越南的传播及影响进行思考，为进一步了解这一学界公案提供参考。

[1] 1989年，法国学者克劳婷·苏尔梦编有《中国传统小说在亚洲》(国际文化出版公司，1989年)，其中收录有颜保教授所撰《中国小说对越南文学的影响》一文。至1997年，马祖毅、任荣珍所著《汉籍外译史》(湖北教育出版社，2003年再版)中论及中国文学翻译在越南，略有介绍中国古典文学在越南的译介情况，但相关信息考据略少。2008年，北京大学夏露副教授在《红楼梦学刊》撰有《〈红楼梦〉在越南的传播述略》(《红楼梦学刊》2008年第四辑)。中国台湾成功大学的陈益源教授于2014年在《明清小说研究》发表有《越南阮朝图书馆所藏的〈红楼梦〉及其续书》(《明清小说研究》2014年第1期)。2015年，武汉大学博士生宗亮在《红楼梦学刊》发表了《越南汉喃古籍新见〈红楼梦〉资料考述》(《红楼梦学刊》2015年第五辑)。2016年，何氏锦燕、姚瑶在《红楼梦学刊》(2016年第三辑)发表了《〈红楼梦〉在越南的研究概述》一文。越南学界也不乏对《红楼梦》研究的成果，但论及《红楼梦》在越南传播及影响的论著见少。

一、结缘：18 世纪末至 19 世纪上半叶《红楼梦》与越南

若论及早期《红楼梦》与越南的关系，则胡适藏《乾隆甲戌脂砚斋重评石头记》第十五回："王凤姐弄权铁槛寺　秦鲸卿得趣馒头庵"，回前有胭脂斋评语：

宝玉谒北静王，辞对神色，方露出来本来面目，迥非在闺阁中之形景。北静王问玉上字果验否，政老对以未曾试过，是隐却多少捕风捉影闲文。北静王论聪明伶俐，又年幼时为溺爱所累，亦大得病源之语。凤姐中火，写纺线村姑，是宝玉闲花野景一得情趣。凤姐另住，明明系秦、玉、智能幽事，却是为净虚攒营凤姐大大一件事作引。秦智幽情，忽写宝秦事云：不知算何账目，未见真切，不曾记得，此系疑案纂创。是不落俗套中，且省却多少累赘笔墨。

昔安南国使有题一丈红句云：五尺墙头遮不得，留将一半与人看。[1]

当然，这句诗是胭脂斋的评语，并非是曹雪芹所言。不过，《红楼梦》第五十一回："薛小妹新编怀古诗　胡庸医乱用虎狼药"的开头便说道：

话说众人闻得宝琴将素习所经过各省内的古迹为题，作了十首怀古诗，内隐十物，皆说："这自然心巧！"都争看时，只见写道是：

赤壁怀古

赤壁尘埋水不流，徒留名姓载空舟。

---

[1]（清）曹雪芹著：《石头记》，周汝昌校订批点本，译林出版社，2017 年，第 188 页。

喧阗一炬悲风冷，无限英雄在内游。

交趾怀古

铜铸金镛振纪纲，声传海外播戎羌。

马援自是功劳大，铁笛无烦说子房。[1]

这首《交趾怀古》，谈的是汉代时越南属于汉朝郡县，汉代马援赴越征伐叛乱的功绩。这是曹雪芹所撰《红楼梦》中使用越南元素进行创作的确证。遗憾的是，除了小说《红楼梦》之外，我们尚未发现19世纪以前越南对《红楼梦》的再版、征引或改编的任何其他形式。北京大学夏露副教授认为《红楼梦》等小说在越南影响不大，主要有三个原因。首先，从越南文学作品来看，要在文学史上占据一席之地，必须是有相当民族特色的作品，而《红楼梦》《儒林外史》等小说文化含量大，很难改编成具有越南民族特色的作品。其次，由于越南知识分子和女性地位在古、近代社会中较中国高，越南读者不太能接受一些贬低科举价值及妇女形象的作品。再次，越南古代小说繁荣发展的情形与中国不同。明清时期，中国小说繁荣发展的一大背景是工商业的发展，其主要创作群体是中下层知识分子，主要阅读对象为城市市民，越南则不然，其创作主体都是上层知识分子，工商业不发达，城市发展缓慢，汉文小说的主要阅读群体是知识分子。最后，中国古典小说在越南的传播具有随意性。[2]

夏露副教授的观点值得参考，但认为“越南知识分子和女性在古、近代社会中较中国高”的观点，似有待进一步探讨。笔者仅举一例说明，阮朝法典——《皇越律例》规定：“凡谋反（谓谋悖本国遣从他国），但共谋

[1]（清）曹雪芹著：《石头记》，周汝昌校订批点本，译林出版社，2017年，第654页。

[2] 夏露：《〈红楼梦〉在越南的传播述略》，载《红楼梦学刊》2008年第四辑。

者不分首从皆斩，妻妾子女给付功臣之家为奴。”[1]

就存世文献考察，《红楼梦》传播至越南后，有多少文人墨客读过，我们不得而知。但阮朝著名文官张登桂（1793—1865）在其与另外一位阮朝文人阮绵审（1819—1870）的合集——《诗奏合编》中，有《读前后红楼梦有感二首》：[2]

其一

闲检红楼纪梦余，金钗十二集梠梔。[3]
我怜黛玉痴情重，欲把前因叩碧虚。

其二

珠宫合是有前缘，历尽穷愁梦始圆。
千古有情人试看，最矜严处最相怜。

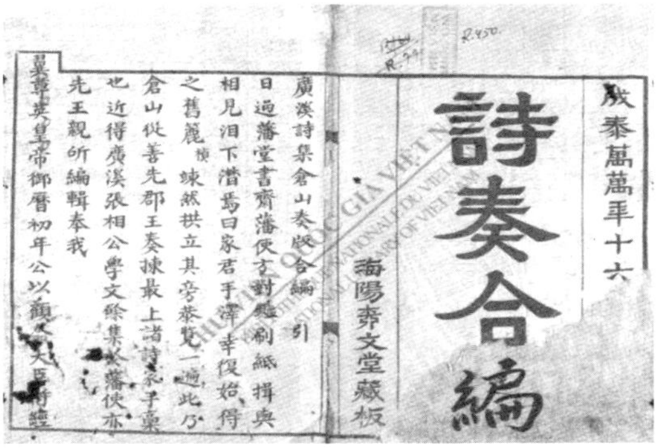

越南国家图书馆藏成泰十六年《诗奏合编》

[1]〔越〕《皇越律例》卷十二，贼盗上，谋反条，《域外汉籍珍本文库》（第三辑），西南师范大学出版社／人民出版社，2012年，第360页。

[2] 越南国家图书馆藏《诗奏合编》，海阳柳文堂藏板，成泰十六年（1906），编号：R450，第43页。

[3] 宗亮读“梠梔”为“裙裾”。——见宗亮：《越南汉喃古籍新见〈红楼梦〉资料考述》，载《红楼梦学刊》2015年第五辑。

撲蝶
綫步桐陰試鳳鞋翩翩彩蝶繞金釵輕輕撲去還驚
歸方使教他們八懷
垂釣
一派湘流繞曲塘風和雲靜竹陰涼英皇當日閑無
事倚石拋絲引興長
讀前後紅樓梦有感二首
閒撿紅樓紀艷餘金釵十二集裙裾我憐黛玉夢情
重欲把前因叩碧虛
其二
珠宮合是有前緣歷盡悲歡始圓千古有情人試
看最矜癡處最相憐
好去二首
好去湖西學採蓮輕輕駕上木蘭船繞過法雨山邊
寺一片塵心中八禪
其二
水流細細月娟娟半在高樓半在船今夕分明非是
夢曙光斜照隙窗前
惜春
當春無計柰春何眼看韶光次第過終日愁風復愁

《诗奏合编》中的《读前后红楼梦有感二首》

宗亮博士较为乐观，认为《红楼梦》在当时流入越南是与阮朝明命帝的文教政策息息相关。[1] 如宗亮博士文中所言，明命即位后，曾下令如清使节购买书籍，尤其是“奇书秘文”。但明命之言，出发点在于“书籍益人神智”，并非是为了“奇书秘文”。《明命政要》载：

> 明命元年，帝谕群臣曰：书籍益人神智，今册府所载甚多，尔等当于公暇借观之后，有使如清者，辄令访买古诗、奇书、秘文以备清览。[2]

但“奇书秘文”是否包括清朝属于禁书的《红楼梦》，尤其值得商榷。

二、遇冷：19 世纪下半叶至 20 世纪初越南相关的证据

2014 年，台湾成功大学的陈益源教授曾在《红楼梦学刊》发表过

[1] 宗亮：《越南汉喃古籍新见〈红楼梦〉资料考述》，载《红楼梦学刊》2015 年第五辑。

[2]〔越〕阮朝国史馆编修《明命政要》卷十九，崇文第十七，南越政权国务卿府文化特责处影印出版，1972 年，第 1a 页。

《越南阮朝图书馆所藏的〈红楼梦〉及其续书》一文。该文就越南阮朝（1802—1945）官方图书馆所藏越南书目进行了考察，相关的书目情况大致包括：

1. 越南使节汝伯仕在阮圣祖明命十四年（清道光十三年，1833年）于广州街“尚筠清行”抄录的一份中国书店销售清单，共1672笔，其中第222种为“原版红楼梦”，第1135种为“红楼梦散图”。

2. 阮朝聚奎书院（1852—1942）辑录于1902年前后的《聚奎书院总目》，其子部小说类著录了《红楼梦》及其续书五种，其中包括《红楼梦》《续红楼梦》《红楼复梦》《补红楼梦》《红楼圆梦》《红楼幻梦》各一部若干本。该总目子部小说类还著录了《水石缘》(《红楼梦仿书》)，集部词曲类著录了一部“曲文”（戏曲）——《红楼梦散套》。

3. 阮朝于越南维新二年（1908）十一月初四由内阁官员陈贞詥等奉编的《内阁书目》，著录有《红楼梦》《续红楼梦》《红楼复梦》《补红楼梦》《红楼圆梦》各一部若干本。

4. 阮朝成立于1909年的新书院，于维新六年（1912）命人编撰的《新书院守册》，著录有《红楼梦》续书二种，其中包括《红楼园（圆）梦》和《补红楼梦》各一部若干本。

5. 越南阮朝于启定七年（1922）成立古学院，隶属学部。启定九年至十年（1924—1925），由阮伯卓校阅、阮进荣检编的《古学院书籍守册》著录古学院典藏的5100种书籍信息，是当时越南著录最为详尽的越南官修书目。其中录有《红楼梦》续书三种，包括《红楼梦幻》《补红楼梦》《红楼圆梦》若干卷。[1]

[1] 陈益源:《越南阮朝图书馆所藏的〈红楼梦〉及其续书》，或《明清小说研究》2014年第1期。

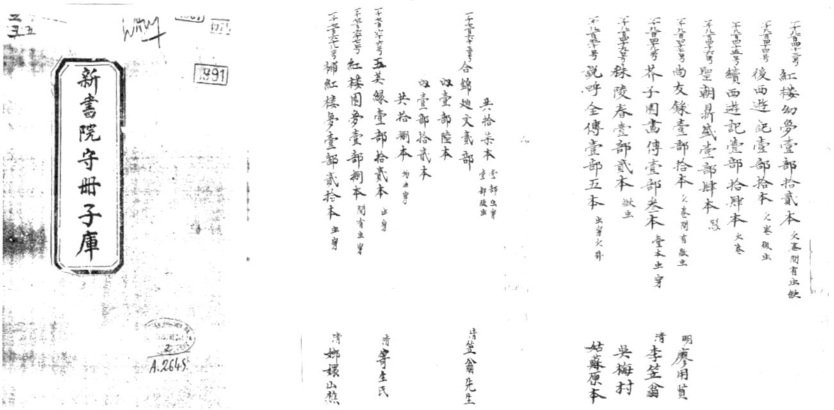

越南汉喃研究院藏《新书院守册（子库）》著录《红楼梦》相关信息[1]

据越南使节汝伯仕所抄中国书单，并不能证明《红楼梦》传入越南。至于《聚奎书院总目》《内阁书目》《新书院守册》《古学院书籍守册》所录《红楼梦》及相关续书信息，可证 19 世纪末 20 世纪初相关书籍确实有传播至越南国家官方图书机构，但并无证据证明越南再版或者改写《红楼梦》。越南著名历史学家陈文玾（1898—1973）藏抄的《北书南印板书目》也并无《红楼梦》及其续书。耶鲁大学图书馆所藏《汉文书籍总录守册》是曾在法国远东学院驻越南工作过的莫里斯·杜兰（Maurice Durand，1914—1966）于 20 世纪上半叶所撰，该书目著录有《续红楼梦》《金玉缘》（疑似《红楼梦》）若干本。但这些均并不能说明 20 世纪上半叶以前《红楼梦》在越南影响多大。与此同时，我们可以看到《汉文书籍总录守册》中《三国志演义》《三国志》《西游记》《评注水浒传》类似书目的著录也不少。

至于越南国家图书馆所藏清代改琦所撰《红楼梦图咏》，也是属于越南藏中国版书籍，不见得如宗亮博士所言，由《红楼梦图咏》等推断“越

[1]〔越〕阮朝《新书院守册（子库）》，1912 年编撰，越南汉喃研究院藏书，编号：A2645。

南人士始终对‘红楼梦图’抱有高度热情，文图结合似被他们所偏爱”。[1]改琦撰《红楼梦图咏》于光绪五年（1879）至光绪年间，《红楼梦》在清代已不被严禁如嘉庆至道光年间了。

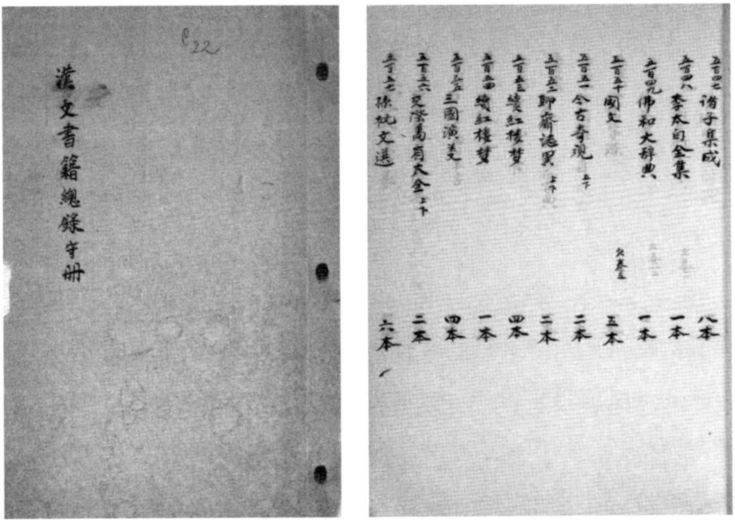

耶鲁大学藏《汉文书籍总录守册》封面及《续红楼梦》书目

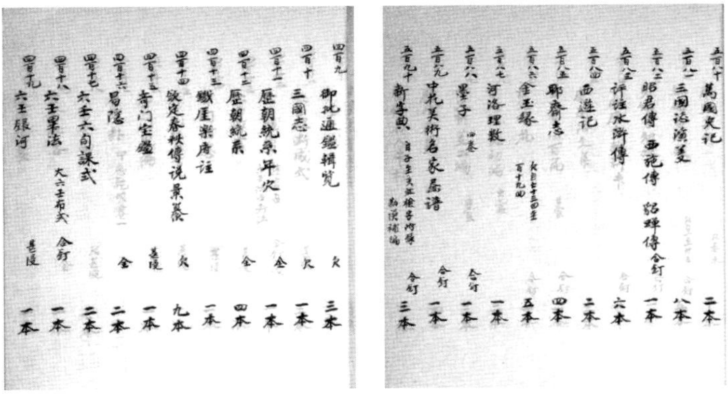

《汉文书籍总录守册》著录的《三国志演义》《西游记》等书目

[1] 宗亮:《越南汉喃古籍所见〈红楼梦〉资料考述》，载《红楼梦学刊》2015 年第五辑。

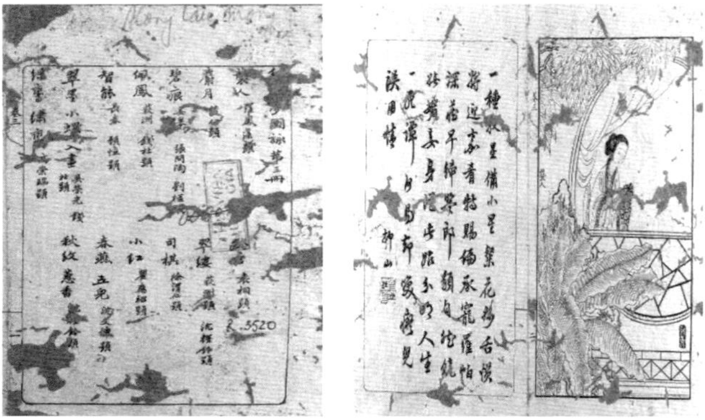

越南国家图书馆藏《红楼梦图咏》[1]

《红楼梦》在越南封建王朝遇冷是多方面因素造成的。首先，是因为它曾在清朝乾隆至光绪年间被列为禁书。除了政治上暗讽封建社会的腐朽之外，有三点更值得一提。一是其曾被列为“淫书”，这与越南阮朝独尊儒术背道而驰。阮朝明命帝曾于1834年在京城及各省颁布《训条十篇》，其第八条即戒淫匿：

> 夫人在天地之中以生，贵守正性而不流于淫荡，贵由善道而不入于邪慝。夫男女之际，情欲最为易惑，苟不以礼自妨，则其端甚微，其祸甚巨。雠衅生焉，狱讼起焉，可不知所痛戒遏止哉？向来诸地方有节妇贞女者，朕特加旌赏，或建祠所，或赐匾额，以为天下之贞者劝。故尔百姓等，为父母兄长者，各知教诲其子弟，男以礼法自闲，女以贞洁自守。男女之情正，而百福之所由集矣。乃若豪党挟势以侵凌，刁滑舞智以怂恿，甚为平民之害。又如无赖游棍，惯为不善，始则发横穴墙，终则煽惑滋事，此皆天理之所不容，国法之所不贯。《书》曰：“天道福善祸淫。”其有犯此等条，速宜自知畏悔，改恶还

[1] 越南国家图书馆藏《红楼梦图咏》（清代改琦撰），藏书号：R3520。

良，胥囿于相养相安之域。惟尔百姓等念之。[1]

阮朝明命是“崇奖节行”的，封建社会对女子的要求“无才便是德”，忠孝节义乃儒家思想维系家庭秩序之大本。《明命政要》载：

帝崇奖节行，初即位，诏诸地方查访孝子、顺孙、义夫、节妇以名闻。至是，谕侍臣曰：天下至乱，系风俗之美恶。人主能崇尚节义，表正风俗，则可培养国脉，长治久安之基，其在是矣。朕初诏中外，察有孝顺、节义者奏请旌赏，所以励风化也，而今未有应举者，其何以副朕化民成俗之至意乎？复命诸地方察访以闻。后有平定女阮氏漂、京北女何氏边皆不污强暴，所在以奏，帝命各赐金匾以旌之。[2]

二是《红楼梦》对科举的贬低。《红楼梦》第十九回“情切切良宵花解语　意绵绵静日玉生香”中，袭人对宝玉说道：

第二件，你真喜欢读书也罢，假喜欢读书也罢，只是在老爷跟前或在别人跟前，你别只管批驳诮谤，只作出个喜读书的样子来，也教老爷少生些气，在人前也好说话。他心里想着，我家代代读书，只从有了你，不承望你不但不喜读书，已经他心里又气又愧了，而且背前背后，乱说那些混话。凡读书上进的人，你就起个名字，叫他禄蠹。又说除明明德外无书，又说前人自己不能解圣人之书，便另出己意，混编纂出来的话。[3]

[1]〔越〕阮福担撰《皇朝圣谕训迪十条》，载北京大学《儒藏》编撰与研究中心编：《儒藏》（精华编越南之部一册经部　史部），北京大学出版社，2013 年，第 1034 页。

[2]〔越〕阮朝国史馆编修《明命政要》卷十三，教化条，南越政权国务卿府文化特责处影印出版，1972 年，第 3b 页。

[3]（清）曹雪芹著：《石头记》，周汝昌校订批点本，译林出版社，2017 年，第 254—255 页。

宝玉贬低读书人为禄蠹，这种思想难为越南阮朝官方意识形态所容。越南阮朝嘉隆六年下诏开科取士，明命帝称，“求俊彦于科场，正欲多得其人，以为致治之具”。[1]

作为阮朝知识分子，自然是支持阮朝官方要求的，即儒家之“正心为立德之本”，这也体现在知识分子在文学创作中的自我要求上。阮朝文人阮登选所撰《桃花梦记——续断肠新声》，卷之二有署“湘江枚吉甫批评”，从其评论我们可以管窥《红楼梦》18—19世纪在越南遇冷的原因之一：

> 作书以风化为先，写佳人才子，要宜极写其雅淡幽闲之致，花晨月夕，诗画琴棋，才相值而情相投，有如晴雪梅花，霁月白菊，令人可爱而可慕。若稍涉一毫淫笔，半句荡辞，便于风化有妨。《西厢》锦绣才子之书，化工之笔，犹以《琴心》《拷艳》数回，致使村庄学究骂是淫书。作书者不可不慎也。[2]

如果认为才子佳人小说首先要具备教化功能，但是类似《金云翘传》及其续写本也是才子佳人小说，为何也能登大雅之堂？例如《桃花梦记——续断肠新声》阮登选认为：

> 《桃花梦》写金重、王翠翘再世之缘也，所述者际遇之因，所言者男女之事，以歌妓之慕书生，而无一笔涉淫邪，一词及于戏谑。匪特兰娘而已，且如娇蕙之遇粤东商客，马娇之归余每，官舒之嫁解

[1]〔越〕阮朝国史馆编修《明命政要》卷十九，崇文条，南越政权国务卿府文化特责处影印出版，1972年，第3b页。

[2]〔越〕阮登选撰:《桃花梦记——续断肠新声》，孙逊、郑克孟、陈益源主编:《越南汉文小说集成》第5册，上海古籍出版社，2011年，第218页。

生，或是生前姻果，或是再世，然有偿完而依托空门，有作合而终谐宜室。举一书而言，无一人之不正；举一人而言，又无一事之不正。是遍世而知风化之美，尽人而识性情之端，于以见盛朝教化大行，风俗萃美，虽娼歌之女，犹以贞正自闲。曾无一江渚大堤之朝慕，二《南》之风化何以加诸？观是书者，幸无以小说忽之。[1]

第三，对于明清故事，阮朝最高层，即皇帝最爱的是王翠翘的故事，而非《红楼梦》。明末清初的才子佳人小说，无论是创作时间还是传入越南的时间都比《红楼梦》要早。尽管明清均有对淫书的禁令，但是阮朝建立较晚，1802 年阮朝建立以前，传入越南的才子佳人小说就较为丰富。就嘉隆（1802—1819 年在位）、明命（1820—1840 年在位）、嗣德（1848—1883 年在位）期间，中国明清小说在越南影响最大的是《金云翘》。越南语中有“男不读潘陈，女不论翠云、翠翘”之说。明末清初的才子佳人小说《金云翘》经越南大儒阮攸的改编而成为越南最经典的古典文学作品——《金云翘传》。明命、嗣德两位皇帝均钟爱阮攸改编的《金云翘传》。

1830 年，明命曾下令举行“文坛咏《翘》”比赛，还特命翰林院文官抄录大量歌咏《金云翘传》的诗歌编辑成册，名曰:《青心才人古今明良题习编》。明命还专门为《青心才人古今明良题习编》撰写《圣祖仁皇帝御制总说》，该《总说》原文为汉文，因战乱原稿遗失，仅见抄本残卷：

若夫才为人误，情以境迁，合冠裳中……教风流于千古名传而论不定青草……则非黄泉带笑不有一经题品，恸古人……由重发幽光补

[1]〔越〕阮登选撰:《桃花梦记——续断肠新声》，孙逊、郑克孟、陈益源主编:《越南汉文小说集成》第 5 册，上海古籍出版社，2011 年，第 218 页。

缺史而成信史……出于王氏名家，雀台光锁春风……。[1]

1871 年，嗣德一度颁布《翼宗英皇帝御制总词》，这是一首由 140 句七言汉诗组成，歌咏阮攸创作的《金云翘传》的长诗，可惜原作遗佚。帝王对才子佳人小说的认可，一方面避免了知识分子遭受文字狱，另一方面，也刺激了明清才子佳人小说在越南的传播。[2] 而这一过程，在同情女子、爱惜女子之才思想上具有异曲同工的《红楼梦》显然屈居下风，所谓“既生《红》，何生《翘》？”至于张登桂阅读《红楼梦》所作诗歌，所表达的也只是同情女子罢了。

1858 年，法国炮轰越南中部城市岘港，1862 年，法越签订第一次《西贡条约》，越南被迫割让南部三省。1874 年，第二次《西贡条约》签订，越南南部六省全部被割让给法国，法国对越南南部六省进行直接的殖民统治。法国殖民统治者为了隔断中越传统文化之联系，进行了一些政治上的操弄。同时，也有一些越南文人迎合法国殖民者。1916 年，黎石麟（Lê Thạch Lân，又译黎诚麟）在法国殖民统治者控制的拉丁化越南文周报上发表《中国小说的害处》一文，剑指中国小说，批评《水浒传》《红楼梦》等不过是盗贼、风情小说，于越南人提高民智毫无益处。[3] 尽管有此文，除《红楼梦》之外，越南南部民间依然翻译出版了大量的明清小说。其中原因，除了小说本身，拉丁化越南文的普及、城市人口的增加、印刷术的推广之外，商业的刺激也是一个重要因素。尽管法国殖民者并不像阮朝官方对淫书给与那么高的道德要求，但是由于《红楼梦》难翻，且其内容是官宦家族的兴衰史，在当时的历史背景下，是难以与民间产生更大共情公约数的，这也是 19 世纪下半叶至 20 世纪上半叶，法国殖民期间

[1] Phạm Đan Quế biên soạn, *Truyện Kiều và Các Nhà Nho Thế Kỷ XIX*, Nhà xuất bản Văn học, 2000, tr.45.
[2] 可参阅笔者《越南古典文学名著研究》，商务印书馆，2018 年，第 285 页。
[3] Lê Thạch Lân, Chỉ Hại về Truyện Tàu, *Lục Tỉnh Tân Văn*, Sài Gòn, Ngày 23 tháng 3 năm 1916.

的越南南部，《红楼梦》遇冷的重要因素。

越南学者何氏锦燕曾引用2004年越南出版的一部词典，说越南人陈俊启（1895—1983）于1934年翻译过《红楼梦》。还说让宋（1904—1949）在1945年翻译过《红楼梦》。[1]但词典之言也好，越南存世的文献也罢，均无所查证。

Lục Tỉnh Tân Văn

六省新聞

MỖI TUẦN ĐĂNG BÁO NGÀY THỨ NĂM

NGƯNG SỰ BÁN LẺ TỪ SỐ

CHỈ HẠI VỀ TRUYỆN TÀU

黎石麟《中国小说的害处》,《六省新闻》1916年

三、开禁：20世纪50年代以来的译介

越南于1919年完全废除了科举制度，19世纪下半叶，越南完全沦为法国殖民地，法国为了斩断越南文化与中国文化的联系，逐渐推广拉丁化越南文。法国殖民者推广拉丁化越南文的想法在20世纪逐渐为越南民族主义者所利用，以进行启发民智和宣传思想。1945年，越南民主共和国成立，拉丁化越南文遂成为越南的官方文字。1945年至1975年间，越南

[1]〔越〕何氏锦燕《〈红楼梦〉在越南的流传、翻译与研究》，云南大学硕士学位论文，2013年，第14页。

又经历了抗法战争（1945—1954），抗美战争（1954—1975），这一阶段越南没有相对稳定的和平环境。北越新建立的社会主义国家，对意识形态有相应的要求，至 20 世纪 50 年代末，越南才真正开始组织专家对《红楼梦》进行翻译。

1962—1963 年越南连续出版的整套《红楼梦》部分书影

有关《红楼梦》在越南的首套完整越南语译本，国内学界提供信息较早的是北京大学的颜保教授。1989 年，他在《中国小说对越南文学的影响》一文所附的《中译越通俗小说书目对照一览表》中，提供了一本《红楼梦》译本的信息，即由阮德文（Nguyễn Đức Vân）、阮文绚（Nguyễn Văn Huyến）翻译的本子。[1] 根据我们的考察，这是 1962—1963 年越南陆续出版的《红楼梦》全译本的第六册。

2002 年，马祖毅先生在《汉籍外译史》中提及，"《红楼梦》一百二十回全译本，1962 年至 1963 年由河内文化出版社出版，共六册。前

[1] 颜保《中译越通俗小说书目对照一览表》，〔法〕克劳婷 · 苏尔梦编著，颜保等译：《中国传统小说在亚洲》，国际文化出版社公司，1989 年，第 215 页。

八十回译者是武培煌和陈允泽，后四十回译者是阮育文和阮文煊，以北京人民文学出版社1957年版作为底本”。[1]根据我们的考察，有些信息是不准确的，如阮育文应为阮德文。2008年，夏露副教授在《红楼梦学刊》撰文称，1959年越南成立文学院，在文学院的努力下，开始大量译介中国文学，其中包括《红楼梦》。在开译期间，越南著名汉学家裴杞先生于1959年便撰写了序言，该书由武佩煌、阮寿、阮尹迪三人翻译，1962年由文化出版社（河内）出版。现今北大东语系图书室藏有该译本，共六册。[2]其实夏露副教授提供的信息也失实。越南学者何氏锦燕的研究也未能提供准确的信息。[3]

表5：越南首部《红楼梦》全译本情况[4]

册数	译者	回数	出版社	出版/ 发行年份
1	武培煌（Vũ Bội Hoàng）， 阮寿（Nguyễn Thọ）， 阮尹迪（Nguyễn Doãn Địch）	1—20	文化出版社 （Nhà xuất bản Văn Hóa）	1962
2	武培煌（Vũ Bội Hoàng）， 阮尹迪（Nguyễn Doãn Địch）	21—40	同上	1962
3	武培煌（Vũ Bội Hoàng）， 陈广（Trần Quảng）	41—60	同上	1962年印 /1963年发行
4	武培煌（Vũ Bội Hoàng）， 陈广（Trần Quảng）	61—80	同上	1963
5	阮德文（Nguyễn Đức Vân）	81—100	同上	1963
6	阮德文（Nguyễn Đức Vân）， 阮文绚（Nguyễn Văn Huyến）	101—120	同上	1963

[1] 马祖毅、任荣珍著：《汉籍外译史》（修订本），湖北教育出版社，2003年，第618页。
[2] 夏露：《〈红楼梦〉在越南的传播述略》，载《红楼梦学刊》2008年第四辑。
[3]〔越〕何氏锦燕：《〈红楼梦〉在越南的流传、翻译与研究》，云南大学硕士学位论文，2013年，第15页。
[4] 笔者根据越南国家图书馆及承天顺化省综合图书馆藏本整理制作。

根据1962—1963年这部全译本提供的信息，越南实际上是于1958年开始组织翻译《红楼梦》的一百二十回全本。实际上1961年，越南社科院文学所已经陆续翻译出译稿，打算付梓刊行。但时任中国社科院文学所所长的何其芳先生向越南建议，就目前而言，1957年北京人民文学出版社出版的《红楼梦》前八十回是最接近原著的版本。因此，越南社科院文学所又组织专家进行了相关的改译，同时，时任越中友好协会会长裴杞先生参与了《红楼梦》前几回的翻译审订。[1]

1959年，裴杞先生还为全译本撰写了序言，1991年，《红楼梦学刊》刊登了这一序言的中文译文。裴杞先生的序言高度肯定了《红楼梦》在中国文学史中的地位，同时概括了《红楼梦》的内容、艺术和价值。他还认为，《红楼梦》不只是讲爱情故事，它的宗旨是谴责封建社会。嘉庆至道光年间，清朝统治者以《红楼梦》是“淫书”为借口，曾下令严禁流行、收藏、表演。《红楼梦》是在清朝封建制度极其残暴的统治下创作的。[2]结合20世纪50—60年代越南反封建的社会环境，我们不难理解裴杞的一些政治措辞。值得一提的是，1962—1963年的全译本被认为是出版社较为认可的版本，2015年被越南文学出版社再版。在翻译技巧本身，这一版本的译者既有直译成律诗，也有充分发挥越南语的本土特色，把古诗词均翻译为越南语独特的“六八体”或“双七六八体”诗式的方式，如：

浮生着甚苦奔忙，盛席华筵终散场。
悲喜千般同幻渺，古今一梦尽荒唐。
谩言红袖啼痕重，更有痴情抱恨长。
字字看来皆是血，十年辛苦不寻常。

[1] Vũ Bội Hoàng, Nguyễn Thọ, Nguyễn Doãn Địch dịch, *Hồng Lâu Mộng*, Lời Nhà Xuất Bản, 1962.
[2]〔越〕裴杞撰，王金地译:《越南文〈红楼梦〉序》，载《红楼梦学刊》1991年第一辑。

直接译为律诗：

Lẵng đẳng trên trời khéo khổ công,
Tiệc tùng rốt cuộc chỉ là không.
Muôn trò mừng tủi đều hư ảo,
Một giấc xưa nay rõ viển vông.
Vạt thắm nào riêng người đẫm lệ,
Tình ngây còn vướng hận ôm lòng.
Xem ra chữ chữ toàn bằng huyết,
Cay đắng mười năm khóe lạ lùng. [1]

又如：

无才可去补苍天，枉入红尘若许年。
此系身前身后事，倩谁记去作奇传？

译为“六八体”诗式：

Tài đâu toan những vá trời,
Uổng công đày xuống cõi đời bấy lâu.
Từ kiếp trước điến kiếp sau,
Biết nhờ ai chép mấy câu truyền kỳ? [2]

[1] Vũ Bội Hoàng, v.v...dịch, Hồng Lâu Mộng, Nhà xuất bản Văn học, 2015, tr.16.
[2] Vũ Bội Hoàng, v.v...dịch, Hồng Lâu Mộng, Nhà xuất bản Văn học, 2015, tr.18.

1969 年阮国雄《红楼梦》120 回全译本封面和封底

1969 年，越南昭阳（Chiêu Dương）出版社出版了由河内师范大学阮国雄教授（1938—2003）翻译的 120 回全译本。实际上，越南当时处于南北越分裂的政治状态，虽然南越、北越同时都有翻译《红楼梦》，但是由于信息闭塞，相互并没有沟通。昭阳出版社在《出版社的话》中说，《红楼梦》可以说是在中国文学宝库中具有重要地位的小说。过去，由于被列为“淫书”，因此，过去在越南，没有被任何一位单独的越南人整部译出越南文，也尚未有哪一份报纸刊载整部《红楼梦》，也尚未有任何一个出版社出版过全译本。同时，为了响应读者的殷切要求，我们决心出版本书，尽管遇到诸多困难。由于该书曾被列为淫书，因此，该书的翻译我们尽量选词酌句，力求接近原著但又注意含蓄巧妙。[1]

值得一提的是出版社邀请了当时越南知名文人李佛山（Lý Phật Sơn）撰写了序言。李佛山引用了法国剧作家、小说家和哲学家萨特（Jean-Paul

[1] Nguyễn Quốc Hùng Dịch, *Hồng Lâu Mộng*, Nhà Xuất Bản Chiêu Dương, Lời Nhà Xuất Bản, 1969.

Sartre，1905—1980）的名言："艺术是一种映射"，认为《红楼梦》是曹雪芹把自己映射其中而创作的非现实小说。李佛山同时引用美国新教神学家、美国存在主义的代表人物——保罗·田立克（Paul Tillich，1886—1965）的理论，认为"映射"是对存在的脱离和断绝，同时是与上帝、与社会、与大地和与自己的断绝。李佛山认为《红楼梦》是曹雪芹对自己想象的假想世界（18世纪的中国）的"映射"。[1]对比裴杞为北越全译本所作序言和想象当时南北意识形态的差异，我们更能理解李佛山的序言深受西方文艺批评理论的影响。

除了1962—1963年、1969年两个120回全译本外，2002年，越南文化通讯出版社还出版了由裴幸瑾翻译的120回全译本。不过，读者和市场较为青睐1962—1963年的全译本。

四、开放：影视与戏曲的传播与影响

1975年，越南南方解放。1976年，越南社会主义共和国成立。以苏联为首的社会主义阵营和以美国为首的资本主义阵营的对垒延续至1991年苏联解体。在这一时期，越南在文化上与社会主义阵营交流较多，尤其在传统文化交流上。尽管这一时期，中越关系也有过不愉快的时候，但依然保持与中国较为密切的联系。1986年，越南实行改革开放，推行革新政策，但西方文化进入越南的步伐仍相对缓慢，中越文化交流依然成为主流。1987年电视连续剧《红楼梦》在中国热映，1988年，越南引进了中国这一电视连续剧。由此，《红楼梦》的故事得以走进越南千家万户。值得一提的是，当时越南在引进播放时，没有配音，而是在播放中文原声的同时，整部剧由越南的梅秋贤女士一人进行越南语的直译和

[1] Nguyễn Quốc Hùng Dịch, *Hồng Lâu Mộng*, Nhà Xuất Bản Chiêu Dương, Bài tựa Lý Phật Sơn, 1969.

旁白。

2017 年 10 月 29 日，由新加坡戏曲学院创院院长蔡曙鹏（Chua Soo Pong）作为编剧和导演的越南语话剧《红楼梦》，在河内歌剧院和越南国家话剧院上演，影响较大。根据蔡曙鹏先生的回忆，他以徐进为上海越剧院编写的戏曲剧本《红楼梦》为蓝本，将其改写为越南语话剧，包括“序幕、黛玉进府、偷读西厢、送别琪官、劝走仕途、责打宝玉、黛玉碰壁、晴雯逐客、赏花葬花、凤姐献计、冷月诗魂、金玉良缘、花落人亡、各抒衷肠、宝钗自叹、宝玉出走，红楼梦醒”共 17 场。徐进的《红楼梦》改编创造了一个比小说更有诗情画意的意境，越南语《红楼梦》在徐进剧本和胡小孩的《大观园》基础上，调整与微改，添加了雪雁、晴雯各抒衷肠的独白和宝钗自叹两场戏，蔡曙鹏在最后一场还写了一首合唱曲：

> 红楼梦境，恍惚迷离。是镜中花，是镜中月。是真是假，难以分辨。大观园，美如画，雕梁画栋夺天工。荣国府，宁国府，一扇一扇门，一道一道墙，关不住能飞的梦。梦见你从天上掉下来，梦见你带我飞上天。梦里相见情更真。情更真，随花飞到天尽头，洁白无瑕，地久天长。

《红楼梦》在河内歌剧院和越南国家话剧院连演期间，多家媒体做了图文并茂的报道，连越南军委和国防部主管的报纸《人民军队报》都报道了这一新闻，电视台也制作了专访节目，演出一票难求。对越南国家话剧院的优秀演员来说，这次演出让他们体验了文学名著的魅力和戏曲形式的精美。[1] 在电影艺术占据现代艺术舞台中央位置之时，越南语版话剧《红

[1]〔新加坡〕蔡曙鹏：《经典作品的跨境演绎：新加坡和越南话剧舞台上的〈红楼梦〉》，载《源》2023 年第 3 期，第 34 页。

楼梦》在越南上演还能取得如此成功，这一方面说明了《红楼梦》故事的魅力，同时也说明了越南对传统戏曲艺术的喜爱。

2017年越南语话剧《红楼梦》剧照[1]

余　论

考察《红楼梦》在越南的传播历程，有几点值得我们思考。首先是不同历史语境下，《红楼梦》在越南传播和影响的情况是不一样的。尤其需要关注的是不同历史阶段主流的社会意识形态对外来文化的“共情度”。在后黎、阮朝时期，越南独尊儒术、开科取士时代，官方和知识分子是难以容得下被列入“淫书”的《红楼梦》的。纵然有阮朝大臣张登桂的两首观后诗，也不能说明当时《红楼梦》在越南文人阶层能产生多大影响。因为张登桂是明命近臣，得以阅览宫廷内府各类奇书，其能读到也不足为奇，其两首诗的思想感慨的仅仅是同情女子罢了。其次，

[1]〔越〕《〈红楼梦〉在越南舞台上上演》，《人民军队报》2017年11月1日。

在《红楼梦》传入越南之前，对《红楼梦》产生过影响的《金云翘传》早已传入。其被越南文人阮攸改编后，为越南上至皇帝、下至平民所喜爱，《红楼梦》可以为阮朝所容的思想已经被《金云翘传》所掩盖，不能容的，比如讽刺社会、否定科举等，自然也难容于越南传统社会的道德要求。

南开大学的陈洪教授曾提出《午梦堂集》《平山冷燕》《金云翘传》、纳兰词和《林兰香》对《红楼梦》的创作有影响。其中论及《金云翘传》时说，一则《金云翘传》是我国古代第一部以一个女性的命运贯穿全书，以一个女性为唯一主人公的小说，而这位女性又是才情过人、性格刚毅又历经磨难的悲剧人物；二则因为其中有些笔墨似与《红楼梦》不无瓜葛。书中第二回写王翠翘梦遇刘淡仙，刘淡仙托断肠教主之名，请王翠翘题咏十首，为《惜多才》《怜薄命》《悲歧路》《哀青春》《苦零落》《苦相思》等，一一编入《断肠册》中。每一首均是对一个女性永恒之悲感主题的诠释，从而布下“怨书”的基调，也成为了王翠翘一生的预言。《红楼梦》的“太虚幻境”“警幻仙子”，以及“金陵十二钗正副册”的思路，与此何等相似！[1] 也就是说，《红楼梦》为女子抱不平的思想已为《金云翘传》所捷足先登至越南文学和传统社会中。

其次，即使越南封建社会瓦解和科举制度废止了，《红楼梦》在越南的传播也并非一帆风顺。法国殖民者把控的意识形态对《红楼梦》等传统小说在越南的传播就不予支持。当然，也有一些激进的民族主义者，对《红楼梦》等中国传统小说有成见。

第三，《红楼梦》被列入“淫书”的道德阴影较大，其负面影响至20世纪80年代以前，即越南改革开放以前，仍然难以为越南传统社会所广泛接受。这也是20世纪80年代以前越南出版社申请翻译出版《红楼梦》

[1] 陈洪著：《四大名著导读》，商务印书馆，2021年，第252—255页。

译本被困扰的难题。影视剧的艺术形式给了《红楼梦》在越南传播一次极大的机会，让作为故事的《红楼梦》的影响远远超过作为文学文本的影响。

第二节 《红楼梦》诗词歌赋在越南语中的审美

尽管《水浒传》的译者陈俊凯[1]以一人之力在20世纪初即翻译完了《红楼梦》，但该译本未见出版面世，其中缘故不得而知。因此，相对于四大名著的其他作品，《红楼梦》的越南语经典译本是由最多人翻译完成的。被读者和学界公认的《红楼梦》越南语经典译本，是裴杞组织翻译的，翻译专家包括武培煌、阮寿、阮尹迪、陈广、阮德文、阮文绚等人。由上文所知，这一译本是以1957年人民文学出版社出版的《红楼梦》作为蓝本的，被越南各大出版社不断再版，本节的研究，是基于越南文学出版社出版的译本。

由于越南各出版社出版时，对译者生平履历皆无介绍，再加上资料难觅，我们难以一一寻迹出六位译者的情况。但有幸的是，我们仍然考察到其中一位译者的情况。

一、译者之一阮德文

阮德文，1900年生于义安省仪禄县（Huyện Nghi Lộc, tỉnh Nghệ An），出身书香之家，其父亲阮德公[2]，以文章名，投身越南光复会[3]和

[1] Trần Tuấn Khải, 1895-1983。

[2] Nguyễn Đức Công，又名黄仲茂（Hoàng Trọng Mậu）.

[3] 19世纪末越南反法组织。

“东游运动”。参加反法革命，后父亲被枪杀，母亲被抓捕坐监，家道衰落。阮德文为家中次子，不得不把上学机会让给最小的弟弟。但所谓“人穷志不能短”，阮德文通过自学汉文和法文，才华横溢。不久从义安赴河内与著名作家吴必素（Ngô Tất Tố）[1]办《时务报》[2]。1945年，曾任义安省仪禄县福禄乡乡长，后任仪禄县抗战行政委员会委员。[3]1965年，阮德文调任越南社科院文学院古、近代所，[4]直至退休。阮德文译作丰富，有《李陈诗文》（3部），《红楼梦》（合译），《皇黎一统志》[5]，《阮春温诗文集》[6]，《阮春岸诗文集》[7]，《金云翘传》[8]，《随园诗话》[9]，此外还有已完译而未能付梓刊行的译作如《嗣德诗文集》《中国思想史》《云囊小史》《国朝廷对策》。此外阮德文还与阮士林[10]、阮文环[11]合作注释了阮攸的《金云翘》。[12]

阮德文（1900—1974）

此外，另外一位译者武培煌，是越

[1] 越南著名作家，1894—1954，有著名小说《熄灯》，汉译本亦刊行于中国。

[2] Báo Thời Vụ.

[3] Uỷ viên Ủy ban kháng chiến hành chiến huyện Nghi Lộc.

[4] Tổ Hán Nôm, Ban Cổ Cận thuộc Viện Văn học.

[5] 与乔收获（Kiều Thu Hoạch）教授合译。

[6] *Thơ văn Nguyễn Xuân Ôn.*

[7] *Thơ văn Nguyễn Trung Ngạn*

[8] 明末清初青心才人版，与阮克星（Nguyễn Khắc Hanh）合译。

[9] 清代袁枚著作。

[10] Nguyễn Sĩ Lâm.

[11] 阮文环曾任越南社科院文学所副所长，国际《金云翘传》研究会会长，意大利但丁《神曲》的越南语译者。笔者曾于2014年邀请阮文环赴中国讲学。阮还曾于1964年赴暨南大学文学院交流，与暨南大学文学院黄轶球教授私交甚笃。

[12] Kiều Mai Sơn, Dịch giả Hán học Nguyễn Đức Vân – Ông đồ Nghệ âm thầm, *Thanh Niên*, 11/12/2022.

南民主共和国第一位教育部长武廷慧[1]的叔叔。武廷慧生于1911年，成长在越南科举时代，汉学功夫自然不浅。作为他的叔叔，武培煌的汉学功底有过之而无不及。与四大名著其他作品的译者一样，《红楼梦》的译者们，同样经历了时代的巨变与命运的蹉跎，他们或多或少能在《红楼梦》中找到自己的人生映照。

二、第一回的翻译

武培煌等对第一回"甄士隐梦幻识通灵　贾雨村风尘怀闺秀"诗词的翻译，同样采取了中越合璧的诗式，有直用七言的，也有变换成"六八体"诗的。如开篇第一首七律：

浮生着甚苦奔**忙**，盛席华筵终散**场**。
悲喜千般同幻渺，古今一梦尽荒**唐**。
漫言红袖啼痕重，更有痴情抱恨**长**。
字字看来皆是血，十年辛苦不寻**常**。[2]

译者直接运用七律进行翻译：

Lẵng đẵng trên đời khéo khổ **công**,
Tiệc tùng rốt cuộc chỉ là **không**.
Muôn trò mừng tủi đều hư ảo,
Một giấc xưa nay rõ viển **vông**.
Vạt thắm nào riêng người đẫm lệ,

[1] Vũ Đình Hòe (1911-?)
[2]（清）曹雪芹著：《红楼梦》，陕西新华出版传媒集团 / 陕西人民教育出版社，2016年，第2页。

Tình ngây còn vướng hận ôm **lòng**.
Xem ra chữ chữ toàn bằng huyết,
Cay đắng mười năm khéo lạ **lùng**. [1]

原诗八句五十六字，译诗字句亦然。原诗一二四六八句末字“忙”“场”“唐”“长”“常”押韵，译诗亦然，一二四六八句末字“**công**”“**không**”“**vông**”“**lòng**”“**lùng**”押韵。在用词上，“浮生”采用了双音节词“lẵng đẵng”，“苦奔**忙**”译为“khổ **công**”，其他变化不大。

这首劝世的七律，前四句有佛家“空”的理念，后四句有儒家“入世”的悲欢苦辣。越南曾长期儒释道三教并存，在越南语中，同样能让越南语的读者有所感触而不违和。

这首开篇诗可再译为汉语：

世事纠缠甚苦**工**，
盛席散场总是**空**。
千般悲喜皆虚幻，
一梦古今尽虚**昏**。
莫笑红袖多行泪，
更有痴人遇情**种**。
看来字字全用血，
十年苦辣不轻**松**。[2]

至于这首偈：

---

[1] Tào Tuyết Cần, *Hồng Lâu Mộng*, người dịch: Vũ Bội Hoàng, Nguyễn Doãn Địch, Nguyễn Văn Huyến, Trần Quảng, Nguyễn Thọ, Nguyễn Đức Vân, Nhà xuất bản Văn học, 2015, tr.16.

[2] 笔者自译。

无才可去补苍**天**，枉入红尘若许**年**。

此系身前身后事，倩谁记去作奇**传**。[1]

译者运用了“六八体”诗式：

Tài đâu toan những vá **trời**,
Uổng công đày xuống cõi **đời** bấy **lâu**.
Từ kiếp trước đến kiếp **sau**,
Biết nhờ ai chép mấy **câu** truyền kỳ? [2]

原诗四句二十八字，每句七字，第一二四句末字“天”“年”“传”押韵。译诗也一样，共四句二十八个字，第一句六个字，第二句八个字，第三句六个字，第四句八个字。“**trời**”与“**đời**”，“**lâu**”与“**sau**”，“**sau**”与“**câu**”押韵。这四句越南语又可译为：

才不堪补阙苍天，
枉费人间多少年。
前世来生数茫茫，
试问何人抄奇传？[3]

至第一回曹雪芹在书中所题的五言绝句：

满纸荒唐言，一把辛酸**泪**。

[1]（清）曹雪芹著：《红楼梦》，陕西新华出版传媒集团 / 陕西人民教育出版社，2016 年，第 3 页。
[2] Tào Tuyết Cần, *Hồng Lâu Mộng*, người dịch: Vũ Bội Hoàng, Nguyễn Doãn Địch, Nguyễn Văn Huyến, Trần Quảng, Nguyễn Thọ, Nguyễn Đức Vân, Nhà xuất bản Văn học, 2015, tr.18.
[3] 笔者自译。

都云作者痴，谁解其中**味**。[1]

这一首，译者同样运用了“六八体”：

Đầy trang những chuyện hoang **đường**,
Tràn trề nước mắt bao **nhường** chua **cay**.
Đừng cho tác giả là **ngây**,
Ai hay ý vị chứa **đầy** ở trong? [2]

原诗四句二十字，二、四句末“泪”“味”押韵。译诗四句二十八字，一、二、三、四句“**đường**”与“**nhường**”，“**cay**”与“**ngây**”，“**ngây**”与“**đầy**”押韵。但“言”用“chuyện”（故事），“一把”用“Tràn trề”（充满）。这首“六八体”译成汉语诗为：

满页荒唐事，泪眼多心酸。
莫误作者痴，意味在其中。[3]

这一回僧人指着士隐所作诗云：

惯养娇生笑你**痴**，菱花空对雪澌**澌**。
好防佳节元宵后，便是烟消火灭**时**。[4]

---

[1]（清）曹雪芹著：《红楼梦》，陕西新华出版传媒集团 / 陕西人民教育出版社，2016 年，第 4 页。
[2] Tào Tuyết Cần, Hồng Lâu Mộng, người dịch: Vũ Bội Hoàng, Nguyễn Doãn Địch, Nguyễn Văn Huyến, Trần Quảng, Nguyễn Thọ, Nguyễn Đức Vân, Nhà xuất bản Văn học, 2015, tr.20.
[3] 笔者自译。
[4]（清）曹雪芹著：《红楼梦》，陕西新华出版传媒集团 / 陕西人民教育出版社，2016 年，第 6 页。

这首七言绝句，译者同样用七言绝句翻译：

Chú ngốc nuông con khéo nực **cười**,
Gương lăng luống để tuyết pha **phôi**.
Nguyên tiêu đêm ấy coi chừng đấy,
Lửa khói tan tành sắp tới **nơi**. [1]

原诗四句二十八字，第一、二、四句末“痴”“澌”“时”押韵。译诗四句二十八字，第一、二、四句“**cười**”“**phôi**”“**nơi**”押韵。在用词上，“你”用“chú”（小叔），显得诙谐风趣。“澌澌”用“pha **phôi**”（褪淡），“菱花”译为“gương lăng”（菱镜），第三句句末用了语气词“đấy”，表示提醒之意。原诗用现代汉语阅读有四个语调，而越南语译诗则有六个调，格律更多变。再译成汉语为：

小叔宠溺实堪笑，
菱镜枉然褪雪花。
元宵月夜多提防，
烟火散尽即融到。[2]

对于“菱镜”一词，译者有所解释。原诗之意在越南语中用词较为通俗，较之原作更为口语化，犹如老者娓娓道来，提醒如圣人之言。尤其后两句“Nguyên tiêu đêm ấy coi chừng đấy, Lửa khói tan tành sắp tới **nơi**.”让人有言外之意，喜尽悲来之感。袁行霈先生所谓诗歌意境的“超越感”。

[1] Tào Tuyết Cần, *Hồng Lâu Mộng*, người dịch: Vũ Bội Hoàng, Nguyễn Doãn Địch, Nguyễn Văn Huyến, Trần Quảng, Nguyễn Thọ, Nguyễn Đức Vân, Nhà xuất bản Văn học, 2015, tr.23.

[2] 笔者自译。

超越感的建立，依赖诗人高尚的人格，对宇宙、社会、人生的深切理解，及其超高的艺术表现力，也依赖读者向上的要求。没有这种要求，就不会得到这种美感。[1]

再看贾雨村对甄家之婢娇杏动心时口占的五言一律：

未卜三生愿，频添一段**愁**。
闷来时敛额，行去几回**头**。
自顾风前影，谁堪月下**俦**。
蟾光如有意，先上玉人**楼**。[2]

译者也用了五言：

Ba sinh chưa thỏa nguyện,
Tấc dạ những thêm **sầu**.
Buồn quá hay ủ mặt,
Đi qua thường ngoái **đầu**.
Trước gió riêng nhìn bóng,
Dưới trăng ai bạn **bầu**?
Chị Nguyệt hay chăng tá?
Mời lên chốn ngọc **lâu**. [3]

原诗八句四十字，“愁”“头”“俦”“楼”押韵。译诗同样八句四十

[1] 袁行霈著：《中国诗歌艺术研究》，北京大学出版社，1987 年，第 53 页。
[2]（清）曹雪芹著：《红楼梦》，陕西新华出版传媒集团 / 陕西人民教育出版社，2016 年，第 7 页。
[3] Tào Tuyết Cần, Hồng Lâu Mộng, người dịch: Vũ Bội Hoàng, Nguyễn Doãn Địch, Nguyễn Văn Huyến, Trần Quảng, Nguyễn Thọ, Nguyễn Đức Vân, Nhà xuất bản Văn học, 2015, tr.25.

字，“**sầu**”“**đầu**”“**bầu**”“**lâu**”不仅押韵，所押之韵与“愁”“头”“俦”“楼”还同韵。在用词上，越南语也运用得精妙，如“频添一段愁”中的“一段”，越南语用了“những”表示“许多”之意。“蟾光如有意”句的翻译中，“蟾光”用了“chị Nguyệt”（月姐姐），“如有意”用了疑问词“chăng tá”（吗？否？耶？吧？），似有身临其境之感。较之原诗，越南语译诗翻成汉语又别有一番风味：

三生愿未遂，
寸心几多愁。
闷来常捂面，
路过又回头。
风前孤只影，
月下谁友朋？
嫦娥可知否？
先邀上玉楼。[1]

再考察《红楼梦》中经典的《好了歌》：

世人都晓神仙好，惟有功名忘不了。
古今将相在何方，荒塚一堆草没了。
世人都晓神仙好，只有金银忘不了。
终朝只恨聚无多，及至多时眼闭了。
世人都晓神仙好，只有娇妻忘不了。
君生日日说恩情，君死又随人去了。

[1] 笔者自译。

世人都晓神仙好，只有儿孙忘不了。
痴心父母古来多，孝顺儿孙谁见了。[1]

《好了歌》一共十六句，一百一十二字。其中第一、五、九、十一句句末都是“好”字，第二、四、六、八、十、十二、十四、十六句句末都是“了”字。“好”与“了”又押韵。这首诗可谓大俗大雅，尽管押韵和对仗不甚讲究，但其思想极其深刻和冷静。这首诗体现在译者的笔下，也是精妙，一韵到底：

Người đời đều cho thần tiên **hay**,
Mà chuyện công danh lại vẫn **say**!
Xưa nay tướng soái nơi nào **đấy**,
Một dãy mồ hoang cỏ mọc **đầy**!

Người đời đều cho thần tiên **hay**,
Nhưng hám vằng bạc lòng không **khuây**!
Suốt ngày những mong chứa cho **đầy,**
Đến lúc đầy mồi mắt nhắm **ngay**!

Người đời đều cho thần tiên **hay**,
Nhưng thích vợ đẹp lòng không **khuây**!
Lúc sống ái ân kề suất **ngày**,
Lúc chết liền bỏ theo người **ngay**!

[1]（清）曹雪芹著：《红楼梦》，陕西新华出版传媒集团 / 陕西人民教育出版社，2016 年，第 9 页。

Người đời đều cho thần tiên **hay**,

Muốn đông con cháu lòng không **khuây**!

Xưa nay cha mẹ thực khờ **thay**,

Con hiền cháu thảo ai thấy **đây**! [1]

有意思的是甄士隐的《好了歌注》，译者则译成了“六八体”长诗：

陋室空堂，当年笏满床。衰草枯杨，曾为歌舞场。蛛丝儿结满雕梁。绿纱今又糊在蓬窗上。说什么脂正浓，粉正香，如何两鬓又成霜。昨日黄土陇头送白骨，今宵红灯帐底卧鸳鸯。金满箱，银满箱，转眼乞丐人皆谤。正叹他人命不长，那知自己归来丧。训有方，保不定日后作强梁。择膏粱，谁承望流落在烟花巷。因闲纱帽小，致使锁枷杠。昨怜破袄寒，今嫌紫蟒长。乱哄哄，你方唱罢我登场，反认他乡是故乡。甚荒唐，到头来，都是为他人作嫁衣裳。[2]

Giờ đây lều cỏ vắng **tanh**,

Trước kia trâm hốt sắp **quanh** đầy **giường**!

Giờ đây cây cỏ ngổn **ngang**,

Trước kia vũ tạ ca **trường** là **đây**.

Xà chạm kia nhện giăng **đầy**,

Màn the nay rủ cạnh **ngay** cửa **bồng**.

Xưa sao phấn đượm hương **nồng**,

Mà nay sương nhuộm như **bông** trên **đầu**?

---

[1] Tào Tuyết Cần, *Hồng Lâu Mộng*, người dịch: Vũ Bội Hoàng, Nguyễn Doãn Địch, Nguyễn Văn Huyến, Trần Quảng, Nguyễn Thọ, Nguyễn Đức Vân, Nhà xuất bản Văn học, 2015, tr.28.

[2]（清）曹雪芹著：《红楼梦》，陕西新华出版传媒集团 / 陕西人民教育出版社，2016 年，第 9 页。

Bãi tha ma có xa **đâu**,
Là nơi màn thắm là **lầu** uyên **ương**.
Hòm kia đầy những bạc **vàng**,
Phút đâu hành khất bên **đường** là **ai**?
Những than số phận của **người**,
Biết đâu mình đã sa **nơi** vũng lầy?
Giai thời dạy những điều **hay**,
Ngờ đâu trộm cướp sau **ngày** xấu **xa**.
Gái thời kén cửa chọn **nhà**,
Ngờ đâu nhắm chỗ yên **hoa** rơi vào!
Mũ the chê nhỏ hay **sao**,
Để gông cùm phải vương **vào** đáng **lo**.
Trước manh áo rách co **ro**,
Mãng bào giờ khoác lại **cho** là **dài**.
Ầm ầm trên chốn vũ **đài**,
Người kia vừa xuống **thì** người này **lên**.
Thực ra dại dại điên **điên**,
Quê ai mà nhận là **miền** làng **ta**.
Quay đầu giờ mới tỉnh **ra**,
May quần áo cưới đều **là** vì ai! [1]

严格意义上，《好了歌注》与《好了歌》一样，都是不太严谨的诗歌。《好了歌注》共三十句，一百七十字，译诗仅二十八句，一百九十六字。但译者翻译时，却很严格地按照“六八体”的诗式进行了语言的转换。译诗除了讲究“六八体”押韵外，遣词造句也略有变通，尽管稍有差异，但

[1] Tào Tuyết Cần, *Hồng Lâu Mộng*, người dịch: Vũ Bội Hoàng, Nguyễn Doãn Địch, Nguyễn Văn Huyến, Trần Quảng, Nguyễn Thọ, Nguyễn Đức Vân, Nhà xuất bản Văn học, 2015, tr.29-30.

思想上越南语译诗更通俗易懂。笔者再译为“六八体”汉语句式如下：

如今草屋破亡，
曾想当年簪笏满床。
眼前草木凄凉，
犹忆当年舞榭歌场。
雕梁画栋蛛网，
蓬窗之下低垂账纱。
昔日粉浓脂香，
今朝鬓白发雪如霜。
黄泉路何曾远？
纱账之下鸳鸯楼上。
金箱银箱满满，
转眼料谁却成乞丐？
人生命运可叹！
不知业已身入泥潭。
子若训导有方，
谁保他年不做强梁。
女若挑富捡豪，
有谁能料不堕烟花。
乌纱还嫌不大？
枷锁扣上醒悟已晚。
旧时衣破裳烂，
如今蟒袍穿又嫌长，
烘烘且看戏台，
你方唱罢我登场。

真是疯疯癫癫，
他乡却误认是故乡。
蓦然回首醒来，
终是为谁来做嫁妆！[1]

这首《好了歌注》，笔者经历了三次语言审美的切换。第一次是汉文原文，作为一个热爱中国古典文学的中国人，经历了一次母语的思想交流，对于人生，若比作春天，则有“芳菲次第长相续，自是情多无处足。尊前百计得春归，莫为伤春眉黛蹙”之感。第二次是越南语的“六八体”译诗。让我感到越南语音律之美和一切顺其自然，切莫强求之叹。第三次是把越南语的“六八体”诗译为汉语“六八体”，纯属于对于汉越两种语言的交流探索。笔者并非诗人，但“闻伯夷之风，懦夫有立志”。王国维先生在《人间词话》中说：“诗人对宇宙人生，须入乎其内，又须出乎其外。入乎其内，故能写之；出乎其外，故能观之。入乎其内，故有生气；出乎其外，故有高致。”[2]

三、《红楼梦曲》越南语审美举隅

《红楼梦曲十二曲》可谓作品艺术形式经典中的经典。越南汉学家一曲不落均一一译出，且不落俗套，从这个角度观之，可谓“知我者莫若越”。且看第一曲：

终身误

都道是金玉良缘，俺只念木石前盟。空对着，山中高士晶莹雪；

[1] 笔者自译。
[2] 王国维著：《人间词话》，北京联合出版公司，2015 年，第 97 页。

终不忘，世外仙姝寂寞林。叹人间，美中不足今方信。纵然是，齐眉举案，到底意难平。[1]

这首曲子是以宝玉的口吻表达宝玉、黛玉和宝钗三人关系的。译者译为越南“六八体”诗式：

CHUNG THÂN NGỘ (Lỡ nhau suốt đời)

Ai rằng vàng ngọc duyên **ưa**,
Ta quên cây, đá, thề **xưa** được **nào**.
Trơ trơ người tuyết trên **cao**,
Ngoài đời, rừng vắng khuây **sao** được **nàng**.
Cuộc đời ngán nỗi tang **thương**,
Đẹp không toàn đẹp, lời **càng** đúng **thay**.
Dù cho án đặt ngang **mày**,
Cuối cùng vẫn thấy lòng **này** băn khoăn. [2]

这首“六八体”译诗“**ưa**”与“**xưa**”，“**nào**”与“**cao**”，“**cao**”与“**sao**”，“**nàng**”与“**thương**”，“**thương**”与“**càng**”，“**thay**”与“**mày**”，“**mày**”与“**này**”谐韵。尽管词意大体一致，但就韵律而言，“六八体”诗放在越南语意境中比原作放在汉语中的韵律要更胜一筹。“六八体”诗在语气上也与原作略有差异，试译为汉诗：

终身误（终身错过）

人道是金玉灵**缘**，

[1]（清）曹雪芹著：《红楼梦》，陕西新华出版传媒集团 / 陕西人民教育出版社，2016 年，第 37 页。

[2] Tào Tuyết Cần, *Hồng Lâu Mộng*, người dịch: Vũ Bội Hoàng, Nguyễn Doãn Địch, Nguyễn Văn Huyến, Trần Quảng, Nguyễn Thọ, Nguyễn Đức Vân, Nhà xuất bản Văn học, 2015, tr.80.

岂能忘木石誓言。
漠然迎对冰雪钗，
仍念世外荒林黛。
厌倦人世多沧桑，
美无完美真良言。
纵使她齐眉举案。
此心总是意难平。[1]

这一曲《终身误》，感叹有情人有缘无分，有如阮攸《金云翘传》开篇诗句：

Trăm năm trong cõi người ta,
Chữ tài chữ mệnh khéo là ghét nhau.
Trải qua một cuộc bể dâu,
Những điều trông thấy mà đau đớn lòng.
Lạ gì bỉ sắc tư phong,
Trời xanh quen thói má hồng đánh ghen.[2]

说来也巧，组织翻译《红楼梦》的裴杞先生正好也曾翻译过这几句：

百年人世长悠悠，
怪哉才命每相妒。
桑田沧海一回经，
触目伤心愁缕缕。

[1] 笔者自译。
[2] 刘志强主编：《越南古典文学作品选编》，外文出版社，2022年，第198页。

红颜自古身为累，
丰啬何须问老天。[1]

再看第二曲，咏叹宝玉和黛玉的：

枉凝眉

一个是阆苑仙**葩**，一个是美玉无**瑕**。若说没奇缘，今生偏又遇着**他**；若说有奇缘，如何心事终虚**化**。一个枉自嗟**呀**，一个空劳牵**挂**。一个是水中月，一个是镜中**花**。想眼中能有多少泪珠儿，怎经得秋流到冬，春流到**夏**。[2]

UỔNG NGƯNG MI (Hoài công biết nhau)

Một bên hoa nở vườn **tiên**,
Một bên nước đẹp không **hoen** ố **màu**.
Bảo rằng chả có duyên **đâu**,
Thì sao lại được gặp **nhau** kiếp **này**?
Bảo rằng sẵn có duyên **may**,
Thì sao sau lại đổi **thay** lời **nguyền**?
Một bên ngầm ngấm than **phiền**,
Một bên đeo đẳng hão **huyền** uổng **công**.
Một bên trăng rọi trên **sông**,
Một bên hoa nở bóng **lồng** trong **gương**.
Mắt này có mấy giọt **sương**,

[1] 裴杞译:《王翠翘传》，载 Nguyễn Văn Huyền, *Thơ văn Bùi Kỷ*, Nhà xuất bản Khoa học Xã hội, 1994, tr.204.
[2]（清）曹雪芹、高鹗著:《红楼梦》，青岛出版社，2016 年，第 35 页。

Mà dòng chảy suốt năm **trường**, được chăng? [1]

这首“六八体”共十二句，与原作基本一致。“**tiên**”与“**hoen**”，“**màu**”与“**đâu**”，“**đâu**”与“**nhau**”，“**này**”与“**may**”，“**may**”与“**thay**”，“**nguyền**”与“**phiền**”，“**phiền**”与“**huyền**”，“**công**”与“**sông**”，“**sông**”与“**lồng**”，“**gương**”与“**sương**”，“**sương**”与“**trường**”押韵。上下句均有互相押韵的词，要么腰韵，要么尾韵。这首“六八体”诗用词略有差异，但相信越南语读者不会过于挑剔，汉译如下：

枉凝眉（枉相识）

一边仙苑葩，一边美无瑕。若说无良缘，此生何故又相见。倘乃天合巧，奈何又背离前愿？一边暗神伤，一边费牵挂。一边水中月，一边影照镜中花。眸中几多泪，四季流淌多造孽。[2]

第三曲是唱元春的，当上皇妃的元春临死才明白，富贵权势是靠不住的。

恨无常

喜荣华正**好**，恨无常又**到**，眼睁睁把万事全**抛**，荡悠悠芳魂消**耗**。望家乡路远山**高**。故向爹娘梦里相寻**告**：儿命已入黄泉，天伦呵须要退步抽身**早**！[3]

---

[1] Tào Tuyết Cần, *Hồng Lâu Mộng*, người dịch: Vũ Bội Hoàng, Nguyễn Doãn Địch, Nguyễn Văn Huyến, Trần Quảng, Nguyễn Thọ, Nguyễn Đức Vân, Nhà xuất bản Văn học, 2015, tr.81.

[2] 笔者自译。

[3]（清）曹雪芹、高鹗著：《红楼梦》，青岛出版社，2016年，第34页。

译者把这支《恨无常》翻译为“六八体”：

HÂN VÔ THƯỜNG (Bực tức cuộc thay đổi)

Đương vui chợt đã buồn **ngay**,
Trố nhìn mọi việc thôi **rày** bỏ **qua**.
Hôn thơm dằng dặc bay **xa**,
Non cao trời rộng đây **là** quê **hương**.
Suối vàng con đã lỡ **đường** thần **hôn**,
Mau mau lùi bước là **hơn**. [1]

原曲八句五十六字，“好”“到”“抛”“耗”“高”“告”“早”押韵。每句字数不按律诗规矩，毕竟是曲子，而非诗。至于译诗“六八体”，则韵律规整。“**ngay**”与“**rày**”，“**qua**”与“**xa**”，“**xa**”与“**là**”，“**hương**”与“**đường**”，“**hôn**”与“**hơn**”押韵。且上下句均有对应押韵，六句“六八体”译为汉语为：

恨无常（恨世事无常）

喜时却生哀，
万事今可抛。
香魂荡迢迢，
路远是故乡。
魂已黄泉上，
恨迟早尽孝。[2]

[1] Tào Tuyết Cần, *Hồng Lâu Mộng*, người dịch: Vũ Bội Hoàng, Nguyễn Doãn Địch, Nguyễn Văn Huyến, Trần Quảng, Nguyễn Thọ, Nguyễn Đức Vân, Nhà xuất bản Văn học, 2015, tr.81.

[2] 笔者自译。

第四曲《分骨肉》是唱探春的。

分骨肉

一帆风雨路三千，把骨肉家园齐来抛闪。恐哭损残**年**，告爹**娘**，休把儿悬**念**。自古穷通皆有定，离合岂无**缘**。从今分两地，各自保平**安**。奴去也，莫牵**连**。

这支《分骨肉》共十句，五十七字。其中“**千**”“**闪**”“**年**”“**娘**”“**念**”“**缘**”“**安**”“**连**”。译者翻译为九句“六八体”诗：

PHÂN CỐT NHỤC (Cốt nhục phân ly)

Đường xa mưa gió một **chèo**,
Cửa nhà ruột thịt thôi **đều** bỏ **qua**.
Còn đành lỗi đến mẹ **cha**,
Khóc thương chỉ thiệt thân **già** đấy **thôi**.
Cùng thông số đã định **rồi**,
Hợp tan âu cũng duyên **trời** chi **đây**.
Phân chia hai ngả từ **nay**,
Dám mong giữ được ngày **ngày** bình **yên**,
Con đi xin chớ lo **phiền**. [1]

就韵律而言，这首“六八体”也较为规整。“**chèo**”与“**đều**”，“**qua**”与“**cha**”，“**cha**”与“**già**”，“**thôi**”与“**rồi**”，“**rồi**”与“**trời**”，“**đây**”与“**nay**”，“**nay**”与“**ngày**”，“**yên**”与“**phiền**”押韵，再译成汉语为：

---

[1] Tào Tuyết Cần, *Hồng Lâu Mộng*, người dịch: Vũ Bội Hoàng, Nguyễn Doãn Địch, Nguyễn Văn Huyến, Trần Quảng, Nguyễn Thọ, Nguyễn Đức Vân, Nhà xuất bản Văn học, 2015, tr.81-82.

分骨肉

风雨兼程一船桨，
骨肉分离皆撒手。
还累及父母亲呀，
且苦且恐父母伤。
自古穷达都在天，
聚散定数无非缘。
今日分离为两向，
企盼双亲日日安。
儿辞请勿天天念。[1]

再考察第五曲《乐中悲》：

襁褓中，父母叹双**亡**。纵居那绮罗丛谁知娇**养**？幸生来英豪阔大宽宏**量**，从未将儿女私情，略萦心**上**。好一似霁月光风耀玉**堂**。厮配得才貌仙**郎**，博得个地久天**长**，准折得幼年时坎坷形**状**。终久是云散高**唐**，水涸湘**江**。这是尘寰中消长数应**当**，何必枉悲**伤**？[2]

这一支曲子是写史湘云的。“乐中悲”自然是说富贵与欢乐中潜藏着危机与悲哀。译者把这一首曲子译为十二句的“六八体”诗：

LẠC TRUNG BI (đời không ưa)

Mồ côi từ lúc lọt **lòng**,
Dù nơi khuê các, chớ **hòng** ai **thương**.

[1] 笔者自译。
[2]（清）曹雪芹、高鹗著：《红楼梦》，青岛出版社，2016 年，第 34 页。

Anh hào được tính hiên **ngang**,
Tình riêng nhi nữ chưa **vương** vít **lòng**.
Thân này trăng sáng gió **trong**,
Chàng tiên mong được sánh **cùng** lứa **đôi**.
Những mong trời đất lâu **dài**,
Bõ khi trẻ dại gặp **thời** gian **nan**.
Ngờ đầu nước cạn mây **tan**,
Tương giang lạnh ngắt, Cao **Đường** vắng **tanh**...
Trần hoàn may rủi đã **đành**,
Việc gì khóc quẩn lo **quanh** bên lòng. [1]

这十二句“六八体”，上下句均有腰韵或尾韵连接，在音律上抑扬顿挫，其中“**lòng**”与“**hòng**”，“**thương**”与“**ngang**”，“**ngang**”与“**vương**”，“**lòng**”与“**trong**”，“**trong**”与“**cùng**”，“**đôi**”与“**dài**”，“**dài**”与“**thời**”，“**nan**”与“**tan**”，“**tan**”与“**Đường**”，“**tanh**”与“**đành**”，“**đành**”与“**quanh**”押韵。再译成汉语为：

乐中悲（喜极生哀）
孤儿呱呱中襁褓，
出身奎阁无疼爱。
但自带英豪气概，
儿女私情未缠绊。
此身月明风清样，
配得才子佳人对。

[1] Tào Tuyết Cần, *Hồng Lâu Mộng*, người dịch: Vũ Bội Hoàng, Nguyễn Doãn Địch, Nguyễn Văn Huyến, Trần Quảng, Nguyễn Thọ, Nguyễn Đức Vân, Nhà xuất bản Văn học, 2015, tr. 82.

天长地久来期盼，
以抵幼时多艰难。
岂料又水干云散，
湘江凄凉高唐暗。
尘寰祸福已无奈，
何必枉费心再伤？[1]

这一首《乐中悲》，犹如沈三白在《浮生六记》所言："人生坎坷，何为乎来哉？往往皆自作孽耳，余则非也。多情重诺，爽直不羁，转因为之累。况吾父稼夫公慷慨豪侠，急人之难，成人之事，嫁人之女，抚人之儿，指不胜屈，挥金如土，多为他人。余夫妇居家，偶有需用，不免典质。始则移东补西，继则左支右绌。谚云：'处家人情，非钱不行。'先起小人之议，渐招同室之讥。'女子无才便是德'，真千古至言也。"[2]湘云尽管是一女子，在贾家，也非嫡出，但也算是很能干的，才华出众，只叹"人生坎坷，何为乎来哉？"。

四、其他诗词举隅

像《好了歌注》一样，把不规则的诗歌翻译成规则的越南语诗的情况，在《红楼梦》的翻译中还有一些其他的情况，如在第三回"托内兄如海酬训教　接外孙贾母惜孤女"中，有词《西江月》一首，批评贾宝玉的：

无故寻愁觅恨，有时似傻如狂，纵然生得好皮囊，腹内原来草莽。

[1] 笔者自译。
[2]（清）沈三白：《浮生六记》，中华书局，2018 年，第 83 页。

潦倒不通世务，愚顽怕读文**章**。行为偏僻性乖**张**，那管世人诽**谤**。

富贵不知乐业，贫穷难耐凄**凉**，可怜辜负好韶**光**，于国于家无**望**。天下无能第一，古今不肖无**双**。寄言纨绔与膏**粱**，莫效此儿形**状**。

这首《西江月》译者译为：

Bỗng chốc mua sầu chuốc **não**,
Lắm khi như dại như **ngây**.
Ngoài mặt mặc dù vẫn[1] thanh tú,
Trong lòng rác rưởi chứa **đầy**.

Đần độn học hành lười biếng,
Việc đời chẳng biết dở **hay**.
Việc làm ngang trái tính ương **gàn**,
Quản chi miệng người chế **trách**!

Nghèo khó không quen vất **vả**,
Giàu sang chỉ trích ăn **chơi**.
Tiếc thay lại[2] bỏ phí một **đời**,
Đối với người nhà, vô ích. [3]

Thiên hạ vô tài bậc **nhất**,
Xưa nay bất tiếu không **hai**.

[1] 此句原诗为七个字，译者翻译时应是漏了一个字，笔者补译 vẫn.

[2] 此句原诗为七个字，译者翻译时应是漏了一个字，笔者补译 lại.

[3] “Đối với người nhà, vô ích” 原在 “Tiếc thay lại bỏ phí một **đời**” 句之上，今根据原诗顺序调整。

Nhắn cùng con cháu bọn giàu **sang**,

Nhìn đấy chớ nên bắt **chước**! [1]

原词上阙前四句中后三句句末“狂”“囊”“莽”押韵。后四句中，后三句句末“章”“张”“谤”押韵，上阙第三、第七句七个字，其余句六个字。下阙前四句中，后三句句末“凉”“光”“望”押韵。后四句中，后三句句末“双”“粱”“状”押韵。下阙各句字数与上阙同。

上阙第三句应为七个字，译者在对这首词翻译时，掉了一个字，笔者补“vẫn”，即“还好，倒也”之意。下阙第三句应为七个字，译者同样掉了一个字，笔者补“lại”，取“却”之意。下阙第三、四句顺序颠倒，笔者按照原作进行了顺序调整。译者上下阕对于每四句押韵皆有讲究，即每四句必押韵三句以上，不过在押韵句子顺序上与原词略有差异。翻译时词汇多取纯越词，通俗易懂，可为劝学之作，根据越南语的原意，又可译为汉语词《西江月》一首：

蓦然追愁逐恼，时常似癫如**狂**。外貌尽管仍一**表**，腹内其实不**堪**。呆头懒务学业，活着不知好**歹**。行事反常人倔**强**。不管他人耻**笑**。

贫又难耐辛苦，富却只知贪**玩**。可惜枉费好时**光**，于国于家无**望**。天下无才绝**代**，古今不肖齐**天**。奉劝子孙并高**粱**，且看且悟且**勉**。[2]

越南是世界上最后废除科举制度的国家，其科举延续至 1918 年才明文废止，最后一场科考至 1919 年才结束。作为 19 世纪末 20 世纪初出生的译者们，他们的父辈多是科场中人。包括译者他们自己，幼年时期也是

[1] Tào Tuyết Cần, *Hồng Lâu Mộng*, người dịch: Vũ Bội Hoàng, Nguyễn Doãn Địch, Nguyễn Văn Huyến, Trần Quảng, Nguyễn Thọ, Nguyễn Đức Vân, Nhà xuất bản Văn học, 2015, tr.54.

[2] 笔者自译。

成长在科举时代，对于这一首词蕴含的意义，并不陌生，甚至深有体会。如何教育自己的子女，继承血脉道统，实际上也是令越南官方头疼的事，阮朝甚至颁布圣谕，《皇朝圣谕训迪十条》训子弟条谓：

> 夫人始为子弟，后为父兄师长。今日不知子弟之道，他日不能知父兄师长之道。故古之教必自子弟始，盖以期乎为父兄师长也。是以古者爱子，教之以义方，弗纳于邪。今朕愿尔等之为父兄师长者，各勤教其子弟，务俾恪守天良，无失世业，勿使游惰不勤，勿使好博纵酒，勿使结交匪人。勿使习尚奢侈。行必重于孝弟力田，心必存于礼义廉耻。久之心地醇良，日进于善。高者可以成才达德，光显门闾；下者亦不失为良民，保守家业。平日教诲之功，岂不大且远乎哉？夫幼子童孙，圣人之所必教；《少仪》《弟子职》，君子之所致从。《孟子》曰："逸居而无教，则近于禽兽。"尔等其毋忽焉。[1]

由此而知，对于教子成才，实乃中越古今共识。要谈及《红楼梦》的诗词，岂能不提第二十七回的"葬花侬"？[2]译者翻译为"六八"与"双七六八"体的合璧诗：

Hoa bay hoa rụng ngập **trời**,	花飞花落花满天，
Hồng phai hương lạt ai **người** thương **hoa**?	红褪香消有谁伤？
Đài xuân tơ rủ la **đà**,	绿柳摇曳上春台，
Rèm thêu bông khẽ đập **qua** bên **ngoài**.	白絮轻扑绣帘外。
Kìa trong khuê các có **người**,	闺阁孤影藏娇娘，

[1]〔越〕阮朝阮福担撰，裴伯钧校点：《皇朝圣谕训迪十条》，载北京大学《儒藏》编撰与研究中心编：《儒藏》（精华编越南之部一册经部　史部），北京大学出版社，2013 年，第 1032—1033 页。

[2] 原作汉诗过长，略去。

Tiếc xuân lòng những ngậm **ngùi** vẩn **vơ**.	惜春惆怅亦茫然。
Vác mai rảo bước bước **ra**,	肩担梅锄疾步扬，
Lòng nào nỡ giẫm lên **hoa** thế **này**?	何人忍心踏践花？
Vỏ du tơ liễu đẹp **thay**,	美景柳丝并榆荚，
Mà cho đào rụng, lý **bay** đó **mà**.	冷眼桃落并李败。
Sang năm đào lý trổ **hoa**,	桃李来年又飞花，
Sang năm buồng gấm biết **là** còn **ai**?	来年锦闺知剩谁？
Tháng ba tổ đã xây **rồi**,	春来三月巢垒好，
Trên xà hỏi én quen **người** hay **không**?	梁上轻燕尚识否？
Sang năm hoa lại đâm **bông**,	明年香花又绽放，
Biết đâu người vắng, lầu **hồng** còn **trơ**?	人去楼空孤零走？
Ba trăm sáu chục thoi **đưa**,	春夏秋冬又一年，
Gươm sương dao gió những **chờ** đâu **đây**.	霜剑风刀逼更严。
Tốt tươi xuân được mấy **ngày**,	春花秋月几回有？
Chốc đà phiêu đạt, bèo **mây** thêm **sầu**.	瞬息飘零萍添愁。
Nở rồi lại rụng đi **đâu**,	花开花落花落泥，
Người chôn hoa những rầu **rầu** đòi **cơn**.	葬花人愁愁入迷。
Cầm mai lệ lại ngầm **tuôn**,	边把梅锄边洒泪，
Dây trên cành trụi hãy **còn** máu **rơi**.	犹有血痕现空枝。
Chiều hôm quyên lặng tiếng **rồi**,	黄昏噤语是杜鹃，
Vác mai về đóng cửa **ngoài** buồn **tênh**!	梅锄肩回多惆怅。
Ngả người trước ngọn đèn **xanh**,	青灯暗盏身犹躺，
Ngoài song thưa tạt, bên **mình** chăn **đơn**.	雨敲轻窗被还单。
Mình sao vơ vẩn từng **cơn**?	何故偏向倍堪伤？

Thương xuân chi nữa lại **hờn** xuân **chi**?	我怜春来春又恼？
Thương khi đến, hờn khi **đi**,	疼恋至时烦辞早，
Đến lừ lừ đến, đi **lỳ** lỳ **đi**.	来去了心无挂碍。
Ngoài sâm tiếng khóc rầm **rì**,	庭外戚戚有悲声，
Chẳng hồn hoa đấy, cũng **thì** hồn **chim**.	花鸟哀哀魂难猜？
Hồn kia lảng vảng khôn **tìm**,	难觅孤魂常徘徊，
Chim càng lặng lẽ, hoa **thêm** sượng **sùng**.	更堪鸟静花羞答。

Thân này muốn vẫy vùng đôi **cánh**,	此身振翅**伴花零**，
Nơi chân trời liệng **cánh** hoa **chơi**!	**伴花零**落**天尽头**。
Nào đâu là chỗ chân **trời**,	**天尽头**又**何处是**？
Nào đâu là chỗ có **đồi** chôn **hoa**?	**何处是**我葬花丘？
Sẵn túi gấm đành **ta** nhặt **lấy**,	不若就取锦囊来，
Chọn nơi cao che **đậy** hương **tàn**.	姑择高处掩香残。
Thân kia trong sạch muôn **vàn**,	质本清洁若千般，
Đừng cho rơi xuống ngập **tràn** bùn **nhơ**.	休教污秽烂泥粘。
Giờ hoa rụng có ta chôn **cất**,	今日花落侬收葬，
Chôn thân ta chưa **biết** bao **giờ**.	未卜何时侬亦丧？
Chôn hoa người bảo ngẩn **ngơ**,	我今葬花人笑癫，
Sau này ta chết, ai là **người** chôn?	他年葬我谁人知？
Ngẫm khi xuân muộn hoa **tàn**,	遥想春尽花落日，
Cũng là khi khách hồng **nhan** về **già.**	更是红颜败老时。
Hồng nhan thấm thoắt xuân **qua**.	红粉花落如春尽，
Hoa tàn người vắng ai **mà** biết ai! [1]	花残人去何人识？[2]

[1] Tào Tuyết Cần, *Hồng Lâu Mộng*, người dịch: Vũ Bội Hoàng, Nguyễn Doãn Địch, Nguyễn Văn Huyến, Trần Quảng, Nguyễn Thọ, Nguyễn Đức Vân, Nhà xuất bản Văn học, 2015, tr.351-352.

[2] 笔者自译。

这首译诗共五十二句，前三十六句用“六八体”诗式，续十二句用“双七六八”体诗式，末四句又恢复用“六八”体，就韵律而言，略有繁杂，其中变化缘由，抑或是译者忘我翻译，不得而知。

袁行霈先生曾说道：“有诗人之意境，有诗歌之意境，有读者之意境。这三种意境应当是统一的，但事实上并不统一。诗人之意境在未诉诸语言之前，除了他本人之外，谁也不能体会。而诗人一旦将自己头脑中浮现的意境诉诸语言以诗的形式凝固下来，就成为一个客观的存在，这诗歌之意境和诗人之意境就不一定完全相同，诗人头脑中浮现的意境未必能完美地诉诸语言符号。”[1]笔者同样认为有诗人之意境，有诗歌之意境，有读者之意境，还有译者之意境。越南语的译者在翻译《红楼梦》诗歌时，何尝没有自己的意境？正如笔者再把越南语诗翻译为汉诗一样，同样也有自己的意境。

第三节 《红楼梦》在越南与在韩国传播和影响的比较

就存世文献考察，《红楼梦》传入韩国的时间与越南差不多同时，但同属汉字文化圈，一样是独尊儒术的封建时代的越南，为何对《红楼梦》弃之而不爱？这是值得我们思考的问题。

一、早期传播的比较

明清之际，由于朝贡制度的延续，朝鲜与中国关系较周边传统各国最为密切，朝鲜王朝文人知晓这一名著，并不奇怪。在19世纪朝鲜时代文

[1] 袁行霈著：《中国诗歌艺术研究》，北京大学出版社，1987年，第49页。

人的文集中，能见到《红楼梦》书名的最早记载是李奎景（1788—1856）的《五洲衍文长笺散稿》，该书约于1830年成书，书中提到《红楼梦》《续红楼梦》诸书。根据李奎景的记录，可以推定《红楼梦》早在1830年之前就已经传入韩国。正如崔溶澈先生所言，整体上看，朝鲜时期重视正统文学，对小说一般给予否定的评价。当时的读者很少仔细阅读并分析过《红楼梦》，将这部小说与《金瓶梅》等而视之。[1]

相对而言，越南传统上更重视诗歌。中国科举于明代时已取消诗赋取士，唯清代在“童试”中略有备考，但是乡、会试则完全取消。越南阮朝（1802—1945）科举特别重视考诗赋，凡出韵、重韵、不协韵者都会被黜落。[2]阮朝嗣德帝在位时，对诗赋要求尤其严厉。《钦定大南会典事例续编》记载：“嗣德二十八年（1875），奉谕诗赋之学，声韵为高，盖诗言其志，赋陈其事。而韵则同声相应者也，诗而出韵不足言诗，赋而疆押，何谓能赋？”[3] 19世纪上半叶《红楼梦》传入越南之时，阮攸用越南特有的“六八体”诗式改编自明末清初青心才人的才子佳人作品《金云翘》早已声名显赫。越南热爱诗歌大于小说的情结，也是早期《红楼梦》传播至越南之后销声匿迹的重要原因。

比李奎景稍晚一些的赵在三（1808—1866）在其《松南杂识》一书中也提及《红楼梦》。尤其值得一提的是赵在三在书中说：“《金瓶梅》《红楼浮梦》[4]等小说不可新学少年、律己君子读也。”以通译官的身份往返中国多次的李尚迪（1804—1865）与中国文人张曜孙的交往广为人知，张曜孙也是《红楼梦》的爱好者，曾撰《续红楼梦》。[5]由此判断，朝鲜王朝时

[1]〔韩〕崔溶澈著，肖大平译：《〈红楼梦〉在韩国的传播与翻译》，中华书局，2018年，原序，第11页。

[2] 可参见笔者所著《中越文化交流史论》（修订版），商务印书馆，2022年，第125页。

[3]〔越〕阮朝国史馆编：《钦定大南会典事例续编》卷三十，越南教育出版社影印版，2004年。

[4] 后人疑为《红楼梦》或《红楼复梦》。

[5]〔韩〕崔溶澈著，肖大平译：《〈红楼梦〉在韩国的传播与翻译》，中华书局，2018年，第5—8页。

代，《红楼梦》在19世纪已经为文人们所熟知。

明清时期，朝鲜的“华夷”观念，要比越南强得多，如李朝《宣祖实录》卷三七所言，癸巳二十六年（1593）四月丁癸条：

> 上曰：“设使以外国言之，中国父母也，我国与日本同是外国也，如子也，以言其父母之于子，日本贼子也。”

朱云影先生认为朝鲜亲明态度如此彻底，完全是由于文化认同的结果。尽管清朝建立之初，朝鲜君臣视之为“胡虏”，表示强烈的敌意。不过朝鲜人心目中的华夷之别，究竟不外文野之别，并非对各种族有何厚薄，所以待清朝取得中国文化保护者地位之时，朝鲜终于亲近清朝有如过去亲近明朝一般。[1]

越南自1858年为法国炮轰岘港之后，有两种民族主义情节，一方面抵制法国，但面对法国的坚船利炮，抗法无力。另一方面，对待落后的清廷，又有“挟洋自重”之情绪。在中国无法救援越南的19世纪，法国又胁迫越南，西方发达科技文化威震东方的时候，越南的文化独立意识逐渐突出。如1884年，阮朝建福帝去世时，阮朝大臣坚持用喃字撰写申请书给保护国的钦使，以申请立新帝咸宜。[2]

就存世文献而论，只有19世纪越南阮朝三朝元老张登桂阅读过《红楼梦》，并如上文所言，张氏还作了两首诗。由此不难推断，早期《红楼梦》在越南也是稀世之品。而张氏之后，长期看不到越南对《红楼梦》翻译、改编等原因，笔者在前文已有论及。

---

[1] 朱云影著：《中国文化对日韩越的影响》，广西师范大学出版社，2007年，第209—210页。

[2]〔越〕陈重金著，戴可来译：《越南通史》，商务印书馆，1992年，第401页。

二、翻译的比较

20世纪中叶以前，《红楼梦》在越南的翻译是遇冷的。其原因，上文已有论及，就存世文献而言，首先是封建时代官方对《红楼梦》的零记录，其次是封建时代民间也是零记录。这不能不“怪罪”于阮攸《金云翘传》的捷足先登。

探讨《红楼梦》在韩国和在越南的翻译情况需要放到一个更长的历史阶段去思考。首先，如上文所言，明清时代，朝鲜王朝较之越南，在文化上更为认同中国。而明清之际，中越均有战争发生，且有明一代，中国还曾直接统治越南二十年，尽管中越朝贡秩序一直延续至清末，但越南官方对中国的态度上，实际上是很难与朝鲜相比，尚不论明清之际，中国还救朝鲜于倭寇侵略之际。不同的历史遭遇，使得官方对华文化态度迥异，尽管民间在一些情况下不会过多在意。

朝鲜王朝重视翻译汉语和汉文文献可谓是东亚之最。早在14世纪李朝建立初期，即设置司译院“肄习华语”。1394年，司译院由中国文人偰长寿掌印，其上奏李朝太祖曰：

> 我国家世事中国，言语文字，不可不习，是以殿下肇国之初，特设本院，置禄官及教官，教授生徒，俾习中国言语音训、文字体式，上以尽事大之诚，下以期易俗之效。[1]

李朝甚至还在科举之中设有译科，包括汉学、蒙学、倭学和女真学四科，其中之汉语考试，要临文《四书》，且要背讲《老乞大》《朴通事》中

---

[1]〔朝鲜〕《李朝太祖实录》三年十一月条，转引自杨昭全著:《中国—朝鲜·韩国文化交流史》，昆仑出版社，2004年，第443页。

之内容。朝鲜李朝自建立之初即重视翻译汉学，且李朝经四百余年，至19世纪，培养了大量精通汉语和汉字的翻译。因此，尽管对《红楼梦》一些消极思想颇有微词，但作为明清小说名著，翻译出来，自然也是情理之中。与越南大不相同的是，朝鲜王朝是在官方的主导下翻译的《红楼梦》。这不仅仅是韩国翻译文学史上非常重要的成果，也是世界上最早的《红楼梦》全译本。

朝鲜王朝翻译的世界上最早的《红楼梦》全译本也叫乐善斋译本。乐善斋是朝鲜王朝宪宗时期（1835—1849）为了纪念后宫金氏而建造的殿宇，后来也用作高宗的便殿，也是保管大量谚文抄本书籍的王室图书馆。乐善斋译本《红楼梦》未署译者姓名，但一般被学界推测为当时中国小说翻译的主导人物李钟泰。

李钟泰（1850—1908），原籍庆州，译科出身，是朝鲜王朝宣祖时期著名的写字官李龙海的后人。李钟泰于1874年，考中同治甲戌增光译科，之后被任命为"汉字教诲正"。前后担任过知县、郡守、学部参书官兼侍从、汉城师范学校校长、学部编辑局局长、外国语学校校长等职。[1]韩国有学者指出，朝鲜王朝高宗皇帝二十一年（1884）前后，有文士李钟泰者受皇帝陛下之命，招募译员数十名，经年翻译中国小说近百种，如今昌德宫内乐善斋（王妃之读书室）韩文书籍四千余册，其中多为翻译小说，也有中国文学十分珍贵的本子在内。[2]由此而知，带头的译者是精通汉语的。

仍根据崔溶澈的研究，乐善斋译本《红楼梦》每回成一册，一百二十回共一百二十册。值得一提的是这一全译本是逐字翻译的数量庞大的注音对照本。从翻译的策略考察，乐善斋译本有如下特点：一是汉字词语并不转换，且直接以韩文发音来标注；二是对于较难的汉语词汇，改为

[1]〔韩〕金钟澈撰:《玉树记研究》，载《国文学研究》第71辑，1985年。
[2]〔韩〕李秉岐:《国文学全史》，（首尔）新丘文化社，1965年，第182页。

较为通俗的汉语词来替代；三是采用完全直译的方法，以韩文逐字翻译；四是将部分汉语词汇合理进行意译，合理过渡补充，使前后通顺；五是对于韩国读者不熟悉的典章制度及固有名词，采用附加双行注释的方式处理。[1]

越南第一部《红楼梦》的全译本，尽管也是官方行为，但至少滞后了韩国一个半世纪，这是多种因素造成。这与传统上越南不重视学习汉语口语有重要的关系。20 世纪 60 年代，越南开始翻译的《红楼梦》全译本，相关注释较少，但在运用本国语言上，可谓是上乘之作了。这一点，又是乐善斋译本做不到的。

在封建王朝时代，在汉字文化圈，中越两国最不重视翻译，明代尽管于 14 世纪也成立了四夷馆，清代成立后改为四译馆，但规模并不大，延续性较差。越南在重视翻译这件事上，做得更远远不够。越南在 19 世纪 30 年代才成立以翻译为目的的四译馆，且一开始并不重视汉语翻译。这与越南的“华夷之辨”有较大关系，也与明命治国理政时期的“过于自信”观念一致。《明命政要》载：

> 明命十五年（1834），改承天公馆为四译馆。先是，帝谓礼部曰：“昔唐李白能译番书，若未尝学，如何译得？朕欲于京师设四译馆，择谙晓诸番语者，优给钱粮，使国人学之。除鸟语兽音之外，余皆知之，以成一代文明之国。如是则外事不误，而国体自尊矣！”又谕曰：“古有寄、鞮、象、译以通殊俗，本朝教声远暨，东鹣西鲽，多效梯航，须有暗习外国言语文字画者，以备通译，兹准部院阁印官并京尹遴出属员子弟或士民年十六以上资性稍敏，又略通经义者，由部汇奏，俾之学习成才，量与录用。”因谓内阁曰：“洋番文字，只有

[1]〔韩〕崔溶澈著，肖大平译：《〈红楼梦〉在韩国的传播与翻译》，中华书局，2018 年，第 15 页。

二十四母字，若能晓得，其他诸字，皆从此出，习之，亦不难也。”至是，改承天公馆为四译馆。先是，命礼部传集，在京行人司，并从部诸通言等，齐就馆所居住。据诸衙遴出属员子弟及士民等酌定课程，使之讲习番洋言语文字。帝因谓礼部潘辉湜曰：“译馆讲习，盖欲通译国音，以备应答外国而已，至其所学，我国本从邹鲁之教，君臣父子人道之常。若一切创为异说，新人听闻正念，童子知其言语文字，习以性成，反为所陷，宜以此意训戒之。后又命平顺、义安、河内择民家子弟学习占尼[1]及北国土人言语文字[2]，选其谙晓者每省一二人，优给钱粮，居省教习。”[3]

所谓人才难得，翻译人才更不是一朝一夕可得。对外来文化精华的接受程度，往往决定本国文明的进程缓慢。与《水浒传》在日本的翻译功能类似，乐善斋《红楼梦》译本最大的特点，就是将原文一并收录，对多达七十一万字的《红楼梦》原文一一标注了发音，使读者便于学习汉语。值得一提的是，在韩国，标注汉语发音始于15世纪韩文创制之后。各种汉文典籍以谚解的形式注明，韩文的使用也逐渐普遍。在越南，尽管15世纪，喃文也逐渐被皇帝或大儒们用来作诗，但几乎没有被用来标注汉语发音的，这也在一定程度上决定越南在文化上汉化的边界度。相对而言，韩国更为彻底，尤其在《红楼梦》的翻译上。乐善斋不仅翻译了曹雪芹的《红楼梦》，还翻译了逍遥子的《后红楼梦》，秦子忱的《续红楼梦》，陈少海的《红楼复梦》，归锄子的《红楼梦补》，嫏嬛山樵的《补红楼梦》。

日治时期，梁建植（1889—1944）还一改乐善斋的翻译风格，运用

---

[1] 占族语言。

[2] 壮族语言文字。

[3]〔越〕阮朝枢密院何权等撰修：《明命政要》，卷之十三，教化，明命十九年刻本，南越政权国务卿府文化特责处影印出版，1972年，第33b—34b页。

现代韩国语进行翻译《红楼梦》，其翻译中最大的特点是将原文中的诗词用韩国固有的“时调”[1]进行翻译。这种独特的翻译在后世的翻译中也未能找到类似的例子，这意味着翻译《红楼梦》朝着现代自由文体和韩国本土形式发展。梁建植的出生时期与《红楼梦》的越南语译者类似，成长在近代动荡的东亚社会中，更能理解《红楼梦》的深刻内涵。不过就《红楼梦》翻译而言，“时调”并不如“六八体”整体和具有更严谨的诗歌韵味。更有趣的是，1928 年，金日成先生在吉林毓文中学上学的时候，《红楼梦》的课程给他留下深刻的印象。这一点，越南的胡志明倒是没有提过类似的情况。1930 年著名的韩文语法学者张志暎（1887—1976）也尝试翻译《红楼梦》，但仅翻译至约前四十回就中断了，值得一提的是这一时期运用现代韩文翻译《红楼梦》，有推动韩文发展的目的，遗憾的是，译者把诗词的翻译都省略了。

三、影响的比较

就早期翻译和传播而言，《红楼梦》在越南的传播自然不能与在韩国的情况相提并论。即便是到了 20 世纪 40 年代，两国各自独立之后。尤其值得一提的是，1945 年 8 月 15 日，韩国与越南同时宣布独立之后，韩国出现了多部《红楼梦》的译本，甚至还出现一些在《红楼梦》日文译本基础上翻译的译本。如 1955 年至 1956 年由正音社出版社出版的金龙济的译本。1969 年问世的由李周洪（1906—1987）翻译，乙酉文化社出版的译本等。20 世纪 80 年代也出现了一些新的译本，如李家源参考乐善斋本、中国原著和英译本基础上翻译的译本。

更有甚者，延边与北京两地的侨胞还组成韩文翻译小组，翻译了

[1] 又名短歌、诗余、长短歌，18 世纪以后多使用韩国语书写的韩国本土诗歌形式。

1974 年人民文学出版社出版的《红楼梦》，1978 年至 1980 年由延边人民出版社出版，这一版本还获得了版权输出，授权艺河出版社在韩国出版。据崔溶澈教授的统计，自 1884 年前后至 2006 年，韩国共有《红楼梦》译本 38 种，可见《红楼梦》在韩国影响之大。[1]

《红楼梦》在韩国译本之多，足证其对知识分子影响之大。前文提及的第一位用现代韩国语翻译《红楼梦》的梁建植，其对引进外国文学的评论说：

> 大抵外国文学研究的目的无非是为了发达本国文学。中国文学流入朝鲜三千年来，朝鲜文学深受影响，因其基础深厚，对中国文学不了解的话，对韩国文学的一半都不能知晓。何况中国文学个性独具，在世界文坛上都放射着异彩。[2]

1918 年，《每日申报》刊载了《小说预告——〈红楼梦〉》，该预告说：春园生（李光洙）发表的《开拓者》赢得了满天下读者的喜爱、欢迎与喝彩。在《开拓者》连载结束几日后，我们将连载清代曹雪芹的杰作《红楼梦》，这部作品可以说是一部空前绝后的作品。将要连载的这部作品是由在中国戏曲与小说方面造诣颇深的梁建植先生忠实于原文，用现代韩国语所做的翻译。原作者曹雪芹以如椽巨笔、运锦心绣口，栩栩如生地刻画了一个个充满怨恨的人物形象与事件。作者以十分绚烂的文采着重对荣国府的贵公子贾宝玉与金陵十二衩的人情世态进行了刻画与描写，出身富贵之家的数百位如花似玉的男女在小说所营造的世界中纷纷登场，琳琅满目，令人眼花缭乱。小说中展示了不同人物不同的气量，对人物身上对于

---

[1]〔韩〕崔溶澈著，肖大平译：《〈红楼梦〉在韩国的传播与翻译》，中华书局，2018 年，第 28—30 页。

[2]〔韩〕梁建植：《关于中国的小说与戏曲》，载《每日申报》，1917 年 11 月 6 日。

爱情的执着、嫉妒甚至奸计都以十分细腻的笔法进行了描写。这些都将通过译者的笔端重新一一呈现在读者面前。[1]

在越南，20世纪60年代之后，我们也可以找到各种对《红楼梦》的正面评价，但是在此前，我们能看到的评论都很少，这是《红楼梦》在越南的影响逊色于韩国的表征之一。但有一点，越南与韩国相似，也就是无论是越南还是韩国，对明代小说的偏爱是一致的，更准确地说是对明代至清初小说的偏爱是20世纪初以前越南和韩国知识阶层的共性。

尽管在整体上《红楼梦》在越南的影响不如韩国，但就诗词的翻译上，越南的译文要更胜一筹。以张志暎《红楼梦》的译本为例，张氏对《红楼梦》诗词的翻译体现出两个特征，一是尽量符合韩国传统时调的韵律，二是原文的字数虽然不对等，但是在译文中对译文的字数进行调整，使之实现整齐统一。但张氏在翻译《红楼梦》的诗词时，有不少省略的情况，尤其对于描写过于细致或典故太多，需要花费很多笔墨进行说明的情况，译者干脆省略掉了，或者一并收录原文与译文，以便于读者了解。越南语的译者在诗词的翻译上不需要有过多的注释，也不需要保留原文，越南语的“六八体”诗式或“双七六八体”或律诗直接可以使用拉丁化越南语译出。笔者认为，对越南语言本身的影响，是《红楼梦》在越南的影响超过在韩国的重要表现之一。笔者并不认为当代的译者能有出生在19世纪末或以前的译者那么具有汉学功底。

[1]〔韩〕崔溶澈著，肖大平译:《〈红楼梦〉在韩国的传播与翻译》，中华书局，2018年，第155—156页。

第五章

中国四大名著在越南传播及影响综论

第一节　中国四大名著在越南传播与影响的特点

一、封建正统儒家思想成为影响传播的主要因素

这里探讨的封建正统思想包括两个方面的含义，一方面是中越统一的儒家传统思想，另一方面是越南的“内圣外王”意识。

中越统一的儒家传统体现在推崇仁、义、礼、智、信，修身齐家治国平天下等正统思想内涵中。契合这一道统的小说，往往更能获得越南官方、知识阶层的认同。明清之际，越南的后黎朝和阮朝先后颁布了《黎朝教化条律四十七条》《皇朝圣谕训迪十条》等，有利于巩固儒家思想的官方教化要求。儒家思想在越南封建时代是深入人心的。《黎朝教化条律四十七条》开篇就说：

> 景治元年秋七月定，景兴二十一年庚辰春天再申明，转送交该衙门官吏钦奉遵行。承、宪二司等官，各分责府县州官，通饬属内坊、社、村、庄、寨长：于节旦祈福社田之日，拘集男女大小，再三讲解，引诱详明周至，使愚夫愚妇、童蒙、戆呆耳濡目染，知所劝惩，同规厚俗，均享昇平之福。或有废格不遵，视为具文，国刑具在。[1]

由此可见，这是把儒家思想落实到了基层。至阮朝，《皇朝圣谕训迪十条》又言：

[1]《黎朝教化条律四十七条》，载北京大学《儒藏》编撰与研究中心编:《儒藏》(精华编越南之部一册经部　史部)，北京大学出版社，2013 年，第 1009 页。

上谕：自古圣帝明王以正道涖天下，必以化民成俗为先务。身教言教，具有仪型。又虑民之观感不一，视听难齐，则设为孟春遒人徇路、正月州长读法之制，用能家喻户晓，兴让兴仁，以臻雍熙悠久之盛。……爰命撰训迪之辞凡十条，颁行天下，再饬礼部拟撰仪注，分送京外诸地方。尔京尹及诸督抚布按，各宜体朕此意，将原送印本遍送所辖诸总里社村，并转饬属辖府县学政及该总里长等，各遵部送仪注，遍饬士庶军人将此等教条以期宣读讲明，务使家传人诵，相规以成，日染月濡，同归于善……。[1]

由此而知，儒家思想在阮朝已深入人心，且独尊已久。由此不难理解，《三国演义》在越南的传播为四大名著之最。《三国演义》在越南的传播，是最契合越南封建正统儒家思想的精神要求的。因此，其官方和民间的传播和影响都比其他三大名著要大得多。同时，也是知识分子敢于模仿创作的典范，以汉文历史小说为例，模仿《三国演义》的越南汉文小说有《越南开国志传》《欢州记》《皇黎一统志》《皇越龙兴志》《皇越春秋》等。这些也是现存文献中，较具代表性的越南汉文小说作品。不能不说这些作品的思想都契合了儒家，获得官方和民间的高度共情。这又是《西游记》《水浒传》《红楼梦》在主体思想做不到之处。

以阮榜中（1659—1736）所撰《越南开国志传》为例。阮榜中曾任南北朝时期南阮礼部尚书该簿兼副断事，可谓大儒。其第一卷开篇即模仿《三国演义》：

尘扰扰，夜漫漫，竞说龙吟虎啸，争夸鲲跃鹏抟。到头未卜江山还，送目方知天地宽。局外厌看争胜负，寰中堪羡枕溪山。此盛彼

[1]《黎朝教化条律四十七条》，载北京大学《儒藏》编撰与研究中心编：《儒藏》（精华编越南之部一册经部　史部），北京大学出版社，2013 年，第 1027—1028 页。

衰，朝代兴亡，不知无易，东征西讨，天人应感有何难。[1]

卷一在描写16世纪北朝太师尚父明康王蕘时的祭文时，便有“忠义对乎神明，功业盖乎宇宙。郭汾阳再造唐室，永保完名；诸葛亮恢复汉都，延增其寿”诸句。再如卷二开篇即言：

话说昔汉桓帝时，有许田、许普、许武兄弟三人，父母早亡，日夜胥相教训，孝友是尚。州县闻之，以孝廉举于朝。俱得拜官，名传于世。不如三国时袁熙、袁尚，是亦兄弟，以弟争兄位，治兵相攻，曹操因而破之，袁业遂灭。所谓“兄弟阋于墙，外御其辱”是也，话分两头。[2]

整部小说颇多汉诗如《三国演义》，也引用《三国演义》人物和地名，如卷三描写南朝文臣参赞禄溪侯去世时，有诗哀悼云：

云中仙鹤志悠悠，翘首那堪话旧州。
地北声名山海播，天南事业简编留。
谋身志大同昌国，佐主才多比武侯。
道未共车身已没，空令君相泪长流。[3]

很明显，类似的诗歌都体现了忠君爱国等儒家之思想。在《越南开国

[1]〔越〕阮榜中撰：《越南开国志传》，载孙逊、郑克孟、陈益源主编：《越南汉文小说集成》第7册，上海古籍出版社，2011年，第15页。
[2]〔越〕阮榜中撰：《越南开国志传》，载孙逊、郑克孟、陈益源主编：《越南汉文小说集成》第7册，上海古籍出版社，2011年，第48页。
[3]〔越〕阮榜中撰：《越南开国志传》，载孙逊、郑克孟、陈益源主编：《越南汉文小说集成》第7册，上海古籍出版社，2011年，第80页。

志传》的末尾，作者以点睛笔墨流露出文意：

复说十年二月，南主义王令文武百官为钦差，阅定顺化、广南二处，如朝典例。原于贤王朝新令，不许正途华文士子应试饶学选场，已失斯文之望，自是儒风逾下。今王再降旨，令许正途华文士子皆就选场应试饶学，培养人才，赞资国脉。时天下诸儒闻令，皆大喜曰："斯时再睹仁君，崇儒重道，复兴文教矣。"自此儒风再振。[1]

实际上，《三国演义》是四大名著中在越南被模仿创作最多的小说。而且是士大夫之流光明正大，直接署名模仿创作。尽管也有不署名的例如《皇越春秋》，但更多的模仿作都署名了。这充分说明《三国演义》体现的儒家思想被官方和士大夫所认可和推崇。到了明命时期，官方明令祭祀关公，又让《三国演义》在越南的影响更具道统和民间信仰的普及性。

《水浒传》尽管也可以掩饰为忠义，但是像黎贵惇等大儒并不推崇，也一度影响了其早期在越南的传播力。《西游记》在 19 世纪末 20 世纪初以前在越南得不到太多的接受，笔者认为还是封建王朝正统思想难容的缘故。《西游记》摆脱不了佛教的大背景，尽管道家和儒家在小说中也有所体现。但是在独尊儒术的后黎朝和阮朝，佛家的思想难以为官方接受。阮福映统一越南南北不久，即下诏书，痛斥"神佛之奉逾闲僭礼"，严加限制。以阮朝《大南实录》所载为例，可窥一斑：

神佛之奉，必先成民而后致力于神。《经》曰："渎于祭祀，是谓弗钦。"《传》曰："敬鬼神而远之"。又曰："非其鬼而祭之，谄也。"皆言事鬼神之必有其道也。近者多有谄事神祇城隍，庙宇重门复屋，

[1]〔越〕阮榜中撰：《越南开国志传》，载孙逊、郑克孟、陈益源主编：《越南汉文小说集成》第 7 册，上海古籍出版社，2011 年，第 264—265 页。

> 画栋雕梁，祭器仪仗饰以金银，帷伞旌旗被以文绣。春祈秋报，入席唱歌，多者数十日夜，少者八九日夜，演战淫歌，赏标无数，丰食崇钦，费用不赀。外此竞渡傀儡百戏，及拣取童男少女斗棋赌博，名曰事神，实私人欲……至如事佛一节，《传》曰："攻乎异端，斯害也已。"[1]

阮朝对佛教的排斥，无疑是为了独尊儒术，《西游记》自然不能为官方和士大夫容忍，民间在官方教化训迪的影响中，自然也不敢贸然推广。至19世纪末，法国殖民者在意识形态上的管理与儒家不完全吻合，才让《西游记》有各种戏曲和改编的形式出现。越南封建王朝"内圣外王"的理念相对于日本和韩国而言，有过之而无不及。对中国优秀传统文化兼容并包，"拿来主义"远没有日本和韩国份量大。这也是导致《红楼梦》在封建王朝时代没有被越南所接受和传播的重要因素。

二、近代科举改革和文字更迭成为某个历史阶段传播的障碍

近代法国殖民越南，推行拉丁化越南文，以阻断儒家思想对越南的影响。这一方面让传统的士人阶层无所适从；另一方面，也确实让一些传统士人追随了西方和日本文化。

如果没有法国殖民主义的到来，越南的科举可能还要延续更长的时间。法国殖民者的到来，1884年中越宗藩关系的结束，中国戊戌变法的发生，大批越南人留学日本等社会变革极大地震撼了越南的封建士大夫阶层。这使得越南士大夫阶层逐渐发生分化，出现了保守派和维新派两大派别。1905年，中国废除科举，越南改良派代表人物潘佩珠曾在其撰写于

---

[1]〔越〕阮朝国史馆编：《大南实录·正编》，卷二十三，"世祖嘉隆三年正月乙卯"条，日本庆应义塾大学影印版，1961—1981。

1909 年的《越南国史考》一书中说："专制朝廷既恃科举为牢笼豪杰之闾里耳目，亦专倾注于名场，遂使生人八岁以上糊眼于八股诗赋之狱。"[1]

阮朝同庆十年（1904），越南科举考试已开始变革。由于越南已完全沦为法国殖民地，因此越南科举之变革，多由法国殖民地操纵。其变革主要包括在科举考试内容中进行改革。一则增加法语和拉丁化越南语的能力考核，二则停罢八股、诗赋，增加越南史、中国史、算法、律例、西方史、地理等务实内容。

1907 年，阮朝成立了学部。1909 年，停罢八股文。1912 年，越南中部各场科举考试全部停罢诗赋。阮朝想通过转变考试内容改变越南士大夫的结构。至 1918 年，越南最后一次乡试，增设了国语字（拉丁化越南文）译出西字一题，还有汉文写作一题，国语写作一题，法文写作一题。1919 年，阮朝各地科举全部停止，科举制度寿终正寝了。[2]

大时代的变化，让诸多读书人不知道是该"往左走"，还是"往右走"，还是"躺平"。出生于 1893 年的越南文人潘玉簪，在 1936 年左右完成的汉文自传体小说《武亭月圆纪事》，正反映了这些知识分子的彷徨。这部作品是叙述潘玉簪一生四十五岁以前的自传，科甲世家在时局巨变下宦业无望，前程暗淡。作者后接受新学教育，学通国语，但限于"国语稍通，法文未晓"而落第。19 世纪末至 20 世纪初，法国殖民政府刚刚稳定其殖民地位，即开始在越南全国设立殖民半封建的统治制度。尤其在这一阶段，法国人主张以法语及拉丁字母化的所谓"国语"来逐渐代替从前在国家行政机构各种活动中所使用的汉字，迫使阮朝不得不减少以及完全取消传统的人才选拔制度，即以西学来代替儒家科举。1936 年，在越南北部，汉字文学已被边缘化，国语文章完全占据了优势。正如《武亭月圆纪

[1] Chương Thâu sưu tầm và biên soạn. *Phan Bội Châu toàn tập* (tập 3), Nhà xuất bản Thuận Hoá & Trung tâm Văn hoá Ngôn ngữ Đông Tây, 2002, tr.490.

[2] 可参见笔者所著《中越文化交流史论》（修订版），商务印书馆，2022 年，第 133—135 页。

事》中作者的感叹："萍逢身世历阅时间，回忆前途终成幻梦。"[1]

如果我们算一下，自 1858 年法国炮轰越南中部岘港，至 1884 年越南完全沦为法国殖民地，再到 1936 年潘玉簪这部自传体小说《武亭月圆纪事》，一共 78 年时间里，中国传统文化在越南受到了法国强烈的冲击。除了明末清初青心才人的《金云翘》被阮攸改编成诗歌体，获得明命和嗣德的认可外，其他中国小说或者改编本、翻译本获得官方认可的微乎其微。这一方面是西方文化对越南的冲击，加上法国殖民者在教育制度改革方面的掣肘，让诸多越南一流的知识分子无暇顾及，二流的知识分子环顾左右，三流的知识分子自身难保。如此，我们可以理解降至近代，四大名著在越南没有像早期那样，出现儒士们模仿创作《三国演义》高潮的缘故了。

19 世纪以前，城市和商业在越南各大城市发展得并不快，也是造成在汉字作为科举时代唯一官方文字形式的时期，四大名著在越南影响有限的重要原因之一。

三、近代拉丁化文字的普及运动后来又推动了传播和影响

如果我们注意到中国四大名著的越南译者编撰的著作，我们会发现他们还编撰了一些拉丁化越南文的教材。19 世纪末 20 世纪初，越南的文字改革运动，也为四大名著在越南的传播带来了一定的机会。因为法国殖民者在推行拉丁化越南文，越南民族主义者也想利用简单易学的文字开启民智，提高国民素质。但拉丁化越南文的书实在太少，所以大量翻译中国明清小说一度成为风潮，其目的主要还是为了提高越南普通民众的阅读能力。

在封建王朝时代，懂汉字的人太少，懂喃字的更需要懂汉字，科举时

[1]〔越〕潘玉簪撰：《武亭月圆纪事》，载孙逊、郑克孟、陈益源主编：《越南汉文小说集成》第 13 册，上海古籍出版社，2011 年，第 341—342 页。

代，越南的文盲率达到 90% 以上。[1] 且文言文与口语脱离，这种情况不仅不利于法国殖民者的统治，也不利于越南民族主义者的反法运动。于是，拉丁化越南文，即所谓的国语字的推广，成为各方的默契。正如安德森在《想象的共同体——民族主义的起源与散布》中所言：

> 成为 19 世纪特色的识字率、商业、工业、传播和国家机器的普遍成长，在每个王朝内部都创造了寻求方言统一的强大的新驱动力。拉丁文在奥匈帝国固守其国家语言到 19 世纪 40 年代初期，然而其后就立即消失了。尽管身为国家语言，它在 19 世纪却无法成为商业语言、科学语言、印刷语言或者文学语言——而在一个这些语言持续地相互渗透的世界之中尤其如此。同时，在一个（至少在起初）大致上未经事先计划的过程中，以方言为基础的国家语言取得了愈来愈高的权利和地位。[2]

越南民族主义改良派于 1907 年在河内发起“东京[3] 义塾”运动，主要是向中国维新派和日本学习，改良政治，提高适应新时代的国民素质。尽管只推行了九个月即被法国殖民当局叫停，但其社会影响较大。其中包括在越南北部普及和促进拉丁化越南语的学习，同时也呼吁翻译中国的经典。当时的“东京义塾”将越南民族资产阶级改良运动推向了高潮。“东京义塾”大量免费地招收普通百姓，积极推广国语字。他们编撰和推广的《新订伦理教科书》中《国文习读》第一首即为《劝学国语字歌》，歌曲同时鼓励把中国的书籍广泛翻译成拉丁化国语字。这首《劝学国语字歌》采用的是“双七六八体”诗式，在当时影响较大：

---

[1] 可参见笔者所著《中越文化交流史论》（修订版），商务印书馆，2022 年，第 136 页。

[2]〔美〕本尼迪克特 · 安德森著，吴叡人译：《想象的共同体——民族主义的起源与散布》，上海世纪出版集团，2013 年，第 75 页。

[3] 此“东京”指的是河内，非日本东京。

BÀI HÁT KHUYÊN HỌC CHỮ QUỐC NGỮ

Đứng làm trai sinh trong trời đất,
Phải sao cho rõ mặt non sông,
Kìa kìa mấy bậc anh hùng,
Cũng vì thủa trước học không sai đường.
Cuộc hoàn hải liệt cường tranh cạnh,
Mở trí dân giàu mạnh biết bao,
Nước ta học vấn thế nào,
Chẳng lo bỏ dại nhẽ nào được khôn.
Chữ quốc ngữ là hồn trong nước,
Phải đem ra tính trước dân ta,
Sách các nước sách Chi na,
Chữ nào nghĩa ấy dịch ra tỏ tường.
Nông công cổ trăm đường cũng thế,
Họp đàn nhau thì dễ toan lo,
Á Âu chung lại một lò,
Đúc lên tư cách mới cho là người.
Một người học muôn người đều biết,
Trí ta khôn muôn việc đều hay,
Lợi quyền nắm được vào tay,
Có cơ tiến hoá có ngày văn minh.
Chuông độc lập vâng đình diễn thuyết,
Pháo hoan nghênh dậy biển nam dương,
Ngoảnh xem khoa cử mấy chàng,
Hẳn ai khôn di rõ ràng chẳng sai.

Một người học muôn người đều biết,
Trí ta khôn muôn việc đều hay,
Lợi quyền nắm được vào tay,
Có cơ tiến hóa có ngày văn minh.
Chuông độc lập vang đình diễn thuyết,
Pháo hoan nghênh dậy biển Nam Dương,
Nhoảnh xem khoa cử mấy chàng,
Hẳn ai khôn dại rõ ràng chẳng sai. [1]

劝学国语字歌

男儿生于天地间，
自当无愧于河山。
回首试看各英豪，
多靠勤学自年少。
寰宇觊觎皆列强，
开启明智是政要。
追求学问亦须前，
弃愚得慧岂何妨。
拉丁字乃国之魂，
仍需为民先考量。
中国诸国之典籍，
理应悉数译开来。
农工贾各业各行，

[1] 越南国家档案馆 & 法国远东学院（河内）编:《东京义塾诗文》，越南文化出版社，1997 年，第 110—111 页。

团结合计方可长。
亚欧知识共武装，
方堪立世是新民。
一人学成万人会，
有智者万事皆成。
权利都了如指掌，
追求进步入文明。
独立之钟震演亭，
礼炮扶醒南洋海。
回首科举诸贤良，
谁智谁愚见分晓。[1]

自 1917 年起，法国殖民地教育政策发生了较大的变化，法国殖民当局在越南出版了数以十万计的国语入门教材，大大加速了这个欧洲人发明的书写符号的扩散。另一方面，在 1920—1945 年期间，拉丁化越南语变成了表达越南文化和民族团结的群众性媒介。[2]

"东京义塾"被认为是"20 世纪第一次大规模普及拼音文字的群众运动"[3]。伴随着这一运动，实际上翻译中国的书籍也成为一种风潮，因为这无疑是越南版的"白话文运动"。以四大名著为代表的明清小说自然被不断地改编成戏曲和翻译，再加上商业的运作，这种影响在这一时期获得了扩大。不过，值得注意的是，与封建王朝时代不一样的是，作品的思想已然排在了语言文字之后。

[1] 笔者自译。
[2]〔美〕本尼迪克特·安德森著，吴叡人译:《想象的共同体——民族主义的起源与散布》，上海人民出版社，2016 年，第 121 页。
[3] 郭振铎、张笑梅主编:《越南通史》，中国人民大学出版社，2001 年，第 99 页。

还有一点也值得注意，就是小说在塑造国民素质中的作用比诗歌和史籍更具有传播力和普及性。即使放到今天，普通民众对三国历史和故事的了解，更多的是从《三国演义》，而不是依赖《三国志》，但传统汉字文化圈将小说斥之为非文学之正统。梁启超在《译印政治小说序》一文提出：

> 中土小说，虽列之于九流，然自《虞初》以来，佳制盖鲜。述英雄则规画《水浒》，道男女则步武《红楼》，综其大较，不出诲盗诲淫两端。[1]

他指出，对于这些小说“大方之家，每不屑道焉”，然而民众却“其手《红楼》而口《水浒》，终不可禁”。梁氏还认同康有为之说，认为小说具有巨大的影响力，“仅识字之人，有不读经，无有不读小说者，故六经不能教，当以小说教之；正史不能入，当以小说入之；语录不能谕，当以小说谕之；律例不能治，当以小说治之”，强调小说为“国民之魂”。实际上，19 世纪末至 20 世纪初，处在法国殖民时期的越南，传统知识分子也想通过小说，尤其是中国明清小说，试图坚守自己的政治理念和文化认同。

第二节　东南亚视域下四大名著在越南的传播及影响

一、四大名著在越南和泰国的偏爱

严格意义上，东南亚各国对四大名著的接受并不完全统一，甚至差异较大。在 19 世纪末 20 世纪以前的越南，《三国演义》的影响最盛，其次

[1] 梁启超：《译印政治小说序》，载阿英编：《晚晴文学丛钞 · 小说戏曲研究卷》卷一，中华书局，1960 年，第 13 页。

是《西游记》和《水浒传》，最后是《红楼梦》。其中的原因，自然离不开官方的认可、知识分子的共情和民间伦理、娱乐和商业需求。遗憾的是四大名著在越南的传播和影响都不具有官方推动的机制。阮朝曾以儒家忠义为名，令各地供奉关公，但也没有下令翻译或改编四大名著。至于《水浒传》《西游记》也是知识分子自行改编和翻译的，并不带有组织行为。《红楼梦》尽管是由越南社科院文学所组织翻译的，但毕竟也是到了20世纪中叶以后的事了。因此，四大名著在越南影响最大的是《三国演义》。

泰国的情况则不然，《三国演义》的翻译一开始便带有官方意志。尽管泰国并非儒家社会，但泰国让《三国演义》的政治功能发挥到了极致。《三国演义》在泰国完成翻译于1802年，《水浒传》则被翻译于拉玛四世时期（1851—1868），《西游记》则被翻译于1898年，当时泰国处于拉玛五世时期（1868—1910）。以存世文献考察，《红楼梦》最晚，1975年才出现瓦叻塔、台吉攻翻译的节译本，且是根据王际真的四十四回英译本转译的，仅达原书的三分之一。节译本不仅删去难译的诗词歌赋，而且删去了一些次要人物和故事情节。据说《红楼梦》是在拉玛二世时期传入泰国的，早期译本在1809—1825年之间就出现，但没有流传下来。[1]

除了政治和文化的因素，《三国演义》在泰国传播较大的另外一个因素就是王公贵族的支持和近代印刷机器的引入。拉玛三世（1824—1851）时期，泰国已经出现了泰文印刷机，冒叻莱印刷所首次即印刷了95部《三国》，这些印本多流传于王公贵族和显要人物手中。泰籍华人乃汉于1802年翻译完成《三国演义》的译本，1865年正式出版，其中《赤壁之战》的单行本，在1935—1940年就发行了25万册，当时泰国只有1200万人口，足见《三国演义》在泰国影响之大。近百年来，泰国教育部一直把《三国》中的部分章节选作中学语文范本。泰国王室贵族又视《三

[1] 马祖毅、任荣珍著：《汉籍外译史》（修订本），湖北教育出版社，2003年，第623、626页。

国》为治国理政的珍贵典籍，同时作为王室成员研究军事和兵法的必备书籍。[1] 除了官方亲自下令以外，民间对关公的崇拜和庙宇也较为普遍。很显然，四大名著中，泰国也是最热衷《三国演义》的。

二、四大名著在缅甸、老挝和柬埔寨

相对而言，四大名著在缅甸的传播较晚，影响也不大。这一方面是由于缅甸的佛教传统，使其深受印度文化影响；二是明清时期中缅文化交流有限和英国殖民缅甸的原因有关。学界对四大名著传入缅甸的情况尚未有更多的考证成果问世。缅甸最早翻译四大名著的是缅甸作家妙丹丁。20 世纪 80 年代初，妙丹丁就开始翻译《水浒传》，蓝本是沙博理（Sindney Shapiro）的英文全译本。自 1986 年至 2008 年妙丹丁去世，《水浒传》一共翻译了四十五回，2016 年，由缅甸进步出版社出版发行，译本名称为《归隐山林的侠者》。[2]

妙丹丁译:《归隐山林的侠者》

最早的《红楼梦》译本 20 世纪 80 年代才问世。1988 年，缅甸作家妙丹丁根据杨宪益、戴乃迭合译的英文版《红楼梦》翻译出缅文版的《红楼梦》，该译本还获得了缅甸文学的最高荣誉奖——缅甸国家文学奖（翻译类）。[3]

---

[1] 马祖毅、任荣珍著:《汉籍外译史》（修订本），湖北教育出版社，2003 年，第 624—625 页。

[2]〔缅甸〕妙丹丁译:《归隐山林的侠者》，仰光：进步出版社，2016 年。——感谢吴迪老师提供。

[3]〔缅甸〕妙丹丁著:《在红楼里做梦》，仰光：长久文学出版社，2016 年，第 66—67 页。——感谢吴迪老师提供。

妙丹丁翻译的《红楼梦》

《三国时期的政治》（1974 年）

除妙丹丁的译本外，2003 年，由缅甸作家绥敏翻译的《红楼梦》在缅甸胜土出版社出版。但这一译本是《红楼梦》的节译本，就翻译水平而言，显然不能与妙丹丁译本媲美。最早的《西游记》译本是 1995 年由缅甸仰光内摩萨出版社出版的，译者是缅甸作家貌廷，他是根据《西游记》的英译本进行翻译的。遗憾的是迄今未看到《三国演义》的缅文译本问世。当然，作为现当代影视剧或故事的传播形式，四大名著在缅甸的影响也不小。就文本而言，四大名著中，《西游记》是缅甸的最爱。老挝的情况也不见得乐观，最早的一部《三国演义》的老挝文译本问世于 1974 年，译者是老挝作家宋帕万·因塔冯，由老挝智友出版社出版，译本名为《三国时期的政治》。《三国时期的政治》实际上是编译本，译者编译了原著前六十七回的主要内容，他以概述的形式翻译，对原著内容进行了归纳，还添加了部分个人的评论。

《三国演义》的另外一个译本是 20 世纪 90 年代刊登于老挝报刊的《三国选译》，其译者是老挝著名作家占梯·德安沙万。该译本的章节分别于 1994 年 4 月至 12 月刊登在《新万象报》，后又于 1999 年在《芦笙之声》杂志全年连载。此外，《三国演义》在老挝还有两个内容相对丰富的译本。一是 2019 年由老挝琅南塔师范学院教师宛乔·因塔冯编译的《三国故事》(前二十回)，该译本是该校师范课程的教材。二是 2021 年老挝青年作家帕湃湾·玛拉翁的《三国故事·少年版》。而《西游记》在老挝目前只有一个连环画系列译本，由占梯·德安沙万编译，2007 年出版。[1]《红楼梦》和《水浒传》在老挝迄今未见有译本问世。可见，《三国演义》是四大名著中老挝的最爱。造成四大名著在老挝影响不深的原因是多方面的，首先是传统佛教文化影响较大，反映儒家的《三国演义》是在早期没有产生较大影响的重要原因。两国都缺乏兼通老挝文和中文的翻译专家是另外一个重要的原因。

值得一提的是，《三国演义》在老挝的传播一开始受益于华侨。在老挝民间传说中，《三国时期的政治》就由当时老挝知名的私营华侨印刷厂智友印刷厂印制，该印刷厂于 1965 年由中国潮商陈复潮创立。占梯·德安万沙的妻子是华侨，他对中国的文学和文化颇感兴趣，所以才翻译的《三国选译》。

另外，老挝的译者在翻译四大名著时，主要参考的是泰国甚至越南的译本。例如占梯就曾表示，他主要是根据泰文和越南文译本节选翻译《三国演义》的[2]。宛乔是参考了泰文三国故事以及中国《三国演义》电视剧的内容，才编译出《三国故事》(前二十回)这部作品。帕湃湾受到泰文《三国》的影响则更大。据他本人介绍，他是《三国演义》的忠诚粉丝，曾阅读过多个版本的泰文《三国》，其中包括昭帕耶帕康的全译本，还有一些精编本和改编本等。《三国故事·少年版》是他结合多个版本的泰文《三国》内容编译而成的。除了《三国演义》外，还有一些老挝文人根据越南文的作品翻译了中国文学故事，例如坎宋根据河内文学出版社 1988

[1] 此段内容要感谢广东外语外贸大学老挝语系罗雪瑜老师提供。

[2] 陆蕴联:《老挝的中国学研究及汉语教育》，载《亚非研究(第 3 辑)》，时事出版社，2010 年，第 474 页。

年出版的“Thuy Hu”(《水浒》)一书，概述并翻译了《水浒传》的主要内容。[1]这种情况的发生一方面是由于泰语和老挝语相近的缘故，另一方面也说明老挝文化也容易受泰国和越南的影响，或者说更愿意直接从泰国和老挝采用“拿来主义”。

四大名著在柬埔寨传播的情况较之缅甸和老挝又稍微乐观一些。20世纪初，高棉文铅字印刷术被引进柬埔寨，推动报纸、杂志、图书等印刷业的发展。例如，1926年，创办《柬埔寨太阳》(Kambuja Suriya)杂志；1936年，创办《那尕拉哇塔》(Nagara Vatta)报；1952年，创办《祖国报》(Matu Bhumi)等。这为中国故事在柬埔寨的传播提供了发布的平台。譬如，20世纪二三十年代，金边的高棉文世俗杂志——《高棉国》(Sruk Khmaer)出版了少数改编自中国小说的作品，如《周恒》(Geou Hieng)等。与此同时，传统的戏剧表演在传播中国故事中扮演着重要角色。20世纪20年代，《三国》《昭君》《哪吒》《薛仁贵》《狄青》等中国作品被改编成巴萨剧(Lkhon Pasak)，由交趾支那的流动剧团在柬埔寨演出。

20世纪三四十年代，随着中国故事在柬埔寨不断传播与发展，中国故事引起了柬埔寨当地知识分子及柬埔寨文化宣传的官方机构——佛教学院的关注和兴趣。1933年，柬埔寨杰出诗人努·甘(1874—1947)把《三国》泰译本转译为柬文。努·甘认为:《三国》这一部经典给人以智慧，让人擅于辞令，辨别善恶，有志之士更应深入学习，通晓这部经典，用智慧武装头脑，向前发展。因此将《三国》译出。佛教学院所创办的《柬埔寨太阳》杂志刊发了一些中国故事或带有中国元素的作品。20世纪50年代，柬埔寨人仍保持着对中国故事的热爱。譬如，1950—1959年，在长达十年的时间里，努·甘所译的《三国》连载于《柬埔寨太阳》杂志。可见，柬埔寨人对中国故事的喜爱。到了50年代末，巴萨戏剧遭受

[1] 这一部分的信息要再次感谢罗雪瑜老师的帮助。

危机，曾经盛极一时的巴萨戏剧渐渐地不再受人欢迎，巴萨戏剧在传播中国故事上的作用逐渐减弱，这对中国故事在柬埔寨的传播造成了较大的影响。

在柬文译本出现之前，《三国》以戏曲等形式在柬埔寨流传。由于各种原因，努·甘的《三国》柬文译本一直没有机会出版，之后，在1948—1973年的《柬埔寨太阳》杂志上连载。1942年，《那尕拉哇塔》报纸刊载根据《三国》改编的连载故事。20世纪70年代，宫·文春（Kong Bun Chnoeun）改编了《三国》，并载于《高棉之声》报（Samlen Khmaer）。

20世纪的部分中国故事在21世纪引发了再译和再创作的热潮，并产生较大、较深远的影响。例如，《三国》自20世纪传入柬埔寨之后，就扎根于柬埔寨，直至21世纪，其影响持续不断。21世纪，《三国》在柬埔寨掀起重译之潮。例如，2012年，柬埔寨作家金·詹纳再译《三国》，直至2015年已连续译出4册。与此同时，还兴起了与《三国》主题相关的创作，与《三国》相关的书也陆续著写出来。例如，斯伦·琉乌的《曹操战术》（2013）、翟·桑波的《国家兴衰的历史教训》（2013）、斯伦·琉乌的《看刘备之心》（2013）、波莱亚·维杰的《三国的纵横之术》（2015）、蒙诺·维吉尔的《留有余地》（2019）等。[1] 不过遗憾的是我们还没看到《西游记》《红楼梦》和《水浒传》在柬埔寨传播情况的介绍。

英语在菲律宾文学中占据了重要地位，美国殖民菲律宾后，英语成了菲律宾的官方语和教学用语，中国的四大名著都有所谓“现成”的英译本。菲律宾在经过西班牙和美国殖民后的几百年后独立，但直至今日，菲律宾皆无四大名著的菲律宾语译本，其他流传的四大名著故事多在华人群体中出现。

---

[1]《三国演义》在柬埔寨传播的情况要感谢广东外语外贸大学柬埔寨语系苏华才老师的帮助。

三、四大名著在印度尼西亚、新加坡和马来西亚

同样是被西方殖民过的印度尼西亚对四大名著的接受与其他国家有所不同。这其中的原因主要是华人移居印度尼西亚较早，且规模较为庞大。与泰国的情况略类似，华人在其中扮演了重要的角色。根据法国汉学家苏尔梦的研究，自1870至1960年代，印度尼西亚译自汉文的著作，不下759部，这其中还不包括重印本，值得一提的是，这些都是印度尼西亚当地的土生华人翻译的，且大部分是在爪哇翻译出版的，因为在1820年以前，爪哇语基本上仍是爪哇的书面语言和口语。同期印度尼西亚翻译的西方作品的汉文或马来文译本只有大约233部。由此看出，印度尼西亚华人对中国传统文化的热情。[1]

《三国演义》在印尼爪哇的移植大致是在19世纪。三宝垄的一份马来文报纸《马来由号角报》（*Selompret Melajoe*）连载了《三国》（*Sam Kok*）。值得一提的是，与泰国一样，在印尼的福建华人在翻译中起到了重要的作用。在马来文译本里，中国的人名、地名都是按照福建（Hokkien）方言译出的。然而，爪哇文，则至少在音译字上，显然没有准确地再现汉文读音。1883年，巴达维亚最大的荷兰出版商之一樊多东普公司开始出版华人马来文《三国演义》，到1885年方出齐十二卷共900页。1886年，又出版了陈晓赤的译本。1910—1913年间，由印尼泗水的钱仁贵翻译的《三国演义》插图版一共4655页，分62次发表。几乎是在同时，李云英（Lie In Eng）的《三国演义》译本共5308页，先于1910年载于马来文报纸《新报》，然后在1910年至1912年间以书本形式分65册发表。19世纪50年代，东爪哇的杨川璋（Njoo Soen Jiang）用爪哇韵文翻译了《三

[1]〔法〕克劳婷·苏尔梦著:《汉文小说的马来文译本在印度尼西亚》，载［法］克劳婷·苏尔梦编:《中国传统小说在亚洲》，国际文化出版公司，1989年，第295页。

国演义》，并于1910年出版。[1]近百年来，《三国演义》各种传播形式在印尼不断涌现。

《水浒传》在印度尼西亚的传播也较早，就译本而言，自1885年至1986年间，至少有五种译本，且译者既包括土生华人也包括印尼本土受过汉学训练的学者。《水浒传》在印尼的第一个译本名为《宋江》，是1885年由钟伦德翻译为低级马来语的。第二个译本是根据第五才子书《宋江》译出，1910年在巴达维亚出版。1915年，李云英译出《荡寇志》，由《新报》社出版，全书长达3394页。1971年，印尼武侠小说家迪亚纳在华人的协助下翻译出版了节译本《梁山一百零八条好汉》。1986年，印尼又出版了斯迪亚宛·阿巴迪所译的《水浒传》。[2]

《西游记》在印尼最早的译本是施贯彝翻译的，仅一卷56页，1886年出版于印尼的三宝垄。马来文的全译本《西游记》二十四卷1200余页，出版于1895—1896年间，译者是巴达维亚的叶源和。胡永强的全译本《西游记》改名为《西游真诠》，自1937年9月开始在中爪哇的《梭罗》上连载。1888年，土生华人翻译介绍了《后西游记》。1891年，叶源和又出版了《后西游记》新译本，共七卷560页。此后，《北游记》《南游记》在印尼具有译本。

《红楼梦》在印尼的传播远不如其他三部名著，迄今只有两个译本，第一个是1993年由媒体计算机公司（PT Elex Media Komputindo）出版，由C. C. Low翻译的《红楼梦》（*Impian dari Paviliun Merah*），全书分3册，每册6章，并非完全按原著120回翻译，而是译者按内容意译，例如第2章译作“宝玉第一次见黛玉”，第4章“王熙凤”，第18章译作“刘姥姥救巧姐”。三册书的页数分别是169、168、174页。第二个

[1]〔法〕克劳婷·苏尔梦著:《汉文小说的马来文译本在印度尼西亚》，载〔法〕克劳婷·苏尔梦编:《中国传统小说在亚洲》，国际文化出版公司，1989年，第307—309页。

[2] 马祖毅、任荣珍著:《汉籍外译史》（修订本），湖北教育出版社，2003年，第634页。

译本是2013年由布萨纳文学出版社（Busana Sastra）出版的《红楼梦》（*Impian di Bilik Merah*），译者是阿嘎塔·特里斯坦蒂（Agatha Tristanti）和肯·迪阿妮·米拉蒂（Ken Diani Milati）。该译本分两册共60章，第一册为1—34章，共548页，第二册是35—60章，共492页。章节的安排由译者按内容重写，例如第38章标题是"紫鹃为主子将来打算，宝玉表示不会与黛玉分离"[1]，第60章标题是"宝玉远离凡尘"[2]。该译本没有译出原著中的诗词。[3]

四大名著在马来西亚的传播者，主要也是依靠华裔或是有华人血统的侨生华人，因为他们既懂马来文又懂汉文。大约在1889年，马来西亚就有四家华人创办的出版社出版这些华人的译作。其中就包括《三国演义》《水浒传》《西游记》。1891—1892年间，《水浒传》《西游记》也有了马来文译本。以《三国演义》为例，19世纪末就有三种马来文译本：一是陈明德译本，二是石瑞隆译本，三是曾锦文译本。陈明德和石瑞隆都喜欢用诗和韵文来介绍故事内容和每个章回，那些诗歌并非翻译，而是译者的创作。值得一提的是1851年出生于槟城的译者曾锦文，其翻译的《三国演义》出版于1892—1896年间。译者在每卷译文开头都附上一首诗，有一些本土化文化较强，如《峇医彦东独白》云：

> 愿诸葛孔明的智慧之光，
> 把遥远的马六甲海峡也照得通亮。
> 让他给我们传授天机天理，
> 使我们畅游于《三国》渊博知识的海洋。[4]

---

[1] 原文是：Zijuan Memikirkan Masa Depan Majikannya; Baoyu Menyatakan Tak Akan Berpisah dari Lin Daiyu

[2] 原文是：Baoyu Berniat Meninggalkan Keduniawian.

[3] 此段信息要感谢广东外语外贸大学印尼语系的肖莉娴老师提供。

[4] 马祖毅、任荣珍著：《汉籍外译史》（修订本），湖北教育出版社，2003年，第644页。

较之《红楼梦》在其他国家遇冷的情况不同，《红楼梦》在新加坡和马来西亚的影响却较大。以存世文献考察，《红楼梦》传入新加坡和马来西亚是在 19 世纪。《红楼梦》在新加坡和马来西亚的传播离不开西方传教士学习中文、领事馆弘扬中华文化和个别著名文人对《红楼梦》的偏爱。众所周知，汉学家马礼逊（Robert Morrison, 1782—1834）是《红楼梦》在西方最早的传播者。马礼逊于 1812 年将《红楼梦》第四回译成了英文。他还编撰了《通用汉语之法》《英华字典》《中国通俗文献译稿》等著作，他坚信劝服中国人信奉基督教的关键在于掌握中国的语言。

马礼逊在 1815—1823 年在澳门编撰出版的《英华字典》是世界上第一部英汉—汉英对照字典。这部字典收录了大量的《红楼梦》词汇及长句，以便于读者学习汉语。1818 年，马礼逊在马六甲创办英华书院时，捐献了大量藏书，其中必然包括《红楼梦》。此外，另外一位传教士郭实腊（1803—1851），作为西方首位公开发表英文《红楼梦》评论文章第一人，也曾在新加坡和马六甲活动频繁。左秉隆（1850—1924）作为第一位由中国直接派驻新加坡的领事官，大力推广中华文化，其继任者黄遵宪，不仅是白话文运动的支持者，也是《红楼梦》传播的先驱者。晚晴福建举人邱炜萲，对《红楼梦》等明清小说也有独爱，于 1898 年出版有《红楼梦分咏绝句》，其长期旅居新加坡，是南洋华文新闻界中的杰出人物、政治领袖、文坛领袖，也是马来西亚和新加坡侨生的唯一举人，还是兴办女子学堂的先驱者和诗人。[1]

西方传教士与宗教的推动，语言学习的驱使，和驻外外交官的鼓励以及著名文人的兴趣，再加上华人社会共情，让《红楼梦》成为新加坡和马来西亚最热爱的古典文学名著。在 20 世纪初，《红楼梦》即被编入新加坡和马来西亚华侨的中小学教材，且高中会考多会考到。在新加坡和马来西

[1]〔马来西亚〕谢依伦著：《〈红楼梦〉在马来西亚和新加坡的传播与研究（1818—2018）》，山东大学出版社，2023 年，第 17、23、28、33 页。

亚流传的中国大陆、香港和新加坡自己出版的《红楼梦》的汉文版原著、研究作品不胜枚举。20世纪60—70年代，在新加坡和玛利亚图书馆藏《红楼梦》就有30个版本，其中还包括英文译本。马来西亚学者谢依伦更是指出，在新加坡和马来西亚似乎没受多大的阻挠便逐步地构成了新加坡和马来西亚知识分子心中“红楼梦是最杰出的中国古典小说”的观念，影响了一代代的华人。[1]

第三节　日韩越视域下四大名著在越南的传播及影响

一、四大名著在日本的传播及影响

日本翻译汉籍之多，在世界上首屈一指。据谭纪谦主编、实藤惠秀监修、小川博编辑的《日本译中国书综合目录》，截止至20世纪70年代末，日译中文书属于语言文学类的就达1025种，其中大部分为古代文学作品，包括《水浒传》33种，《三国演义》20种，《西游记》20种，《红楼梦》10余种。除上文提及的《水浒传》外，《三国演义》《西游记》《红楼梦》在日本的译介也较多，影响也较大。

四大名著传入日本最盛的时代是江户时代（1603—1868）。江户时代，日本的商业经济获得了空前的大发展。町人阶层在经济上获得优势的同时，也开始营造属于自己阶层的特有文化。有学者提出，江户时代的文化是一种庶民的文化，商业是汉籍东传的主要通道。[2]商业化的庶民文化可以说是明清小说传入日本的大背景。另外，“唐通事”这一特殊的职业

[1]〔马来西亚〕谢依伦著:《〈红楼梦〉在马来西亚和新加坡的传播与研究（1818—2018）》，山东大学出版社，2023年，第56页。

[2]严绍璗著:《汉籍在日本的流布研究》，江苏古籍出版社，1992年，第3—64页。

的产生也是明清白话小说传入日本的一大推动力。这一职业最早出现在对华贸易繁荣的港口城市长崎，主要为从事中日贸易的商业提供语言交流服务。为了培养“唐通事”，汉文教育必不可少，口语的教材则主要是明清白话小说，因此四大名著就成了培养“唐通事”的必读教科书。这些“唐通事”可以说是日本最早的一批翻译家，为明清小说东传日本起到了不可或缺的作用。

《三国演义》原著在世界上最早传播的国家是日本、韩国（朝鲜）和越南，而最早的外译本则是湖南文山的《通俗三国志》。在日本，最早言及《三国演义》的是江户时代的儒者林罗山（1583—1657）。在庆长九年（明万历三十二年，1604年）的《罗山先生诗集》（附录卷一）的已读目录中，林罗山记载了“《通俗演义三国志》”。由此可见，17世纪初，《三国演义》已经传入日本。[1]《三国演义》的第一个日译本出版于元禄二年（1689），译者署名为“湖南文山”，是《通俗三国志》的两位译者义辙、月堂的合称。湖南文山的翻译方式主要有三个特点：第一，译文在总体上沿用了罗贯中《三国演义》的叙述框架，核心故事和回目的名称并未发生改变。第二，对于小说中出现的文言文，译文采取了两种截然不同的翻译方式。如咏史诗、论赞诗等都省略不译，而如书、表等文章则仅以训点的方式译出。第三，为了增加小说的趣味性，湖南文山在翻译时也添加了一些三国故事插画。湖南文山的这种译法，主要是为了满足江户时代町人阶层的文化消费。《三国演义》之所以能在日本江户时代广泛传播，湖南文山功不可没。根据统计，江户时代，日本改编《三国演义》各类版本有13种之多。[2]这是《三国演义》在越南不可比拟的。

自江户时代至今，《三国演义》在日本的译本和改编本不断问世。较之越南，《三国演义》在日本的传播并没有受到意识形态的左右。且改

[1] 陈岗龙、张玉安主编：《〈三国演义〉在东方》（下卷），北京大学出版社，2016年，第24—25页。
[2] 陈岗龙、张玉安主编：《〈三国演义〉在东方》（下卷），北京大学出版社，2016年，第28—31页。

编本也有获得令人震惊的表现。尤其值得一提的是，日本作家吉川英治（1892—1962）改编的《三国志》，与原著相差较大，曾连载于《中外商业新报》，后由讲谈社出版了单行本，销量突破 300 万册。20 世纪 80 年代，日本 NHK 电视台播放木偶剧《三国志》，影响较大。此外有电子游戏机软盘《三国志》，五年内售出 50 万张。由日本漫画家横山光辉（1934—2004）改编创作的《三国志》连环画，1984 年出版，当时发行量达到 2500 万册。[1] 当然，这与知识经济和商业运作有重要的关系。越南的情况要逊色不少。

《水浒传》在日本传播和影响的情况我们在上文已跟越南的对比，不再赘述。《西游记》传入日本，也是在江户时代。日本译介《西游记》的时间，要比西方早一个世纪。早在 1785 年，日本著名小说家国木山人（真名为西田维则）就着手翻译《通俗西游记》。《通俗西游记》共有五编三十一卷，全书从初编问世到末编付梓刊行，历时 74 年。三易译者，初编六卷乃西田维则所译，二编六卷及三编七卷均由磨吕山者翻译，四编译者尾形贞斋，五编译者岳亭丘山。至 1806 年，西田维则所译的《绘本西游记全传》初编十卷问世。全传共四编四十卷，用了 30 年时间才译完，原因是找不到合适的译者。现代日译本《西游记》数十种，[2] 足见传播和影响之盛。

《红楼梦》在日本的译介是从 19 世纪开始的。1892 年，日本诗人森泰二郎即译出了《红楼梦》第一回楔子。这是日本翻译《红楼梦》的开始。1882 年，岛崎藤村节译了《红楼梦》第十二回，并以《风月宝鉴》为题发表在《女学生》杂志上。这些节译本对《红楼梦》在日本的传播和影响产生过积极的作用。[3] 20 世纪初以来，《红楼梦》在日本的节译和全译

---

[1] 马祖毅、任荣珍著：《汉籍外译史》（修订本），湖北教育出版社，2003 年，第 521—522 页。
[2] 马祖毅、任荣珍著：《汉籍外译史》（修订本），湖北教育出版社，2003 年，第 527 页。
[3] 马祖毅、任荣珍著：《汉籍外译史》（修订本），湖北教育出版社，2003 年，第 532 页。

本陆续问世，迄今已逾数十种之多。由此可见，《红楼梦》在日本的传播相对其他三大名著也较为滞后一些。且《红楼梦》在日本的译介也不像在朝鲜王朝一样，带有官方意志。

二、四大名著在韩国的传播及影响

四大名著传入韩国，与传入日本和越南的情况略有不同。有学者认为，由于朝贡制度的存在，在明清时期，每年有二百至三百人作为使团的成员到中国三四次，很可能是其中十分之一的人，尤其是译官们，带回了此类小说。[1]根据学者的研究，明代以前，中国传入朝鲜半岛的中国小说有三十余种，而明代之后，传入朝鲜半岛的中国小说竟达一百余种。其中就包括《三国演义》《水浒传》《西游记》等古典名著。[2]

15 世纪中叶，朝鲜自创了“训民正音”文字之后，才开始有了严格意义上的文字翻译。用朝鲜文来翻译汉文，当时称之为“谚解”。这种翻译工作在 15—16 世纪的朝鲜王朝时期，尤其获得重视。李世宗（1418—1450 年在位）曾反复强调“译学实国家重事”。17 世纪上半叶，朝鲜王朝翻译中国小说达到了高潮。据不完全统计，在整个李朝时期的近 700 种小说中，中国小说的译本占了相当大的比例。仅在朝鲜王朝乐善斋的书目中就有 33 种是中国小说译本，其中包括《红楼梦》《三国志》《后水浒传》《后红楼梦》等。1884 年，朝鲜翻译李钟泰曾在高宗十一年（1884）受王之命，组织翻译中国小说近百种，其中就包括四大名著。关于《红楼梦》在朝鲜王朝译介的情况，上文已有专述，在此仅简要论述其他三部名著的译介情况。

---

[1]〔法〕克劳婷・苏尔梦编：《中国传统小说在亚洲》，国际文化出版公司，1989 年，第 48 页。

[2]〔韩〕闵宽东：《对于中国古典小说在国内流入和受容的研究》，载《中国语文学》，第 49 辑，2007 年，第 346—353 页。

四大名著中，《三国演义》最早传入朝鲜半岛的记录见于《朝鲜王朝实录·宣宗实录》宣祖二年（1569）六月的壬辰条：

> 上御夕讲于文政殿，进讲《近思录》第二卷，奇大升进启曰："顷日张弼武引见时，传教内张飞一声走万军之语，未见正史，闻在《三国志演义》云，此书出来未久，小臣未见之，而或因朋辈闻之，则甚多诞妄……自上偶尔一见，甚为未安。就其中而言之，如董成衣带中诏及赤壁之战胜出，各以怪诞之事。衍成无稽之言……《三国志演义》则怪诞如是，而至于印出，其时之人，岂不无识。观其文字亦皆常谈，只见怪僻而已……。"[1]

从侍读官奇大升（1527—1572）劝谏宣宗不要读《三国演义》的记录得知，在朝鲜王朝时代，士大夫也有对《三国演义》颇有微词的。此类官方记录，在越南并不记载。从存世文献考察，最早的《三国演义》韩文译本，是刊刻于1859年的"乙未孟夏红树洞新刊本""乙未石桥新刊本""美洞新刊本"，三个版本皆藏于法国巴黎国家图书馆。前两个刊本是节译本。此外还有汉城旧王宫图书馆藏旧抄《三国志》39册，据说是李朝皇帝下令李钟泰翻译的"中国小说百种"之一。至19世纪末和20世纪初，各种译本层出不穷。1959年朝鲜国立大学艺术出版社出版了由朴泰源翻译的《三国演义》一百二十回全译本共计6册。[2]

就存世文献而言，《水浒传》在韩国出现的译本是较晚的。现存《水浒传》韩文译本是1956年南韩正音社编译出版的上中下三册。编译者将七十回原书回目内容调整为三十一章，每章附汉字回目标题。1972年韩

[1]《朝鲜王朝实录·宣宗实录》，卷三，宣祖二年六月壬辰条，转引自陈岗龙、张玉安主编：《〈三国演义〉在东方》（下卷），北京大学出版社，2016年，第24页。

[2] 马祖毅、任荣珍著：《汉籍外译史》（修订本），湖北教育出版社，2003年，第602页。

国乙酉文化社出版了由韩国汉学家周洪所译的《水浒传》一百二十回全译本，共5册。《西游记》韩国译本也出现较晚。1960年才出现由李周洪（笔名向破）的全译本《向破西游记》3卷，由语文阁出版。根据李周洪的介绍，《西游记》旧有选译本多种，其中仅有金东城所译的一种为百回全译，但内容有删节。而李周洪所谓的全译本，也删去了原著中的诗词。[1]《西游记》和《水浒传》传入朝鲜半岛也是较早的，且对朝鲜半岛小说均产生过影响，但译本出现较晚，原因不得而知。

三、四大名著在日韩越传播和影响的异同

如果从四大名著在这个传统的汉字文化圈比较而言，《三国演义》较早传入了日韩越三国，且影响都较大。其中包括文本的传播、戏剧的影响，甚至还有关公的崇拜。如果从官方意志而言，越南确实从皇帝下谕旨的名义要求各地祭祀关公，这是儒家思想的需求。但日本和韩国的情况未见有记载。早期《三国演义》在越南的传播更多的是以戏剧的形式。文本的传播其实主要在士大夫精英阶层，小说的译本其实相对而言，出现得较晚。而《三国演义》在日本和韩国的传播甚至翻译远比越南要早得多。这是因为日本有“唐通事”，韩国有“司译员”等翻译大传统。越南则对学习汉语语言本身的意愿并不如日本和韩国。小说在越南的传播并不像在日本和韩国那样，还夹带着学习汉语白话的功能。《水浒传》在日本的传播与汉语白话学习更加紧密。

封建时代国家意志或者说封建朝廷意识形态对四大名著在越南的传播和影响起到了关键的作用，但在日本和韩国的情况略有不同。这一方面是因为日本在江户时代商业的发达，形成了町人阶层的利益和文化。另一方

[1] 马祖毅、任荣珍著：《汉籍外译史》（修订本），湖北教育出版社，2003年，第603—604页。

面是韩国在朝鲜时代对中国传统小说接纳的“口径”较为宽厚。当然，更重要的是早期四大名著传播至日本和韩国时，这两个国家的印刷技术，比越南先进得多。

国家的发展程度、城市人口数量、市民阶层的稳固、商业的推动都会影响到四大名著在日韩越的传播和影响。早期四大名著在日本的传播，主要还是靠商业贸易，即书籍贸易，韩国的则主要靠贡使成员带入。越南的情况其实更多也得依靠贡使成员。但就朝贡次数和规模而言，明清两朝，越南远不如日本和朝鲜来中国的次数多和规模大。这也是导致四大名著在越南传播逊色于日本、韩国的主要原因之一。

自主创制文字和统一较晚也是四大名著在越南传播不如日本和韩国的重要原因。日文的平假名和片假名由日本的宫廷女官创制于10世纪，而韩国的训民正音则创立于15世纪，尽管汉字也在使用，但是平假名、片假名、训民正音自创制后不断得以发展和推广。越南尽管在拉丁化越南文普及以前，也有过自创的文字如喃字，但喃字长期没有获得官方推广和普及。尽管官方在15世纪也有短暂数年的推广，但由于朝代短暂，再加上有些时候喃字学习比汉字还复杂，不利于普及和推广，因此四大名著在越南译介也出现了文字上的不延续。19世纪末20世纪初，拉丁化越南文才得以普及，四大名著才逐渐得以通过拉丁化越南文译本进行传播和推广。这也是四大名著在越南的传播和影响不如日本和韩国的重要原因。当然，越南自16世纪南北朝分庭抗礼，18至19世纪，北郑南阮，19至20世纪，有抗法抗美，战争延绵不断，想要获得文化交流的和平环境，实属不易。

参考文献

一、汉文专著:

（东汉）班固:《汉书》，中华书局，1962 年。

（五代）王定保撰、姜汉椿校注:《唐摭言》，上海社会科学院出版社，2003 年。

（宋）王溥:《唐会要》，中华书局，1955 年。

（宋）周去非著，杨武泉校注:《岭外代答校注》，中华书局，1999 年。

（明）罗贯中著:《三国演义》，陕西新华出版传媒集团 / 陕西人民教育出版社，2016 年。

（明）施耐庵著:《水浒传》，陕西新华出版传媒集团 / 陕西人民教育出版社，2016 年。

（明）吴承恩著:《西游记》，人民文学出版社，1955 年。

（明）吴承恩著:《西游记》，人民文学出版社，1980 年。

（明）吴承恩著:《西游记》，陕西新华出版社 / 陕西人民教育出版社，2016 年。

（明）吴承恩著:《西游记》，商务印书馆，2018 年。

（明）严从简著，余思黎点校:《殊域周咨录》，中华书局，1993 年。

（明）张朝瑞辑:《皇明贡举考》，齐鲁书社，1996 年。

（清）蔡廷兰著:《海南杂著》（台湾文献丛刊第 42 种），九州出版社，2005 年。

（清）曹雪芹、高鹗著:《红楼梦》，青岛出版社，2016 年。

（清）曹雪芹著:《红楼梦》，陕西新华出版传媒集团 / 陕西人民教育出版社，2016 年。

（清）曹雪芹著:《石头记》，周汝昌校订批点本，译林出版社，2017 年。

（清）改琦撰:《红楼梦图咏》，越南国家图书馆藏书，编号：R3520。

（清）况周颐著:《蕙风词话》，人民文学出版社，1960 年。

（清）沈三白:《浮生六记》，中华书局，2018 年。

（清）印光任、张汝霖撰:《澳门纪略》，下卷，清嘉庆五年重刊本。

《诗奏合编》，海阳柳文堂藏板，成泰十六年（1906），越南国家图书馆藏书，编号：R450。
〔法〕克劳婷·苏尔梦编著，颜保等译：《中国传统小说在亚洲》，国际文化出版社，1989 年。
〔韩〕崔溶澈著，肖大平译：《〈红楼梦〉在韩国的传播与翻译》，中华书局，2018 年。
〔马来西亚〕谢依伦著：《〈红楼梦〉在马来西亚和新加坡的传播与研究（1818—2018）》，山东大学出版社，2023 年。
〔美〕本尼迪克特·安德森著，吴叡人译：《想象的共同体——民族主义的起源与散布》，上海世纪出版集团，2013 年。
〔美〕大卫·丹穆若什著，查明建、宋明炜等译：《什么是世界文学？》，北京大学出版社，2014 年。
〔日〕曲亭马琴著，李树果译：《南总里见八犬传》，南开大学出版社，1992 年。
〔泰国〕谢玉冰著：《神猴：印度“哈奴曼”和中国“孙悟空”的故事在泰国的传播》，社会科学文献出版社，2017 年。
〔越〕《皇越律例》，载《域外汉籍珍本文库》（第三辑），西南师范大学出版社 / 人民出版社，2012 年。
〔越〕陈世法等撰，任明华点校：《岭南摭怪列传》（丙本），载孙逊、郑克孟、陈益源主编：《越南汉文小说集成》第 1 册，上海古籍出版社，2011 年。
〔越〕陈重金著，戴可来译：《越南通史》，商务印书馆，1992 年。
〔越〕后黎黎贵惇：《芸台类语》，越南汉喃研究院藏书，原书编号：4229。
〔越〕黎崱撰，武尚清点校：《安南志略》，中华书局，2000 年。
〔越〕潘叔直辑，陈荆和编：《国史遗编》，香港中文大学新亚研究所东南亚研究室刊印，1965 年。
〔越〕潘玉簪撰：《武亭月圆纪事》，载孙逊、郑克孟、陈益源主编：《越南汉文小说集成》第 13 册，上海古籍出版社，2011 年。
〔越〕阮榜中撰：《越南开国志传》，载孙逊、郑克孟、陈益源主编：《越南汉文小说集成》第 7 册，上海古籍出版社，2011 年。
〔越〕阮朝《新书院守册（子库）》，1912 年编撰，越南汉喃研究院藏书，编号：A2645。
〔越〕阮朝国史馆：《明命政要》，南越教育文化与青年部出版，1972 年。
〔越〕阮朝国史馆编：《大南实录·正编》，卷二十三，日本庆应义塾大学影印版，1981 年。
〔越〕阮朝国史馆编：《钦定大南会典事例续编》卷三十，越南教育出版社影印版，2004 年。
〔越〕阮朝国史馆编修：《明命政要》，南越政权国务卿府文化特责处影印出版，1972 年。
〔越〕阮朝国史馆修撰，〔日〕松本信广影印：《大南一统志》，日本印度支那研究会，

1941 年。
〔越〕阮登选撰:《桃花梦记——续断肠新声》,孙逊、郑克孟、陈益源主编:《越南汉文小说集成》第 5 册,上海古籍出版社,2011 年。
〔越〕吴士连等撰、陈荆和编次:《大越史记全书》,日本东京大学东洋文化研究所,1977 年。
阿英编:《晚晴文学丛钞・小说戏曲研究卷》,中华书局,1960 年。
北京大学《儒藏》编撰与研究中心编:《儒藏》(精华编越南之部一册经部　史部),北京大学出版社,2013 年。
陈岗龙、张玉安主编:《〈三国演义〉在东方》,北京大学出版社,2016 年。
陈洪著:《四大名著导读》,商务印书馆,2021 年。
陈庆浩、郑阿财、陈义主编:《越南汉文小说丛刊》(第二辑)神话传说类——《岭南摭怪》,法国远东学院 / 台湾学生书局印行,1992 年。
陈玉龙等著:《汉文化论纲——兼述中朝中日中越文化交流》,北京大学出版社,1993 年。
范宏贵、刘志强著:《越南语言文化探究》,民族出版社,2008 年。
冯兴国著:《中国古典小说与日本文学》,辽宁教育出版社,1993 年。
郭振铎、张笑梅主编:《越南通史》,中国人民大学出版社,2001 年。
贺圣达著:《东南亚文化发展史》,云南人民出版社,1996 年。
金勇著:《形似神异——〈三国演义〉在泰国的古今传播》,北京大学出版社,2018 年。
李国祥主编:《明实录类纂》(涉外史料卷),武汉出版社,1991 年。
李国祥主编:《明实录类纂》(文教科技卷),武汉出版社,1992 年。
刘春银、王小盾、陈义主编:《越南汉喃文献目录提要》,中国台湾“中央研究院”文史哲研究所,2002 年。
刘海峰、李兵著:《中国科举史》,东方出版中心,2004 年。
刘勰著,王志彬译注:《文心雕龙》,中华书局,2012 年。
刘志强主编:《越南古典文学作品选编》,外文出版社,2022 年。
刘志强著:《越南古典文学名著研究》,商务印书馆,2018 年。
刘志强著:《占婆与马来世界的文化交流》,社会科学文献出版社,2013 年。
刘志强著:《中越文化交流史论》(修订版),商务印书馆,2022 年。
陆凌霄著:《越南汉文历史小说研究》,民族出版社,2008 年。
马祖毅、任荣珍著:《汉籍外译史》(修订本),湖北教育出版社,2003 年。
聂珍钊著:《文学伦理学批评导论》,北京大学出版社,2014 年。
饶芃子主编:《中国文学在东南亚》,暨南大学出版社,1999 年。
邵循正著:《中法越南关系始末》,河北教育出版社,2000 年。

孙逊、郑克孟、陈益源主编:《越南汉文小说集成》第2册，上海古籍出版社，2011年。
孙逊、郑克孟、陈益源主编:《越南汉文小说集成》第6册，上海古籍出版社，2011年。
王国维著:《人间词话》，北京联合出版公司，2015年。
王国维著:《人间词话》，北京联合出版公司，2018年。
吴蓉斌著:《〈水浒传〉在日本》，浙江大学出版社，2021年。
严绍璗、刘渤著:《中国与东北亚文化交流志》，北京大学出版社，2016年。
严绍璗著:《汉籍在日本的流布研究》，江苏古籍出版社，1992年。
杨昭全著:《中国—朝鲜·韩国文化交流史》，昆仑出版社，2004年。
于在照著:《越南文学史》，世界图书出版公司，2014年。
袁行霈著:《中国诗歌艺术研究》，北京大学出版社，1987年。
越南胡志明市第五郡文化与通讯处编:《第五郡文化遗迹引以为豪》，梅英勇印刷有限公司，2018年。
朱云影著:《中国文化对日韩越的影响》，广西师范大学出版社，2007年。

二、汉文期刊、论文集、学位论文:

〔俄〕李福清:《〈皇黎一统志〉与远东章回小说传统》，载《汉文古小说论衡》，江苏古籍出版社，1992年。
〔新加坡〕蔡曙鹏:《经典作品的跨境演绎：新加坡和越南话剧舞台上的〈红楼梦〉》，载《源》2023年第3期。
〔越〕何氏锦燕、姚瑶:《〈红楼梦〉在越南的研究概述》，载《红楼梦学刊》2016年第三辑。
〔越〕何氏锦燕《〈红楼梦〉在越南的流传、翻译与研究》，云南大学硕士学位论文，2013年。
〔越〕黄文楼:《关于越南汉文历史章回小说〈皇黎一统志〉之资料价值》，载中国台湾中正大学中文系、语言与文学研究中心编:《中国域外汉文小说国际学术研讨会论文集》，2001年。
〔越〕黎亭卿:《中国古代小说在越南——以〈三国演义〉〈水浒传〉〈西游记〉为中心》，华东师范大学博士学位论文，2013年。
〔越〕裴杞撰，王金地译:《越南文〈红楼梦〉序》，载《红楼梦学刊》1991年第一辑。
〔越〕阮清风:《〈三国演义〉与〈金云翘传〉在越南南部的传播与影响》，中国台湾成功大学中国文学研究所博士论文，2019年。
陈益源:《越南阮朝图书馆所藏的〈红楼梦〉及其续书》，载《明清小说研究》2014年第

1期。
陈益源:《中国明清小说在越南的流传与影响》，载《上海师范大学学报》(哲学社会科学版)2009年第1期。
梁志明:《十一世纪宋朝反击越南李朝侵略战争中的富良江位置考——兼评越南所谓“如月江大捷”》，载《东南亚研究》1980年第2期。
刘志强:《中越文化交流的“精彩一笔”——祝贺〈金云翘传翻译与研究〉出版发行》，载《中国东南亚研究会通讯》2013年第2期。
卢蔚秋:《中国通俗小说在越南》，载《国外文学》1986年第3期。
陆蕴联:《老挝的中国学研究及汉语教育》，载《亚非研究(第3辑)》，时事出版社，2010年。
罗雪瑜:《〈三国演义〉在老挝的传播与变异》，载《中国故事》2023年第9期。
麒麟:《百年遗迹　风雨侵蚀：福建霞漳会馆妈祖庙期盼各界慷慨解囊》，《西贡解放日报》，2024年4月22日。
饶芃子:《文学影响的“宫廷模式”——〈三国演义〉在泰国》，载《中国比较文学》1996年第3期。
谭志词:《关公崇拜在越南》，载《宗教学研究》2006年第1期。
夏露:《〈红楼梦〉在越南的传播述略》，载《红楼梦学刊》2008年第四辑。
夏露:《〈三国演义〉对越南汉文历史小说的影响》，载《内蒙古大学学报》(哲学社会科学版)2010年第3期。
夏露:《〈三国演义〉对越南汉文历史小说的影响》，载《内蒙古大学学报》2010年第3期。
夏露:《十九世纪越南㗰剧中的三国戏》，载《戏剧艺术》2010年第2期。
徐杰舜、陆凌霄:《越南〈皇黎一统志〉与中国〈三国演义〉之比较》，载《广西师范大学学报》(哲学社会科学版)2002年第3期。
张秀民:《中越关系史书目续编》，载《中国东南亚研究会通讯》2002年第1期。
郑阿财:《越南汉文小说中的历史演义及特色》，载《中华文学与世界汉文学论文集：文学丝路》，世界华文作家协会，1998年。
宗亮:《越南汉喃古籍新见〈红楼梦〉资料考述》，载《红楼梦学刊》2015年第五辑。

三、越南文专著：

Bằng Giang, *Văn học quốc ngữ ở Nam kỳ 1865-1930*, Nhà xuất bản Trẻ, 1992.
Bùi Văn Vượng chủ biên, Lê Thanh Bình sưu tầm, biên soạn. *Phan Kế Bính: Tác giả, tác phẩm*, Nhà xuất bản Thanh Niên, 2004.

Chương Thâu sưu tầm và biên soạn, *Phan Bội Châu toàn tập* (tập 3), Nhà xuất bản Thuận Hoá & Trung tâm Văn hoá Ngôn ngữ Đông Tây, 2002.

Cục Lưu trữ Nhà nước Việt Nam & Viện Viễn Đông Bác Cổ Pháp biên soạn, *Văn thơ Đông Kinh Nghĩa Thục,* Nhà xuất bản Văn hóa, 1997.

La Quán Trung, *Tam Quốc Diễn Nghĩa*, Phan kế Bính dịch, Bùi Kỷ Hiệu đính, Nhà xuất bản Văn học & Công ty Cổ phần Văn hóa Đông A, 2017.

Lạc Khổ dịch thuật, *Tây Du Ký - Phê bình theo Tâm lý học và Triết học*, Trung Ký xuất bản, Hà Nội, 1933-1935.

Lan Hinh Trần Thị Lan biên soạn, *Kim Sinh Lụy Á Nam Trần Tuấn Khải – Tác Phẩm, Nhận Định và Tư Liệu*, Nhà xuất bản Văn Hóa - Văn Nghệ TP. Hồ Chí Minh, 2015.

Lê Quý Đôn soạn, Nguyễn Thị Tuyết dịch chú và giới thiệu, Trần Thị Băng Thanh hiệu đính, *Bắc sứ thông lục*, Nhà xuất bản Đại học Sư Phạm, 2018.

Mai Quốc Liên chủ biên, *Nguyễn Du toàn tập*, Nhà xuất bản Văn học, 1996.

Ngô Vĩnh Khang soạn, Phạm Văn Thình xuất bản, *Tôn Ngộ Không Náo Địa Phủ*, Nhà in Xưa Nay, Sài Gòn, 1930.

Nguyễn Phương Thảo, *Tiếp nhận tiểu thuyết Thủy Hử ở Trung Quốc thời hiện đại*, Nhà xuất bản Đại học Quốc gia Hà Nội, 2023.

Nguyễn Quốc Hùng Dịch, *Hồng Lâu Mộng*, Nhà Xuất Bản Chiêu Dương, 1969.

Nguyễn Văn Huyền sưu tầm, giới thiệu. *Thơ văn Bùi Kỷ*, Nhà xuất bản Khoa học xã hội, 1994.

Nguyễn Xuân Hòa, *Ảnh hưởng của tiểu thuyết cổ Trung Quốc đến tiểu thuyết cổ Việt Nam*, Nhà xuất bản Thuận Hóa, 1998.

Phạm Đan Quế biên soạn, *Truyện Kiều và Các Nhà Nho Thế Kỷ XIX*, Nhà xuất bản Văn học, 2000.

Phan Xuân Hoàng, *Đọc Tam Quốc Chí*, Nhà xuất bản Phổ thông, 1962.

Phương Lựu. *Một số quan hệ về văn hóa văn học Trung – Việt*, Nhà xuất bản Văn hóa, 1993.

Tào Tuyết Cần, *Hồng Lâu Mộng*, người dịch: Vũ Bội Hoàng, Nguyễn Doãn Địch, Nguyễn Văn Huyến, Trần Quảng, Nguyễn Thọ, Nguyễn Đức Vân, Nhà xuất bản Văn học, 2015.

Tây Du diễn kịch: Đại - Thánh loạn đả yêu động. Hiệu Phúc Văn xuất bản. 1929.

Thi Nại Am, *Thủy Hử*, Nhà xuất bản Văn học & Công ty Cổ phần Văn hóa Đông A, 2018.

Thụy Đình dịch, Chu Thiên hiệu đính, Ngô Thừa Ân, *Tây Du Ký*, Nhà xuất bản Văn học, 2014.

Trần Xuân Đề, *Những bộ tiểu thuyết cổ điển hay nhất của Trung Quốc*, Nhà xuất bản TP. Hồ Chí Minh, 1991.

Trung tâm Khoa học Xã hội và Nhân văn Quốc gia, Viện Sử học. *Việt Nam: Những Sự Kiện Lịch Sử (Từ khởi thủy đến 1858)*, Nhà xuất bản Giáo dục, 2002.

Trương Chính, v.v..., *Lịch sử Văn học Trung Quốc*, Nhà Xuất bản Giáo Dục, 1971.

Vương Hồng Sển. *Thú xem truyện Trung Quốc*, Nhà xuất bản TP. Hồ Chí Minh, 1993.

Vương Hồng Sển. *Hồi ký 50 năm mê hát*, Nhà xuất bản Phạm Quang Khải, 1993.

Vương Hồng Sển. *Hơn nửa đời hư*, Nhà xuất bản TP. Hồ Chí Minh, 1992.

《花笺记演音》喃传，手抄本，法国远东学院藏，编号：AB.269。

《三国诗》，年代不详，越南汉喃研究院藏本，编号：AB.576。

《三国演歌——江左求婚》，福安堂发，1918 年，越南汉喃研究院藏本，编号：VNb.38。

《西游传》，同文堂藏板，1893 年刻本，越南汉喃研究院藏本，编号：AB.81。

四、越南文期刊、报纸、学位论文：

Bùi Duy Tân. Mối quan hệ và thể loại giữa văn học Trung Quốc và văn học Việt Nam thời Trung đại: tiếp nhập – cách tân – sáng tạo, *Tạp chí Văn học*, số 1, 1992.

Châu Anh, Nhà Văn hóa Phan Kế Bính, *Hà Nội Mới*, 17/12/2023.

Đinh Phan Cẩm Vân. *Sự tiếp nhận văn xuôi tự sự Trung Quốc trong văn học trung đại Việt Nam*. Luận án Tiến sĩ Viện Khoa học xã hội tại TP. Hồ Chí Minh, 2001.

Đức Thiện. Đường phố Thành Nam: Phố Hoàng Minh Giám. *Báo Nam Định*, 4/12/2015.

Kiều Mai Sơn, Dịch giả Hán học Nguyễn Đức Vân – Ông đồ Nghệ âm thầm, *Thanh Niên*, 11/12/2022.

Lê Đình Khanh. *Văn học Việt Nam với Tam Quốc Diễn Nghĩa*. Luận văn Thạc sĩ Trường Đại học Sư phạm TP. Hồ Chí Minh, 2005.

Lê Huy Tiêu, Tìm hiểu việc giới thiệu và nghiên cứu văn học Trung Quốc ở Việt Nam trong thời kỳ cuối thế kỷ XIX và đầu thê kỷ XX, *Tạp chí nghiên cứu Trung Quốc*, số 3, 2007.

Lê Thạch Lân, Chỉ Hại về Truyện Tàu, *Lục Tỉnh Tân Văn*, Sài Gòn, Ngày 23 tháng 3 năm 1916.

Mộng Tiên. Vì sao Thi Nại Am Viết truyện Thủy Hử, *Nam Kỳ Tuần Báo*, số 61, 1943.

Nguyễn Phương Thảo, Tiếp nhận Thủy Hử qua các công trình nghiên cứu giai đoạn nửa đầu thế kỷ XX ở Việt Nam, *Tạp chí Nghiên cứu Văn học*, số 5, 2013.

Pearl S. Buck. Tiểu Thuyết Tàu (Lê Đình Chân Dịch), *Tạp chí Thanh Nghị*, số 85, 1944.

Thúc Ngọc Trần Văn Giáp. Lược khảo về tiểu thuyết Tàu – phụ thêm tiểu thuyết Việt Nam xưa, *Tạp chí Thanh Nghị*, số 8, 1942.

Trần Nghĩa. Lược đồ quan hệ tiểu thuyết Hán Nôm Việt Nam và tiểu thuyết cổ các nước trong khu vực. *Tạp chí Hán Nôm*, số 2, 1998.

Trúc Đỳnh. Bốn pho tiểu thuyết Tàu hay nhất, *Đông Dương Tạp Chí*, số 1, 1937.

Vĩnh Khánh, Ưu Thiên Bùi Kỷ - Một đời lựa chọn "Xuất – xử", *Kinh Tế Đô Thị*, 11/03/2023.

〔越〕《〈红楼梦〉在越南舞台上上演》,《人民军队报》2017 年 11 月 1 日。

五、其他（语种）文献：

〔韩〕金钟澈撰:《玉树记研究》，载《国文学研究》第 71 辑，1985 年。

〔韩〕李秉岐:《国文学全史》,（首尔）新丘文化社，1965 年。

〔韩〕梁建植:《关于中国的小说与戏曲》，载《每日申报》，1917 年 11 月 6 日。

〔韩〕闵宽东:《对于中国古典小说在国内流入和受容的研究》，载《中国语文学》第 49 辑，2007 年。

〔缅甸〕貌廷:《世界文学简编》，境界出版社（仰光），2008 年。

〔缅甸〕妙丹丁译:《归隐山林的侠者》，仰光：进步出版社，2016 年。

〔缅甸〕妙丹丁著:《在红楼里做梦》，仰光：长久文学出版社，2016 年。

附　录

附录 1

《三国演剧——刘备求婚》(越南语改编本，1936)

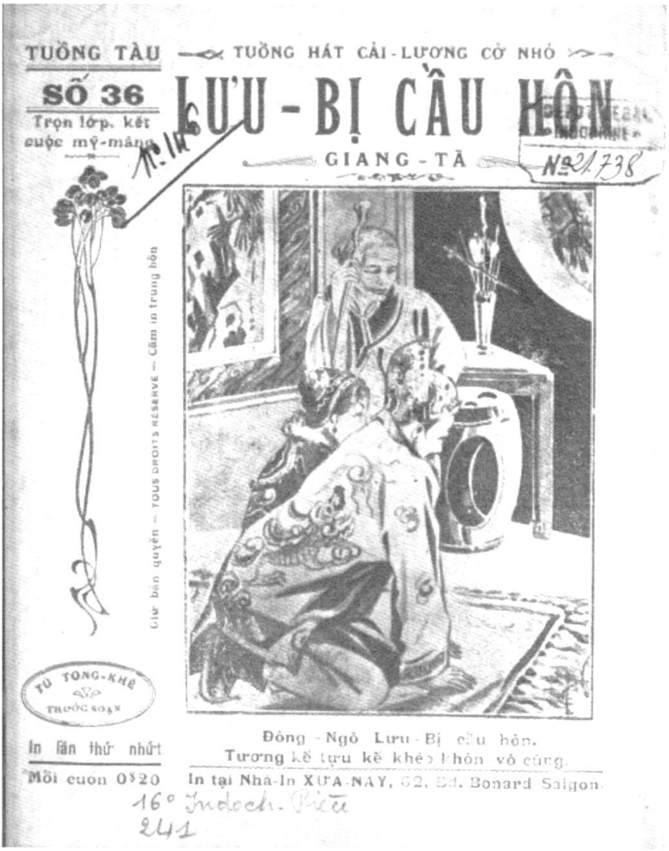

LƯU-BỊ CẦU HÔN

MÀN THỨ NHẤT

(Décor fixe cảnh trước dinh Thục. Lỗ-Túc bên Ngô mới đến)

LỖ-TÚC nói: Kìa nhìn tỏ rỏ, đây chốn Thục-bang, âu là: vội vã nhập dinh loan, ngỏ thi hành kế qui. Số là: Ngô chúa tôi đã mấy phen sai tôi qua đây đòi cửu quận Kinh-Châu; nhưng Lưu-huyền-Đức người cứ hẹn lần hẹn lừa mải, không chịu trả đất lại cho Ngô trào. Chúa tôi cùng Châu Đô-Đốc lấy làm bất bình cho cái thái độ ấy của Lưu-bang, nhưng đả suy cùng nghĩ tận, bây giờ dùng võ lực đi đánh lấy Kinh Châu lại thì cũng khó; mà không đánh thì cũng không đặng. Bởi vậy cho nên Châu Đô-Đốc cùng Chúa-Công tôi mới thiết ra một cái kế là sai tôi qua để cầu hôn cùng Lưu-huyền-Đức. Nếu Lưu-huyền-Đức mà đành lòng ắt sẻ theo tôi về Đông-Ngô mà làm rể. Cơn đó rồi, Lưu-huyền-Đức ở bên Ngô-trào như cá nằm trên thớt Chúa-công tôi muốn sao lại không được? Ấy là kế để giam lỏng Lưu-huyền-Đức phòng có đòi đất Kinh-Châu. Bởi vậy cho nên tôi đây: Từ Ngô sang Thục bao quản dậm tràng, miễn kế kia sao được vẹn toàn, thân chi sá nhọc nhằn nguy hiểm (vô)

(Kéo décor-fixe lên thấy cảnh trào đình, Lưu-Bị ngồi giữa bá quan chầu hầu. Lỗ-Túc bước vào làm lễ.)

LƯU-BỊ nói: Này Lỗ tướng-quân! Chẳng hay Lỗ tướng-quân vưng linh Ngô-trào sang qua đây có việc chi đại sự; hay cũng như mấy lần xưa sang để đòi đất Kinh-Châu vậy, a Lỗ Tướng-quân?

CA KIM TIỀN

Xin tướng-quân, tỏ trần thấp cao,
Cho tôi thấu, cớ sự thể nào,
Kẻo dạ rất, lấy làm ngại nghi,
Chẳng rỏ cớ chi, mấy lần rồi,
Người sang có một việc,
Chỉ chuyện hỏi đòi, buộc phải trả,
Đất này cho Ngô, chớ chẳng lạ chi!
Ngày nay Tướng-quân sang Thục,
Cũng là việc xưa, hay có khác chăng?

Lỗ-Túc: Chẳng lý nào, nói việc ngày xưa.

Ngô với Thục trào, có nghĩa cùng nhau,
Lý đâu chút vậy, hỏi hoài chẳng thẹn,
Tôi sang đến ngày nay,
chẳng qua có việc, vui vậy hội hiệp.

NÓI: Dám bẩm cùng lịnh Chúa-công, Sá chi chút Cửu-quận Kinh-Châu mà chúa tôi lại sai đòi hỏi hoài cho được. Hồi trước Ngô trào không chỗ đóng binh mới buộc lòng sai tôi sang hỏi mấy lần; Nhưng Chúa-công bên nay lại cũng không có chỗ nào khác, Chúa tôi nghĩ vì Ngô với Thục có tình thân-ái cho nên bỏ qua. Còn ngày hôm nay tôi mà sang đây là;

CA XANG-XỪ-LIẾU

Vâng lời Chúa của tôi, sang vì việc cầu-hôn,
Kết liêng đôi đàng. Nhơn Chúa tôi đàm luận,
Giửa trào đũ mặt, rằng có người em,
Đẹp xinh trên đời, mà lòng người,
Chưa nhất quyết, ai toàn tài,
Với vẹn đức, phòng toan gả em cho xứng,
Mới không uổng phận thuyền quyên,
Đang lúc tuổi xuân.

NÓI: Cơn rứa chừ, Chúa tôi cùng hàng trăm quan văn vỏ, ai ai cũng đều chú ý đến việc nọ và so sánh cân phân. Rốt cuộc Chúa tôi cũng đồng ý cùng hàng trăm quan, nghỉ trong đời này chỉ có một mình Lưu Chúa tài đức vẹn hai, nếu không cầu hôn cùng Lưu-gia thì chẳng còn ai xứng nữa. Vì thế mà:

CA MẪU-TẦM-TỬ

Mới sai tôi, lên đường thẳng xong,
Đặng lo giúp, cái việc lớn này.
Tôi lẽ đâu, dám đi từ chối,
Thành thử phãi, lảnh việc cầu hôn;
Sang đến Thục-bang, thưa nổi niềm,
Cho Chúa tường tri. Nếu trên mà,
Thuận dạ đành tâm,
Thôi thì rất quí giá vô ngằn,
Trào Ngô, thục-Bang kết liên,

NÓI: Bẩm Chúa-công, thuỡ nay Chúa-công cũng đả từng nghe chớ chẳng không: "Đời Tam-Quốc này thục-nữ trong thiên hạ thì có hai chị em Nhất-Kiều và Nhị-Kiều là đẹp nhất. Một người là vợ của Châu-công-Cẩn, một người thì gả cho Chúa-công tôi. Hai người ấy tuy đẹp có tiếng nhưng xét ra: Ngô công-nương là em ruột của Chúa-công tôi, sánh nhan sắc hơn hai người ấy, còn bề công dung lại chẳng kẻ đương; nếu lịnh trên mà đẹp lòng về việc tào-khương, thì quả thật xứng duyên vừa nợ.

CA BÀI TẠ

Sự tình chừ đã giãi bày,
Xin lời châu ngọc tõ phân,
Cho dưới thấu thiệt hơn thể nào?
Vì chúa Ngô-trào ý muốn,
Lại với Hoàng thúc cầu thân,
Người mới toan việc Trần-Châu,
Ngỏ cho đặng lưởng bang hiệp đầu.

LƯU-BỊ nói: Nghe phân lời ấy, lòng rất toại vui, nhưng mà: để cho ta suy xét lại coi, chớ chưa dám hứa lời chắc chắn.

CA KHÓC HOÀNG THIÊN

Chúa Ngô đã tưởng, tính toan việc ấy,
Chẳng lẽ nào đâu, ta đây phụ lòng,
Nhưng nghỉ cho kỷ sự duyên,
Việc này lớn lao, để ta xét suy cho cạn,
Rồi mới hứa chắc cùng nhau,
Ngỏ toan định kỳ, hiệp vậy ước mai,
Chớ phân vội càn, lỗi niềm chẳng nên.

NÓI: Có vậy Lỗ tướng-quân hãy tạm ở lại và ba hôm, sau khi tôi bàn tính liệu định xong rồi, sẽ hồi đáp cùng tướng-quân chắc-chắn nghé!

LỖ-TÚC nói: Lịnh trên phân vậy, dưới rất an vui, cúi đầu bái tạ chơn lui, tạm nghỉ an nơi quán dịch. (vô)

LƯU-BỊ (ngó Khổng-Minh) nói: Này quân-sư ôi! Tử-Kính đả phân như vậy, lẽ nào xin khá chỉ bày, chớ lòng riêng nghi ngại lắm thay, hư thật vốn chưa rỏ chắc.

KHỔNG-MINH cười: Tâu lịnh Chúa-công: Như cái việc này đây: Ngô chúa toan mưu thiết kế, dể nào mà gạt được tôi. Vả chăng đả mấy phen Ngô-tôn-Quyền sai Lỗ tử-Kính sang đòi Cửu-quận Kinh-Châu này, mà ta cứ hẹn lần lừa mải, thành thử ra Ngô-Chúa tức giận mà không biết tính sao? Nếu đòi thì ta không trả, còn đánh thì liệu thế đánh chẳng lại ta; vì vậy Ngô chúa mới thiết cái kế này để gạt Chúa-công sang đó làm rễ. Bởi hể nhơn việc thành-hôn, theo phép Chúa công phải sang Ngô trào làm rễ. Cơn rứa chừ nó mới đón rước Chúa-công sang bên ấy rồi cứ cầm lỏng Chúa công, chẳng cho phản hồi cố địa, và buộc bao giờ chịu trả Kinh-Châu rồi mới thã Chúa-công ra khỏi nước. Cái kế trẽ con ấy, tôi đã biết dư!

CA MẪU TẦM TỬ

Nhưng xét ra, chuyện này cũng may,
Xin Chúa khá, hứa chắc một lời,
Nhận sánh duyên chẳng nên từ chối.
Rồi có cách, tôi quyết làm cho,
Sự giả hóa chơn. Chúa sau này,
Được toại lòng riêng: Có vợ xinh,
Chẳng kẻ nào dương! Tôi đả thấu,
Cách thức Ngô trào.
Ngày mai Chúa công hứa đi!

NÓI: Chúng nó quyết lấy thiệt làm giả, tôi đây lại trỡ giả làm thiệt, chúng nó mới sản vía kinh tâm. Tâu Chúa-Công cứ việc hứa chắc ngày giờ cùng Lỗ-Túc, rồi cũng giả không hay biết chi; cứ sang Ngô trào làm rể. Chừng ấy tôi sẽ có đủ phương thế bảo tồn Chúa-công, chẳng sao đâu mà ngại.

HẠ MÀN MÀN THỨ NHÌ

(Cảnh cung viện, Ngô Quốc-thái có thế-nữ chầu hầu. Lưu-Bị vào quì lạy. Hề-đồng là Triệu-Tữ theo hầu Lưu-Bị cũng quì phía ngoài.)

Lưu-Bị (quì) nói: Dạ bẩm lịnh quốc-thái. Tôi vâng lịnh Ngô trào vời đến đặng lo việc sính hôn. Vậy tôi nay xin vào ra mắt lịnh Quốc-thái xin làm rễ theo phép và cầu chúc cho lịnh Quốc-thái tuế tăng vạn tuế.

NGÔ-QUỐC-THÁI (chưng hững) nói: Uã! Cái việc gã con của mụ, Tôn-Quyền nó tính hồi nào mà mụ không hay cà? Chẳng lẽ Tôn-Quyền nó muốn gả em nó mà nó lại chẳng cho mụ hay? Hèn chi phải rồi! Hôm qua Kiều Quốc-công sang đây trách mụ gã con sao chẳng cho người hay, bề nào cũng nghĩa suôi gia với nhau, làm cho mụ không biết sao mà trả lời; bây giờ đây mới rõ.

(nhìn Lưu-Bị) Có vậy mụ miễn lể cho nghĩa tế, (nói một mình) Hảo a! Nhìn xem tướng mạo, quả thật đoan-trang, mi tầm mục tú ít kẻ đang, mặt phấn oai hùm người khôn sánh. Tốt a! (thấy Lưu-Bị khóc) Ủa! Ngải tế! Cầu hôn là việc vui, chuyện chi mặt ủ mày châu, mà có nhỏ tuông lụy ngọc?

LƯU-BỊ nói: Dạ dám bẩm Ngô Quốc-Thái: Tôi cũng tưỡng Ngô trào thương phận, cho nên, mới sang lo việc hôn nhân; chớ tôi nào có dè Ngô trào mời tôi qua đây, để mai phục binh quân, đặng giết người cô thế đâu!

CA BÀI TẠ

Trong ngoài khắp hết dinh này,
Muôn ngàn binh phục Đông Tây,
Để hạ sát tôi đây chớ gì!
Lời dám bẩm cùng Quốc-Thái,
Hà chước cứu được tồn sanh?
Cám đức Quốc-thái ngàn năm,
Kẻo tôi phải thác oan nơi này.

NGÔ QUỐC-THÁI nói: Nghe qua lời nọ chi xiết bất bình! Cái này là Tôn-Quyền với Lỗ-Túc nó bày chuyện đây! Ngải-tế hãy an lòng, có mụ đây bảo bọc.

CA MẪU TẦM TỬ

Có mụ đây, bão bọc chẳng sao,
Ai mà dám, rục rịch chuyện gì,
Mụ đởm đương, cãn ngăn giùm đó!
Thì nghĩa tế cứ việc bình an,
Chớ có sợ chi! (bước ra nạt quân mai phục)
Cái lũ này, bây núp chi đây?
Khá mau mau, ra khỏi cung ta!
Nếu còn đứng, xuống lịnh chém đầu!
Cùng nhau kéo đi khỏi mau!

NÓI: Khéo làm chuyện nhuốc nhơ không hổ, ai lại, muốn hại người dùng kế tiểu nhân! Ta nói cho bây biết: Lưu-huyền-Đức nay là rể là con ta, bây hó hé ta không dung thứ! Thằng nào toan làm hại rễ ta, ta toàn gia tru lục đa nghé!

(Binh mai phục sợ giải tán hết)

LƯU-BỊ (về lạy bàn thờ làm lễ theo phép cưới hỏi xong) Nói: Dạ, nhờ ơn Quốc-Thái, dưới được bình an, nghĩa dày sánh tợ Thái-San, muôn thuở nguyện không xao lãng.

NGÔ-QUỐC-THÁI nói: Nghỉa tế đừng lo sợ, đã có mụ chở che; con cứ an tâm ra vào thông-thả.

LƯU-BỊ nói: Cúi đầu bái tạ chơn lui.

NGÔ-QUỐC-THÁI nói: Mai đến cho mụ đây dạy biểu đa nghé! (Dạ)

LƯU-BỊ (bước ra) nói: Này Triệu tướng-quân! Gẩm mình đây hửu phước, được Quốc-thái thương phần; Tưỡng đâu: Nơi Ngô-bang ta phải lụy thân, chẳng dè: may mắn được an toàn tôi chúa!

TRIỆU-TỬ nói: Đây cũng thật là nhờ kế của lịnh quân-sư chĩ bày mới được vậy đó a Chúa công!

HẠ MÀN MÀN THỨ BA

(Cảnh Huê viên bên Đông Ngô. Lưu-Bị đi dạo, Triệu-Tử giả tên quân theo hầu.)

Lưu-Bị nói: Này Triệu tướng-quân, thật khá khen cho quân-sư ở nhà lắm. Khi ra đi quân sư dặn la cùng tướng-quân chừng nào qua đến Ngô-bang đây thì làm y như các lời chỉ bảo ắt sẽ an lành. Điều thứ nhất người dặn ta sang qua tới đất Ngô phải ra chợ mua đồ để làm lể sinh nghi và đồn vang lên rằng ta sang qua để cưới Ngô Công-nương. Hai là: đã cho người thưa cho Kiều Quốc-Công (cha vợ Tôn-Quyền) hay việc hôn nhân này. Ba là: khi ta vào yết-kiến lịnh Thái-thái nói chuyện hôn-nhân thì lập tức thưa cho người hay việc Tôn-Quyền đang phục binh hại ta. Ba điều ấy đã làm y hết, bởi vậy cho nên, một thân này mới được an toàn. Nay quả thật vậy chẳng sai. Xét ra thì Tôn-Quyền thi mưu tính chước, đẻ gạt ta qua đây mà cầm tù lỏng. Chẳng dè khi qua đây Ngô Thái-thái (mẹ Tôn-Quyền) lại có lòng yêu thương ta thành thật, mà vị-hôn-thê của ta là Ngô phu-nhân (em Tôn-Quyền) xem chừng như cũng trọn dạ tưởng ta. Té ra chúng nó làm giả mà hóa thật, nghỉ cũng nực cười thay.

CA KIM TIỀN

Nghỉ cạn ra, việc này may ta,
Nếu Thái-Thái, chẳng tưỡng thương tình,
Ắt chẳng khỏi, Tôn-Quyền hại ta,
Bỏ mạng nơi đây! Hoặc là người,

Giam cầm ta lại, tại Ngô trào,
Chẳng cho trở, lộn về cố bang,
Ngỏ đặng báo oan.
Hoàng Thiên công minh quả thật,
Lẽ nào hại ta, thọ khổn tại đây!

TRIỆU-TỬ ca: Quân-sư đà,
Đoán rỏ nguồn cơn, chẳng sai lời,
Nói trước cùng tôi, hôm nay quả thật,
Như người đả định, mọi sự tường tri,
Chẳng ai sánh kịp, cái tài đặc biệt.

NÓI: Thật Khổng quân-sư tài trí thế-gian hản hửu.

LƯU-BỊ nói: Tuy vậy ngày nào ta còn ở đất Ngô, thì ngày ấy chưa phải là hết sự lo. Nay Tôn-Quyền thấy Ngô Thái-Thái mến ta hắn càng ghét lắm. Song lỡ bề không biết làm sao; cho nên ngoài mặt hắn cũng giã dạng cùng ta vui vẻ. Vừa rồi Ngô Tôn-Quyền mời ta ra đây đặng ngoạn kiễn và uống rượu tại lê-viên này để trò chuyện chơi. Ta xem va bao giờ cũng muốn giết ta; Có vậy Triệu tướng-quân theo hầu ta phải cho cẩn thận nghé!

TRIỆU-TỬ nói: Xin Chúa-công hãy an lòng.

NGÔ TÔN-QUYỀN (bước ra) nói: Lưu Sứ-Quân xem phong cảnh bên Ngô đây có đẹp hay không?

CA BÌNH BÁN

Nay vì cơn rảnh rang,
Tôi mới mời ngài sang,
Đến lê-viên uống rượu luận bàn,
Đặng cùng nhau, tỏ dạ ái thân.
Chúng ta nay bắt đầu sum hiệp,
Xin một dạ với nhau thành thật,
Chớ có lòng nghi kỵ làm chi!
Nhìn xem bốn bên cảnh này,
Muôn ngàn đẹp xinh càng toại biết bao:
Nước dưới khe, nhìn thật khoái tâm,
Hoa quả đơm trên nhành oằn oại,
Lại còn được người thơm mùi nhụy,
Phỉ bấy tình cho chúng ta đây.

LƯU-BỊ: Đẹp xinh chẳng đâu dám kình,

Đồn Ngô Bang cảnh đẹp không sai,
Thật xứ tôi nào được thế ni.
Chừ mới biết Ngô.

NÓI: Thật là cảnh thiên-nhiên đẹp đẽ vô cùng!

(Hai người ngồi lại thưởng cảnh uống rượu.)

NGÔ TÔN-QUYỀN nói: Tiếng thiên hạ đồn thuỡ nay rằng Lưu Hoàng-thúc là người vẹn toàn văn vỏ; nhưng vậy mặc dầu, văn thì tôi đã thấy tài rồi, còn vỏ thì thật chưa có dịp nào cho tôi thấy sức, nghĩ cũng thậm tiếc lắm thay!

LƯU-BỊ nói: Dạ dám thưa Chúa-công: Chúa-công vì thương mà tặng quá lời; chớ tài của tôi thật không xứng đáng mà nhận nhìn lời khen ấy.

CA KIM TIỀN

Chẳng dám đâu, nhận nhìn lời khen,
Bởi tôi thật, yếu sức ít tài,
Trên quá tưỡng, mới là tặng khen,
Thế đó đó thôi! Sự thật thì:
Nhờ lòng thiên hạ, họ phục tùng;
Cho nên mới, dể bề trị an,
Bá tánh đó thôi.

NGÔ-TÔN-QUYỀN: Cần chi giải phân khiêm nhượng,
Đã là đệ huynh, chớ giấu chi nhau.
Trước kia thì, chưa phải bà con,
Chớ nay đà, chẳng phải người xa;
Chúng ta cứ thật, một lòng một dạ.
Mựa chớ nhường khiêm, hóa ra mất sự,
Thật tình thân mật.

NÓI: Lưu Hoàng-thúc đừng có khiêm nhượng mà hóa ra mất sự thiệt tình, đã là bà con chớ ngại. (Tôn Quyền thấy tảng đá lớn nằm bên bụi hoa, chỉ cho Lưu-Bị) Đây! Tảng đá này cứng-rắn chẳng biết bao nhiêu, nhưng đối với báu đao của tôi đang đeo lưng đây thì đá ấy nó mềm như chuối! Có vậy để tôi thử tài cho Lưu Hoàng-thúc xem chơi.

LƯU-BỊ nói: Nếu được thấy tài sức của Chúa-công thì may mắn biết bao nhiêu!

TÔN-QUYỀN nói: Đây, có vậy hãy coi:

CA MẨU-TẦM-TỬ

Cấp báu đao, ra sức thữ coi,
Tuy rằng đá, cứng rắn thuở giờ;
Nhưng chém sao đá kia mà rã,
Thì mới phải, báu kiếm đời ni,
Vậy kíp xuống tay! (chém đá dứt hai.)
LƯU-BỊ ca: Thấy sức tài, thật rất là ghê!
Quá đáng trang, hoanh-liệt hùng anh,
Ai mà dám, so sánh được vậy,
Lòng tôi rất nên kính kiên.

NÓI: Chúa-Công thật là bực kỳ tài trên thiên hạ; tuy vậy sẵn dịp này tôi cũng nên thử coi thanh-gươm của tôi đây ra thể nào? Chớ thuỡ nay đeo cho có chừng vậy thôi, chớ ít khi dùng đến.

NGÔ-TÔN QUYỀN nói: Xin Hoàng-Thúc hãy thử xem.

LƯU-BỊ nói: Cái này là tôi xin lỗi chớ chẳng phải dám khoe tài. (Rút gươm chém đá đứt làm hai)

NGÔ-TÔN-QUYỀN nói: Hay hay! Lưu Hoàng-Thúc chẳng phải là bục thường nhân trên trời đất!

CA KHÓC HOÀNG-THIÊN

Báu đao chém đá, chẳng ai thua kém,
Tất dạ này đây, rất kiên phục tài,
Tôi rất vui vẻ xiết bao! Thấy tài vô song.
LƯU-BỊ ca: Chẳng qua việc may được vậy,
Tài sức thì chẳng bì ai; dám đâu ý mình,
Trên vì tưởng thương, mới khen quá lời,
Thật thì chẳng chi.

NGÔ-TÔN-QUYỀN nói: Lưu Hoàng-Thúc sao mà cứ khiêm-nhượng hoài! Như vậy là tài ba chớ còn chi nữa?

LƯU-BỊ nói: Trên đà dạy vậy, dưới cũng xin vưng.

NGÔ-TÔN-QUYỀN nói: Thôi: Tiệc vui rày đả chung cùng, chúng ta lui gót vào an giấc hòe.

(Hai người đồng vô)

HẠ MÀN MÀN THỨ TƯ

(Cảnh phòng loan. Ngô phu-nhân ngồi than thở một mình)

NGÔ PHU-NHÂN nói: Tôi nghĩ lại thật là: Hữu duyên thiên lý năng tương ngộ, vô duyên đối diện bất tương phùng, cũng phải lắm đó. Như thiếp cùng Lưu Sứ-quân đây:

CA VỌNG CỖ

Nợ trời ai xui cho lứa đôi chung vui gặp gỡ,

Thiếp đây suy cho cạn cho rỏ, ai đang làm cho dỡ lở mối duyên hài?

Lời giao ngôn, đã nên chồng vợ, ai đành tâm dứt bỏ, ai đành tâm cãn trở như anh mình?

Thiết kế sâu, làm mưu độc, anh không suy xét nở hại kẻ lành,

Nay anh lại muốn cho em phi ngôn bội ước, mà bỏ phứt cái chử duyên tình!

Đạo làm người thật anh khuyết điểm, anh mới có tấm lòng chẳng khác tiển nhân:

Như cố oán hay thù người, thì cứ việc cùng nhau lưỡng bang đói thũ,

Mới phải là bực anh hùng, vậy mới là trang quân-tử mới thật tài danh!

Chớ gạt làm chi, mượn tiếng định hôn rồi toan hại người tuyệt mạng,

Sao mà chẳng hổ với lương tâm mình mà còn thiên hạ họ rất cười chê!

Lòng đây thì đã một lời ước hẹn, trăm năm chẳng đổi, quyết giữ vẹn bề,

Dầu cho anh mà có phiền trách em đây cũng cam dạ chớ chẳng biết sao giờ!

Một câu đã phân ra rồi, thì em đây quyết tạc nhớ ngàn năm.

Phận gái em phải lo theo chồng, trọn niềm, trọn nghĩa mới khỏi hổ cùng tâm,

Thôi ngày nay em đành trối gót, dầu anh trách móc, Công-Cẩn có hận với thù,

Em đây cam lòng chịu hết, miễng vẹn nghỉa vợ chồng cho khỏi tiếng chê bai.

Cách mẹ lìa anh, xa nhà phế cữa, đau thương thiếp chịu chứng có Phật Trời,

Bổn phận của em nay thì, tùng phu duy nhất, em phải tính tròn vuôn.

Hôm nay em đã suy sâu nghĩ cạn, em chỉ có biết theo chồng,

Nếu anh có trách hay hờn hay giận, anh có nói thế nào em cũng phải cam.

NÓI: Than ôi! Chút phận gái thật là khó xữ, biết toan sao vẹn vẻ đôi đàng? Nếu nghe anh thì lổi đạo tào khang; nhược bằng chẳng thì thất niềm huynh-đệ. Tuy vậy mà: Lời hờn trách em đây chẳng nệ, phải theo chồng cho vẹn mọi bề. Anh mặc dầu chẳng xét cho cạn đi nữa, em cũng nguyền: giử một lòng trọn đạo phu thê, nghĩa huynh-đệ vẫn còn có đó. Hoàng-huynh tôi thật là tệ lắm. Nghe rằng anh tôi cứ một mực cầm cọng Lưu-huyền-Đức ở lại bên Ngô đây hoài, ấy là cách cầm tù lỏng người ta đặng thừa cơ âm mưu hại lén. Nhưng may sao mẹ tôi lại có lòng yêu thương Huyền-Đức thành thử đã sắp đặt kín cho người trở lại Thục-trào. Còn thiếp đây mẹ thiếp cũng đành lòng cho thiếp tùng phu xuất giá. Bởi vậy cho nên: Trước sau đà sữa soạn, thiếp cũng phải lén dời chơn, theo chồng cho trọn nghĩa nhơn, bac quản tiếng đời dèm xiểm.

CA XANG XỬ LIẾU

Nợ trời đã khiến xui, ai lại nỡ đành tâm,
Bạc vôi đặng nào! Thôi phải cam đành dạ,
Ngô-trào cách biệt, trổi gót dời chơn,
Ngỏ toan theo chồng. Dầu người đời,
Có mai mỉa, lòng này đành,
Cam chịu hết, miễn sao vẹn đạo tào khang,
Bao quản thị phi.

NÓI: Than ôi! Nhìn non nước đau lòng thục nử, ngó giang-san chạnh dạ thuyền quyên. Trách ai làm cho nên nợ nợ duyên duyên, mà khiến cho thiếp phải buồn buồn thảm thảm. Thôi thôi! Dằn dạ ngọc dời chơn theo bạn, cách quê nhà trổi dậm quan san. Kể từ nay xa chốn Ngô-Bang, nơi đất Thục náo nương ngày tháng.

CA BÀI TẠ

Theo chồng cho trọn đạo mình,
Dằn lòng bớt thảm giảm khuây,
Sau có thuở mẹ con hiệp vậy.
Chừ phải lo tròn đạo cả,
Làm gái bến nước mười hai,
Mình giử cái đạo tùng phu,
Miễn cho vẹn để ai chê cười! (vô)

附录 2

《西游演剧——大圣乱打妖洞》（越南语改编本，1933）

Đại-thánh loạn đả yêu Động

Hồi THỨ NHẤT

Giáo đầu

Hiệu thiên sán lạn, nhật nguyệt quang hoa, giời đã sinh ra giống yêu ma, hẳn lại có thần thông đối địch, nhớ ngày sưa có tích, đời Đại đường ở ấn-vụ-sơn, đồng Liên-hoàn có lũ yêu vương, làm quấy nhiễu dàn phương thậm tệ, Tôn-hành-giả mới ra phép tuệ, đánh toang hoang đốt cháy động trung, trừ giết sạch loài yêu chết cả, vậy có câu thơ rằng:

Thơ rằng:
Giời đã sinh ra một giống yêu,
Làm ra quấy rối chốn dân miêu.
Ai hay Hành-giã nhiều oai phép,
Đánh phá toang hoang rất hiểm nghèo,

Hát nam

Đã sinh ra giống gian tà, khiến cho quấy nhiễu ai đà chẳng ghê, thánh thần ra phép taỏ trừ, dân phương ai cũng điều nhờ thần thông.

Sưng danh

Yêu-tinh nói: Ấn-vụ-sơn, Chiết-nhất liên-hoàn động, mỗ nay hiểu tự Hoàng bào lão quái đã từ sưa tu luyện biển hình, quyền nhất sứ đại vương đông chủ như ta nay tài năng cũng đủ, lại kiếm thông nghệ vũ cao cường, ta ra oai quỉ sợ thần nhường. những yêu quái điều nhường ta cả.

Lại nói: ở này các đồ đệ ra đây để cho ta hỏi.

Tiểu yêu ra nói: giạ giám thưa Đại-vuông chúng con nay nhờ cây oai linh, cũng điều được nhất phương hùng dũng, nay nhân khi nhàn hạ thấy đại vương có lệnh vào đòi, vậy vâng mệnh đề ra phán hỏi.

Hát nam

Đại-vương có lệnh đòi ra, chúng con vâng cứ theo ra đây hầu, hoặc là có việc đâu đâu, hay là có muốn bảo nhau sự gì.

Yêu-tinh nói: ở này các chúng, ta nghe thấy có lão hòa-thương sang tây thiên thỉnh kinh đi qua chốn này, chúng ta nên ra bắt nó để làm một bữa, ắt là tràng sinh bất tử, sự ấy có nên hay không. thì chúng bay bày mưu lập kế cho ta biết.

Tiểu yêu nói: giám bẩm đại vương, chúng con thiết nghĩ, nếu cái lão ấy dễ ăn thịt được thì lão ấy chẳng còn đến được đấy, vì rằng lão ấy đi qua những động khác thì yêu tinh chúng nó đã ăn từ bao giờ rời.

Lão yêu nói: thế tại làm sao mà ngươi bảo là khó ăn thịt lão ấy!

Tiểu yêu nói: vì lão ấy có ba tên đồ đệ rỏi lắm một người là Sa - Tăng một người là Bát-Giới còn một người là Tôn -hành-Giả, mà cái lão ấy thì thực là ghê gớm quá, 5 trăm năm về trước lão ấy đã làm náo động thiên cung, bao nhiêu thiên binh cũng không địch nổi đấy, nó đủ cả phép thần thông biến hóa nếu mà đại vương bắt sư phụ lão ấy mà ăn thịt thì chắc hẳn tất cả chúng con cũng không toàn.

Lão yêu nói: này các ngươi! Thế làm sao mà mi biết cả tông tích rõ ràng như thế?

Tiểu yêu nói: bẩm đại vương khi trước tôi ở động Sư-đà, vị đai vương ở cái động ấy không biết lão ấy có phép thần thông thế nào liền bắt ngay sư phụ lão ta là Đường tăng chực ăn thịt, lão Tôn-hành-Giả ấy cầm ngay còn sấn vào đánh cho một cái chết tươi ngay, còn tôi lanh chân chạy ra cửa sau tìm đương chốn đi đến đây, nhờ đại vương thu dụng mới yên thân, vì cớ ấy nên tôi biết hết đầu đuôi rõ cả.

Lão yêu nói: khủng khiếp kinh hoàng, ta ngỡ không thì ta bắt lão Đường, ai ngờ thế hà phương sử trí, may mà ngươi kể hết ta mới tỏ căn ro, giá không thì ta cũng phải lo, ta bắt nó ắt đà gây vạ.

Tiểu yêu khác vào nói: Bẩm Đại vương xin đại vương đừng can chi mà phải lo sợ, nếu Đại-vương có muốn ăn thịt Đường-tăng thì con nay có một kế rất rễ xin đại vương chớ lo.

Hát khách

Xin chớ lo âu chi cả mưu kế này cũng khá rễ thay, cin ngài chớ ngại việc này, con xin hiến kế sau này là yên.

Lão yêu nói: hay lắm hay lắm! Mi có kế gì thì mi thử nói cho ta nghe nào?

Tiểu yêu nói: con có một kế gọi la xé canh hoa mai, nay cho gọi các yêu tinh nhớn nhỏ ở trong động ra, trong một nghìn người thì trọn lấy một trăm, trong một trăm thì trọn lấy mười người, 10 người thì chỉ trọn lấy độ hai ba người, mà ba người ấy thì cần phait có biến hóa được, phải biến ra hình trạn cũng như đại vương, tay cầm một cái chày sắt cả, chia ra mà mai phụ ở ba nơi, người thứ nhất thì đánh Bát-giới, người thứ hai thì đánh Tôn-hành-Giả, người thứ ba thì đánh Sa-tăng[1]. mà cần lại phải bắt ba tên tiểu yêu nữa ra khiêu chiến chia ra làm ba nơi, đánh nhau với ba người ấy, còn Đại vương thì cư lưng chừng giời, thò cái mắt xuống mà bắt ngay lấy Đường-tăn, thì kế ấy thực rễ như trở bàn tay không còn nghi ngại gì.

Lão yêu nói: thậm hỉ chân thậm hỉ, hoan tai thị hoan tai, kế của ngươi thực diệu lắm thay, phen này không bắt được thì thôi, nếu bắt được thì ta phong tặng, ta phong cho quyền cao chức trọng, phong cho mi tiền bộ tiên phong, để cho tỏ tấm lòng lập kế.

Tiểu yêu nói: cúi đầu trông cậy uy linh ngửa mặt đội ơn vạn bội, ngài phong cho con là tiền-bộ, để con xin gọi các tiểu yêu, để trọn lấy ba tên có phép.

Lại nói: ở này các em! Các em nên phải biến ra hình trạng như đại vương ta mà cần phải mỗi đứa vác một cái chày sắt chia đường đi mai phụ các nơi, để đối địch ba tên chúng nó (vào)

Tam tạng ra nói: nam vô a di đà phật. Ta thuyền sư tên gọi Đường tăng. Vốn ta nay phụng chỉ chiều Đường, cùng đồ đệ tới trốn tây-thiên, nước nhà phật sang xin kinh kệ, đi đến đây thầy trò đường bệ, chẳng lo chi đường sá hiểm nguy, để cho trọn cứu dân độ thế.

Lại nói: ở này Trư bát giới! Thầy trò ta đi được quãng đường, bỗng đâu thấy sự khác thường, bên đường cái reo hò chi thế, thôi lại giống yêu ma tinh quỉ nó chực ra bắt lấy ta đây, nào Bát giới có hay ra hạ thủ con yêu mới đặng.

Trư bát giới ra nói: giạ giạ! Giám thưa sư phụ con đã ra đây, xin sư phụ cứ yên lòng (nói xong cầm minh ba xông ra đánh con yêu cũng múa chày sắt đối dịch, đang lúc đánh hăng hái thì có con yêu ở trong bụi chạy ra chực bắt Tam tạng.)

Đại thánh nói: Sự phụ ơi! Sao mà thằng Trư bát giới nó hèn mạt quá, nó lại để cho con yêu tinh nó chức ra bắt sư phụ đấy, vậy thì để Lão Tôn này phải ra tay mới được

[1] 原文中是 Tang。

Hát tẩu mã

Tiến phát a... oai gia chả nể sài lang chi bối, lăng lăng kiếm khí trí anh hùng ấy ây ây.

Lại nói: ta còn đương đấu sức, bỗng đâu gió thổi ù ù, hẳn lại còn yêu quái chí đây, nó lại chực để ra đối địch, (vừa nói dứt lời thấy con yêu chạy ra đánh.)

Tam tạng nói: ớ này Bát giới! Kìa lũ yêu nó đã ra đây. Ta biết nghĩ kế nào cho thoát

Sa tăng nói: xin sư phụ chớ lo, để con xin ra đánh, (con yêu giả cách thua vừa đánh vừa lùi để cho Sa tăng đuổi ra xa.)

Lão yêu nói: thật phen này mi có trốn được không, một mình đứng ở nơi này đó, thôi ta kíp thò ngày móc cổ, bắt Đường tăng đem mổ mà ăn, liền bắt lấy đem về trong động (lôi về động)

Lại nói: nào tướng tiên phong của ta ở đâu nhỉ, ta nay bắt được Đường-tăng cũng nhờ kế của ngươi bày tỏ.

Tiểu yêu nói: giạ giám thưa đại vương, ngài dậy, con đâu giám nhân chức ấy.

Lão-yêu nói: nhất ngôn ký xuất, tứ mã nan chuy, trượng phu đã hứa điều gì, hẳn cũng như đanh đóng cột, ta đã nói bắt được Đường tăng thì ta phong cho nhà mi làm tiền-bộ-tiên phong, nay theo như kế của mi, thực là bắt được, vậy có khi nào lại nói rối mi được, chi bằng bây giờ ta đã bắt được, thì chúng mi lập tức róm lửa bác nồi lên, để ta cùng mi ăn mỗi người một bữa cho được sống lâu, còn thừa thì cho chúng mỗi đứa một miếng.

Tên yêu tiên phong nói: ối chao! Chớ chớ! Chớ nên ăn thịt nó, nếu đại-vương không nghe tôi mà cứ ăn thịt Đường-tăng thì Sa-tăng và Bát-giới không cần chi, nhưng cái lão Tôn hành giả ấy mà nó biết, tất nhiên nguy cấp đến nơi lão ấy hóa phép thì cả cái núi này cũng đổ, ắt chúng ta cũng không có chỗ mà yên thân được.

Lão yêu nói: ừ thế mi có còn cái mưu kế gì hay nữa không thì mi lại nói cho ta biết.

Tên tiên phong nói: Bẩm đại vương! Cứ như ý tôi thì bây giờ hãy đem cái lão Đường-tăng mà giam ra vườn sau trói treo lên cây, để chờ vài ba ngày hễ chúng nó không đến tìm thì ta sẽ đem ra mà ăn thịt, chẳng còn nghi ngại điều chi cả, xin đại-vương thử nghĩ xem.

Lão yêu nói: phải lắm phải lắm kế của mi phải lắm chả trách ta phong mi làm tiên phong phải lắm, chúng bay đâu đem cái lão Tam-tạng này trói lên cây ở vườn sau kia. (chúng giạ râm đem Tam tạng ra trói)

Tam tạng nói: thậm thán giã mân thiên, ai tai hồ Đường thất, như phen này thực là khổ thật, thầy một nơi trò lại một nơi, biết lấy ai than thở vài nhời để tỏ dãi nguồn cơn khổ sở.

Than

Đồ đệ ơi! Thân này có quản chi thân, chỉ là vì nước vì dân nhà Đường, rẫu rằng nát thịt tan cương, xong thầy trò lại đường xa nhau đồ đệ ơi là đồ đệ ơi! Thân tôi có sá chi tôi, biềm vì đôi ngả đôi nơi cách vời, biết bao gặp mặt tỏ nhời, thầy trò ta lại muôn đời cùng nhau.

Lại nói: nào Tôn-hành-giả và Sa-tăng cùng Bát-giới ở bên ngoài đánh nhau với yêu tinh có biết ta đã phải chịu khổ sở ở đây không? Thầy một nơi trò mệt nẻo, đã bao giờ họp mặt cùng nhau, (nói xong lại khóc òa lên, bỗng ở cây bên cạnh có tiếng người gọi)

Người bị trói ở cây khác nói: Trưởng lão ơi! Làm sao mà ngài cũng bị bắt vào đây thế?

Tam-tạng ngửa mặt lên mà hỏi: này nguơi bị trói kia nhà nguơi ở đâu vì cớ gì mà cũng bị chúng nó bắt trói như thế.

Người ấy nói: thưa trưởng lão, tôi là một kẻ vẫn thường đi lại ở núi này, hôm nọ tôi đi hái củi, bị con yêu bắt tôi trói đã ba hôm nay, nó chực giết tôi để ăn thịt.

Tam tạng nói: nhà người có một mình rẫu có chết cũng cam tâm, chẳng còn điều gì lo ngại nữa, như ta đây mà chết thì còn nhiều điều oán hận lắm.

Tiều phu nói: ngài là người xuất gia, còn có điều chi vướng vít mà oán hận, như tôi đây cha đà mất sớm còn mẹ góa con côi, lại thêm nỗi gia tư bần bạc, nên hằng ngày kiếm tìm cách sinh nhai, mẹ tôi đã 83 tuổi, chân chậm mắt lòa, chỉ còn nhờ cậy một tôi, đêm ngày phụng dưỡng, nếu tôi mà chết thì mẹ già nương tựa vào đâu, khi ốm đau lấy ai thang cháo, khi mẹ chết biết lấy ai dập đất gói xương thân tôi chẳng quản chi tôi, xong vì cái thảm mẹ tôi đêm ngày (nói xong lại khóc)

Tam-tạng nói: ta đây là khâm sai của vua Đai-đường ở phương đông, đi sang tây trúc lấy kinh, đem về tụng niệm, để siêu hoạt cho những oan hồn vô chủ, nếu ta mà bị chết ở đây, không những phụ tấm lòng phó thác, mà bao nhiêu oan hồn vô chủ ở trong thành, điều phải chịu kiếp trầm luân, không còn có ngày nào mong siêu thăng tĩnh độ, cái công quả ấy bỗng chốc thành không, như thế thì lòng ta khỏi sao oán hận. (nói song lại khóc òa lên)

Lại nói: đau lòng thay, khổ sở thay, ta với ngươi cùng một cảnh khổ cả, ta giữ lòng trung với vua, ngươi giữ lòng hiếu với mẹ, giời kia có mắt, nỡ lòng nào mà hại kẻ hiếu trung (hai người trông nhau cùng khóc)

Than nam

Giời đâu hại kẻ hiếu trung, đôi ta cũng một tấm lòng như nhau, thảm này biết để vào đâu, cùng ai tỏ dãi lòng sầu này cho.

HỒI THỨ HAI

(Đại thánh tìm thầy lẻn vào yêu động)

Đại thánh ra nói: yêu tinh ta đánh đuổi rồi, hiềm sư phụ nơi nào chưa tỏ, âu ta phải đi tìm ngay đã. Đến đằng kia xem có hay không. (khi đến chỉ thấy 1 con ngựa và gánh hành lý, mà chẳng thấy Tam-tạng.)

Lại nói: ồ hay kìa chẳng thấy thầy đâu chỉ thấy ngựa cùng là hành lý, trời hỡi trời hẳn ta trúng kế, bị nó lừa bắt mất Đường-tăng, sư phụ ơi! Sư phụ ở đâu đấy.

Bát giới nói kha kha ơi! kha kha gọi gì thế?

Đại-thánh nói: Quái lạ thay! Ta chẳng thấy sư phụ đâu cả ngươi có thấy đâu không, ta tìm khắp cả cũng chẳng thấy đâu.

Bát giới nói: bấy lâu nay tôi đi theo sư phụ kha kha cắt tội làm tướng tiên phong đi mở đường. Tôi phải liều mình đánh nhau với nó bây giờ mới về đây, có thấy sư phụ đâu mà hỏi, (lại gặp Sa-tăng liều hỏi)

Sa tăng ơi! Có thấy sư phụ ở đâu hay không?

Bát giới nói: bấy lâu nay tôi đi theo sư phụ kha kha cắt tôi làm tướng tiên phong đi mở đường. Tôi phải liều mình đánh nhau với nó bây giờ mới về đây, có thấy sư phụ đâu mà hỏi, (lại gặp Sa-tăng liều hỏi)

Sa tăng ơi! Có thấy sư phụ ở đâu hay không?

Sa tăng nói: vì kha kha để cho con yêu tinh chức bắt sư phụ nên tôi phải liều mình đánh nhau với nó, lúc ấy sư phụ vẫn một mình một ngựa ở đấy mà.

Đại-thánh hét to rằng: thôi thôi hỏng mất rồi hỏng mất rồi ta chúng kế nó rồi, đó là cái kế sé cánh hoa mai, nó cốt rẽ ba anh em ta ra ba nơi rồi nó thừa cơ bắt lấy sư phụ, chỉ trong cái núi này thôi. Mau mau đi tìm đi thôi, (nói xong cùng đi tìm)

Lại nói: các em ơi! Đay là sào huyệt của nó rồi, kìa kìa rõ ràng nó đề 8 chữ kia kìa (Ân-vụ sơn chiết nhật liên hoàn động) mau mau ra tay đi, chô này là nhà của con yêu tinh đây rồi, chắc sư phụ ta ở trong nhà nó, (Bát-giới vác ninh ba đánh vào cửa đá, chát chá vỡ ra một miếng đá to)

Bát-giới nói: hỡi yêu tinh kia! Mày mau mau đem giả sư phụ của ta đây, không thì chúng bay chết cả.

Tiểu yêu vào thông báo: Bẩm đại vương những đồ đệ lão Tam-Tạng đương gọi đòi giả sư phụ của nó, chúng nó đang phá của động kia kìa.

Lão yêu sợ nói rằng: thế à thế à! không biết đứa nào lại thà la mách lẻo như thế, đã nói cho nó biết thế, bây giờ làm thế nào,

Tên tiên phong nói: để tôi thử ra xem, ôi cháo! Không sợ không sợ! Đấy là cái lão tai to mõm dài, chẳng có thủ đoạn gì cả, chỉ sợ cái lão Hòa-Thượng mặt lông lá mồm thiên lôi mà thôi.

Bát giới nói: kha kha ơi! Chúng nó không sợ tôi, chúng nó bảo chỉ sợ kha kha thôi, chắc là sư phụ ta ở trong ấy rồi ta phải mau mau lên.

Hát tẩu mã

Cửu thù nguyện bá ư ngó, giảo dục liễn thủ huỳnh kỳ khóa mã ấy ây ây...

Đại thánh hét to nói: con nghiệt súc kia! Ông tôn mày đã đến đây, muốn sông muốn tốt thì đem giả sư phụ ta đây, mau lên thì ta tha cho tội chết.

Tên tiên phong hốt hoảng vào báo: bẩm Đại vương thôi hỏng mất hỏng mất, lãoTôn-hành-giả nó đã đến đấy, nó đương hò hét đem trả sư phụ nó.

Lão yêu nghe nói rủn cả người lên mà rằng: thôi còn nói chi nữa, chẳng qua chỉ tại mày sui dục ta cho nên gây thành cái vạ tầy giời bây giờ ta biết tính sao,

Tên tiên phong nói: xin đại vương đừng oán trách chi tôi, tôi nghe lão Tôn-hành-giả nó thần thông quảng đại, chỉ cốt lựa lời mà nói là êm, bây giờ cứ kiếm một cái đầu giả đưa ra, rồi nói đánh lừa nó, mà nịnh nọt nó rằng: (Bẩm đại thánh chúng tôi cam chịu tội đã trói ăn thịt mất Đường tăng rồi) cứ như thế mà nó không nghe thì lại liệu cách khác.

Lão yêu nói: bây giờ thì lấy đâu được cái đầu người giả bây giờ?

Tên tiên phong nói: Bẩm đại vương để tôi xin làm đươc, bây giờ thì lấy một cái gốc cây liễu đem gọt thành cái đầu lâu rồi lấy máu mà bôi vào, rồi sai người bưng ra mà nói rối là êm chuyện cả.

Làm xong bưng cái đầu giả ra nói: Bẩm Đại-thánh lão gia, Đường tăng thì chúng tôi trót ăn thịt rồi còn cái đầu xin đem ra thú thực, xin ngài bớt giận mà tha thứ cho.

Đại thánh nói: ư chúng bay trót ăn thịt rồi thì còn đầu đâu đem ra tao xem tên yêu lệ khệ bưng cái đầu giả vứt ra ngoài Bát giới tưởng thật

Bát giới khóc nên rằng: sư phụ ơi! Là sư phụ ơi!

Đại thánh nói: sao mà mau nước mắt thế, đó là cái đầu giả nó làm bằng gỗ liễu đấy ngươi thử gõ mà xem nó kêu như mõ, (Đại thánh cầm đạp vào hòn đá vỡ tan ra thì là bằng gốc cây liễu thật)

Bát giới nói: à những con nghiệt súc kia hỗn láo, vô lễ thật chúng bay bắt sư phụ ta đem giam ở trong ấy. Lại đem cái gốc liễu để đánh lừa ông Trư nhà mày à.

Con yêu chạy vào nói: Bẩm Đại-vương hỏng mất kế ấy hỏng mất, như hai lão sa tăng và bát giới thì còn có thể đánh lừa được chứ như lão Tôn-hành-giả thì nó tinh lắm. Bây giờ chỉ lấy đâu được cái đầu người thực thì mới đánh lừa nó được.

Lại nói: chi bằng bắt một người lấy đầu gọt bỏ tóc đi, rồi để tôi đem ra đánh lừa nó, là được.

Tên tiểu yêu lại bưng ra nói: Thưa Đai-thánh lão gia, lúc nẫy là cái đầu giả, đây mưới thực là đầu của Đường lão gia, vì rằng Đại-vương tôi muốn lưu lại để làm bứa trấn chạch. Nhưng ngài cố ý đòi xem nèn bây giờ phải đem ra.

Đại thánh Sa tăng bát-giới cùng khóc òa lên, sư phụ ơi! Sư phu ơi chúng tôi theo hầu sư phụ. Mong để trọn nghĩa thầy trò, ai ngờ đến nỗi phân Iy cách biệt, thì chúng tôi biết làm thế nào.

Bát-giới nói: kha kha ơi! Để chúng tôi đem chôn đã rồi hẫy khóc, (liền đem cái đầu lên núi chôn rồi bẻ cành liễu cắm lấy đá bay lên đắp thành cái mả)

Đại-thánh nói: này Bát giới ơi! Thôi nhà ngươi đùng lảm nhảm nữa, Sa-tăng ở đây trông nom mồ mả, phải giữ con ngựa cùng gánh hành ly, còn chúng ta phải vào mà đánh bắt lấy con yêu mà băm vằm nó ra để trả thù cho sư phụ.

Bát giới vác đinh ba chạy lại hét lên nói rằng: con nghiệt súc kia mau đem giả sư phụ tao đây, không thì tao phá hết sào huyệt mày không tha.

Hát bắc

Ta vào phá hết động mày đây, măn trả Đường-tăng họa có hay, không thì tao giết cho hết sách, chẳng để làm chi lũ chúng bay

Lão-yêu nói: ớ này Tiền-bộ tiên-phong, bây giờ những lão hòa thượng nó phá cửa chực vào thì ta làm thế nào bây giờ!

Tiên-phong nói: tay cầm rỏ cá tránh không khỏi tanh, bây giờ sự đã lỡ ra như thế, chỉ còn ra sức mà đánh nhau với chúng nó để xem thế nào, chúng yêu đâu phải theo ta ra chặn, (cùng chay ra ngoài cửa động)

Đại-thánh lùi vài bước mà hét lên rằng: chính con quái này nó bắt sư phụ ta đây, Bát giới đâu, gia sức đi thôi.

Lão-yêu dơ cái chày sắt nói rằng: hai thằng hòa thượng này cả gan thật, chúng bay không được vô lễ với ta ta đây là Nam-sơn đại-vương sư phụ chúng mày ta ăn thịt mất rồi, chúng bay định đến lảm gì ta đây.

Đại-thánh nói: con yêu này to gan thật, mi có tài cán gì mà giám tự sưng là đại-vương mi chớ có chạy để ông ngoại nhà mày cho thử nếm một miếng côn này, (lão yêu dơ chày ra đối địch, hát giới nóng tiết qua cứ vác ninh ba vào vụt lấy vụt để)

Lại nói: gớm thay cho lũ tiểu yêu không sợ chi cả đánh thế nào chúng nó cũng cứ xông vào âu là ta phải hóa phép mần, đánh chúng nó họa chăng giết được.

Hát nam thương

Thương thay cho lũ tiểu, vỡ dầu lòi ruột hồn siêu phách rời, Tiên phong địch chẳng nổi nào, chết lăn liền hiện nguyên vào sói xanh.

Đại thánh thu phép nói rằng: này Bát giới chúng ta không nên chậm trễ, đuổi theo ngay con yêu quái ấy mà hắt nó để nó phải đền mạng sư phụ ta mới được.

Lão yêu chạy về dộng nói: ớ này chúng bay nên chặn cửa cho chặt, kẻo nó vào được thì nguy cả (Bát giới cứ đánh vào của chan chát chẳng ăn thua gì)

Đại thánh nói: chớ nên làm gì thế cho nhọc sức nó đã chặn chặt rồi, phá cũng không được, thôi chúng ta lại đi ra chỗ phần mộ xem sao. (ra đến nơi Sa tăng đang khóc nức nở)

Đại thánh nói: thôi thôi! anh em chớ nên thương khóc chi nữa cái cửa ấy nó đã chặn lấp rồi, chắc là nó có cửa sau, vậy các ngươi cứ ở đây để ta thử đi vào xem sao.

Bát giới nói: này kha kha ơi! kha kha cũng phải nên cẩn thận mói duợc, chả có lại chui vào cạm, để chúng tôi lại mỏi mồm giã mắt đấy nhé.

Đại thánh nói: ô hay! nhà ngươi chỉ nói nhảm như thế, đây này ta thu nhỏ cái côn lại ta vào xem, à à đây này đằng này có tiếng nước chảy dóc dách ở khe râ kia kìa! ở bên cái khe có cái cửa kia kia chắc hẳn là cửa sau của nó đấy để ta hóa phép biến làm con chuột chui qua cống vào xem, (vào ngẩng đầu xem thấy các tiểu yêu đang đem phơi những miếng thịt)

Đại thánh nói: hỏng rồi có rể thịt sư phụ ta nó ăn không hết đã dem phơi đấy, vậy ta kíp biến hóa đi tìm xem con lão yêu ở đâu (nói xong lắc mình hóa làm con kiến cánh bay vào nhà giữa, thấy lão yêu ngồi thừ mặt ra)

Tiểu yêu vào báo: Bẩm Đại vương! có một sự thực là mừng lắm, vừa mới rồi tôi đứng ở cửa sau thấy có một người khóc, tôi liền lên cao xem thì ra Lão-Tôn-hành giả Sa tăng và[1] Bát giới đang ngồi khóc lăn trước cái mộ, chắc là chúng nó tưởng cái dầu của sư phụ nó thật hóa cho nên chúng nó khóc.

Lão yêu nói: thế à, nếu thế thì chúng ta may lắm may lắm chẳng còn nghi ngại mà sợ gì nữa để nay mai ta sẽ đem làm thịt mà ăn (Đại-thánh nghe hết cả đầu đuôi)

Đại-thánh nghĩ bụng nói: thậm hỉ thậm hỉ quả nhiên quả nhiên, sư phụ ta chắc hẳn vẫn tuyền, thôi hắn nó còn giam đâu đó, ta thử rạo tìm xem đã, này đây là một cái vườn sau vẳng tai nghe người khóc ở đâu, thực sư phụ Đường-tăng có phải, (Đại-thánh mừng quá lại gần hỏi)

Đường-tăng khóc nói: Ngộ không ơi ngươi đã đến đây ư. ngươi mau mau cứu lấy ta ra mấy.

Than nam

Tưởng rằng thịt nát xương mòn, ai ngờ ta lại hãy còn hôm nay, rõ ràng tỏ mặt tớ thầy mừng này cho bõ khi ngày cực thân.

Đại-thánh nói: sư phụ ơi! sư phụ chớ có lên tiếng gọi, nếu nó nghe tiếng thì hỏng mất nếu sư phụ không chết thì thể nào tôi cũng xin cứu được, sư phụ chớ ngại. (nói xong biến làm con kiến cánh bay ra nhà giữa đậu trên sà nhà thấy tiểu yêu vào tâu)

Tiểu yêu vào tâu: Bẩm Đại vương. chúng nó thấy ta chặn cửa ngoài, không thể đánh phá được, chúng nó đem cái đầu giả chôn rồi cùng khóc hoài, xin đại vương chò độ ba ngày nữa chúng nó đi rồi, ta sẽ đem lão Đường-tăng ra mổ làm vài món rõ ngon rồi thầy trò đánh trén.

Lão yêu nói: phải lắm nhưng phải ninh cho dừ mà ăn mới ngon, xong thịt lão ấy ăn thế nào hết phải bớt lại một ít đem phơi hay làm mắm để ăn dần.

Đại-thánh nói: những đồ nghiệt súc này sư phụ tao có thù oán chi mấy chúng mày, mà chúng mày nỡ lòng chực giết hại, âu là ta phải mau mau hóa phép ra tay cho chúng một mẻ mới dược, (liền làm cho lũ yêu ngủ mê ngủ lăn xuống đất. còn con lão yêu chưa ngủ xong Đại-thánh lại hóa phép thêm cũng ngã lăn ra)

[1] 原文为 Va

Lại nói: chúng nó đã mê mệt say rồi, âu ta nay phải hóa phép thôi, liền hóa phép hiện nguyên bản tưởng, ra sau vườn cứu cho Tam tạng, rồi về sau ta hãy giết chúng nó một thể cho hết sạch. (cởi trói cho Tam-tạng)

Đại thánh nói; thưa sư phụ! tôi vẳng nghe đây có tiếng người, kêu khóc gọi ở đâu đấy thế phải người hay là ma quỉ, mà lại kêu cứu mạng cho tôi thế.

Tam-tạng nói: Ngộ không ơi! ngươi nên cứu lấy người này. tình cảnh nó khá thương ngươi ra tay cứu vớt, vì người ta mẹ già nghèo đói, chỉ hằng ngày kiếm củi để nuôi chẳng may ra cũng bị con yêu, bắt người ấy đem về chực hại, (Đại-thánh trèo lên cởi trói cũng đem ra)

Tam-tạng nói: Ngộ-không ơi! thế bây giờ còn Ngộ-năng cùng Ngộ-tĩnh ở đâu.

Đại thánh nói: chúng nó tưởng sư phụ chết rồi nên chúng nó đang ngồi khóc ở kia kìa, sư phụ gọi cho chúng nó mừng.

Tam-tạng gọi to rằng: Bắt giới! Bắt giới ơi! ta đã về đây, các người khóc gì thế.

Bắt -giới nói: này Sa-tăng ơi! kia kìa hình như sư phụ ta đã hiện hình về kia kìa đang gọi chúng ta đấy.

Đại-thánh chạy lại nói: các ngươi chỉ nói nhảm thôi, sư phụ chết bao giờ mà hiện hình chẳng phải sư phụ là gì.

Sa-tăng nói: ồ thế ra sư phụ còn sống, thương hại thay cho sư phụ phải giam ở trong ấy phải chịu bao nhiêu khổ sở, chẳng hay sư huynh làm thế nào mà cứu được sư phụ thế.

Đại-thánh nói: ghê quá ghê quá! nó bắt sư phụ trói ở cành cây, đã mấy hôm nay, ta vào làm cho chúng nó mê ngủ say cả rồi ta tìm sư phụ cởi trói đem ra, lại cứu được cả người tiều phu nữa.

Bát-giới nói: à cái đồ yêu nghiệt chỉ toan hãm hại người ta thực phen này ta quyết không tha, vào phá hết cùng đem chém sạch. (hăm hăm cầm minh ba vào phá của)

Hát tẩu mã

Nệ cấp cấp... a nê cấp lai ngã chi lai, ngã chi lai tiểu binh hậu tiếp quyết sát tha phân can, thề giảo nhục phân can ất ây ây...

Đại-thánh nói: sư phụ ơi! Sư phụ hãy ngồi ở đây cùng Sa- tăng để tôi với Bát-giới vào trừ cho hết loài yêu quái đi.

Lại nói: ở này tiều phu cùng Bát-giới theo ta, này chúng nó còn đương say ngủ, ta lấy thừng trói nó lại thôi, rồi ta cào giết lũ tiểu yêu, để trừ hết cho yên dân đó, (trói gò bốn vó con lão yêu khiêng để trước mặt Tam-tạng)

HỒI THỨ BA

(Đại-Thánh đốt phá động yêu)

Bát giới nói: đồ ngiệt[1] súc này, mày cả gan thật, sao mày giám nắt su phụ tao trói ở trong động mày, tao hẫy cho mày một cái ninh ba này để trả thù cho sư phụ ta những khi mày trói.

Đại-thánh nói: ở này Bát giời! Hẫy khoan tay, hẫy khoan tay, bây giờ hẫy đi vào trong động, giết cho hết lũ tiểu yêu đi đã, rồi kiếm củi mà đốt cái sào huyệt nó đi.

Tiều phu nói: bẩm bẩm các ngài để con xin dẫn chỗ củi của con đã kiếm sếp ở chỗ kia, con vào ôm lấy mấy đống.

Đai thánh nói: ừ mày vào ôm đem chất ở đây để ta châm lửa vào. (Bát-giới ve vẩy hai tai quạt lửa cháy bùng lên, đại thánh thu phép cho chúng yêu tỉnh dậy.)

Lũ tiểu yêu nói: nguy cấp nguy cấp! sự nguy cấp lắm, lửa ở đâu đang cháy đùng đùng ta nên phải tìm đường mà chạy, sao Đại-vương đi đâu không thấy, mà lão Tôn nó đã vào đấy thôi chúng ta biết trốn đi đâu, cũng chẳng khỏi vào tay nó giết, âu cũng liều vào nơi hỏa liệt, để liều thân cho chết đi thôi.

Than nam ai

Ai làm nên nổi thế này, chúng ta điền bị vào tay nó rồi, thấu cho nỗi thảm hỡi trời, ai làm đến nỗi vào nơi lửa nồng.

Đại-thánh nói: này Bát-giới con lão yêu ta trói nó ở chỗ sư phụ, ngươi ra đập chết nó đi.

Bát-giới nói: giạ giạ phụng mệnh, ta vẫn còn căm tức vì con yêu nó bắt sư phụ của ta để sư phụ chịu bao khổ sở, ninh ba này ta đem ra bổ vỡ tan đầu mới hả giạ căm,<nói xong cầm ninh ba bổ một cái vỡ tan đầu chết ngay rồi hắt xuống bên đường >

Tam-tạng nói: các đồ đệ ơi! bây giờ loài yêu quái đã trừ hết rồi, ta lên ngựa thầy trò ta trẩy, để kịp ngày ta đến tây-thiên lấy kinh sách đem về cứu thế.

[1] 或应改为 nghiệt

Hát tẩu mã

Dục mã huy để khuốt khúc tựa tảo khề mang lý lộ chiếu kỳ quan vạn lý mang mang ấy ây ây...

Tiều phu nói: Thưa với Lão-gia, nhà tôi ở cạnh đây, xin lão-gia mở lòng bồ tát mà rời chân đến để mẹ con tạ ơn ngài cứu vớt kẻ sinh linh, rồi tôi xin đưa đường đi rất tiện, (Tiều phu mời về đến nhà)

Mẹ tiều phu ra nói: tôi nay goá bụa sinh một con trai chẳng biết rằng bữa một bữa hai, con hái củi yêu tinh bắt mất, con hỡi con đau lòng mẹ lắm, biết lấy ai mưa nắng tựa nương, con đi đâu để mẹ lòng thương, trời có thấu lòng già chăng hử.

Tiều phu nói: trình lạy mẹ con đã về đây, con bây giờ thoát khỏi sự này nhờ lão gia có lòng tế độ con tưởng rằng vào hang con hổ cũng khó lòng thoát khỏi tai ương, may làm sao gặp được thầy Đường, cùng Đại-thánh trừ yêu cứu vớt, vậy con mời về nhà mẹ biết tạ cái ơn cứu kẻ trầm luân.

Bà già nói: đa tạ lão-gia ơn đức ấy xem bằng rừng biển, biết lấy chi báo đáp lòng từ xin mời ngài hạ cố đây cho, mẹ con tôi từ nay trông cạy (vào).

附录 3

《水浒演剧——武松杀嫂书》（越南语改编本，1927）

VỎ TÒNG SÁT TẨU

Diễn theo truyện Thủy hử.

Màn thứ Nhứt

Trông Dấu Thỏ Vỏ Tòng Toan Thượng Lộ
Sợ độc hùm tửu bảo cảng sang non.

Chú Quán: Chuyên một nghề buôn bán; ở ăn giữ mực thật thà, Cốc Dương huyện ấy nhà, mỗ danh xưng Bảy--quán, song thân đà quá vãng, một mình mồ cheo leo; mấy năm trước tôi nghèo; mới năm nay tôi khá. Cuộc buôn bán bất kỳ quen lạ; cứ một bề đãi sĩ chiêu hiền, khách mới vào tôi dọ thữ tiền; vừa đứng dậy tôi bèn hỏi lúi. Có nhiều cha phộc túi, đòi nó hét vang lừng; tôi tức giận kéo lưng, nó nỗi hành hung đa đít. (Thiệt cuộc buôn bán khó quá mà tôi có nao đâu cũng có người phải chớ không phải quấy hết).

CA KIM TIỀN

Cốc dương châu, từ lập quán đây!
Thảy hành nhơn đều tạm nơi nầy.
Các sắc khách Nam Bắc Đông Tây.
Ai khỏi đến đây.

Có ba từng: phân thiên hạ; khác giá tiền, Cứ đỏi đủ, bất kỳ lạ quen.

Quan khách người đều khen. Đồ ăn rất nêm mĩ vị. Còn rượu rừng chất đầy thiếu chi. Ai muốn gì cứ việc làm y. Dầu hèn sang một mực tôn ty.

Khách quan rất đẹp còn cho thêm bạc. Khen quán dể thương. Nói năng ngọt dịu, thiệt là trùng điệu.

Vỏ Tòng: (bước vào quán cháo): Chào khách quan!!

Mời khách quan ngồi!! Thưa khách quan muốn dùng chi?

Vỏ Tòng Nói: Tữu bảo! Trả thang đổ một bình trước, gạo huỳnh sau dọn mỗ sẽ ăn: Chú đừng có lăn xăn; khổng thẳng làm chậm chậm. (Như có mức, bánh, cùng phẩm thực dọn thêm rồi tính riêng tôi sẽ trả đủ cho nghé!)

CHÚ QUÁN NÓI: Vậy để tôi kễ hết cho khách quan nghe:

CA NGŨ ĐIỂM MAI (tiếp qua bài tạ)

Thịt gà tôi xảo kim châm.
Thịt bò sống để ăn sanh cầm.
Vịt quay xá xiếu mì cua.
Mấy thứ đó muốn mua món nào?
Rượu nầy thượng tữu bõ đào.
Đặt bốn chục chữ rất cao.
Uống nữa trảng nhiều ông say nhào.
Trà đấy ướp bông kim cúc.
Uống vào một hớp rất ngon.
Còn mứt bằng trái chanh non.
Bánh bột lọc, ăn vô thêm giòn.

VỎ TÒNG: Trước đem một dĩa mứt chanh. Trà ướp cúc cũng đem một bình. Sanh cầm cùng với vịt quay. Bồ đào tữu chiết ngay một hồ.

CHỦ QUÁN-Thưa khách dọn rồi. (Vỏ Tòng ngồi ăn và trông về đường Thanh Hà huyện mà ngâm rằng.)

Thung huyên, sớm trổ quế đôi nhành, Xa cãnh xa nhà cám nỗi anh.
Góc bể ven trời sầu vỏ vỏ.
Núi cao rừng hiểm khúc oanh oanh.

NÓI-Tữu bảo hảy tính tiền!

Tửu Bảo-Dạ thưa tính rồi ba chỉ.

VỎ TÒNG-(Trả tiền rồi và nói và đi) Vai mang hành lý, tay xách côn tràng, giời chơn qua cảnh Dương cang, bắt mặt về Thanh hà huyện.

TỬU BẢO CẢNG VÀ NÓI-Hủy! Tưởng khách quan đi ngã nào, chớ ngã núi Dương cang đi không đặng đâu.

VỎ TÒNG HỎI-Tại sao mà đi không đặng?

CA BÌNH BÁN VẮN

TỬU BẢO: Muôn dân đều thở than, Vì độc trùng tại cãnh Dương Cang. Ăn thịt người kể dư trăm mạng. Trước quán đây! giấy cấm của quan, Đủ ba mươi, thời mới cho sang, Còn một hai phải ngồi mà đợi. Nay quí khách muốn đi cho gấp, Chẳng nghe tôi, e nổi không kham. Tục thường rằng; hỗ huyệt luông đàm, Phải lánh xa mựa chớ đi qua.

VỎ TÒNG: Ấy là chí muốn của ta, Dầu chết sống làm người sợ chi, Hỗ lang thue ấy kể gì.

TỬU BẢO-Ông chưa rỏ các tay vỏ sỉ, Cũng có đánh với cọp nhiều khi. Chùy cung gươm búa dáo cây. Đánh vài đường thì cũng bỏ thây.

VỎ TÒNG-Lời ngươi cãng, ta cám ơn đa, nhưng chí quyết, bắt hùm lột da. Cứu muôn dân! Khỏi đều tai nạn. dầu thác oan, cũng đặng danh vang.

TỬU BẢO-Ngó theo mà than rằng: Lảo cọp xưa rày đói bụng, chú nầy nạp thịt no lòng. hồn ắt gởi chính sông xương dễ nằm tại núi.

Bình: Hết hơi cang, cũng cãi lời. Nhờ trời nhỏ phước! họa người khỏi chăng.

MÀN THƯ HAI

CỨU MUÔN DÂN TUYỆT KÝ HẬU HỌA
GIẾT MỘT CỌP ĐẶNG CHÚC ĐÔ ĐẦU

VỎ TÒNG NÓI-Và tỏa cãnh núi Dương Cang; Đường khúc oanh khúc thẳng, núi chỗ thấp chỗ cao, khe suối chãy rao rao! Tòng thung khua rắt rắt. (Cha chã núi nầy coi bộ sầm huất dữ a)

CA LONG HỖ HỘI

Đường dậm ngàn, rất gay go
Bóng thiều quan, coi muốn khuất
Qua khỏi truông tắm nhà nương ngụ
Minh nhựt trảy sang. (cọp nhảy ra.)
Kìa trong non, có dạng hỗ lang.
Hươi trường còn bất thứ độc trùng.
Lập thế hồi thân, thủ miếng phi long
Cứu dân khỏi nàn

NÓI: Đã giết con cọp dử: Mới cứu đặng dân lành. Bỏ thây hùm ai có biết danh, Lấy đầu cọp mới là có tiếng. (Vậy ta phãi ngồi đây nghĩ mệt trong giây lác rồi sẻ đi. Bọn hành khách và thợ săn nói chuyện.)

THỢ LỚN NÓI-Kẻ cầm cây cầm búa; người xách mát xách cung, coi chừng lấy gấu rừng, phải ngừa con cọp núi.

THỢ NHỎ NÓI-Đi rừng mà anh kiếm chuyện nói nghe ghê

THỢ LỚN-Có gì đâu mà chú mầy sợ?

CA KIM TIỀN

Có ta đây, hết thãy yên tâm.
Ngọn roi mỗ, rất nên tinh thần.
Con cọp núi, tôi có kể chi.
Biễu cứ việc đi
Có việc gì, tôi bảo lãnh qua non nầy.
Có thú dữ cũng là trối thây.
Ai cũng biết tôi đây.

THỢ NHỎ: Tánh khoe khoan lỗ miệng, tới chuyện rồi đây, ắt lên cây. Bục nào còn phãi bỏ thây. Mình đi vầy, nhờ có đông tây.

HÀNH KHÁCH: Cãi rầy đều chi vậy? cùng nhau vậy bạn. Qua khỏi truông mây, Còn chừng ba dặm, mặt trời đã lặn.

VÕ TÒNG NÓI-cọp chết mà sợ nỗi gì, mấy ông sao dạng dữ.

THỢ LỚN-Thây cọp nằm trên bực đá, chú nào ngồi dưới gốc cây. Qủa thủ dữ bỏ thây, cho tôi xin thũ cấp, phải của anh à.

THỢ NHỎ NÓI-Anh nầy giết chớ ai, nên ảnh ngồi đây cọp nằm đó phải không anh.

VỎ TÒNG: Cọp nầy trong hang núi. Tôi vừa bước đến rừng. Cản chụp tôi coi bộ làm hung, đuôi vững ngược xem nên quá dữ. Mới ra tài sư tữ bèn giết thát hỗ lang, các ông phải khách đi đàng, hay là người săn bằn.

BỌN SĂN TRẢ LỜI-Thưa hảo hớn, chúng tôi là thợ săn còn mấy người đó là hành nhơn. Nay hảo hớn giết đặng con cọp nầy trự hại cho nhân dân. Ơn ấy rất lớn.

CA KHOC HOÀNG THIÊN

Lịnh trên quan doản, sai người treo bãn,
Khắp cã bốn phan lại có lời troàn.
Ai mà giết đặng hồ lang.
Tại cảnh Dương cang
Sẻ đặng thưởng bạc vàng.
Tại huyện cốc dương

BỌN DÂN: Hãy ra mắt huyện đường, Thấy tài chắc thương, Theo tôi dần đàng. đặng vào cữa quan.

VỎ TÒNG NÓI: Ấy là, ý muốn của mấy ông. chớ tôi không muốn làm rộn ai hết, giết rồi thì bỏ chớ có công cán gì đó là sự ích chung.

HAI NGƯỜI THỢ SĂN NÓI-Xin hão hớn chớ từ mà phụ lời chúng tôi.

VỎ TÒNG NÓI-Vậy thì tôi cũng vưng.

NGỦ ĐIỂM SANG BÀI TẠ

Cám tình chư bị lòng thương.
Tôi theo với đền nơi phủ đường.
Thây hùm phải tính sac đây.
Đem đên huyện, bay để nơi chốn nầy.

THỢ LỚN: Chừ thời tôi tình như vầy: Anh em mình gắn công ni. Khiên thây cọp, đến nơi công đường.

BỌN HÀNH NHƠN: Hảo hớn ơn cao còn nhớ, Giết cọp dân hết thọ ương. Vầy đàng xuống đến cốc dương.

CA RẬP: Xúm khiên cọp, nạp nơi công đường.

VỎ ĐẠI LANG đi bán bánh cam và gánh và nói: Ở tại đường Tữ-Thạch, thuộc về huyện Cốc dương, Tôi tánh Vỏ đại Lang, Vợ tôi là Phan thị. Cách mặt phân chia hai ngã, lần tay tính quá một năm, nhớ em luốn những khóc thầm, giận vờ thường ngày la ó, nó thấy tôi xấu xa tàng tật nó khi dể, chơ lời tục rằng: Củi tre dễ nấu, chồng xấu dễ xài. Nó chẳng kể câu bến nước mười hai. Hể có nói nó trã lời giạc một. Thôi để đi bán kẻo trưa.

CA BẮC SƠN TRÀ

Lo đi bán, kẻo mà trời sáng.
May mối hàng, mới hết bánh cam.
Làm ăn khá, đường bột giá lên.
Nghỉ thiệt là cực khỗ lắm ôi.
Vái các đãng âm hồn cho bán sạch trơn
Về cúng chuối, trà muối gạo đèn nhan.

VỎ TÒNG gặp VỎ đại Lang anh em mừng rở

VỎ ĐẠI LANG NÓI-Bấy lâu đã phân hai ngã. Nay may gặp giửa đường. Bấy lâu anh luôn nhờ thương bây giờ mới phỉ tình trông đợt, vây chớ em ở đâu bặt tin nhàn cá vậy.

VỎ TÒNG NÓI: Thưa anh.

Bình: Làm người dưới bóng thiều quan, Gầm câu ly, hiệp, bi, oan, lạ gì?

CA DẠ CỔ HOÀI LANG

Huyện Thanh Hà ngày trước,
Đánh người cơ mật tưởng bỏ mình
Ấy là phạm lựt trào đình
Tưởng phải bị khổ hình
Nên phải lánh minh
Vì nạn nghèo phân lia đệ huynh
Qua ở cùng Sài Tấn
Cùng Tống Gian ở tại Hải Tân
Ngày nay em nghe toàn tận
Cơ mật người dương thế tồn sinh
Nên em mới trở lại gia đình
Mấy bửa đăng trình.
Đi ngã cảnh Dương cang
Giết thát con hồ lang
Thơ săn dần em vô huyện đàng
Cho bạc vàng, lắm lời không
Lại phong thêm chức đô đầu
Em tính ở ít ngày sẻ về viếng anh.

VỎ ĐẠI LANG: Em lập công thành, Ấy cũng nhờ cao xanh.

MÀN THỨ BA

VÕ ĐẠI LANG-Về tới nhà bèn kêu: cả tiếng kêu hiền phụ, em ra cho biết dệ thân, bớ mầy!

PHAN KIM LIÊN-Tiếng kêu ấy tiếng Đại Lang đâu ta ra mở cữa coi nó bán hết chưa mà nó về đó,

VỎ ĐẠI LANG NÓI-Người nầy là Vỏ Tòng em của tôi đó. Bấy lâu tôi thương nhớ nhắc nhở nó, may đâu nó mới dật cọp to tại núi Dương Cang chết rồi đặng làm chức việc nay về thăm vợ chồng minh.

PHAN KIM LIÊN-Chào thúc thúc!

VỎ TÒNG: Làm lễ vờ chồng Đại Lang: Dạ bấy lâu phân hai ngã, nay đã hội nhứt tràng. Tôi là Vỏ nhị Lang. đại lễ mừng anh chị.

VỢ CHỒNG VÕ ĐẠI LANG NÓI---Miếng lế cho em! Em hãy đứng dậy.

PHAN KIM LIÊN NÓI-(Thưa phu quân)! Không mấy khi gắp thúc thúc. Bấy lâu nay cách trở; xin hỏi nổi hàng huyên phu quân lại xóm riềng, mượn một người tới giúp.

ĐẠI LANG NÓI-Vậy để qua đi mượn cho. Vỏ đại Lang đi rồi.

PHAN KIM LIÊN NÓI-Bấy lâu nay tôi nghe phu quân thường nhắc thúc thúc, nay mới gặp mặt.

CA LƯU THỦY ĐOẢN

Phu quân thường có phắn.
Song thân đà từ trần đã lâu.
Còn hai anh em, mà lại cách xa.
Tôi nghe thường, có lòng nhắt nhở
Còn thúc thúc xưa rày ở đâu?
Bỏ cho anh luống những đeo sầu.

VÕ TÒNG: Em vì hoạn nạn, đệ huynh phân hai. Hoàng Hải quận, náo nương qua ngày. Nay hồi hương về thăm anh kế gặp độc trùng. Hổ lang giết người dư ngàn. Bắt thú dữ, thây nạp đến quan. Thấy giỏi, phong ngợi chức ban, Về quận nầy giúp việc cho quan. Lúc bước ra gặp anh giữa đàng.

VỎ ĐẠI LANG (về nhà) NÓI-Qua đã mượn đặng người nấn ăn rồi vậy Vỏ hiền đệ lên lầu mà nghĩ! để qua ra chợ mua đồ (đi rồi)!

PHAN KIM LIÊN NÓI-Mời Thúc thúc lên an nghỉ.

VỎ TÒNG: Thưa vưng. (đi hạ)

PHAN KIM LIÊN ngó theo Vỏ Tòng mà than rằng: Thặm trách bấy Trần gia Viên ngoại; gã ép dươn cho Vỏ đại Lang, tiếc bấy phận hồng nhan, vầy duyên cùng ngốc tữ. Nói năng nghe ú ớ, đứng ngồi lại dất dơ, việc bán buôn rất đổi dại khờ, bề cữ chĩ xem đà quê kịch. (Ấy là thằng Vỏ đại Lang! còn như Vỏ Tòng là): Bộ đi đứng đáng người quân tữ, tiếng nói năng sánh bực trượng phu. Đôi mắt sáng nhứ trăng thu; Mặt tròn như nhựt xuất.

Bình: Tiếc thay một mãnh hồng nhan,
Bữu châu ánh rạng, bùn thang đem vùi,

CA TỨ ĐẠI OÁN

Than riêng than cái phận má hồng.
Xưa nay các dựa bóng lòng.
Ngỏ lại chồng nhiều đều ngu si.

Nói năng bộ diện dị kỳ
Cữ chĩ người, chẳng mà ra chi
Liết mắt xem
Chị em ta một thì
Vợ tợ tây Thi chồng xinh đường Tống Ngọc
Xét nổi phận mình,
Bề tơ tóc dở dang,
Duyên nợ gì với cái thẳng Đại Lang.

VỎ ĐẠI LANG về: Hiền đệ đâu em, phu nhân em coi dọn rượu thịt bánh trái đặng mời hiền đệ ăn, kẻo trưa mỏi lòng.

VỎ TÒNG, (ở lầu xuống): Thưa mừng anh mới về (hai người nói chuyện)

VỎ ĐẠI LANG NÓI: Lúc em đánh người cơ mật những tưởng chim kia mắc rập. Nào dè cá nọ khõi ao. Tổ tiên để phước lại sau, huynh đệ mới nhờ ơn trước. (Tiệc dọn rồi hết thãy đồng ăn).

PHAN KIM LIÊN HỎI—Chén kia vừa cạn, lời nọ hỏi qua, Thúc thúc tính ở nhà, hay là ra tư quán?

VỎ TÒNG NÓI: Thưa hiền tẩu, việc đó em chưa định.

PHAM KIM LIÊN NÓI—Em chưa đình thì để chị tính giùm cho.

CA HÀNH VÂN

Em muốn như vậy
Vậy mới là lưởng tiện lắm đa.
Để em trong phủ, mình thường bữa lại qua.
Trong cơ rất nên nghiêm nghị.
Muốn toàn chung thỉ.
Phố mình đây, dưới rộng lại cao
Chi cho bằng ở nhau một nhà.

VỎ ĐẠI LANG: Nàng phân đẹp dạ ta rất vui thay. Bữa nay tốt ngày, em về đây ở Đặng cùng anh sớm khuya.

VỎ TÒNG: Lời anh dặn bảo, xin chầm rải cùng,

PHAN KIM LIÊN: Em chớ ngại ngùng, Phụ tình anh chị đây.

VỎ TÒNG: Lòng thương thời em cũng xin vưng. Ngày nay sẻ, Đến đây nương ngụ với anh.

VỎ ĐẠI LANG NÓI—Em về rồi don qua ở nghé, Vỏ đại Lang vào nghĩ.

PHAN KIM LIÊN NÓI—Ghét đắng, ghét cây thằng Vỏ đại; Tưởng hình tưởng dạng chú nhị Lang. Duyên mới thiệt tàu khang! Nợ xưa là ác ngẩu. Trộm trách ông tơ xe chỉ đỏ, ghét ganh chi kẻ mày xanh, ai tuần gái khôn lanh, lại lấy trai ngu dại.

CA LỚ DÀI

Nhắn xem chàng Vỏ nhị Lang
Ăn nói càng nghiêm trang.
Lại có tài đả hồ Dương Cang
Chốn huyện đàng danh tiếng nổi vang.
Chức đô đầu cũng sang,
Thầm thương em nghĩ câm giận anh bất tài
Nguyện chẳng kể tiếng đời
Duyên nợ quyết đỗi giời.
Chàng Vỏ Tòng với tôi
Trai tài gái sắc kết đôi
Nghĩ còn như cái thằng Vỏ Đại
Ngu dại khác thường
Chẳng giây phút nào thương
Duyên nợ gì lương khương.

VỎ TÒNG (dọn đồ đến và) NÓI—Nay em xin phép mà dọn đồ ra nhà ngoài. Thưa chị anh đâu vắng?

VỎ ĐẠI LANG (bước ra và) NÓI—Ủa xong rồi sao em? Vậy thì em ở nhà nghĩ để qua đi bán

PHAN KIM LÊN NÓI—May dữ a!!!! Thuyền đà vô bến; cá đã mắc câu, muốn kết duyên cùng Vỏ đo đầu, vậy trước phải kiếm lời giởn mặt.

CA KHỔNG MINH TỌA LẦU

Phải tính chước ni, há dễ ai hay
Gặp dịp rất may, nhâm tuyết đông thiên
Mượn sắc thiền, trêu gẹo chàng tiên.
Lữa đốt lòng ai lại đẳng yên
Đẩy đưa thuộc vược, khoe sắc hải đàng
Thần tiên hạ giáng, cũng phải lụy trần
Mưu ấy đà nghỉ cũng chắc xong
Vậy thì mình sữa soạn vào trong.
Đem lò lữa chàng hơ cho ấm

Chật hẹp thì chắc đụng nhằm ta
Chạy đâu khỏi cà.
Kế ta bày thiệt rất hay a.

VỎ TÒNG (bước vô) Để đó cho tôi, chị làm chi cho thất công

PHAN KIM LIÊN NÓI—Mời đà hết tiếng, chú chẳng nghe lời, mặt nầy dầu chẳng đáng khuyên mời; nơi nào mới đáng tay thết đãi.

CA NGỦ ĐIỂM SANG BÀI TẠ

Thương thời chẳng nại tấc công.
Sao thúc thúc nở đi phụ lòng.
Vì nay nhằm lúc mùa đông.

VỎ TÒNG: Cám ơn chị thương em hết lòng.

PHAN KIM LIÊN: Chị em mựa chớ ngại ngùng. Mời dùng chén nữa đủ đôi.

VỎ TÒNG: Thương anh mới tưởng tôi như vầy. Vưng dạy uống luôn cạn chén

PHAN KIM LIÊN: Bất tị bằng hữu thân gia. Mời uống thêm chén thứ ba.

VỎ TÒNG: Kính lại chị uống cho ấm lòng.

PHAN KIM LIÊN (uống cạn chén và) NÓI.—Như thúc thúc là: Tác hảy còn tuổi trẻ. Tài người ví Hạng vương; đã có nơi gá nghĩa cang thường, hay chưa kẻ nưng khăn sửa trấp.

VỎ TÒNG NÓI—Như em là: Muốn mở mặt cùng sông cùng núi, hềm vì chiếu đất màn trời. Sắc khuynh thành là nghiệp báo của đời. Trang anh tuấn mãng mễ mà hết kíp.

PHAN KIM LIÊN NÓI—Ấy là thúc thúc nói dối tôi đa! Chớ tôi nghe người đồn rằng:

CA CỔ BẢN

Tai nghe xóm ni đồn dậy
Ấy chẳng đâu xa, cũng quận nầy.
Có người xứng đôi
Sao không tính vội, cho kịp thì.

VỎ TÒNG: Em nào có ai. Tiếng đồn rất nên huyển hoặc. Xin chị chớ tin, muốn rỏ tinh. Hỏi hỏi anh tôi. Xưa nay chẳng vội; những cuộc lứa đôi. Thà ở một mình, vậy mà thôi.

PHAN KIM LIÊN: Tôi nghe người phân cạn, có làm bạn. Một người giống tôi hịch, dung nhan lịch. Đáng mặt khuynh thành. chẳng ai nghi kị, uống nữa dư. Chớ ngại chi, tiếng thị phi.

VỎ TÒNG: Làm thói thất nghi, bày mòi dâm dục. Chị thiệt to gan; học thói thú lang. Sao chẳng hỗ hang. Học thói tồi phong làm đều bại tục. Luân lý suy vi, chẳng tưởng vì. Sanh lòng quấy, bày ra việc kỳ. Phải biết tôi đây. Từ ngày nay, nếu con như vậy. Mựa chớ trách trời. Khá tua chữ dạ, rán nhớ lời.

PHAN KIM LIÊN: Nầy thúc thúc ôi, Ấy việc nói chơi, phải thiệt đâu

Khuyên chớ giận tôi, mà nói vậy Thiên hạ chê cười.

VỎ TÒNG: Phải giữ phụ đạo, chớ lảng xao. Thời tôi mới tha, phải nhớ đa. Đầu đội trời cao, chơn đạp đất dày. Ghét đều tồi bại, làm trái luân thường. Thương anh vô phước, phút động lòng. Kể gì huỳnh phong, rằng ông trước chẳng độc chi. Chĩ phải đáng kiên, nhơn tăm tối phụ độc. Sách để không lầm.

PHAN KIM LIÊN—Tôi nghỉ giận Vỏ Tòng cha chả, là giận chừ ta phải lên tiếng trước.

Ta toan kết cánh, nó muốn dứt giây; chờ cho Vỏ Đại về đây, ta sẻ du oan cho đó.

VỎ ĐẠI LANG VÀO—Ũa sao màng ủ mặt? Lụy thắm triệu mày? Lối láng giềng xích mích với ai, hay gia đạo bất hào đó bậu?

PHAN KIM LIÊN NÓI—Nào có rầy rà gì cũng tại chàng đem Vỏ Tòng về đây mà làm nhục tôi đó!!

VÕ ĐẠI LANG NÓI—Nó làm sao mà nhục?

PHAN KIM LIÊN NÓI—Chàng vừa ra khỏi cữa; nó liền trở vào nhà; đã loạn luân làm thói dâm tà. Tôi giác đắt nó còn chống trã.

VỎ ĐẠI LANG NÓI—Em ta quã một tay hảo hớn, có lẻ đâu đem thói gian tình; lẻ ấy chẳng phân minh, lòng nầy nên nghi ngại.

(Vỏ Tòng bước xuống lầu giận lắm bỏ đi luôn)

VỎ ĐẠI LANG KÊU—Bớ Vỏ nhị Lang em đi đâu đó? Vỏ nhị Lang! Ũa lạ không sao kêu mà nó cứ lằm lủi đi hoài cà.

PHAN KIM LIÊN NÓI—Nó mắc cở nó chẳng đi, mà mi kêu réo làm chi, ai cầu mi.

CA KIM TIỀN

Phải thôi ta anh em gần nhau
Thiếp chẳng phải một đứa lăn loàn

Câu phụ đạo, giữ tròn cang phu
Kể đà mấy thu

Đến nổi nầy, còn binh giựt. chừ thôi thời. Phải một đứa ở mà một nơi.

VỎ ĐẠI LANG: Bậu khéo thi thôi. Em tôi cũng như em bậu. Quấy rầy la ai nở cách xa. Cha mẹ sanh hai anh em ta. Tay cắt tay, lòng rất xót xa. Khuyên nàng chớ giận láng giềng lân cận. Trông vào cười chê. Nhà ta thói tệ nang câu Trịnh Dệ.

VỎ TÒNG ĐẾN: Thưa mừng anh

VỎ ĐẠI LANG NÓI—Ủa em sao sớm mai qua kêu em không trở lại, bây giờ em tính đi đâu mà coi xăn xái vậy?

VỎ TÒNG NÓI—Dạ, vì sớm mai có việc gấp còn bây giờ tôi về nói anh hay.

CA HÀNH VÂN

Thưa anh toàn vì huyện đàng
Buộc em ở trong nha
Em qua từ giã cùng dọn đồ ra
Trở về cô trại

VỎ ĐẠI LANG: Em không thưa quan cả. Rằng có anh ở tại quận ni, Đặng ở ngoài huynh đệ sum vầy. Nếu em tính vậy, anh buồn lắm thay. Ở chẳng mấy ngày, vì sao mà lại, Dọn đồ đi vậy em? Có đâu chi khá, nói lại anh tường.

VỎ TÒNG: Vưng lịnh huyện đường, có phiền hà chi đâu Vì thế nào cốt nhục chẳng xa nhau.

(Quân) Sữa sang đồ đạt, Dọn về cơ trại cho mau.

VỎ ĐẠI LANG NÓI—Tưởng mo nói lén mà ta không nghe hay sao Mi muốn anh em tròn nghĩa, niềm chồng vợ phãi dứt tinh; nhục nhả nầy chẳng muốn tồn sinh, nhơ nhuốc ấy thà là tự tữ, (cho rồi) Thôi mi đi ta vào mà nghĩ (đi vô).

VỎ ĐẠI LANG NÓI—Mắc con vợ dữ nó muốn hại em hiền, Phan đồng bào lòng dạ nào yên; đoạn thủ túc, lẻ nào chẳng cảm.

VÕ TÒNG NÓI—Em vưng lời quan doãn, Đam thơ đến Đông Kinh, tới từ giã hiền huynh, và gởi anh cho tẩu tẩu.

VỎ ĐẠI LANG NÓ—Em ôi, bấy lâu nay nương nhau sớm tối; chủ ra đi qua lo nổi nắng mưa.

PHAN KIM LIÊN NÓI—Thúc thúc đi thiếp kính lời đưa đường vương bước mau mau trở lại.

VỎ TÒNG NÓI—Xin anh yên tâm cho em đi.

CA DẠ CỖ HOÀI LANG

Ban mai em giời gót
Nay từ giã tẩu huynh
Xin anh ngừa lấy nhơn tình
Đời nhiều kẻ bất bình.
Rán giử gìn lấy thân mình, chớ tin ai Dầu việc chi quấy phải.
Nhịn nhục người mựa chớ tranh đua

VỎ ĐẠI LANG—Em khá tua an dạ. Từ thuở nay em cũng biết ý anh, Miển em đi cho đặng an bình, Rán gởi lấy thân mình.

VỎ TÒNG—Còn việc bán buôn, xưa bán mười nay bớt còn năm. Nếu mà không đủ chi dùng, em sẽ giúp giùm cho anh, đặng anh rồi, có một đều muốn tỏ cùng tẩu nương.

PHAN KIM LIÊN—Xin thúc thúc phân tường? Dạy bão giùm ấy thương

VÕ TÒNG NÓI—Thưa chị. Nhà dột nát ấy là nhà củ. Dù rách hư ấy thiệt dù xưa, dù củ nhở cơn nắng cơn mưa, nhà rách cũng đỡ khi sương gió. Đại thọ dầu không rể cội. các đẳng cũng vững lá bòng, ngừa mưa chờ lọt vào trong, đón gió đừng cho ra ngoại.

PHAN KIM LIÊN—(giận và nói) Thấy không Vỏ đại, có nghe tiếng Nhị Lang. Vọng quanh co cầm thiếp bộc tang; hơi uống éo khi ta trắc nết.

CA TAM PHÁP NHẬP MÔN

Từ ta kết duyên Vỏ Đại
Chẳng thấy bà con nào lại
Nay tới sữ dại, sử khôn
Cầm ta như đồ trắc nết
Tức chết đi bớ ông trời.

VỎ TÒNG—Ấy là lời, tôi nói thiệt

PHAN KIM LIÊN: Ta biết rồi đừng nói nữa; Nóng nãy tợ lữa đốt lòng.

VỎ ĐẠI LANG NÓI—Chị em có tánh nóng nãy xin em chớ phiền.

VỎ TÒNG—Em có phiền hà chi đâu.

NGÂM: Xin anh mựa chớ châu mày, Nay phân hai ngã có ngày đoàn viên.

CA LỚP XANG DÀI

Cúi xin từ giã trưởng huynh
Đông kinh thành en nay thượng lộ
Vài trăng thì Cốc Dương phản bộ
Anh em cúng có ngày tái ngộ
Cúi xin huynh trưởng cư nơi gia đình.

VỎ ĐẠI LANG—Nay em quyết khởi trình. Chúc em hai chử an bình. Nới kinh thành em trẩy sang. Dường cắt lá gan. Bấy lâu cách xa non nước, Mới hiệp ít ngày. Đà chia bước sanh ly. Cúi đầu từ anh ở em đi.

VỎ ĐẠI LANG NÓI—Nầy bậu ôi! Em nhỏ dại buông lời thất lật, khuyên rày chớ chấp nê, rầy rà thiên hạ cười chê; sợ nổi tiếng đời dèm siễm.

CA MẨU TẦM TỬ

PHAN KIM LIÊN: Từ ta kết nghỉa với mi. Chẳng có một mảy xấu gì, Ta hằng giữ một câu trinh tuyết. Từ lúc thiếp hởi còn đông. Chẳng dạ bướm ong.

VỎ ĐẠI LANG—Lổi Vỏ Tòng tôi chịu thế cho, Chớ buông lời cả tiếng mắng to. Vợ chồng nghèo đồng lòng chung lo. Xin nàng đừng đôi co.

PHAN KIM LIÊN NÓI—Thôi anh đi bán đi, ai thèm giận mà làm gì.

VỎ ĐẠI LANG NÓI—Thôi tôi đi bán kẻo tang chợ

TÂY MÔN KHÁNH—Vừa tới thấy Phan kim Liên ngó sững và khen. Cốt cách bấy da giồi phấn tuyết; sắc sảo thay tóc đượm mây xanh. Rỏ ràng một dự khuynh thành, đẹp đẻ một trang quốc sắc. Nàng nào lạ mặt; danh tánh chưa tàn. Ngọc bấy lâu đã ẫu Côn-Cang; vàng nay mới chói nơi giòng-lệ (Mấy dứa gia-đình bây biết nàng này là ai không?)

BỌN GIA-ĐÌNH NÓI-Nàng này là Phan-thị; vợ chàng Vỏ-Đại-Lang; thường buôn bán bánh cam. Khờ đặt như mủ mít.

TÂY-MÔN-KHÁNH: Uổng dữ há!

CA NGỦ-ĐIỂM

Tiếc thay một đứng hồng nhan,
Uổng cho lấy Đại-Lang bất tài.
Muốn nàng thì phải cậy mai.
Chừ ta tới cậy người Dương-Bà *(đi hạ)*

Hạ màn

MÀN THỨ TƯ

TÂY-MÔN-KHÁNH TƯ THÔNG CŨNG PHẠM-THỊ, TRẺ HUY-CA ẤU ĐẢ VỚI DƯƠNG-BÀ.

DƯƠNG-BÀ NÓI-Buôn hương hồi lúc nhỏ; dẹp phấn tại mình già. Tên mụ thiệt Dương-Bà, náo-nương đường Tữ-Thạch (Tôi ở chỗ này chuyên một nghề làm mai).

NGÂM: (Xe dây thể lảo tơ hồng.

(Xô người nước Sở sang Tần kết đôi.

TÂY-MÔN-KHÁNH TỚI-Thưa đi, mạnh giỏi dì!

DƯƠNG-BÀ-Chào cậu hai! Dữ hèn lâu nay mới tới mụ, hèn gì hồi hôm mụ máy mắt dữ a! Mời cậu ngồi!

TÂY-MÔN-KHÁNH NÓI-Dạ thưa đi!

CA CAO SƠN

«Tôi nhớ dì, làm mai mối.
Xin dì rán chuyến này giúp tôi,
Đội ơn chẳng hề dám phụ.»

DƯƠNG-BÀ: Biết ý cậu muốn nơi nao,
Thì tôi nói chắc đặng không sao.

TÂY-MÔN-KHÁNH: «Phan-Kim-Liên vợ Vỏ-Đại-Lang,
Trời đã khiến cho tôi thấy nàng,
Lòng tôi thương muốn kết tào khang.
Nếu việc ấy đặng kham.
Hai trẻ ở an.
Tôi thưởng dì bạc vàng.»

DƯƠNG-BÀ: «Để mụ phân, cho cậu toàn.»

TÂY-MÔN-KHÁNH NÓI-Dì tính thế nào nói nghe thử.

DƯƠNG-BÀ NÓI-Muốn xui duyên trẻ; phải nhọc công già (chừ thời). Mời nàng bước đến nhà; cậu ẩn mình trong cửa. (Chừng nàng vào rồi). Rơm kia gần lửa; thịt tới miệng hùm. Tiếng đờn mặc cậu xoan cung vọng, quyễn có già trỗi nhịp.

TÂY-MÔN-KHÁNH NÓI-Hay a! Hèn gì! Người đồn dì bặt-thiệp. Mưu kế sắp rất hay, này năm lượng bạc trao tay. Kiếp mời nàng hiệp mặt.

DƯƠNG-BÀ (lầy tiền và) NÓI-Chút đỉnh tiền gạo phở! Thôi để tôi đi.

CA NGŨ-ĐIỂM MAI

«Cần gì mua bán nắng mưa,
Làm mai đủ sớm trưa no lòng.
Nến mà mời dặng Kim-Liên.
Tây-Môn-Khánh còn cho nhiều tiền *(đi rồi)*»

PHAN-KIM-LIÊN QUA-Thưa dì có chuyện gì dì kêu cháu qua, xin dì nói cho cháu biết.

CA KHỔNG-MINH TỌA-LẦU

DƯƠNG-BÀ: «Mụ ở tại đây, biết cháu xưa nay.
Thêu dệt khéo thay, dám chắc không ai,
Có áo hàng muốn cậy cháu may.
Giúp giùm già, rất cám ơn thay.»
PHAN-KIM-LIÊN: «Ấy việc nhỏ mọn, tôi há so đo.»
DƯƠNG-BÀ: «Tiền may một cái, cháu tính bao nhiêu.»
PHAN-KIM-LIÊN: «Tự ý dì nhiều ít nài bao. Láng giềng quen nhiều ít lại sao.»
DƯƠNG-BÀ: «Này hàng đó cháu coi mà cắt.
Khéo vụng gì miếng chắc thì thôi.
Mời cháu hãy ngồi.»
PHAN-KIM-LIÊN: «Thưa dì nương để đó mặt tôi.»

(Phan-Kim-Liên cắt áo, Tây-Môn-Khánh lên bước ra đứng gần bên.)

TÂY-MÔN-KHÁNH NÓI-Hễ là khéo cắt, thì chắc khéo may, sắc sảo thay tuồng mặt tuồng mày: yểu điệu bấy nết ngồi nết đứng.

DƯƠNG-BÀ NÓI-Chào cậu mới qua! Mời cậu ngồi, này cháu, cậu hai đây là một tay giàu có, ở xứ này ai cũng biết danh.

PHAN-KIM-LIÊN NÓI-Chào cậu!

TÂY-MÔN-KHÁNH NÓI-Này cô ôi! Giã chước mời qua cắt áo; chớ kỳ trung tính cuộc xe tơ. Trước gặp nàng là việc tình cờ, về thẳm lại ấy duyên may mắng.

PHAN-KIM-LIÊN NÓI-Tôi vốn thiệt có nơi chỉ thắm, xin cậu đừng nói việc tóc tơ. Tam-ân thiếp trọn một thờ, tùng nhứt dám đâu trái đạo.

VƯƠNG-BÀ NÓI-Này cháu! Cuộc đời con chưa thạo, sự thế mụ hiểu xa, hình dung sắc sảo tợ hoa, nở để vùi bùn cho đáng.

CA TÂY-THI

«Dì thương nên lời phân ngay.
Chẳng phải buộc mai, thấy con nhỏ dại.
Ai từng ngọc tốt, vùi dưới bùn thang.
Cháu hãy coi Vỏ-Đại-Lang.
Thiệt uổng thay, một đứng hồng nhan.
Thiệt ra đi không xứng đôi bạn.
Phải kiếm người sang dặng gởi lấy mình.
Lại xuê xoang y phục, khỏi miệng thế cười.
Đứng làm người chữ phú mời vinh,
Cậu Tây-Môn-Khánh người kinh.
Nỗi thinh danh một tay hào kiệt.
Bốn phương đều biết.
Đã giàu lại thêm sắc diện.
Cháu cũng nên kết duyên.
Khỏi lo thiếu mà dặng yên thân.»

TÂY-MÔN-KHÁNH: «Ta rất thương cho nàng phận bạc.
Nên mới giác đát, nàng xét cho cùng.
Uổng bấy dung nhan, lấy Vỏ-Đại-Lang.
Ta muốn tinh trăm năm, nên mới tỏ tăm.»

PHAN-KIM-LIÊN: «Phận đào thơ may duyên rũi nợ.
Niềm tóc tơ ai, dứt cho dành.»

DƯƠNG-BÀ: «Bông sen đâu lại, nhún vào bùn.»

PHAN-KIM-LIÊN: «Phụ cang thường e tiếng thị phi.»

TÂY-MÔN-KHÁNH: «Đổi thay duyên nợ lạ chi,
Xưa nay thiếu gì.
Lẻ nàng cũng biết.»

PHAN-KIM-LIÊN: «Mà tôi không chịu vậy.
Gì gạt tôi vậy.»

TÂY-MÔN-KHÁNH: «Ra việc này cũng bởi tại đây.»

(Tây-Môn-Khánh kéo Kim-Liên vào phòng.)

DƯƠNG-BÀ NÓI- Bứt dây chàng Vỏ-Đại, đem buộc cẳn cậu Tây, hai trẻ đã nghĩ đây, thì già ra coi chừng cữa.

DÉCOR FIXE

HUY-CA *(đi bán lẻ)* NÓI-Tôi Huy-Ca chữ đặt; nương náo Huyện Cốc-Dương, bán lẻ ngọt quá đường, họ chê chua như giấm. Cậu phĩ-tữ là Tây-Môn-Khánh, làm bộ mặt tòa-khan, nếu thỗi riết chú chàng, mắt mấy mua cũng tới. Mà mấy rày kiếm cầu sao không thấy, hỏi thăm thì họ nói:

CA MẨU-TẦM-TỪ

«Cậu Tây-Môn thường bữa tư gian.
Với Phan-thị cùng gã dâm loàn.
Dương-Bà chứa cả hai phòng kín.
Nàng ấy vợ Vỏ-Đại-Lang.
Nghe đồn đám dâm bôn.
Ta tới đó đặng mà học khôn.
Cùng bán lẻ cho cậu Tây-Môn.
Thì ta mau mau tới nơi.
Đặng mà lo buôn bán kẻo trưa.»

Vương-Bà buộc mai Phan-Kim-Liên cho Tây-Môn-Khánh

HUY-CA TỚI: Bà ơi! Có cậu Tây-Môn ở trỏng không?
DƯƠNG-BÀ NÓI-Ai biết cậu Tây cậu Tà nào nà!

CA BÌNH BÁN VẮN

HUY-CA: «Bà này phân, rất nên trái tai.
Chứa trong nhà, sao nói không biết ai.
Người ta nói, ở đây hằng ngày.
Cùng nàng Phan, thường bữa vãng lai.
Bà buộc mai, cã thãy là hai.
Tôi dám chắt đũ mặt nhà này.»
DƯƠNG-BÀ: «Chớ nói khùng, phải mau mau đi.»
Muốn vào, đấy cắp đồ hay chi.
HUY-CA: «Mụ già nói nghe rất kỳ.
Tôi kiếm cậu Tây, ăn cắp đồ sao.»
DƯƠNG-BÀ: «Bộ mầy muốn rầy lộn với tao.»
HUY-CA: «Bà nói quấy ai sợ bà sao.»
DƯƠNG-BÀ: «Con nít gì hỗn dữ vậy nà.»
HUY-CA: «Mụ già gì nói láo vậy cả.»
Cậu Tây-Môn, đã chứa trong nhà.
Để tôi vô, có không biết a (*vô đại*)
DƯƠNG-BÀ: «Đồ bậy, cả gan như vậy.
Đánh thằng này, cho mày biết mặt,»
HUY-CA: «Tưởng bà lớn tôi, sợ lắm sao?»
DƯƠNG-BÀ: «Sanh sự này cũng tại nên mày» (*đánh lộn*)
Ta bảo chẳng nên nói bậy.
HUY-CA: «Bớ người ta bã đánh tôi đây.»
(mang vỏ lê chạy)

HUY-CA NÓI-Mụ đánh tôi té nhủi, trái lê đổ sạch trơn, mụ ở chẳng có nhơn, chớ trách tôi thất đức.

NGÂM: (Thiên đình dũ sồ mụ già,
(Tôi kêu Vỏ-Đại Dương-Bà mắng toi.

HUY-CA *(và chĩ và)* NÓI-Ả mụ đễ mụ coi tôi!
VỎ-ĐẠI-LANG *(đi tới)* HỎI-Bán lê còn hết bộ mặt buồn xo.
HUY-CA NÓI-Bị giận chúng phát no; mừng gặp anh xin nói.

CA KIM-TIỀN

«Anh chẳng hay, thì tôi bày ngay.
Anh buôn bán dang nắng tối ngày.
Vợ anh lại đem lòng tư thông.
Với cậu Tây-Môn.
Ở tại nhà, bà Dương-thị, còn bây giờ.
Anh muốn bắt đi liền theo tôi.»

VỎ-ĐẠI-LANG: «Dâm phụ dám khi ta.
Dẫn qua đến xem tàng-tận.»

HUY-CA: «Phải nghe tôi, mới bắt đặng đa.
Tôi chọc bà Dương-thị bước ra.
Tôi cùng bà, ấu đã với nhau.
Níu người lại chặc, đánh đùa trong mặt.
Quăng giỏ lê ra,
Ấy là hiệu lịnh, anh mau vô đại.»

VỎ-ĐẠI-LANG NÓI-Vậy thì em dẫn qua đi. *(đi hết)*

Hạ màn

MÀN THỨ SÁU

HUY-CA LÀM KẾ GẠT DƯƠNG-BÀ, TÂY-MÔN ĐÁNH CHÀNG VỎ-ĐẠI.

HUY-CA NÓI-Cả kêu Dương-thị ra đánh với Huy-Ca, chuyến này bẻ răng già, cho biết tài của trẻ.

CA NGŨ-ĐIỂM

DƯƠNG-THỊ: «Huy-Ca sao dám khi ta?»

HUY-CA: «Chuyến này dốc bẻ răng của bà.
«Đặng cho biết mặt Huy-Ca.»

DƯƠNG-BÀ: «Đánh trong mặt cho mi biết chừng»

(Hai người đánh lộn Huy-Ca quăng gió lê, Đại-Lang chạy vào phòng).

VỎ-ĐẠI-LANG *(Chĩ mặt Kim-Liên)*

CA LONG-HỔ-HỘI

Bắt đặng rồi, chối nữa thôi?
Tạn mặt ta, chạy đâu khỏi.
Nguyện chẳng tha, những loài dâm phụ.»
Cái thói bội phu.

Dương-bà nắm đầu Huy-Ca mà đánh, Tây-Môn-Khánh đánh Vỏ-Đại-Lang
té nhào đạp chơn trên bụng. Phan-Kim-Liên ngóc đầu dòm.

PHAN-KIM-LIÊN: «Yếu hơn ai, gió thổi cũng bay,
Khéo khoe khoan, rằng mình tài.
TÂY-MÔN-KHÁNH: «Chuyển thần oai đánh gả Đại-Lang.
Mới thoát khỏi nàng.»
(đá Đại-Lang té chết giất)

DƯƠNG-BÀ-Thấy Vỏ-Đại-Lang chết giất máu ra lai láng thì sợ thường nhân mạng dỡ dậy.

CA TAM-PHÁP NHẬP-MÔN

«Cả kêu bớ chàng Vỏ-Đại.
Khá tua hồi tâm tỉnh lại,
Năm nay mụ thiệt quá xui,
PHAN-KIM-LIÊN: «Khiên về lo bề thang thuốc.»
VỎ-ĐẠI-LANG: Nó giết tôi chết bớ trời!

Hồng máu hồng, tuông lai láng.»
DƯƠNG-BÀ: Dì khiên đầu, cháu khiên cẳn.»
HAI NGƯỜI *(ca rập)*: Những nhẵng khó đi quá chừng.» *(hạ)*
PHAN-KIM-LIÊN trở qua nói với Tây-Môn-Khánh rằng: Cha chả là khó.
TÂY-MÔN-KHÁNH HỎI-Sao vậy?

CA DẠ-CỔ-HOÀI-LANG

PHAN-KIM-LIÊN: «Cũng vì tôi nên nó,
Bịnh nặng số huyết lăm-ly,
Phải lo thang thuốc cho cấp kỷ.
Bằng tôi không nghỉ vì.
Đợi em nó phãn hồi.
Nó sẻ cạn lời khúc nôi.
Nên lòng tôi bối rối.
Tỏ sự tình nói lại chàng hay.
Vì Vỏ-Tòng rất nên lợi hại,
TÂY-MÔN-KHÁNH: «Nghĩ lại càng rất khổ lắm thay.
Nếu Đô-đầu rỏ đặng chuyện này.
Ắt gây việc oán thù.
Tôi tấm lòng không an.
Có thế nào mà tính cho kham.
Bây giờ bịnh nó thế nào?
Có bớt hay là còn đau?
PHAN-KIM-LIÊN: «Bịnh xưa mười,
Nay dảm bãy còn ba.
DƯƠNG-BÀ: Việc ấy để cho già.
Có chước mầu lo xa.

TÂY-MÔN-KHÁNH HỎI- Dì có kế chi cho lưởng toàn vô hại xin giúp giùm luôn cuộc.

DƯƠNG-BÀ-Kề tai hỏi nhỏ với Môn-Khánh rằng: Cậu muốn ở đời với Kim-Liên hay chơi qua đường?

TÂY-MÔN-KHÁNH NÓI-Ấy là tính cuộc trăm năm.

DƯƠNG-BÀ NÓI-Chớ chê chước quĩ, phải dụng mưu thần, phải dùng mật cóc gan công, cùng với mã-tiền thạch-tinh. Mưu dùng cho kin chớ lậu cơ quang, xui nàng đem thuốc độc hại chàng. Cậu mới đặng lâu dài cùng Phan-thị.

TÂY-MÔN-KHÁNH KHEN-Phải này bậu ôi! Muốn cho bền tơ-tóc, nào phải cuộc bướm ong. Sau dầu nên vợ nên chồng. Trước phải dứt chồi dứt rễ.

PHAN-KIM-LIÊN NÓI-Chuyện chi xin chàng nói thiếp vưng theo hết.

CA HÀNH-VÂN

TÂY-MÔN-KHÁNH: «Vỏ đại chàng; cùng với nàng.
Tình củ nghỉa xưa,
Nay trời đã khiến duyên nợ đổi thay.
Đôi ta tương hội;
Ta sợ nỗi, lành bịnh mi oán thù sanh ra.
Chi bằng tiên hạ thủ vi cường,
Này đem độc dược, thuốc Vỏ-Đại-Lang
Thì tôi với nàng, mới là vô sự,
Vợ chồng ta khỏi lo.

PHAN-KIM-LIÊN: «Lời chàng dạy bảo, thiếp nguyện vưng lời,
Cho nó rồi đời, thì đôi ta yên thân.»

DƯƠNG-BÀ: «Việc nhiệm-mầu chớ lậu cơ-quang.»

PHAN-KIM-LIÊN: «Tình lang vào nghĩ;
Tôi về thuốc Vỏ-Đại -Lang» *(đi hạ)*

Hạ màn

MÀN THỨ BẢY

VỎ-ĐẠI-LANG BỊ THUỐC BỎ-MANG
HÀ-CỬU-THÚC LƯỢM LÓNG XƯƠNG TAY.

(Cảnh phố xịt-xạt)

VỎ-ĐẠI-LANG *(em ôi)*; Bịnh anh đau trầm-trệ; nhớ em phút ai hoài, kễ từ lúc chia tay, sợ nỗi sau không thấy mặt.

PHAN-KIM-LIÊN NÓI- *(Phu quân ôi)*; Xin chàng chớ buồn rầu mà sanh bịnh, ít lâu thúc thúc cũng về.

VỎ-ĐẠI-LANG NÓI-Bịnh gì khi tĩnh khi mê, hồi hộp lối thương lối sợ.

PHAN-KIM-LIÊN NÓI-Vậy xin chàng uống thuốc kẻo ngụi.

NGÂM: (Thuốc này hay tợ như thần,
(Uống vô giây phút, bịnh lần giãm-thuyên.
(Vỏ-Đại-Lang uống thuốc rồi).

CA VĂN-THIÊN-TƯỜNG

«Nhớ em tôi, Vỏ-hiền-đệ ôi.
Từ phân tay khó đứng khôn ngồi.
Ngày nay bịnh anh rất nguy,
Sợ e cho phong vỏ bất kỳ.
Đường xa xui nào tri.
Lúc em ra đi,
Mấy lời dặn anh nhớ tới đau lòng.
Nhắt đến càng thêm thương tưởng.»

PHAN-KIM-LIÊN: «Khuyên chàng bớt nhớ thương.
Em tìm thuốc ngoại phương.
Cầu trời mạnh bươn.
Em nguyền xin giữ trọn cang thường.»

VỎ-ĐẠI-LANG: «Tâm thần sao giờ lại bàng-hoàng.
Đau ruột gan.
Hạng tuông lai láng lụy tràng.
Hởi hởi, bớ ông thiên hoàng.
Ối thôi kễ gì mạng Vỏ-Đại-Lang.
Em hởi nhị Lang. Bớ em, bớ nhị Lang.
Âm dương cách trở hai đàng.»
Hồn oan nương theo mày.
Dứt chuyện đời từ đây.»*(chết rồi)*

PHAN-KIM-LIÊN- *(làm bộ ré lên khóc rằng)*: Phu-Lang ôi! Tưỡng trăm năm đặng bền tơ-tóc; dè nữa đường gãy gánh cang thường. Tại vì đâu phân rẻ âm dương; phiền tạo hóa chia miềng dị lộ, vậy tôi phải cho tình lang tôi cùng dì nương coi tính lẻ nào *(đi)*. Dương-Bà và Phan-Kim-Liên dắc bọn đà-đầu tới tẩn liệm Vỏ-Đại-Lang.

HẢ-CỬU-THÚC NÓI- *(Lạ thường cà)*! Dám chắc cậu Tây-Môn-Khánh không quen chú Vỏ-Đại-Lang, cho tiền ta dặn mai táng đàng-hoàng, việc tẩn liệm biểu làm cẩn-thận.

PHAN-KIM-LIÊN NÓI-Xin đàng đầu làm ơn hỏa táng, giùm thây chồng tôi thì tiện hơn là thổ táng vì người không con, ai coi mồ-mã.

HÀ-CỬU-THÚC NÓI- Vậy cũng đặng, thôi để tôi khán tữ-thi, húy trời ôi! Máu đã tràng miệng, bầm đen hết cả mình. Mới vừa thấy hãi-kinh, xem giây lâu vởn-óc *(Hà-Cửu-Thúc té chết giất)*

BỌN ĐẠO-TỲ KÊU- Bớ đàng đầu lai tỉnh cậu,

HÀ-CỬU-THÚC- *(tỉnh dậy than thầm)*; Bầm mình-mẫy, vì vương thuốc độc, máu tràng-trề quã thiệt thác oan; chắc tại vợ hồng-nhan, khiến nên chồng bạc-mạng.

Vậy mấy chú đạo tỳ, ở đây coi tẫn liệm ta nhức đầu lắm để ta về nghỉ *(đạo tỳ vào liệm)*.

PHAN-KIM-LIÊN *(làm bộ khóc)* NÓI-Phu-quân anh đi đâu mà bỏ tôi làm vậy.

CA GIAO-DUƠN

«Rẻ âm-dương hai đường cách trở.
Em chạy thuốc đã cùng.
Chàng mê tĩnh từ hồi.
Chịu không nỗi tắc hơi.
Chàng chàng ôi, nở bỏ tôi.
Ở nhau đã mấy năm trời.
Nay bỏ thiếp bơ-vơ.
Thân liểu yếu đào thơ.»

Phan-Kim-Liên thuốc chết Vỏ-Đại-Lang có Dương-Bẻ đến mà lo việc chôn cất.

HÀ-CỬU-THÚC *(đi điếu)* -Trình cùng chủ tang. Như chú Đại-Lang cùng tôi là: Chúng tôi vẫn là người ngoại thích; song thương nhau cầm bằng nội thân. Lúc ban mai còn thấy dương trần, trong giây phút người về âm cãnh. Nên đến đây phân ưu cùng bữu quyến người.

PHAN-KIM-LIÊN NÓI-Tôi rất đội ơn Hà-huynh cùng chòm xóm.

CA GIAO-DƯƠN

BỌN ĐI ĐIẾU: «Rất đáng thương, nết anh ăn ở.
(quì lạy): Tự thuở chí rày.
Cả xóm trong ngoài.
Chẳng mích lòng ai.
Thiệt đáng thương, thay, anh Đại-Lang.
Một nắm nhan đèn, gọi lễ điếu tang.
Xin vái linh hồn, sanh thuận tữ an.»

PHAN-KIM-LIÊN NÓI-Thôi đến giờ rồi, xin mấy chú đạo-tỳ đem quan-tài hỏa táng.

CA NGỦ-ĐIỂM

ĐẠO-TỲ: «Quan tài đem đến san nhai,
khiên quan tài: Chúng ta phải khiên cho vững vàng.
PHAN-KIM-LIÊN: Trời ôi nở hại phu-lang.
Thiếp nguyện giữ tào-khang trọn đời
(đi chôn)

DÉCOR FIXE

VỎ-TÒNG NÓI-Từ ngày tôi qua Đông-Kinh nay đã về tới huyện Cốc-Dương rồi, thì phải qua thăm đại ca tôi.

NGÂM (Anh em cách mặt hai trăng,
(Nay về đến huyện qua thăm gia-đình.

Hạ màn

MÀN THỨ TÁM

VỎ-NHỊ-LANG ĐỨNG NGOÀI GỎ CỬA TÂY-MÔN-KHÁNH NGHE TIẾNG HẾT HỒN.

(Cảnh nhà có bàn thờ tang)

TÂY-MÔN-KHÁNH NÓI-Ngoài cửa treo biển trắng; trong cứ mặc đồ hồng. Rày thành việc vợ chồng; có sợ gì miệng thế.

PHAN-KIM-LIÊN NÓI-Cửa trước tôi đà nghiêm bế. Trong phòng phu-phụ giao bôi. Duyên nợ chớ lôi thôi; đôi ta đều khắn-khích.

CA BÀI-TẠ

Thật ta rất đổi khen nàng.
Ấy là cũng bởi có gan.
Giết Vỏ-Đại mới an vợ chồng.»

PHAN-KIM-LIÊN: «Rày đã yên bề duyên thắm.
Chắc đặng vầy nghĩa trăm năm.
Xin mời chàng bước vào trong.
Rồi sẻ dọn một mâm tơ hồng.»

VỎ-TÒNG ĐẾN-Vì ta đi xa xứ, nay mới trở về nhà, sao chẳng thấy ca-ca, cã tiếng kêu tẩu-tẩu.

CA LONG-HỔ-HỘI

TÂY-MÔN-KHÁNH *(sản)*: «Chết tôi rồi, đi nàng ôi!
Tính làm sao cho gấp.»

PHAN-KIM-LIÊN: «Chẳng cang chi, xin chàng chớ ngại,
Bước lại cửa sau.»

TÂY-MÔN-KHÁNH: «Để cho ta, mau kíp chạy ra.
Vái cùng trời, thoát khỏi nạn này»*(đi hạ)*

PHAN-KIM-LIÊN: «Thay đồ tang, lau chùi phấn son.
Kiếm câu chữa mình.»

VỎ-TÒNG KÊU- Đại ca mở cửa sao lâu vậy?

PHAN-KIM-LIÊN-Mở cửa và khóc rằng: Thấy thúc thúc khôn cầm giọt lụy, nhớ phu-quân chi xiết giòng châu.

VỎ-TÒNG HỎI-Đại ca ở tại đâu chị phòng than phòng khóc.

CA GIANG-NAM

PHAN-KIM-LIÊN: «Thúc thúc ôi! Phu-quân tôi.
Phát bịnh đau lâu.
Tôi lo thuốc thang điều dụng.
Chạy pháp bóng đã cùng.
Chẳng có hiệu nghiệm gì,

Vỏ-Tòng kêu cửa Phan-Kim-Liên hoản kinh biểu Tây-Môn-Khánh ra cửa hông chạy trốn.

	Bịnh càng ngày lại nguy.
	Một phút xui phân ly.
	Chàng qua đời rồi còn chi.»
VỎ-TÒNG:	«Lúc anh tôi phát bịnh.
	Đau đớn làm sao,
	Phải nói cho mau.»
PHAN-KIM-LIÊN:	«Hỏi thêm ruột xiên bào.
	Thinh không dục té nhào.
	Tôi rỏ nào, rên than tức rằng đau.»
VỎ-TÒNG:	«Mồ phần chôn nơi mô?»
PHAN-KIM-LIÊN:	«Thúc thúc ôi thân chị đơn cô.
	Dụng hỏa thiêu hài cốt xong rồi,
VỎ-TÒNG:	«Ai lảnh việc chôn cất đám này.
	Tẩu tẩu khá tỏ bày.»
PHAN-KIM-LIÊN:	«Chị muốn đàng đầu.
	Hà-Cửu-Thúc bên đây.»

VỎ-TÒNG NÓI-Xưa nay vốn không đau bịnh tức, nay sao lại phát đau ngang. Dường như cắt gan vàng, tợ kim chăm phế phủ, có ai đánh anh tôi mà đến đổi sanh bịnh tức vậy?

DƯƠNG-BÀ NÓI *(hớt rằng)* -Gió mưa nào hãng, chết sống lẻ thường, Vỏ-Đại-Lang ý ở dễ thương, từ già trẻ chẳng hề ai ghét, có ai mà đánh Vỏ-Đại-

Lang bao giờ.

VỎ-TÒNG HỎI-Anh tôi chết bao lâu rồi?

PHAN-KIM-LIÊN NÓI-Còn thiếu hai ngày chí tuần thất thất.

VỎ-TÒNG NÓI-Anh chết nên qúa ức. Lẻ bí mật chưa toàn, phải kíp đáo gia trang, đặng hỏi Hà-Cửu-Thúc.

Hà-Cửu-Thúc gặp Vỏ-Tòng Vỏ-Tòng thộp Hà-Cửu

VỎ-TÒNG NÓI-Lời hỏi Hà-Cửu-Thúc, nghe người tẫn liệm hiền-huynh. Thấy sao biện bạch trần tình, gian dấu tên đao tới cỗ.

HÀ-CỬU-THÚC NÓI-Đô-đầu muốn rỏ; ta phải bày ngay, ngoài đây hai lóng xương tay, trong có gói mười lượng bạc.

CA LƯU THŨY-CAO-SAN

VỎ-TÒNG HỎI: «Bạc với xương của ai đó.
Thiệt tôi chưa rỏ căn do.»
HÀ-CỬU-THÚC: «Môn-Khánh cho tôi mười lượng.
Còn hai lóng xương của Đại-Lang.
Tôi biết người chết oan.
Bạc và xương để mà làm tang.
Tây-Môn-Khánh bảo liệm cốt hài.
Việc kín đáo đừng cho ai hay.
Mối mang này muốn ra.
Mau đi kiếm Huy-Ca.
Mai vong tại Dương-Bà.
Chứa Kim-Liên Tây-Môn trong nhà.»

HÀ-CỬU-THÚC NÓI-Kim-Liên với chàng Tây-Môn-Khánh, việc mai dong là tại Dương-Bà; chẳng tin hỏi lợi Huy-Ca, thì mới rữa oan cho Vỏ-Đại.

VỎ-TÒNG NÓI-Mong ơn quí-thúc. Báo oán ca-ca, xin rán gắn công già; chớ phụ phàn dạ trẻ, vậy quí thúc hãy rán theo tôi đi kiếm Huy-Ca.

(Vỏ-Tòng đi vừa một đổi kế Huy-Ca vừa tới Hà-Cửu-Thúc chĩ cho Vỏ-Tòng)

HÀ-CỬU-THÚC NÓI-Kìa may dữ à Huy-Ca kia đầu đuôi gì xin Vỏ-đô-đầu hỏi nó thì rỏ.

VỎ-TÒNG HỎI-Em phải Huy-Ca không.

HUY-CA NÓI-Dạ phải còn anh phải Vỏ-đô-đầu chăng?

VỎ-TÒNG NÓI-Phải qua đây, qua nghe rằng: Hôm tháng trước em đánh lộn với Dương-Bà cũng vì việc Tây-Môn-Khánh cùng Phan-Kim-Liên có phải à?

HUY-CA NÓI-Bẩm thầy phải, vì tội nghiệp Anh Vỏ-Đại lắm. Gẩm thương anh Vỏ-Đại; nghĩ giận cậu Tây-Môn xưa anh Lang vô bắt dâm-bôn. Bà Dương-thị với tôi ấu đả.

CA KIM-TIỀN

Bán trái lê cho cậu Tây-Môn.
Bên tai lắm tiếng người đồn.
Tây-Môn-Khánh với nàng Kim-Liên.
Hai người giao duyên.
Tôi bước vào, vừa tới của, mụ Dương-Bà,
Sợ bễ việc mủ đuổi tôi ra.
Đánh chưởi hét la.
Rồi tôi đi kêu Vỏ-Đại.
Bắt đặng hai đàng lúc hòa gian.
Chàng Tây-Môn đánh Vỏ-Đại-Lang.
Đạp té nhào cẳn đá vào hông.
Người mang bịnh trọng, tâm thần bất định.
Lai láng máu ra.
Bởi tôi nhỏ dại, hoản kinh mới chạy.

CA KIM-TIỀN

VỎ-TÒNG: Cám ơn em lời thiệt phân ngay.
Em thấy sao cứ việc tỏ bày.
Đồng xuống huyện cáo chàng Tây-Môn.
Với lũ bất lương.»
HUY-CA: «Tôi bằng lòng, theo làm chứng, cái vụ này,
Mình oan khúc cho người thác oan.
Vậy mới lòng an.
HÀ-CỬU-THÚC: «Già đây đến nơi cữa huyện.
Lấy lời ngay khai hết giữa quan.
Bạc và xương, hẳng thiệt rỏ tang.»
VỎ-TÒNG: «Chốn suối vàng anh dầu hiển-linh.
Chứng minh hiền-đệ, phen này quyết thệ.
Tẫy oán ngô huynh.
CA RẬP: «Cùng nhau xuống huyện, chúng ta đồng kiện.

Hạ màn

MÀN THỨ CHÍN

VỎ-TÒNG TỚI NHA THỐNG CÁO, QUAN HUYỆN BÁC TRẠNG KÊU NÀI.

(Cảnh nha môn Huyên đàng)

QUAN-HUYỆN NÓI-Chưởng quyền Cốc-huyện, làm Thái-thú quan. Trước vưng lịnh nhà vàng; ra chăn dân con đỏ.

NGÂM TỨ-TUYỆT

Ơn vua nợ nước nhớ hằng ngày.
Đường vạy không giò bước nẻo ngay.
Bản đã nêu danh khôn thế lọt.
Củi vàng để tiếng dể nào phai.

QUÂN HẦU BẨM-Bẩm ông có Vỏ-đô-đầu xin ra mắt.

QUAN-HUYỆN: Cho vào!

(Hà-Cửu-Thúc Vỏ-Tòng, Huy-Ca đồng vào và xá quan huyện.)

QUAN HUYỆN HỎI-Vỏ-đô-đầu vào có việc gì?

LƯU-THỦY-TRƯỜNG

VỎ-TÒNG: «Cúi đầu bẫm cùng thượng quan.
Ức thay phải đến huyện đàng,
Anh Đại-Lang vì phải thác oan.
Sự cũng tại Dương-Bà,
Buộc mai lại chứa trong nhà.
Môn-Khánh cùng Phan-Kim-Liên,
Tôi vào đơn xin kiện.
Anh thác xuống huỳnh tiền.»

QUAN-HUYỆN: «Tại sao rỏ căn nguyên?
Giữa đây người mau phân thiệt.»

VỎ-TÒNG: «Duyên cớ bỡi như vậy.
Có hai người nói lại.
Hà-Cửu-Thúc đàng đầu,
Huy-Ca cũng ứng hầu.
Xin đòi vào hỏi thì ra chuyện.»

QUAN-HUYỆN: Hai chứng khá nói ngay,
Nhơn mạng bỡi ai?»
HUY-CA: Dạ dám bẩm thượng-quan.
Mối mang tại mụ Dương-Bà.
Chứa Kim-Liên năn.
Tây-Môn-Khánh lại qua.
Khi tới đến gia.
Dương-Bà đuổi tôi ra.
Tôi giận kêu Đại-Lang đến gia.
Bắt đặng hai gả dâm tà.
Tây-Môn đánh Đại-Lang.
Máu trào ra chứa-chang.»
QUAN-HUYỆN: «Cửu-Thúc thấy sao?
Hãy nói cho mau.»
HÀ-CỬU-THÚC: «Tây-Môn cho bạc tôi đây,
Bảo chôn Đại-Lang cấp kỳ.
Dặn đừng lậu tiếng chi.
Lúc tôi khán tữ thi.
Xem rất hải kinh.
Máu ra họng, bầm cả mình.
Lúc đem thiêu thây chàng.
Tôi trộm hai lóng xương tàng.
Mười lượng bạc làm tang.
QUAN-HUYỆN: «Tuy chứng cớ rõ ràng.
Còn hài cốt thiêu tàng.
Khó biện ngay gian.
Kiên vô lang khó nghiệm.»
VỎ-TÒNG: «Lạy ngài xin xét đuôi đầu.
HUYỆN-QUAN: «Vô cớ xữ đặng đâu.
Thôi Vỏ-đô-đầu.
Yên tâm chớ sầu.

VỎ-TÒNG, HÀ-CỬU-THÚC, HUY-CA *(ra rập)* Đẵng khấu đầu chơn lui.

QUAN-HUYỆN NÓI-Ờ ờ hèn chi Môn-Khánh mấy ngày rày cứ đem lễ vật tới hoài, ấy cũng bởi sự này, dùng lễ kĩnh; không ngờ hối lộ; nay phải cam mang tiếng ô quan. Tội nghiệp Vỏ-Đại-Lang chết về Tây-Môn-Khánh.

NGÂM: (Đại-Lang rày thác thành ma,

(Dầu mình ra án sống mà đặng sao.

Hạ màn

MÀN THỨ MƯỜI

TUẦN THẤT-THẤT VỎ TÒNG SÁT-TẨU. THẾ ĐÃ CÙNG DƯƠNG-THỊ CUNG CHIÊU.

(Cảnh nhà có bàn thờ tang)

VỎ-TÒNG *(Mấy người bàn nhơn tới và)* NÓI-Này mấy ông tuần thất thất thọ tang huynh trưởng, lễ điếu xưa cãm tạ mấy ông. Xin mời bước vào trong *(Quân)* kiếp đóng mau cữa ngoại *(Bàn nhơn hết hồn)*.

VỎ-TÒNG NÓI-Xin mấy ông ngồi lại, coi tôi trả thù nhé. Chốn suối vàng hởi Vỏ-Đại-Ca, nơi Dương-thế quyết minh ra án *(Trong mấy ông đây có ông nào biết chữ không)*.

ĐIỀU-NHỊ-LANG NÓI-Ông Hồ-Chánh-Khanh đây khá hơn hết.

VỎ-TÒNG NÓI-Cảm phiền ông Hồ giúp tôi!

HỒ-CHÁNH-KHANH: Tôi cầm viết lấy khẩu chiêu cho.

(Vỏ-Tòng rút gươm chỉ mặt Phan-Kim-Liên)

CA BÀI-HA

«Anh ta chết tại sao?
Chị phải khai cho mau.
Nếu gian dấu tôi xuống đao.
Tại vì đâu.
Mưu kế độc sâu.»

PHAN-KIM-LIÊN: «Có mưu kế gì đâu.

VỎ-TÒNG: «Tẩu tẩu dấu dạ, tôi giết bỏ mang.
Phân bày cho cạn tôi tha *(nắm đầu dặt xuống)*.

PHAN-KIM-LIÊN: «Xin thúc thúc buông ra.
Rồi tôi sẽ phân qua.
Việc sanh ra nơi đây.
Cũng bởi tại dì này (chỉ Dương-Bà).
Vọng quyển tiếng đờn trời.
Lời trau chuốc nói giồi.
Tôi dại mới nghe lời.

Ép uỗng tôi lấy chàng Tây-Môn.
Tôi cũng biết nó là du-côn.
Nếu không chịu đở ắt nó giết tôi.
Cực chẳng đả kết đôi.
Còn chồng tôi bỏ mạng.
Củng bởi lại Dương-bà.
Xúi chàng Tây mua thuốc trao tay.
Giết Đại-Lang cùng nó sum vầy.
Lở tay rồi ăn năng thương tiết.
Có câu hối hà cập.

Vỏ Tòng: lời khai nay đã đành rành.
Mấy ông có ngó thấy.
Còn mụ Dương-bà.
Mau khai ra cho thiệt.
Ông Hồ rán viết giùm.

Hồ Chánh: Vỏ đô-đầu chớ lo.
Để tôi viết kỷ cho.

Vỏ Tòng: Dương-thị sao chẳng chịu khai?
Hay còn đợi xuống tay.

Dương-Bà: Tôi là người biết phải.
Kim-Liên nói oan thay.
Tự thuở xua nay.
Tôi có làm mai mối ai.
Nàng sợ họa lai.
Đỗ thừa tôi xúi, thuốc Đại-Lang.
Trời ôi rất nên oan.
Đặng cho nàng khỏi tội.

Vỏ Tòng: Mụ già rất mỏng môi.
Nông nỗi này còn chối sao?
Đặng mổ xuống một đao.
Nếu còn dấu trước sau.
Ta nguyện lấy đầu.

Dương Bà: Để tôi khai chẳng dấu đâu.
Xin thương tôi già sanh tậc.
Kim Liên lời khai ngay.
Trong mấy đều có hết.

Vỏ Tòng: Đều nghe chứng cớ rỏ ràng.
Ta nguyện giết con độc phụ.
Răn những kẻ ác loàn.
này bớ Vỏ-hiền-Huynh.
Hồn anh có linh.
Về đây mà chứng minh.
Lòng ngày phú hoàng thiên.
Chém đầu Kim-Liên, (Kim-Liên chết)
Mổ lấy lá gan.
(Quân): coi đổi đèn nhang.
Ngó lên nơi linh sàng.
Đao cắt tâm cang.
Phiền mấy ông ngồi nhờ.
Tôi đi về bây giờ.
Hà Cửu Thúc: Vỏ đô đầu đi đâu?
Tôi đi việc nhiệm mầu.
Ở đợi tôi chẳng sao đâu.
(Quân): Coi giữ Dương-bà.
Đừng cho ra khỏi nhà.
Gói đầu Phan kim Liên. (đi hạ)
(cã thãy chỉ Dương bà ca rập)
Đầu đuôi tại mụ Dương.
Có chết ai thương.
Dương bà (ca rập): Bây chẳng phép nói ta
Mụ già nính đa!
Vỏ Tòng: trước cắt đầu Phan-thị; sau thí mạng Tây Môn. Anh mỗ đả tiêu hồn, chúng bây đều tang sát.

CA NGŨ ĐIỄM

Hỏi thăm đến cữa họ Tây.
Người lại chĩ nhà nơi chốn này.
Cả kêu mấy chú gia đinh.
Biễu Môn Khánh ra đây nạp mình.

Gia Đinh Nói-Chủ ta không có ở nhà, vừa mới đi ra.

Vỏ Tòng hỏi-Đi đâu bây chừ? Mi làm ơn chỉ cho ta có việc cần.

Gia Đinh Nói-Chủ ta thường hay lại lầu Sư- tử. Người muốn gặp thì lại đó chắc có.

Võ Tòng mổ ruột Phan kim liên mà trả thù cho anh.

Huy Ca, Hà cữu Thúc, Hồ chánh Khanh ngó Dương Bà mà cười và chĩ.

CA BÀI TẠ

Chủ tôi chẳng có ở nhà.
Vừa mới bước cẳn đi ra.
Lầu Sư tử người hay uống trà.
Lại với một người quí khách.

Vỏ Tòng: Vậy thì ta rất cảm ơn.
Tữu lầu ta kiếp giời chơn.
Tìm cẩu tặc ta toan báo thù.

Hạ màn

Màn thứ mười một

Võ Tòng chí quyết trả thù anh,
Tây Môn Khánh tửu lầu bỏ mạng.

(Cảnh Sư-tử lầu)

Tây Môn Khánh: này quý-huynh. Trước đây xin dùng rượu, sau rốt sẻ xơi trà. Anh em thường bữa lại qua, có phải ai mà xa lạ (mà phỏng ngại).

Khách Nhơn nói: Chẳng phải là mới biết, quen từ thuở xưa nay; (nhưng mà) mới đôi chung thì đã muốn say (còn anh) đã mấy nhạo mà coi tỉnh.

Tây Môn Khánh nói--Uống đại say thì nghỉ.

CA HÀNH VÂN

	Tôi rót đầy, dùng hết chén này.
	Mới vùa lòng tôi.
	Bớ này tữu bảo, đem rượu thêm mau.
Tửu Bảo:	Thưa tôi vưng dạy.
	này thượng tửu,
	Cùng rượu mai quế lộ rất ngon.
	Và nem tôm gỏi sứa rất dòn.
	Ấy đồ uống rượu rất thiệt ngon thay.
	Có đũ sanh cầm, thịt bò xào giấm.
	Đồ bác trân sốt ngon.
Tây-M-Khánh:	Một ve mai quế.
	Vài đĩa nem tôm.
	Với gỏi sứa dòn.
	Cũng đem thêm ra đây.
Tửu Bảo (ca nhỏ nhỏ):	quyết phen này đập đổ cậu Tây.
	Tinh cho cao giá.
	Biết chi những mấy chú say.

Vỏ Tòng (lên tới chỉ mặt Môn Khánh): bớ Môn khánh mi có biết lỗi mi chưa? Nếu biết phải chịu thiệt đi!

Môn Khánh hỏi: lỗi gì? Mà hỏi:

Vỏ Tòng (mở gói và xách thủ cấp Phan Kim Liên lên và) nói-này là đầu của người tình mi đây.

CA TAM PHÁP NHẬP MÔN

	Giết anh ta rất đáng giận.
	Ngày nay ta quyết trã hận.
	Mi mau tua khá nạp thân,
	Kim Liên đầu đây có thấy.
Tây-M-Khánh:	Mi đừng nói bậy bỏ thầy.
	Giết hồi nào, mi có thấy.
	Tới đây phòng, toan phao phãn.
	Nào ai, giết Vỏ-đại-Lang?

Vỏ Tòng Nói-Chả Chả đến nổi này mà còn chối chớ Bớ Tây Môn Khánh!!

Mi loài lang thú; táng tận lương lâm mưu thăm họa giệt thăm máy huyền vi há lọt hể có vay có trã.

CA LONG HỖ HỘI

Nhà Dương-bà, mi tư gian.
Với Kim Liên, sao còn chối?
Trước hại nhơn tắt nhiên nhơn hại.
Sách noi khôn sai.
Bảo hữu đao giết đứa bất lương.

Tây-M-Khánh: nếu muốn đánh ta đánh há nhường.

Khách Nhơn: Úy! Trời ôi hai người tranh đương.
Ta mau kiếm đường.

Vỏ Tòng nói-Tây Môn đà bỏ mạng, ta phải cắt lấy đầu, bị một tay hắng té xuống lầu; mau giời bước phản hồi gia thất.

Vỏ Tòng đại náo Sư lử lầu đánh với Tây môn Khánh

CA KIM TIỀN

Giết Tây Môn, chàng đà mạng vong.

Vậy ta mới phĩ bấy tấm lòng.
Nghĩ tạo hóa thiệt là chí công.
Vốn thiệt vô tư.
Đã giết rồi, loài ác độc, thù trả rồi.
Về sắm lễ đặng mà tế anh.
Dầu thác cũng ưng (Vỏ Tòng đi)

Tữu Bảo: Trước ta tưởng đà nhiều lợi
Nay thiệt hại thay, bể hết chén ly
Tây Môn người đà chết đi.
Năm nay buôn bán rất suy
Còn dâu đòi lại, thiệt là báo hại.
Thủ cấp Tây-môn.
Chắc lên tới huyên, còn gây nhiều chuyện.

Hạ màn

Màn thứ mười một

Võ Tòng lấy hai thủ cấp, dọn ra đại lễ tế anh.

(Cảnh nhà có bàn thờ)

HÀ CHÁNH NÓI. —Ủa là Vỏ đô đầu đi sao không thấy về? Vậy thì anh này chịu khó đi dọ coi.

HUY-CA CHẠY VỀ.— (Cha chả) Vỏ đô-đầu chánh là anh hùng hảo hớn giết Kim Liên dường như náy mắt, tru Tây gia chẳng kiệp trở tay. Chút nữa đã tới đây, người dạng người đi trước đó! đó! đó! Thấy không mấy ông?

CA ĐƯỜNG THÁI TÔN

Thấy thũ cấp kinh hồn.
Tôi thường nghe, thiên hạ người đồn.
Tây môn Khánh quã đứa du còn.
Ngang tàng ai hơn.
Giết Vỏ Đại rất oan.
Nay gạp Đô-đầu hào kiệt,
Giết người mạng tuyệt, báo thủ anh,

Cuộc vay trả rất ưng.
Vỏ Tòng về dở đầu Môn Khánh mà ca (tiếp)
Đầu Môn Khánh ta chặc rồi, vừa bớt giận
Ngỏ tẩy hận, báo thù ca huynh.

Hồ Chánh Khanh: Huynh đệ thăm trình, đô đầu hết dạ.
Báo oán trưởng huynh, lảo thấy rất kinh.
Huy Ca: Đô đầu hạng nhứt, thiệt một bực anh hùng.
Mà cô bác xét cùng, mấy mạng chết đây.
Tại mụ già ni, bày đều ác đức.
Vỏ Tòng (quân): Vưng lời ta day.
Lấy thũ cấp, tế tự ca huynh.
Nhị Quân: Bẫm đô đầu rồ.

Vỏ Tòng-Quì xuống tế Vỏ-đại-Lang và than rằng: Đai ca ôi! Mới hai trăng hiệp mặt, nay muôn kíp dứt tình. Chốn cửu tuyền hồn có anh linh, xin về chứng tấm lòng thành thảo. Đại ca ôi.

NGÂM TỨ TUYỆT

Thủ túc phân lìa nát lá gan.
Người thời âm cảnh, kẻ dương gian.
Hóa nhi ông khéo cơ cầu bấy.
Chưa phĩ hiệp, mà phúc vội tang.

CA DA CỔ HOÀI LANG

Đau lòng thay lìa thũ túc.
Nhờ đến ca trưởng giọt châu tuông tràng.
Nay anh ngậm cười nơi suối vàng.
Tây Môn Khánh bạo tàng.
Phan Kim Liên dâm loàn.
Em đả trừ rồi loài ác gian.
Đời có vay có trã.
Thủ cấp này ca trưởng chúng miêng.
Ấy ngày cay tẩy hận.
Chử huynh cừu báo đặng thì hơn.

Lăm luật hình lòng em chỉ sờn.
Miển rửa đặng thâm hờn.
Cùng với trừ loài phi nhơn.
Rượu ba tùng bốn lạy xin dưng.
Nay em giãi đặng oan tình.
Em nguyện trói mình nạp mà cửa quan.
Luật hình dầu, trảm thủ cũng ưng
Kẻo tức thay đệ huynh phân kỳ.
Nay ta sống một mình ích chi.

Vỏ Tòng Nói—Quân tế lễ rồi mau triệt hương đăng. Hai thũ cấp lấy khăn gói lại, này các ông ôi, các ông có lòng giúp tôi, thiệt ơn ấy tạc dạ ghi xương, bao giờ đáp đặng, vậy thì:

CA LỚP XAN VẮN.

Cúi xin Hồ lão cùng các ông.
Xin tưởng lòng dùng vài chung rượu.
Ơn người, ghi lòng
Một lại ngỏ đền công
Ơn nhờ các ông.
Thương bụng tôi giúp giùm.

Hồ Chánh Khanh: Có câu kiên kiến nghĩa khả vi (cả thảy đều dứng dậy)
Việc phải kiếp làm ngay.
Vỏ đô đầu đừng dùng đãi lễ.
Nhọc gì sự này.
Một lẻ lấy lời khai.
Đặng rỏ gian ngay.
Kẻo chúng tôi quá ức lòng.

CA LỚP HỒI THỦ

Hà Cửu Thúc: Nay chúng tôi khó nhọc chi nài.
Mừng thay minh đặng an này.
Chốn chính sông tẫy oan cho Vỏ Đại
Kẻo người người thương cảm.

Huy Ca: Có lẻ đâu trời dung loài ác.
Giết lủ bạo tàng,
Dầu có thác cũng lòng ưng.

	Cũng tại mụ già này bất nhơn,
Dương Bà:	Huy Ca mi chớ học làm khôn.
	Đồ các đảng âm hồn.
Diêu nhị Lang:	Lên tới quan mạng mụ khôn tồn.
	Chừng ấy sẽ biết rằng dại khôn
Vỏ Tòng nói:	Xin các ông đừng cải chi cho mệt.

CA HÀNH VÂN

	Khai báo rồi, mời mấy người.
	Lên chốn nha môn,
	Nhờ trên công án,
	Nặng nhẹ cũng cam,
	Dám đâu trái luật,
	Này hai thủ cấp.
	Để mặc ta đem tới của quan,
	Còn nhị quân trở lại trại đàng.
	Ta người có tội.
	Hết giúp việc quan,
	Lăm chốn rạt ràng.
	Bất phân sanh tử,
	Chớ theo ta làm chi.
Nhị Quân:	Một ngày xũng nghĩa.
	Tớ chủ nặng thay,
	Thầy mắc nạn này.
	Lòng hai tôi đâu an.
Ca Rập:	Chúng ta đồng lên chốn môn quan,
	Lóng nghe quốc luật.
	Cầu cho tha Vỏ nhị Lang.

Hạ màn

MÀN THỨ MƯỜI HAI

VỎ ĐÔ ĐẦU XUỐNG NHA THỨ TỘI, ÁN KHẮC TỰ PHÁP PHÁP PHỐI MẠNH CHÂU.

Cảnh nha môn.

Quan huyện nói-Nhà chẳng nghe đạo giả; đường bặt tiếng cường san. Trên quan đặng an nhàn, dưới dần đều lạc nghiệp.

Quân Hầu-Bẩm ông có Vỏ đô đầu đến.

Quân Huyện-Cho hắng vào.

Vỏ Tòng đến quan, chiệu tội về ắn giết hai mạng.

Vỏ Tòng xách hai cái đầu và kéo Dương bà vô nha.

Vỏ Tòng Bẩm-Bởi ức lòng ngu hạ, cầu trên lượng đại quan, Phan kim Liên thuocccs chết Đại Lang, Bà Dương thị âm mưu Môn Khánh.

Quan Huyện nói-Vì sao mà dám chắc Phan kim Liên âm mưu với Dương bà cùng Tây Môn Khánh mà giết Vỏ đại Lang?

CA KHỔNG MINH TỌA LẦU

Oan ức chuyện chi.
Người hãy phân đi.
Thủ cấp ai đây?
Nào còn tử thi.
Vỏ Tòng: Thủ cấp chàng phi[1] tử Tây Môn.
Thủ cấp nàng Phan thị Kim Liên.
Quan Huyện: Người khá phân cạn.

[1] 原稿显示 Phĩ

Cho ta đặng toàn.
Vì sao hai mạng.
Người giết nhu vầy?
Vỏ Tòng: Ra sự này cũng bởi chàng Tây.
Tư dâm cùng Phan thị Kim Liên.
Dương bà xúi thuốc anh tôi chết.
Tức tối vì cốt nhục tình thâm.
Không thế mà dẳng.
Vọng thượng quan mở lượng cao mình.

Quan Huyện nói-Kế giết người ấy là kế độc: Bởi tại sao người rỏ mưu sâu; quả chánh tang một mạng đỗi hai đầu. Đủ chứng cớ năm ba toạn mặt:

Vỏ Tòng-Bẩm quan lớn. Bởi duyên cơ như vầy:

CA DẠ CỔ HOÀI LANG

Lễ thất tuần ca trưởng.
Huy-Ca Cửu-Thúc đến chia buồn.
Có Hồ Chánh Khanh cùng ở một đường.
Và Diêu nhị Lang đến giùm.
Cùng mụ Dương bà.
Người trong ngoài chừng vài mươi.
Tôi tra Kim Liên sự anh chết dữ.
Giây lâu nàng mưới chịu khai ngay.
Răng có thuoccs anh Vỏ Đại.
Bởi tư tình phỉ tử Tây Môn.
Mưu Dương Thị xui dục như vầy.
Nên mưới ra chuyện này.
Quan Huyện *(quân)*: Đời chúng cớ vô mau.
Chúng bây đều thấy việc làm sao.
Mau khá phân toàn.
Mựa chớ hề dấu g[1] ian.
Hồ Chánh Khanh[2]: Nay chúng tôi lên trước huyện đàng.
Trong các việc bẩm cùng thượng quan.
Cứ trong lẻ thẳng trần toàn.

[1] Kiêm - Liên
[2] Hồ Ch Khanh

Nào có dám một lời dấu gian.

Đề Lại Nói-Vậy thì khai đi cho ta lấy khẩu chiêu.

Hà Cửu Thúc-Bẩm ngài:

CA HÀNH VÂN

Vỏ đô đầu, mời mấy người.
Tới nhà Đại Lang.
Tỏ việc cảm ơn,.
Khi khôn Vỏ Đại.
Người đóng cửa.
Cây Hồ gia lấy lời chung khai.
Bắc Kim Liên các việc tỏ bày.
Nàng liền chịu thiệt
Lấy chàng Tây môn.
Vỏ đại phi hồn.
Cũng vì thuốc độc
Nên Đại Lang mạng chung.

Hồ Chánh Khanh: Bày ra kế ác.
Cũng tại Dương bà
Môn Khánh tay tà.
Cũng đồng mưu sát nhơn.

Huy Ca: Cúi bẩm[1] ngài muốn rỏ thiệt hơn.
Tôi xin phân cạn.
Việc chi cũng tại mụ ni.

Quan Huyện nói-Còn Diêu nhị Lang thấy sao?

Diêu nhị Lang nói-Bẩm ngài. Khi Vỏ đô đầu mỗ ruột Phan kim Liên rồi để đó bỏ đi, trong giây phút thấy xách đầu Môn Khánh đem về, rồi dọn lễ tế anh, ấy cũng bởi lời khai trước của Phan kim Liên y như lời mấy người chứng trước đó.

Quan Huyện nói-Hà Huy cung đã cạn, Hồ Diêu chứng cớ rõ[2] ràng, thuốc chết Vỏ đại Lang ấy là mưu Dương thị, còn Vỏ đô đầu giết Tây môn Khánh tại đâu rồi xách đầu về đó?

---

[1] Bẫm

[2] Rỏ

Vỏ Tòng-Bẩm ngài, tôi giết loài phỉ tử, tại nơi chốn tửu[1] lầu.

Quan Huyện nói: Thương Đô đầu hảo hớn, giận Môn Khánh tà gian, muốn cứu Vỏ nhị Lang, tính sao chừ Đề lại? Người hãy tính giùm với ta mà cứu người khỏi thác.

Đề Lại nói-Ngài dầu thương người phải, tôi dưng một kế hay. Phải sửa các tờ khai cùng những lời chúng cớ.

Quan Huyện-Cách sủa làm sao mà chữa mình cho Vỏ Đô đầu. Chớ hễ an sát nhơn thì thường mạng. Còn ciệc thuốc Vỏ đại Lang thì đã qua lâu rồi. Còn Tây Môn Khánh với Phan kim Liên chết rồi lấy ai ma tra gạn. Một mình Dương bà không đủ bằng cớ.

Đề Lại: Bẩm ngài phải làm như vầy:

CA BÌNH BÁN VẮN

Kế nầy nên rất hay.
Chừ thời sữa các tờ khai.
Vỏ nhi Lang đến ngày làm tuần.
Phan kim Liên Kiếm chuyện ó la.
Một đôi phên Tòng đã bỏ qua.
Nàng buôn lời nhiều vọng đắng cay.
Vỏ Tòng giận, xô nàng lở tay.
Ấy là rũi, nên nàng hồn bay.
Còn chang Tây môn Khánh ỹ tài.
Bởi tình ái với nàng Kim Liên.
Nhảy vô đành cới Vỏ nhị Lang.
Lúc ấu đã ai xũng tranh hơn.
Vỏ Tòng đán Tây môn bỏ mình.
Ấy cũng bởi là việc thình lình.
Án ngộ sát tội ấy nhẹ thay.

Quan Huyện: chẳng vậy, ắt Tòng mang hại.
Sử án đày, đánh đòn khắc tự.
Ngỏ phát phối tới xứ Mạnh châu.
Lệ coi dẫn hết vào hầu.
Trước hết thảy mấy người chánh phạm.

[1] Tữu

Quan Lệ: chứng cớ đồng, vào đấy hầu tra.

Quan Huyện (quân) dẫn Dương bà tiên nhập.

Dương Bà vào quì xuống:

Quan Huyện hỏi: Bá già kia! Vì mưu độc tại người bày trước; họa sâu. Nay phải chịu sau. Câu câu thiện ác đáo đần. Để hại nhơn, nhơn hại.

CA CỔ BÃN

Quan Huyện: Đầu dui, khá mau phân lại.
Hỏi Vỏ đại Lang, chết cách nào?
Phải nói cho mau.
Ai đem thuốc độc; tới thuốc chàng,
Phải thì mạng chung.

Dương Bà: Tại cậu Tây-môn. Làm đều dâm dục,
Muốn Phan kim Liên, cho tôi tiền.
Bảo làm mai dong,
Chùng người Vỏ Đại; mới bước vô,
Môn Khánh hung đồ, đánh Đại Lang.
Rửa người mang bịnh trọng.
Tuông trào máu họng.
Tôi sợ thường nhơn mạng.
Áp vào khiêu đại.
Đem bỏ nhà chàng.
Kế đâu Phan thị; nói với Tây môn,
Rãng Vỏ đại Lang, nhiều tiếng than.
Bảo phải dưởng nuôi, cho đến khi,
Vỏ đại Lang dãm, thuyên bịnh trọng
Thì gã dấu cho,
Nếu không Đô đầu, về đến đây.
Ắt nàng Kim Liên, lăm đại hại,
Nàng Phan kim Liên sợ đô đầu về mạng (chẳng xong)
Nàng đã hết hồn, mới cậy tôi giúp việc.
Khi ấy tôi, nghe mới toan mưu độc,
Lập kế thuốc người.
Dạy kiếm mã tiền; cùng mật cóc gan công
Bõ vào trong nước thuốc thì xong.

Uống chẳng bao lâu;
Người đa tuyệt mạng,
Đem xát thiêu tàng.
Các đều nầy; bày tỏ thượng quan.

Quan Huyện: Mụ qua to gan, giết Đại Lang,
Tội ác của người; phải đến pháp trang.
Luật đâu dung đặng, loài độc như vầy,
Ta phải thượng án nầy, về tới thượng ty.
Giao cho hình bộ, ngài luận suy,
Xủ về cách chi, trừ loài độc phụ.
Tùy luật gia hình,

Đề Lại: Quân mau đem giam Dương bà! (đi rồi) Bẩm thượng quan, nếu thượng án buộc bà Dương thị thì phải có Vỏ Tòng (chi Bằng) đánh đòn bốn chục thì xong. Tù sáu thang sự nầy mới nhẹm

CA TÂY THI

Đề Lại: Đệ án về thương ty,
Vụ sát nhơn phải cho đủ luật,
Vỏ Tòng phải có, mà chịu hầu tra,
Chắt tội ấy khó tha,
Quan trên dễ bỏ qua,
Phải sửa lời khai, rằng mụ Dương bà,
Có làm mau, không giết Vỏ đại,
Đánh đòn tha ngay,
Tính vậy mới nhẹm cho.

Quan Huyện: Đề Lại phân có lý,
Chúc nữ ta quên rồi,
Hãy thương người, ta phải nhọc công,
Còn Vỏ nhij Lang, phải gia công,
Phát phối ra quận ngoại,
Ấy là xử nhẹ, vậy thời mới nhẹm,
Đánh đòn bốn chục, ấy luật nhẹ thay,
Còn chúng cớ, đuổi khỏi nha môn,
Kế nên cao, khá khen Đề Lại,
Tràng quân mau kiếp, mở lấy khám giam,
Dẫn Dương thị vào trong.

Lính:	thưa tôi vưng lịnh ông,
	Coi bảo anh thue ngục,
	Mở khám dẫn Dương bà,
	Thiệt mụ già ác độc da,
	Quan tha thần quỉ khó tha (chỉ mặt Dương bà)
	Cắt râu chú nầy, cặm càm mẹ nọ,
	Coi quì xuống đó,
	Bẩm ông Dương bà vào.
Quan Huyện:	Vật đánh đòn bốn chục cho mau.
Lính:	tại bà ác đức bất nhơn,
	Bây giờ bị đòn, thiệt là rất đáng.
Dương bà:	Bẩm quan lớn xin thương mụ tuổi già.
Lính:	Già già gì mà giết người ta.

Quân Y Lịnh và nói-trước hai người bỏ mạng, Sau bà phải nát gia. Thiệt chẳng phải bà già, nên làm đều độc ác.

Quan Vật Dương bà xuống đánh

DƯƠNG BÀ CA CA LONG HỔ HỘI

	Thương thân già, xin nhẹ tay.
Quân:	phép luật quan, ai vị ai (đánh)
Dương bà:	chắc là tôi bữa nay bỏ mạng.
	Hết kể chi thân
Quân:	Giết người ta mụ mấy than vang.
	Khi tới mình, khóc than như vầy (đánh)
	Biết tiếc thân, phải ở có nhân (đánh)
	Trả vay, khỏi đặng nào.

Dương Bà nói-ôi; ngâmj máu phung mình chúng, thì nhơ trước miệng tôi, chữ thiên vỏng khôi khôi, câu sơ nhi bất lậu.

Đế lại: Quân đem mụ già cầm tù lại,

Quân: thưa vưng.

Quan Huyện: quân đòi chứng (chứng vào)

quân dắc Vỏ đô đầu vào. Nầy đô đầu! phép quân luật nước không vì nghĩa chẳng cì tình. Án giết người là án tử hình. Luật chiếu nhẹ đánh dòn phát phối.

CA LƯU HUYR TAAUR MAR

	Lấy lẻ ngay thì tội nặng thay.
	Tứ thập côn khắc lự phát phối.
Võ Tòng:	ơn thượng quan ngàn năm ghi lòng.
Quan Huyện:	quân mau đánh y lịnh ông troàn.
	Cái tội của chàng.
	Khác hơn Dương bà
	Án nầy là biệt xứ đày xa
Quân:	Vưng đại quan tôi thủ trường côn (đánh nhẹ)
	Thưa đánh đủ rồi.

Quan Huyện-quân coi khắc tự như vầy. Vỏ Tòng phạm luật phát phối Mạnh Châu. Mất chức đô đầu vì chưng ngộ sát. (Bải hầu).

Vỏ Tòng (lạy và nói) Ơn đại độ, nghĩa vô cùng. Trên lượng cả bao dung. Chúng dưới tồn tánh mạng.

Quan Huyện: Khuyên rằng: Vỏ đô đầu ôi! Tội người quả án cố sát vì thù anh, giết sờ sờ hai mạng. Nếu đệ án lên thượng ty ắt phải sát nhơn thường mạng. Nếu đệ án thương người công cực khổ bấy lâu nên sửa án nhẹ, vậy tự tư vĩ hậu dảm bớt khí nộ. Công sai coi lảnh án đây và lãnh Vỏ đô đầu qua Mạnh Châu. Vỏ Tòng xá quan huyện và:

CA VĂN THIÊN TƯỜNG

Nhờ thượng quan nay đặng tồn sinh.
Nơi nha môn cúi lạy thưởng trình
Vui vì báo oán tươngr huynh
Dầu sanh tử cũng đành
Ơn nhờ trời xanh
Đặng tồn sanh, Mạnh châu phát phối cũng đành.

Nếu trả oán đặng người chính suối
Vái oan hồn trưởng huynh
Hồn anh dầu hiển linh
Theo đề thân
Giúp em cho đặng an bình
Em đi anh ở bao đành

Quân Ca: cốc Dương châu:
Anh hùng đệ nhứt một đô đầu.
Quân Nhỏ: chúng tôi thảy mừng ông trả đặng huynh cừu.
Vỏ Tòng: Tuy trả đặng thù, lòng nào người anh ta
Giết đặng cả hai chưa phải lòng ma
Vì còn một mụ Dương bà
Thiết kế hại thảm anh ta.
Nhắt chùng nào giọt lệ càng nhỏ sa.
Quân Ca: hai tôi thưa cùng đô đầu.
Khá gát giòng châu.
E khi giữa đường phải bịnh đau.
Chúng ta đồng qua miềng Mạnh Châu.
Vậy trước pahir lo âu.
Dắc diêu nhau.
Vì non cao suối thẳm xa ngàn.
Bốn mươi đậm, e mang bịnh giữa đang.
Xin gát thảm.
Vì câu tử sanh số mạng hữu kỳ.
Nay trả đặng, thù sâu oán nặng như vầy.
Ấy cũng đã phĩ nguyền,
Xin ngài gát sầu, hào kiệt nhứt vô ưu.
Vỏ Tòng: từ đây trả đặng thầm cừu.
Như vầy mới đứng trượng phu, sữ xanh truyền thiên thu.

Vãng

附录 4

越南汉喃研究院藏喃字书《三国演歌——江左求婚》(1918)[1]

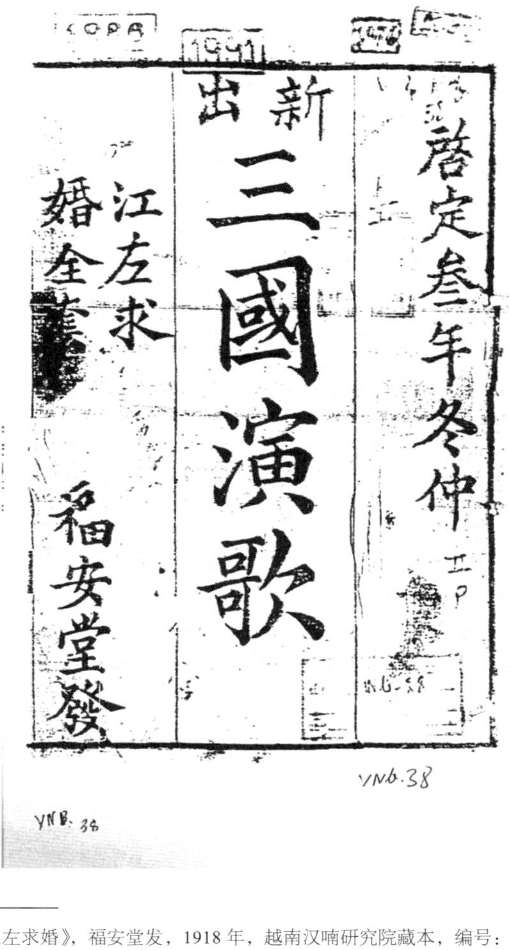

[1]《三国演歌——江左求婚》，福安堂发，1918 年，越南汉喃研究院藏本，编号：VNb.38。

𨤔鐄炷炷燭玉漏漏遶𠃣吝聘𨇒唐虞𦋦下百𣛨户㤇
吾𥙩葛返拍康吉演迹得𢪀傳周瑜喜達謀吶用
那主𠯿夕謀射句𥘷荊州天下乡朱劉備孫身沛
𠸠𢲨出鬼入神朱趙子錦囊妙計拱拱世儒衛拱
𠀧𢬣空𦋦儒扒空𦋦吳侯𢢆惮同又都督𣴓肝鐄
𠲖𠀧實𠬠周郎妙計尚天下陪了夫人又折兵
孫權出台如某𠬠𢮿業𡢼兄𢪀權君主𩈘江南邑
衛文户𢝙荊州群拙㩫𦋦為孔明恨者恨爲鍼劉

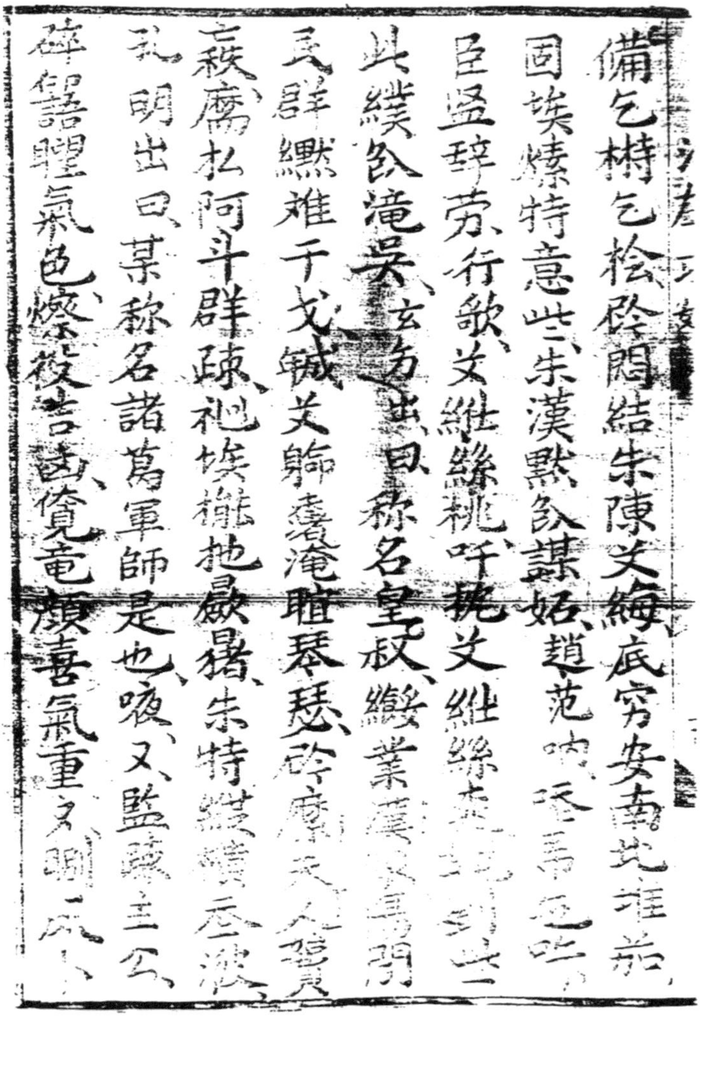
備乞樠乞捡𠯇悶結朱陳𠇍絢底穷安南[illegible]
固埃𤎏特意些朱漢默𠫾謀娮趙范吶[illegible]
𦣰竖𡀳劳行歆𠇍維絲桃吁𢴑𠇍維[illegible]
𠃩纀𠫾淹吴玄[illegible]出曰称名皇叔[illegible]
𡗶群纀难干戈鉞𠇍[illegible]淹[illegible]琴瑟𠯇[illegible]
[illegible]阿斗群踈[illegible]朱特[illegible]
孔明出曰某称名諸葛軍師是也㖫又監[illegible]主公
碎[illegible]氣色[illegible]吉凶[illegible]喜氣重[illegible]

嘉緣扶䣹、畢根曰、國使東吳罷趙范迎[illegible]
𠁀厄𢆥紙𥺊之歐、緣收呼惡𦼔𤍌、樣依咗𥪝、碎
𡗶盎陵、趙范歆吶、恭喜𦓡𤄷吳侯國𦹵孫氏窮將
罣閑結緣鐄、國太碎恄悗遇情、將畢𤄷親行聘礼
𨊓兩姓國𢦏至契、陵同心底打賊曹、玄多吶孫將
𠀧色固惡恄趙大夫吁躍𨆝吏唘鐄竪債蹁玉侯
𦹵進苑術來、玄多吶、計似寔罷爲、謀些畢特脱㗂、
畢訴㗂呵、翁仃吶𠸗、碎吏添𢭂、𧵆鐄似𠓨營𢢲蟒

王翁哰噓㘈、孔明呐、吁主公撬凭、尼妙計低耒、实
周郎㕑雜招肟、底諸葛謀𦓅閗眢、趙子竜𦖑些叫、
𠫾迎江左、㐌固錦囊、啷求婚𠴕䀡𢀭㨢歁遂駕𨔈
𠡚巴計、的罷默精細些㐌吸喈用、沛保主公歇衛
荆漢、玄劳南曰、軍師阿、碾泥芝便江山、𢟔𢮿経濟
斡旋朱𧡊、孔明南曰、主公阿弄、碎情芰群𦁀鷹熝
香焒𤎜鋮院全子竜乱曰、當年長坂早知名又向
江南險處行、丕負軍師深屬付、管教歸去馬蹄𨀈

軍士乳曰、吳越棚𦹵合芝茄、船蘭𨍦𨍦嗜榑歆、芝
皇兵害詔如謡、冥塔寒山怒月波棹夫报曰、低包
隊石頭渡口固使臣趙范罢嗔、違衛驿館傍宜監
稟主公定奪、玄方吶𢚸阿傳軍旗纖笙歆、踈𨃴金
事𨗜合子奄吶、昜迎江左、依計錦囊吟主公𢩮拱、
行裝𫅜國老喬公𦖻包碎吘侍手下、趨𢶒礼迎婚、
喬公出曰徐欵二𡛔𦟐分、半子承家、小伯王嗜哦
所除、大都督威揚卒夏老鋮、名價埃拱尊讓世𡗋

使人愛不如使人畏、得人財莫若得人心呵 又、㝡
矜固埃喻祖魭祖鯘之空、空時老趨劇賊、小童振
曰、固漢左將軍宜亭侯劉皇叔蹎㖨、吧固紙議关
𡍢、酒𠾕𠰘𡑝、喬公吶、底些𠍣𨒺吀朝皇叔使呂𠛌
𦖑嘔𠹾東鄰矜特承顏下顧極咍獻戈妬固爻之
厲咍、玄务吶、敬呈国老、碎特吳侯恵好悶扰景之
招親、便𢫝淹銀、戈㗂府玉喬公吶 好阿劉孫結𠂤
关茄、曹魏勢成孤立、矜𢠩𢀨𠢞杯暫卧𢬣成親𠬠、

言强悋倸隊一番吶碎叩将令織礼迎婚并隊二
凫炎注謨茶吥一畀覔音二畀羅漢署国貶茶蔓
外謨号兵奏节隊巴凫朱注謨棹吥氏年氏昌鮮
莫鮮梗一兵特禕圭窖空脏樟襟踈碎畀該役吁
咳傑隊国沛謨㐌尨斫鴨尨距駁尨鴻毛空空沛
世袁霜㦸算强續繩縚蠹觀狢被亰搭揀欞山𨋤醽
運醉弃伝信㐌滕謨横酒㪚㩓欶味陡便署論糗占
律寡寒沛椲嚴坦客強鋮風侼𠎣𠊚国礼謨半𠸍

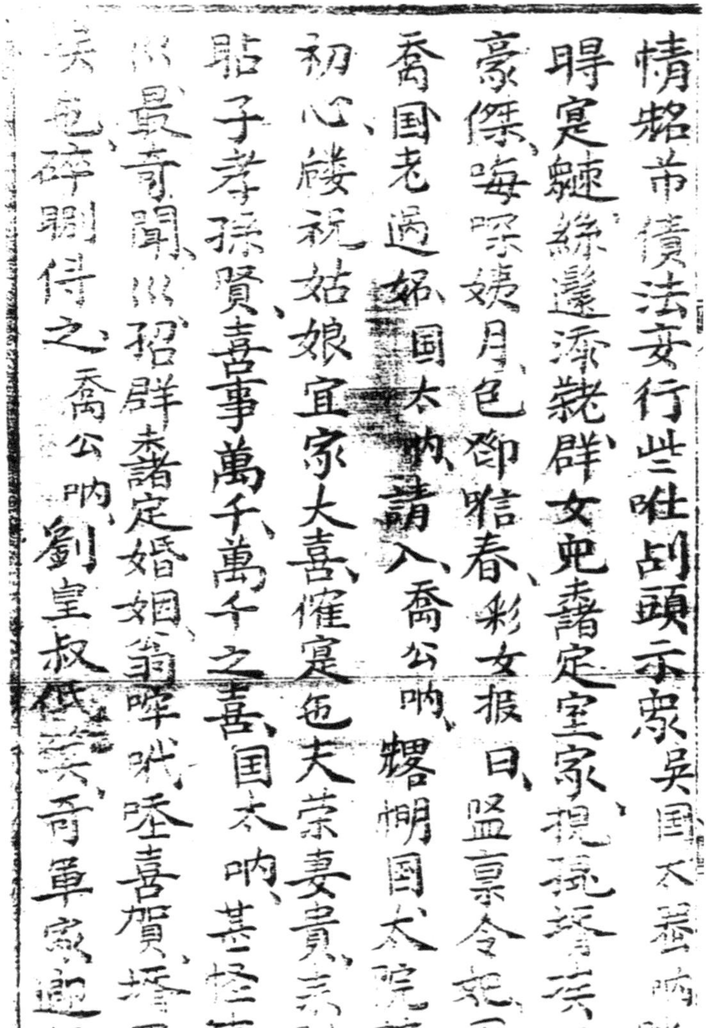

情𢚸帝債法妾行些唯𠯿頭示衆吳国太[illegible]吶𠳨
𢖵寔𩪰絲邊添𩯀群女兜諸定室家、[illegible][illegible][illegible]吳
豪傑、𢖵咹姨月、色卿瞎春、彩女振曰、竖𢚸令𠬠固
喬国老過𡞕、国太吶、請入喬公吶、[illegible]𣎃国太[illegible][illegible]
初心、𡞕祝姑娘宜家大喜、催寔𠇍夫荣妻貴、[illegible]辞
䏧子孝孫賢、喜事萬千、萬千之喜、国太吶、甚怪[illegible]、
[illegible]最奇聞、[illegible]招群諸定婚姻、翁[illegible]吹、[illegible]喜賀、[illegible]三
[illegible][illegible]碎[illegible]侍之、喬公吶、劉皇叔[illegible][illegible]、奇單家迎[illegible]

埃群空嬒妑哂特歐，国太吶侍彩女、一面朱請𢖵
㛪一面嗦啥外庯、彩女、竖禀令妑得嗦衛姉、吶拱
如丞、孫乾罡媒茄㮔、趙范罡得茄姑擑生礼嫓排、
泣驛亭、役色伶又吁妑燎吏孙摧吶、呈𥙩婚朱像
張回役之国太吶𠁑奚𢹣坤䠷婚、奶奈嫁䏻悉㝵
㛪拱如悉、群媄哰铖哂嫌縎𡗉如世、侄固罢、之權
吶、姉罡謀智出奇、竟沛婚姻寔事、為刘備竊荆州
固志铖、周郎擾郘主𡗉㻗呫、特㝵迎監庯㗂坦、国

太吶怪甚仈危𢧚仈役㐌宮耒謀之𠫾橫催㫻係
群埃𥘀女為優尼議醜罷低嘞朱仍擂鬚領𤅶吏
𢧚坊巾帼喬公吶機謀㐌纎妝料鍼坤之朋并役
𢧚賒罷柄頓情嫁娶国太吶行碎作主役冬覔衝
特㝵相国寺中貼覔刘玄風度㗂固放堆沛㐌𠱋
朱行迎𥘀婚鍼道婿㫻捲情仇敵喬公吶沛又碎
吁𠦳𠰘又㝵唯蹎細惻吸浪緣合赤繩耒覔門多喜氣
孙權設朝謀及武將𨀈矦權吶事机不密謀討㬜

空国太瘫𠃣朋恚、刘玄𠰚朱中計引昭呐、䲜浪㤿、
㪽咹尽人謀、𨤮行廊伏産戈矛、欺𨁪席除貼机遇、
喙𠪚本勸頭懶餒、時主公逸𨇜罢𠓀、權呐、計𠬠拱
𠺙𠊛求謹慎、郡主出、曰、𢣂塘𦀊紛、悋役刀弓、身女
宄席志英雄、緣夫婦𦖑埃豪傑、放𧾿彩女振曰、固
劉皇叔、閟結絲緣、𦖑皇兄𠃣覩得賢、席国太群哝
𠓨𦀊、𠬧些𢬣得𠬠覩𤽗招嗺、志𦗏才高、𡏦𠓀擦貝
賊𧶮、𠬠緐𧼌術朝漢、世𠃣坤功覩論、之群摘𩯀𡋥

高、南曰、緣箕油繳紙㐌娟々嬋𠂤貝英豪劍之玄方
吶、脊覓喬公报信、浪国太会親厨相国𠯦沛防身㗂
子竜罡低定計、趙子曰、吁主公䀡據金甲、外默錦
衣、底趙云带劍相醉、𠱊吳将施威何惧、𦓡振曰、低
𠁀𦀗厨相国、吁𠫾謁見吳王、玄方吶、大王坚𩈘一
方、威加九郡、𣈜𣈜声名遠振、𠊛陀顏色相親、孙權
曰、𠇮𠊚将軍、繳㳥漢室、今日何日、君子来连吁㖡
𠫾厨、吐朝国太、玄方曰、外臣対備、祝敬慈顏々辛小之

南山福如東海国太吶 些嘲使君買得安位吏吶
亶又鳳彩凛又威僂天日之姿帝王之貌些乍順
朱娘好昀竹扚餒斯賒吁蹴細席花窮迎戰王趙子
卧目太等矣娘吶玄务𨇒常山首將喒趙云鳴寔
孩也嗜夌長泳併諸臣把盞朱壯士窮愊趙子謝
恩表情聽玄务吶㗂玄务吶盛呈国母閦害劉玄
吐㵢𠀧𠀧竜泉欣鼎帳迷插刀斧国太吶固𠒥
刀斧多丕玄务吶𨇒壁乍饒劍手行廊𣳔淡凶鋒

殺氣重又𠸒為劉備国（太吶）聞言可氣㖡說主嗔、

嗨吳侯之用𠫾人沛呂賊侍挑斬首（玄分吶）䟴吠、

非其主敬佛沛重僧嗄𠯦呂典咳讐劉備（国太吶）

𠂉使君吁寬恕侍武士赦刑誅跗敃𠫾徒䟴𡾵𠟿

處（權吶）醅𠂉残杯些穷散去（玄分吶）遵三之路典

子偕行（穷南曰）江山哈趣有情英雄𡲈国

尼（玄分吶）產畜移㐌𨄴低些𧵑吞撑丈卦

𢃄弟子劉玄𣈜枚𨻫国分君權重興漢業兼

𥒥良堆尼恳特如𠰘吀丕誑帝 權吶 嘍啐𥒥𠫾堆
丕翁固㠻之 玄务吶 亮群艺懷嗔疜妬罡𧵑求心
事權吶碎穷𧵑此貼固𧵑庄戀浪吳業當興荊州
可復𥒥𠫾堆曲劇不再揮逼往神祇急如律令 玄
务吠𥒥夕⿰台二⿸虍皿恳⿰扌極⿰台二𧵑𠀲婚信恚願𠰚特丕
趙子吶 监踈主公碎貼情勢江東⿱⺮寧仍算謀毒害
之朋哔国太𦆭咸礼迎婚矯沛怙算咳欺胜怏 玄
务吶 事良𫥨𠫾求国老启长咄国喑㦖 𡏦曰𠳒奉

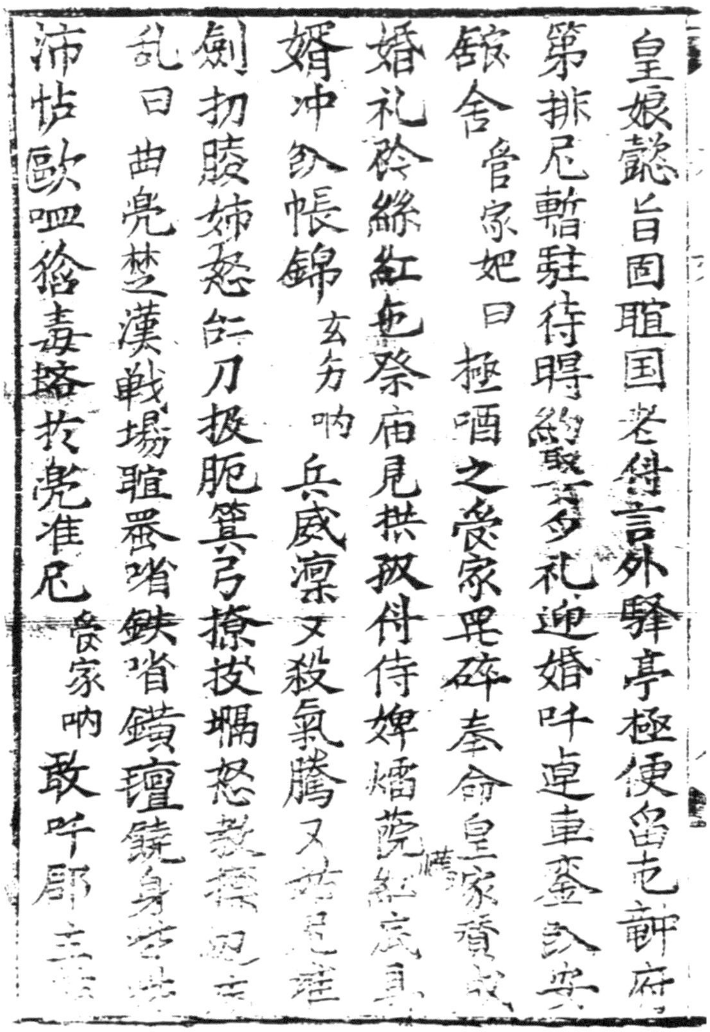

皇娘懿旨固䏻国老𠊛言外驛亭極便留屯𨕭府
第排尼暫駐待時約敢𠇍礼迎婚吀𨖲車蠶朱安
館舍 曾家妃曰 極哂之曾家罷碎奉命皇家[illegible]
婚礼𥘷絲紅乜祭庙𡗉拱𠬠𠊛侍婢[illegible]
婿冲𢵰帳錦 玄夯吶 兵威凛又殺氣騰又[illegible]
劍扨朘姉怒𨋤刀扱肶箕弓撩拔𡂐怒[illegible]
乱曰 由嵬楚漢戰場䏻罷𠯪鉄𠯪鐄壇[illegible]
沛怗歐吧𢜠毒踏於嵬准尼 曾家吶 敢吀郎[illegible]

瑄穠固嬌郎肆吏、郡主曰、妝茷色䂓𢤞陣冲坡𡎝
𠸦鐮阿朱偲𨇜奇、玄分南曰、𤾓鏤教𫨩鐮陳、妝分
性𡗶妝份悯慍、郡主南曰、英雄𩂟聊英雄、補之鮒
𩛂𥙩𠊛𢀭迻、侍女乱曰、𩅀秋鐮𢭸𧊉𤑟、英雄乡𡏦
𡗶𩓌𤤲表𠐞花𤌋教戰鐄、𨉞吳悉蜀𢣂悸輕更趙
二才徐欺主公𨅉細低、酒色遇醝、色強迷智、鐄玉他
乎、古䘮𡎢歆黙飭慍𠲖、丕鋮、妝跐極罢外、𠉝咨空
𢯏侍歐𡦂𠰚欲謁見、朱特醒戝𢣂悸、固姉𫂙直姤、

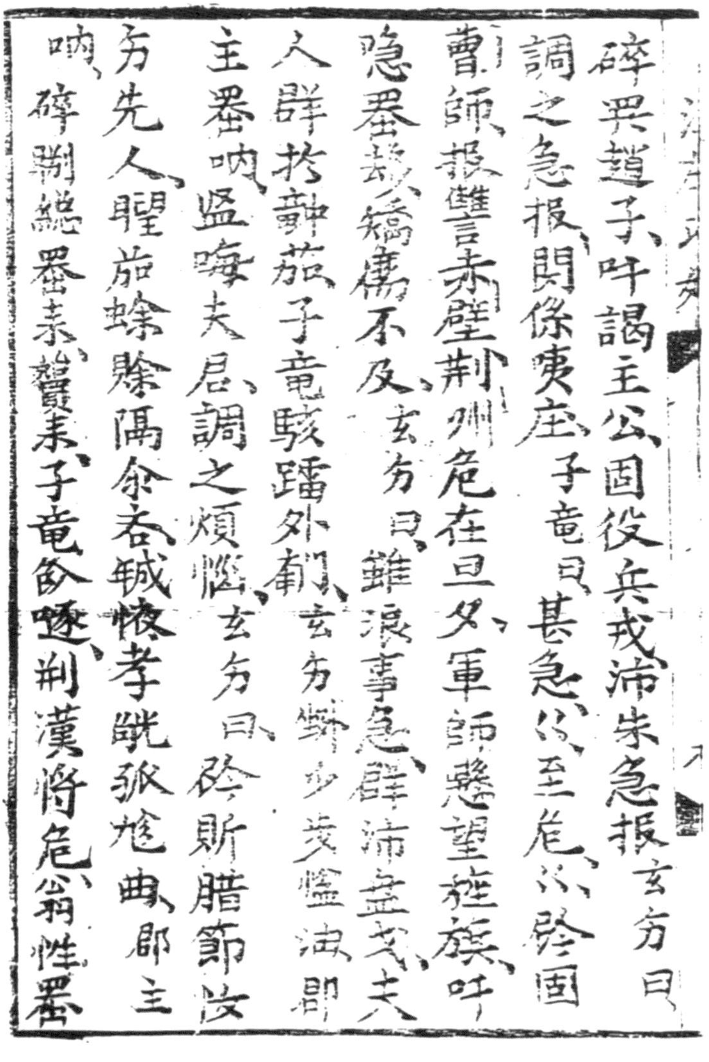
碎罢趙子、吒謁主公、固役兵戎沛朱急报。玄方曰、
調之急报、閂係吏座。子竜曰、甚急、衆至危、衆𠉝国
曹師、報讎赤壁、荆州危在旦夕、軍師懸望旌旗、吒
隐罢㪯、𥡗儲不及。玄方曰、雖浪事急、辟沛盃𠇍夫
人辟於𨉟茄、子竜駭𨇒外𨋣、玄方斜步𨀎𥂗浪郡
主罢吶、𥂗𠲖夫君、調之煩惱。玄方曰、𠯇斯腊節没
方先人、𥋳𠦳蜍𨀎隔𠇍吝娀㤂孝𣦍𢏡𣦮曲、郡主
吶、碎𨕭總罢素、𥡗耒、子竜𠊛𨖲、剕漢将危、𦤾性罢

彭、吝碎𡨹吏、仍碎分媄𡨹道蹺𢀲、世罡分媄𡥵
払彭妾共决悪蹺彭、又曰、底碎飭奏国母、边渚㐌
癸祖三、待得元旦新年、些𫯳高飛遠走、子竜吶寄
侍单士、收𥹰手戈假𡗉調彭𢭸方𨅸、𢯏沛揀除边
宫路待覧主公𥪝姑、連蹺御駕彭穷、郡主曰、𡨹道
𡨹道渚𡃊合孝徐姑𢷀揷堆壊、色除吏合文茹、南
為𣙩還𨨮𪀄文、晨昏侍養吹罡国英、玄夯曰、𣦆𨖅
綏𫰅、鳴笼執𧼋些𠀧積墉駐騁、娘𢶻扨餞別𠓨南

三五

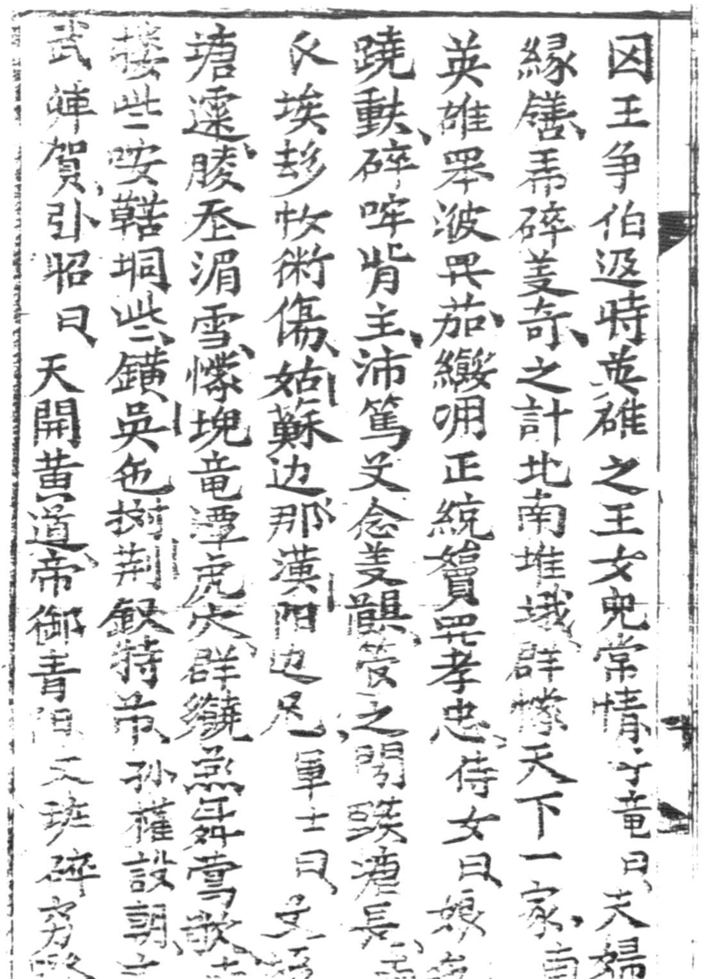

因王争伯及特英雄之王女兜常情丁竜日夫婦
緣饑弄碎羡奇之計北南堆域詳憐天下一家旬
英雄罘波畀茄鑾明正統貸畀孝忠侍女曰娘也
蹺䵥碎啐肯主沛篤吏念羡麒麟之閉㗂濾長㗂
及埃彭牧術傷姑蘇边那漢阻边尼單士曰吏謁
瑭還朦吞湄雪懞塊竜潭虎穴群鐃𣋇𦝄嵩𠶋
摟些安韓垌些鑛吳色樹荆叡特帝孫權設朝文
武陣賀卧昭曰　天開黃道帝御青旧文班碎旁列

賴表文章敬祝吾皇萬歲 黄蓋曰 一年之計吀春
哥兵武臣窮饒虎拜三千仰見竜飛九五 權曰
𡗶上乍包楚席醅窮愜侍朱文武飲𢢆空禁醝醉邅
𠀧𠖤醉醝文武謝衛權翩騰節未單振曰劇𣋚元
主晴主劉三車馭單權罷城㩫𨖲碎包臥奏吾郎
営𣈜當㑛房花飛𣳔𤈜包趣縣盃咬判㗂侍𤎜權
𠳒𠸗言甚㤕咱說生嗔侍朱徐盛將軍急統御林
𤾓一蹎𧿆劉備扒吏 江東嗔𢚸 扒空𠬠扰頭衛納盛

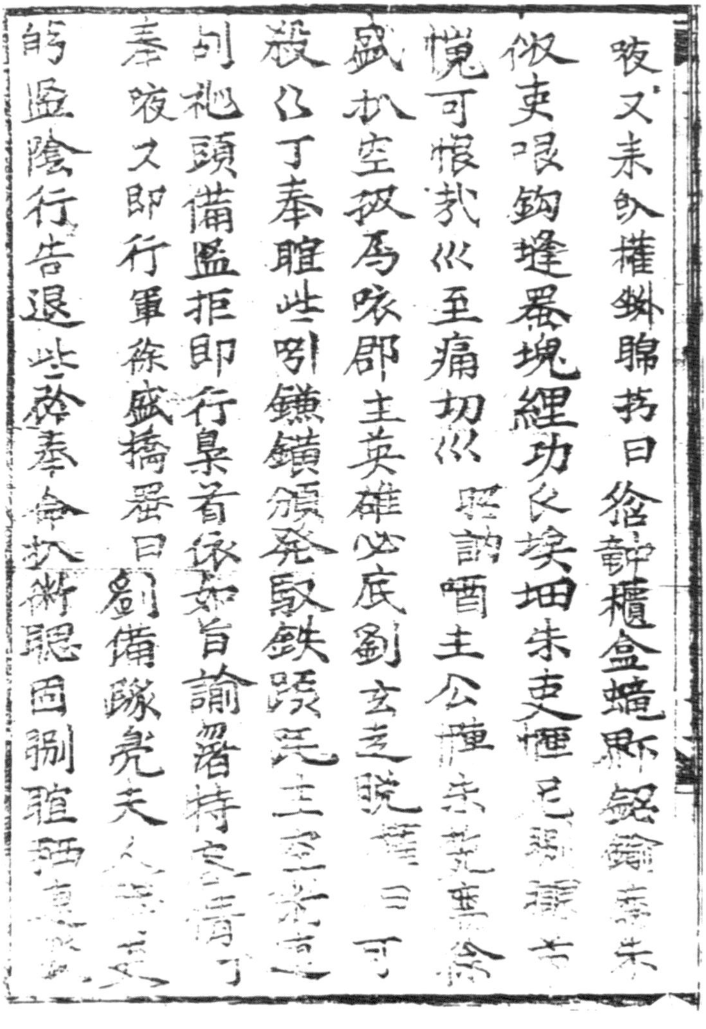
夜又来𠲖權𦊚聠拐曰給静櫃盒蠟𣈙銘鍮奉朱
仮吏喂鈎㙜𠺥塊經功𠀲埃𪽝朱吏㦸[illegible]
慌可恨扰㐌至痛切㐌照詞酒主公種[illegible]
盛扒空扱爲哏郡主英雄必底劉玄德晚[illegible]曰可
殺𠇮丁奉𦢲些𡥵鏢鑽領發馭鐵蹎𨈒[illegible]
𠰘𥘶頭備盛拒即行臬着㑈如旨諭𦋦持[illegible]丁
奉夜又即行軍𥘷盛撟𠱋曰劉備隊㒼夫人[illegible]
𢆥盛陰行告退些𤊰奉令扒衛聰固𠛌𦢲𩈘[illegible]

紨趡子吥軍佫𨆝妱襊錦𠑬低喺主公沛𠇕計𠄧
吁郎主辰當垔尉玄务吶喂夫人喂呵悲𥋳侍㐌
𥑮番碎吁吶𡁍為吳侯用謀𧴱坦擾夫人多計咕
乱吘皃緆介黜吞鋮𣪾机謀強窖備怗暴𣘃算𨇒
𠬠騙痛夫人吏㨌𢷀肎指荆漢吁穷縷𨆛𢚸尼固
𠬠𢼂仅空釭砱吳侯差将𨁪𩧍勢対備無兵可拒
阢甘二娓覌苦三軍吁夫人善保精神付来世𠯇
扫𢚸𨖲郎主吶哂臨死地群𦗏生机吁夫君策馬

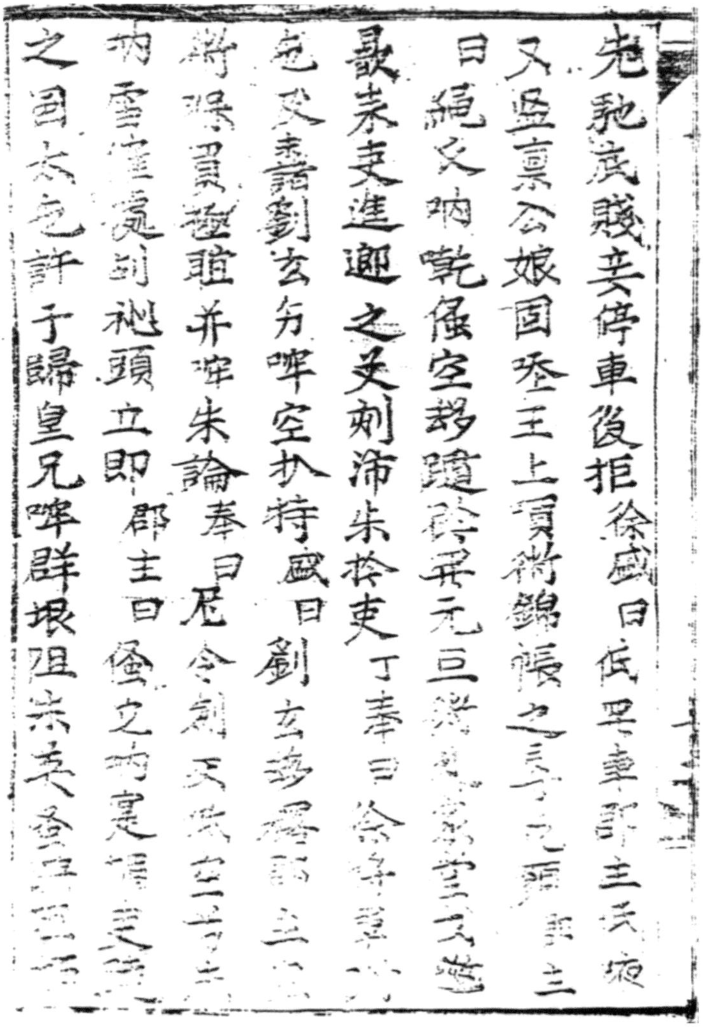

安覓𡛔氏禡𠛌特阿、眾媚算撰干戈、軍㐌唖丢共、
迻、二將壯尝饒𠳒、佡畀親戍些分碎的、耒𡡇夾揷
対𡗶呼吏偽𡛔愽媄、覩葩朱眾騎𠓨礼、認咣浪自
𠀧蔑威功極特之、罪㝵覓𡛔魚、頭道子群淋打武、飭
㙮些丟禱福爭鋒、扒撲𡗶䜹朱𠇍福、周太隙武曰、奉
令軍郎𠺺重隘口、防対玄遹走𨀐吳将成功、𢟘𦝄
𠰘𠰘四綏吹固軍家爻優、𠯦侍刀斧捕産弓𡛔、直
茄𠺺迻窮瞔文令、玄匆呐喂、呵、喂𦢳𡡇将孟、𦟐插

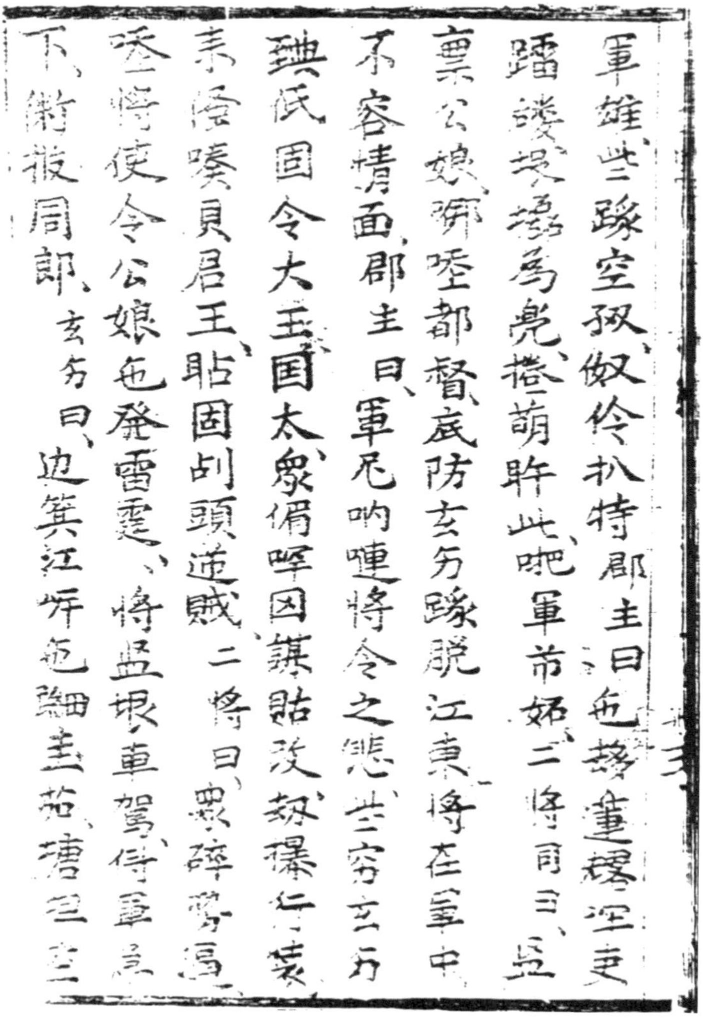

軍雄、𠀧𨀈空孤、仮伶扒特郡主曰𠫾𢭮蓮𨖅空走
蹈䟐坦撮為凴、捲萌昨此吧軍节姉、二將同曰、𠬠
稟公娘、𠸜𫀅都督、底防玄夯𨀈脱江東將在軍中、
不容情面、郡主曰、軍𡀮吶嚏將令之態、𠀧窮玄夯
𤤰氐国令大王、国太衆𠊛呼因𢏌貼没𡛔𢹇仁裴
𡘯隊嗘貝君王、貼固刣頭逆賊、二將曰、衆碎𢖵𨕭、
丞將使令公娘𠫾發雷霆、將𥪝𨷯車駕、侍軍𠫾
下、衛𢬣同部、玄夯曰、边箕江圻𠫾細主茹唐𡧲𠀧

瞪吏某出一王子𠱊曰、船固底表、船唉𠃝、嗚咀陷𠃝
王六待娃㛪夭曰、軍曉庚㐌停嗚如驟衝駕衝低、
字印丕迍几眀曰、碎惻主公康吉、吘𣋚郡主国圓、
包𡗶江边㑹筵𤁕步、周瑜曰、刘玄落蹺、諸葛拱輸、
㐱𦷾𤂬水𢲫㱩驅掐剕漢池、㤇下、軍根日、盎呈
都督筵葩二山、𠵱笛哨彈𩆍揇𩆍𣦆算、刘玄怒諸
葛亡、郡主吏軍夜𨢇覩、如瀼侍唭、如𩆐𥿂𩹳蓮空
㐌移撤𨕭吏𫆞進特𢲨市、𠺺待得𪞶、軍又曰、急[illegible]

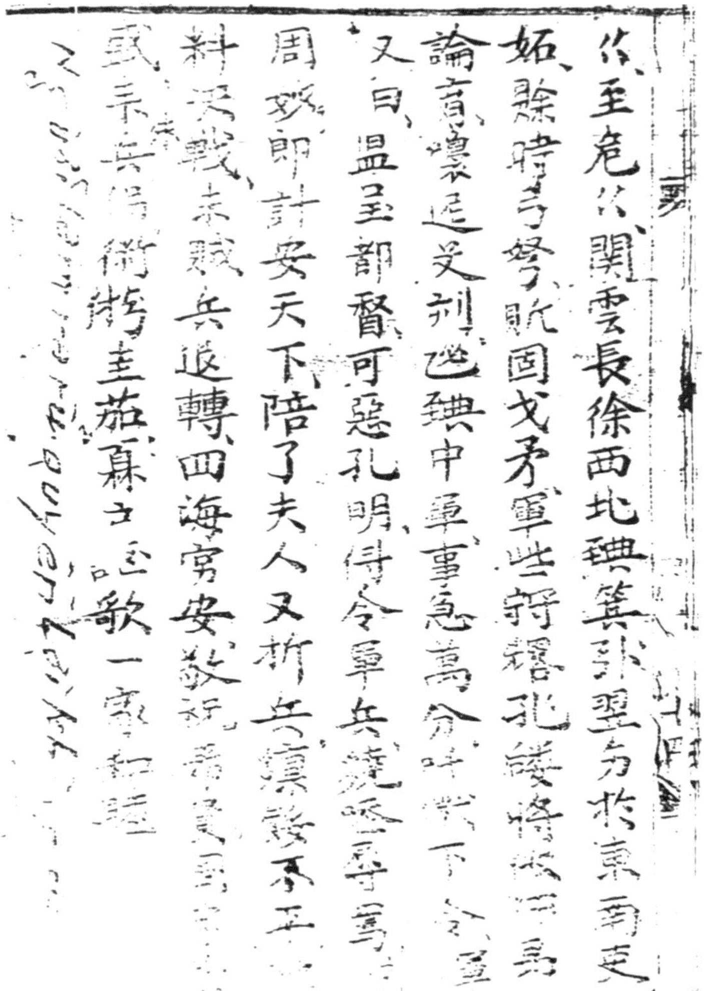
於至危於關雲長徐西北典箕卧翌匀於東南吏
妬除時弓弩眡固戈矛軍些狩猎孔嫚將撥吁㐌
論育嚷迡爻刋逃典中卑事急萬分吁哄下令至
又曰温至都督可惡孔明侍令卑兵𣞪晦尋焉
周瑜即計安天下陪了夫人又折兵𡗉殺丕
料买戰未賊兵退轉四海穷安歇𠰚
㦯朱兵得衛衛主茄蘇歌一家和睦

附录 5

越南汉喃研究院藏喃字书《三国诗》（年代不详）[1]

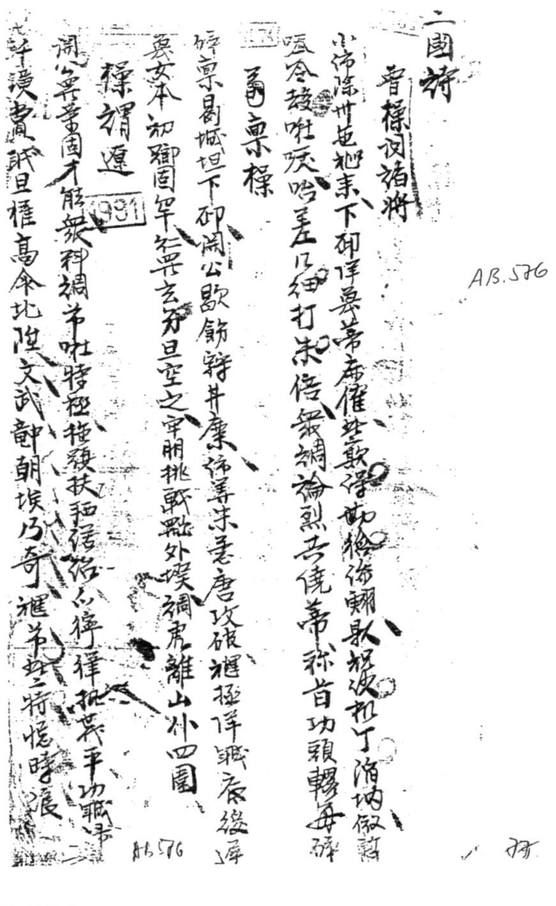

[1]《三国诗》，年代不详，越南汉喃研究院藏本，编号：AB.576。

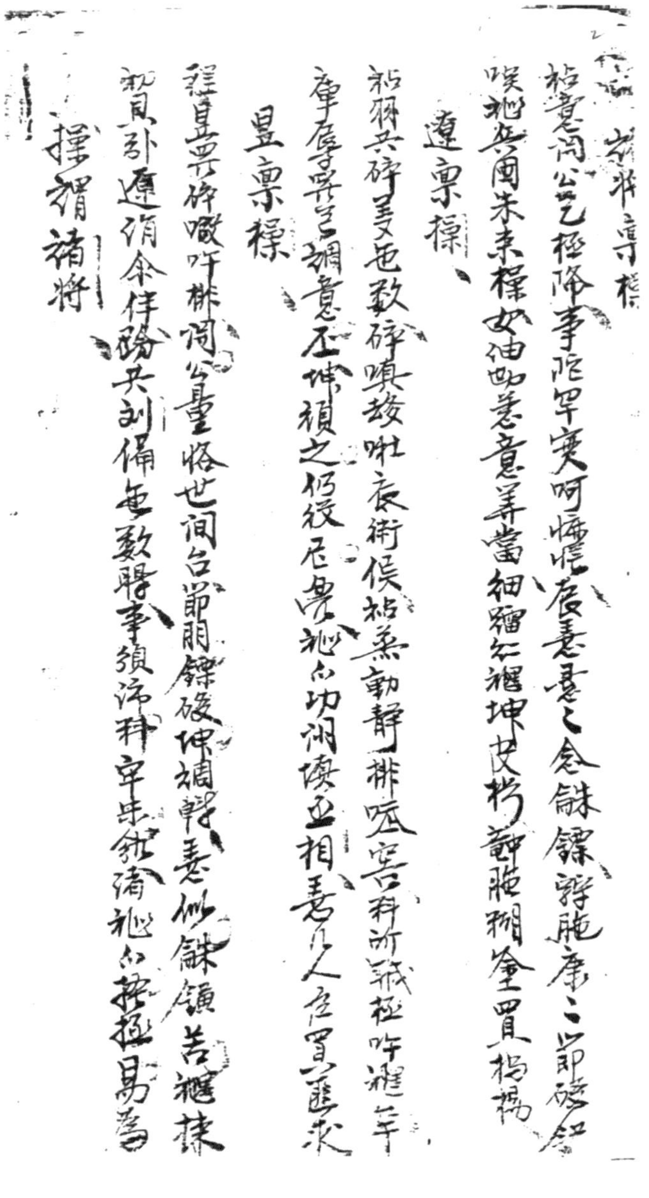

下卭伺羽将歆迻准意世祜吾㩼牢梅飭𫽄畢欺破壘层号志衆將祝衝墻
外圍外㐌鐮𢭲産内應𠱋𫽄固几臥程㫤席喜茄旬或㨂格之朱羽𠬠衛咅
　㫤嘉茄或稟𢶢
𢯏䄖除丹几㛪農𨀈𡲈倣𠪾㫤𧡊降𠓨城衆𦖑朱底坷排陣些𠓀𠪾拱揚外
撒墻衝了𠰺㦖𤥑𨖅垠𡏧鄧鄧呼噪乙歐吾㩼皮𦝄細油𡄎油拎仕料𡓮
　操謂𨖅
𠮩别𣈜𨖅𠄼𠃣番𠦳世祖恪世子呵㑄利洞𧯄𢭲吡哭𢚸𡅳吟振𣈗𡧲𠱋哭
差𠫾𠄩秋産外途迻𠀧衆呼喃𧾿𨁪朱𡏦城初㐌𠦳閑除油𠫾悔哭
　伺伺𨖅
真卞文𠀍　旦之府固敵朱蚕　敵𠀧罵消𢯰初伴咏稿遝逹𢲫㐌唁　𢬣緒𠻀

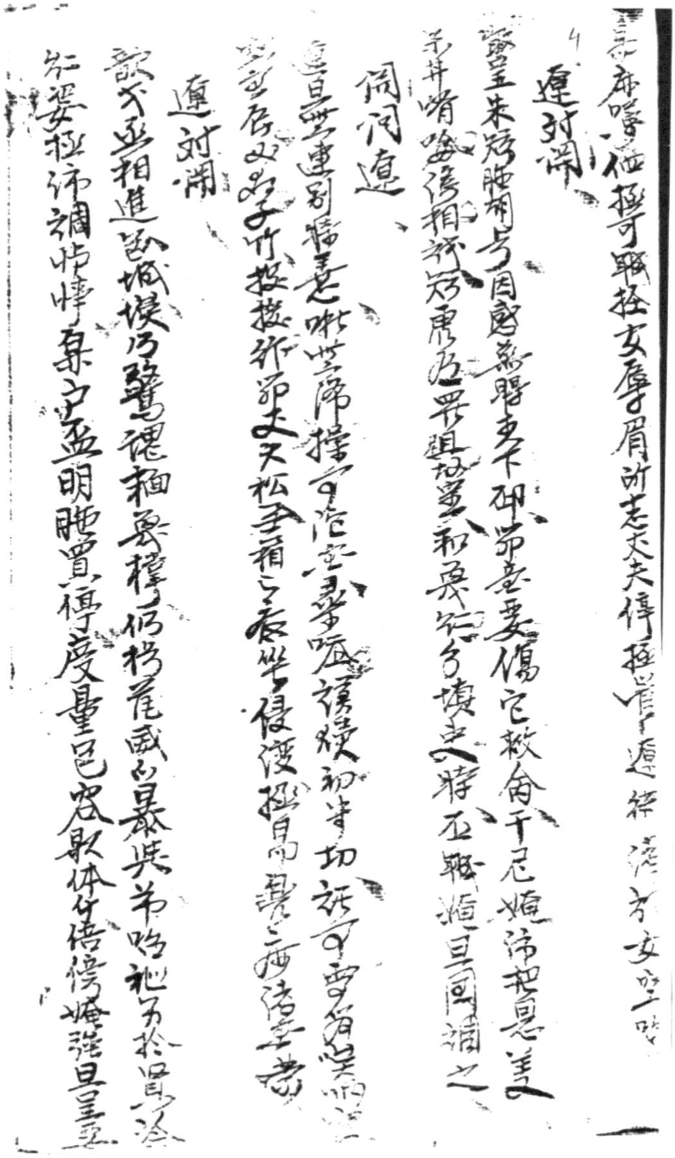

閙𦀊逴

仍㑏奴悲罷𨁪茹𠓨僉逴咍逴旦𢝙𠎬。空沛命娭卧埋秩决𨑗行侍路𡗶𠫾岺

𠲖𨗉𡐙紅𠸗𢣂𠦳四空𠲖戰戈伸恩悲淂几旦外閉𡨸抔技極䘹䒉

逴𠸒閙

𣛠𠀧之討𡨸𠫾耕𩆐吒𡛔𦖻𠰘債腮别𢪀命𧍝𦃀極𢲣㗂絻𠀲𠄼呵𧗱𡗶

醜名𠇍𠛌𣉹彈道𡗶𥊚𡦂𠊛𠃣㗂吹奇𥄭𨁝𨊊𨄹旅𠀲𠫾淂文貊史𢴑埋

閙𦀊逴

𢚸𠸒𡥵𡨸管𡨸守𠄼主𠸒𠚢𦊚𡗶𢞅𡦂𨑗𡗶洋𧑒𠽋十人奴汨討功程𠸕

淂𠳨𢀭𠫾淂𡗶𡗶駐𡗶𡗶𡗶𡗶命𠄼𠀲𡗶𡗶弟𦀊𠽋吶沛極𡗶𡗶𡗶𡗶𦆑

逴𠸒閙

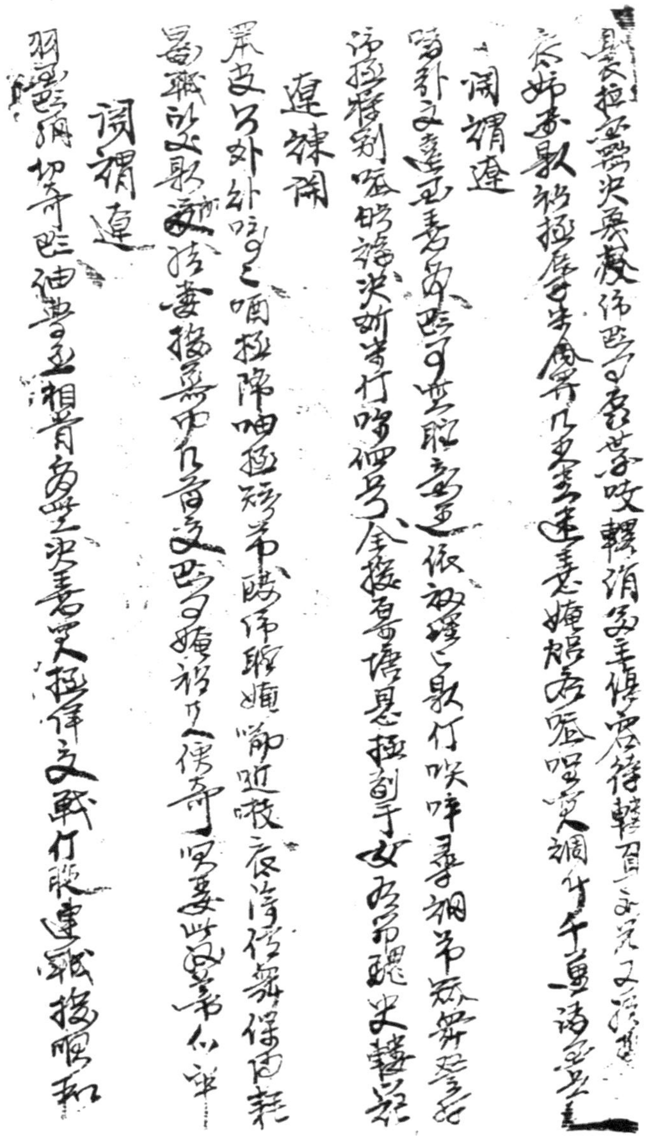

㗂𣅶赤朧𠬠𠓨恄𢬣吝芹𢴑𠄼𨔈娘𠱤𨕭𠊛𠹾丕仙𢴇朧佗吶女𫢧

𨔈詩閑

𣈜官𢧚相奇邑客𠱤蒲綱𠳒扶𠊛𥙩𦀊年𧖱𠀧𠁑倍年𠾕𠄧𧗱衆扨𠰘忘

閑艮𢧚𠀧綱吝致𦋦朩波𩛂𠊛𠱤𠇍𠳒𡛔吶𠊝𡢐婆咦𠰘碎申𠊛乙特𣦆𠮾

閑羅𨔈

𠀲𣴓𠀧𧵑𤔷詩文𨔈𢬣𨔈𢠩𡎝陳耗官𢚸𠀧𠁀𠩴𠶛文𫥨𢚸𠹾扨服𢚸

倍𠊛佳𡢐𠀧𠁀仕𠀲𢬣𦝄婦𠹾𠰘𠫾油朧油扨𠀧𠾕𠱤𦝄𡗶陳𢚸倍𡗉

𨔈渠樸

碎𠄩𠀧羽倍倍𠚢𠀧𠄼𠳒文𨔈𡛔𫥨𢚸𠓨文𤾓𠇍𠳨𢚸𠱤𡗶𡛔和𠓀𤀖𤴬𢢆𠱤

𢟹台𠊛婦𠁀來往福𢆥𠁀𠇍倍𠳒𠹾𠀲𠀧和𢌌𠀧𢬣客𠓨倍𠀧咏𢙱𠇍𠱤

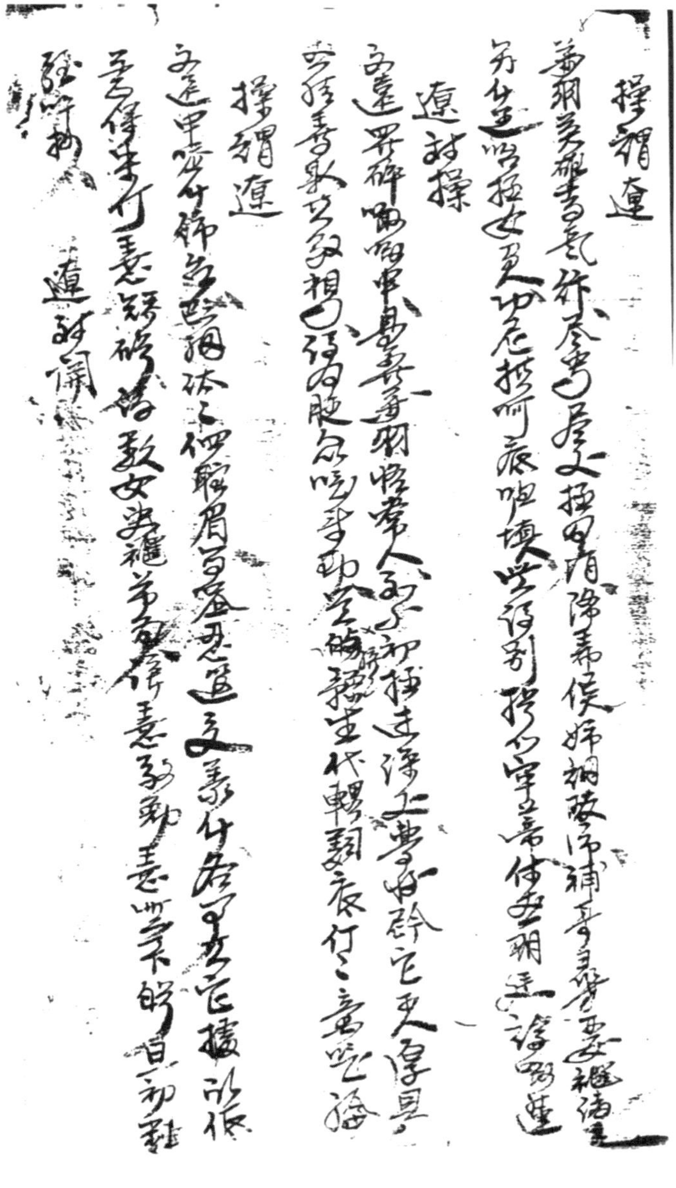

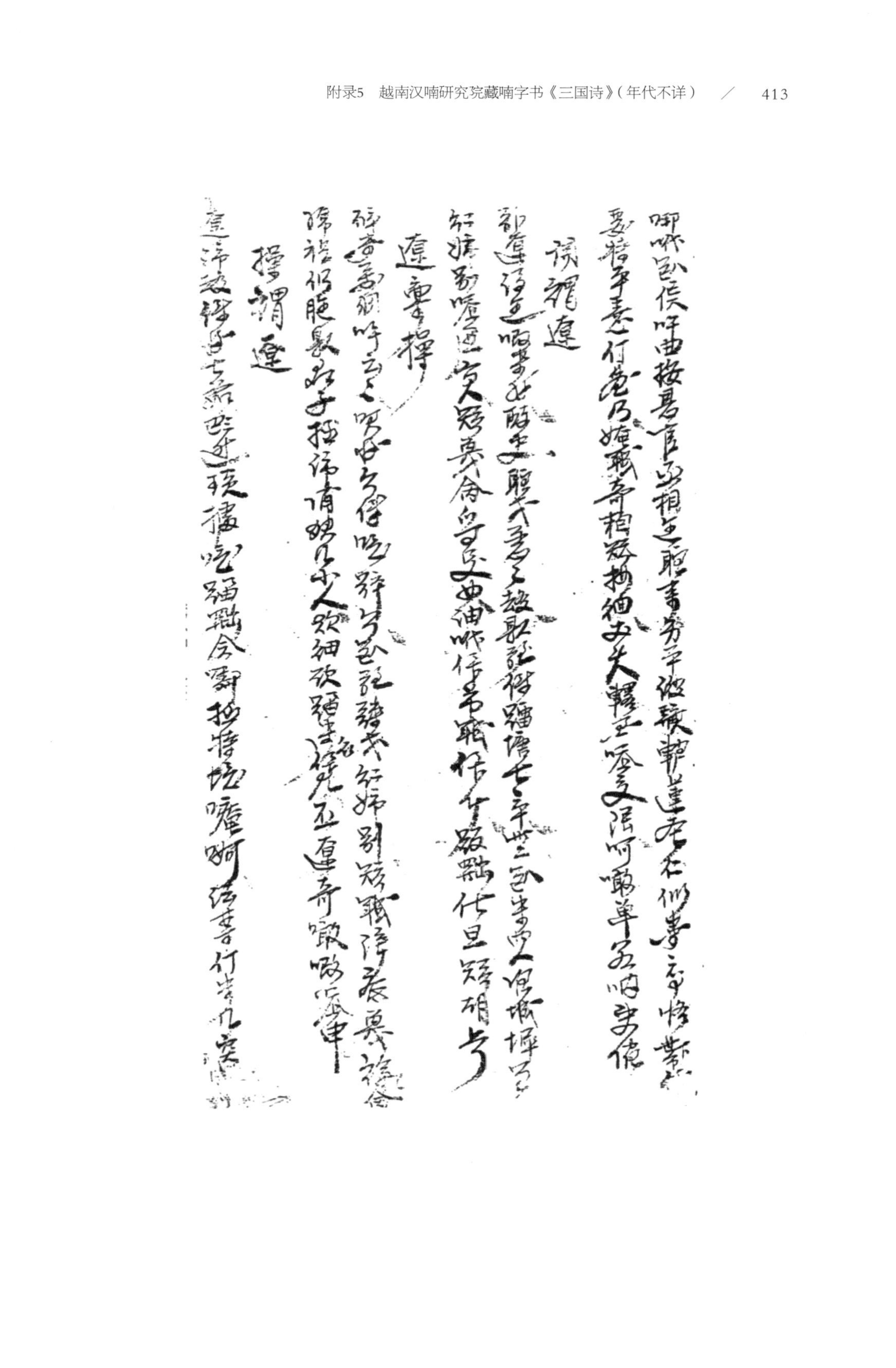

[illegible]

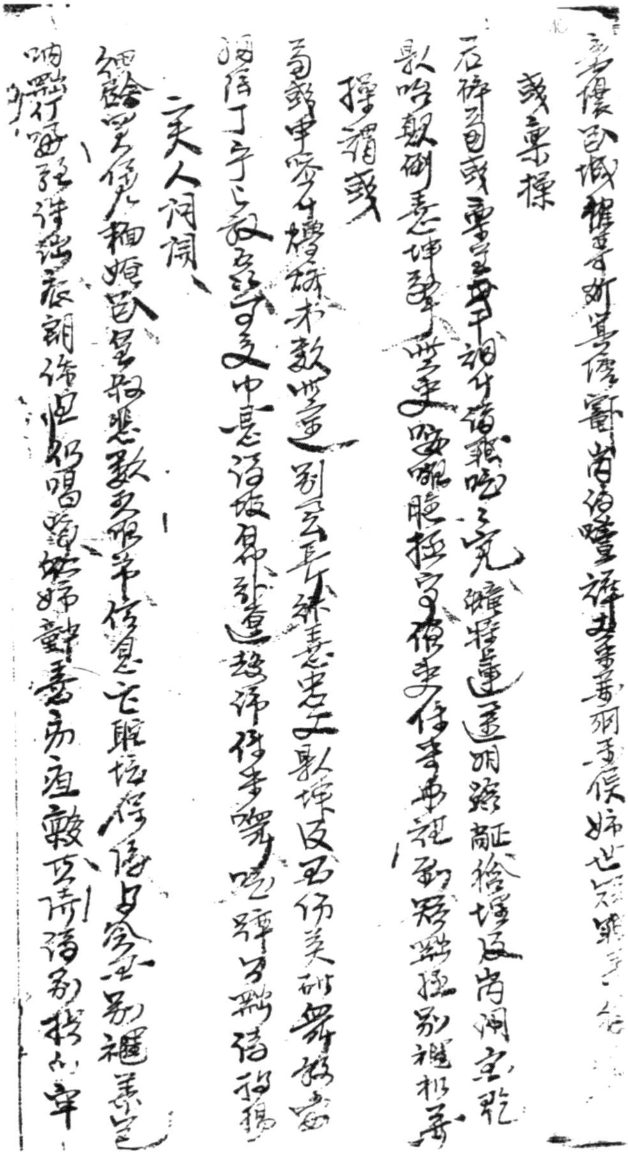

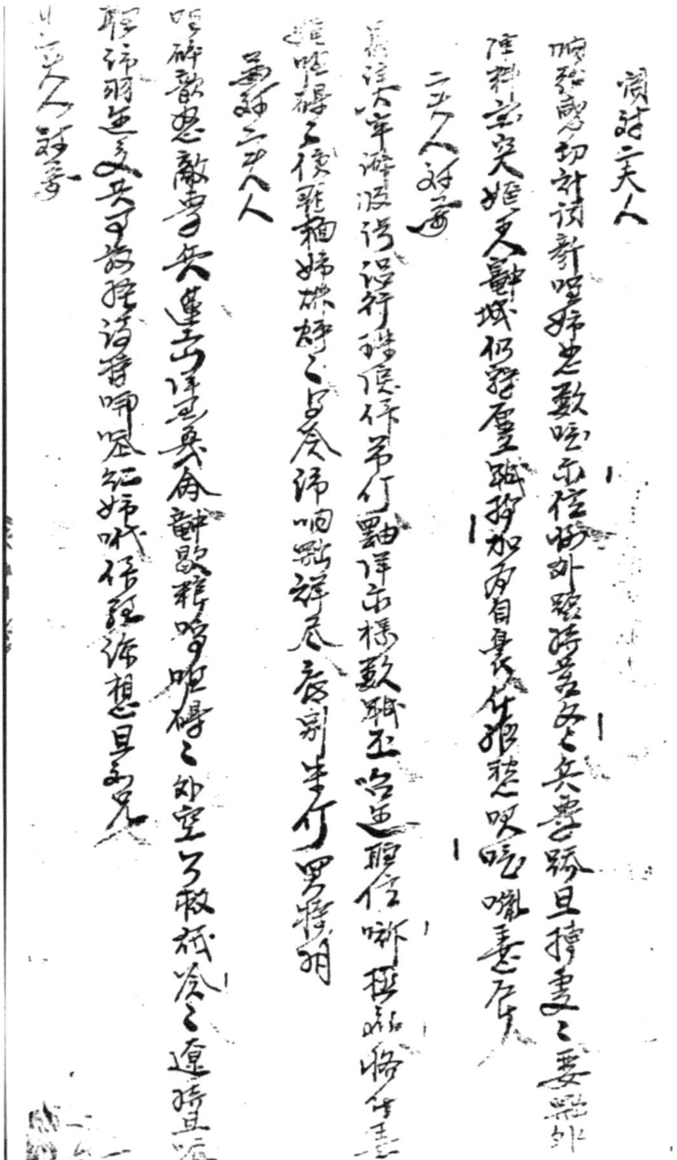
閱詩二夫人
二夫人詩答
曹詩二夫人
二夫人詩答

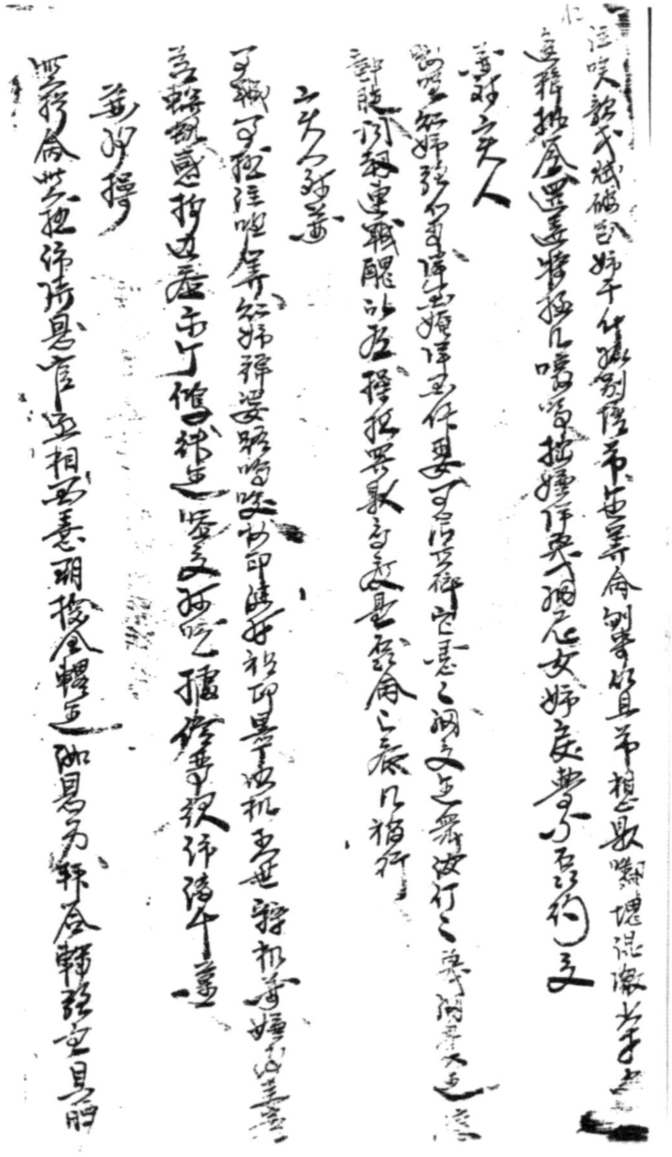

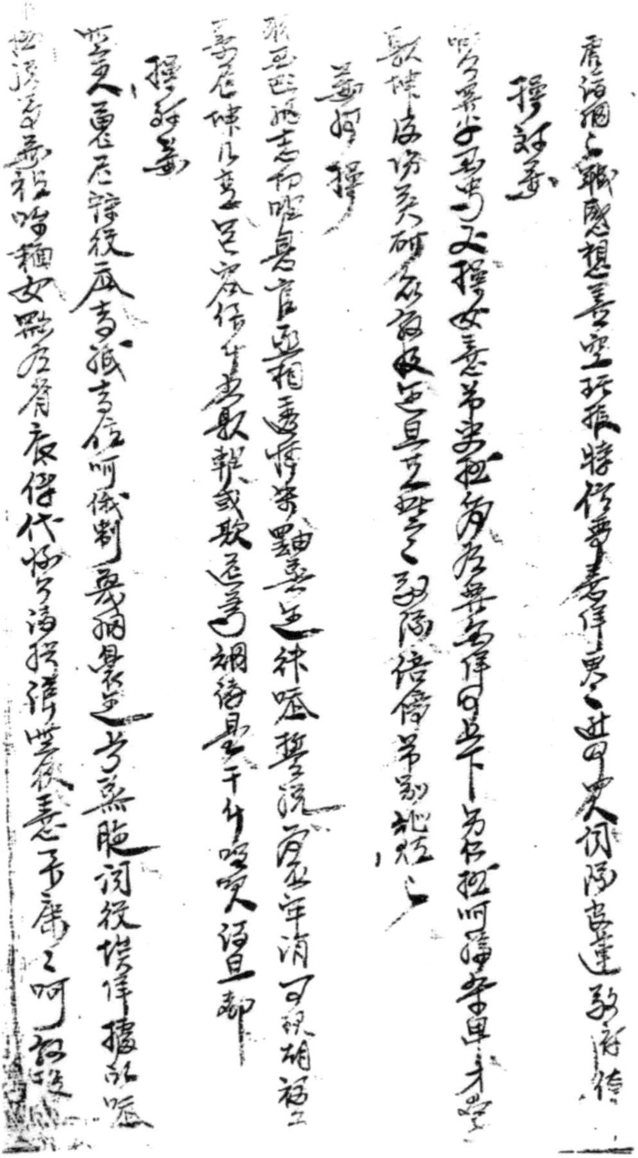

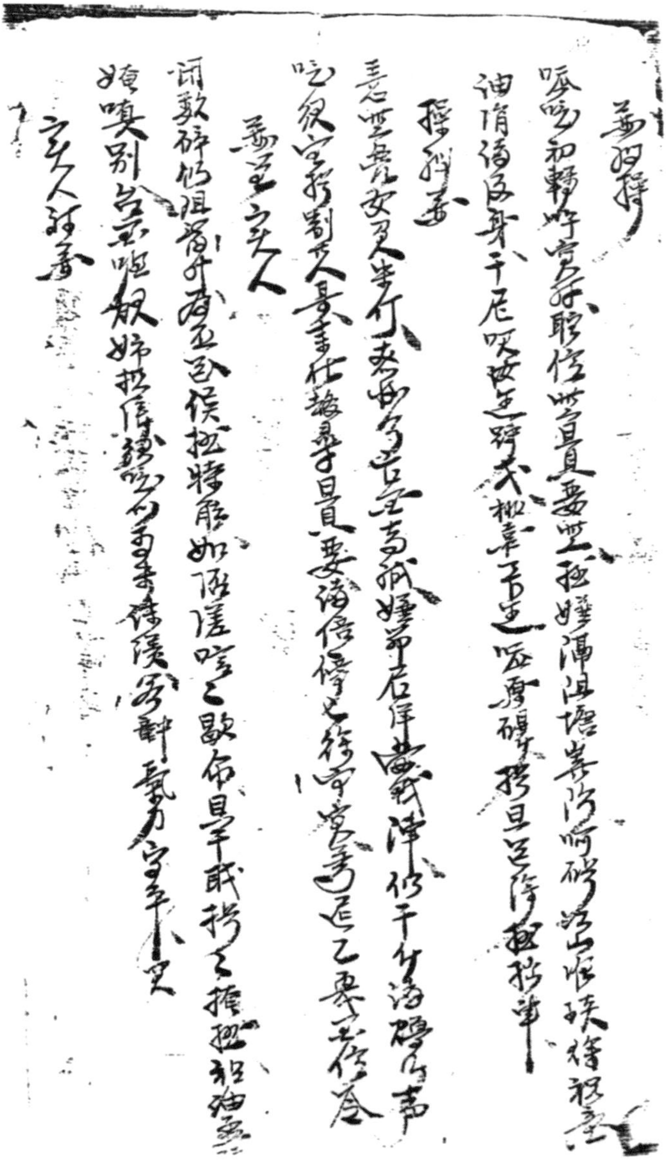

䏧𢬣朝廷𢬣嗃𠄩[illegible]行𢬣[illegible]徐侍[illegible]吃紩哼咥制質𢬣呵[illegible]𡄎女𢬣淫侍作凶[illegible]

默嘿喲[illegible]嚕[illegible]𣳔仕用恪千重[illegible]縂命[illegible]安辰舞[illegible]弄坊担當

𢬣狗帝

𠁑[illegible]𠬠相識[illegible]默[illegible]衣錦袍[illegible]生扱[illegible]𫜵[illegible]子[illegible]辰行[illegible]十人嘆字[illegible]

[illegible]主人[illegible]𢬣使[illegible]在[illegible]作[illegible]衣[illegible]五[illegible]衣人世[illegible]字扱[illegible]

[illegible]帝𢬣

[illegible]𡢐[illegible]人衣[illegible]羽[illegible]數[illegible]吏命[illegible]五[illegible]衣[illegible]辰[illegible]扱[illegible]

[illegible]人[illegible]討[illegible]長[illegible]人世[illegible]相[illegible]

𢬣[illegible]帝

[illegible]五[illegible]新[illegible]𠬠[illegible]辰[illegible]吏[illegible]五[illegible]

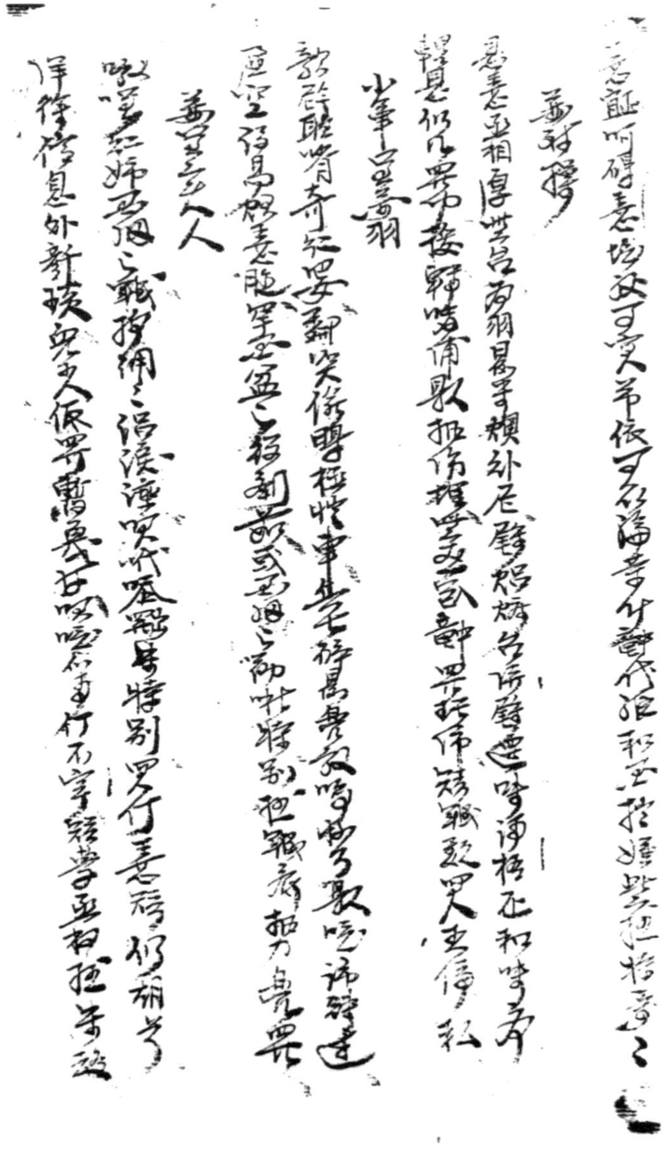

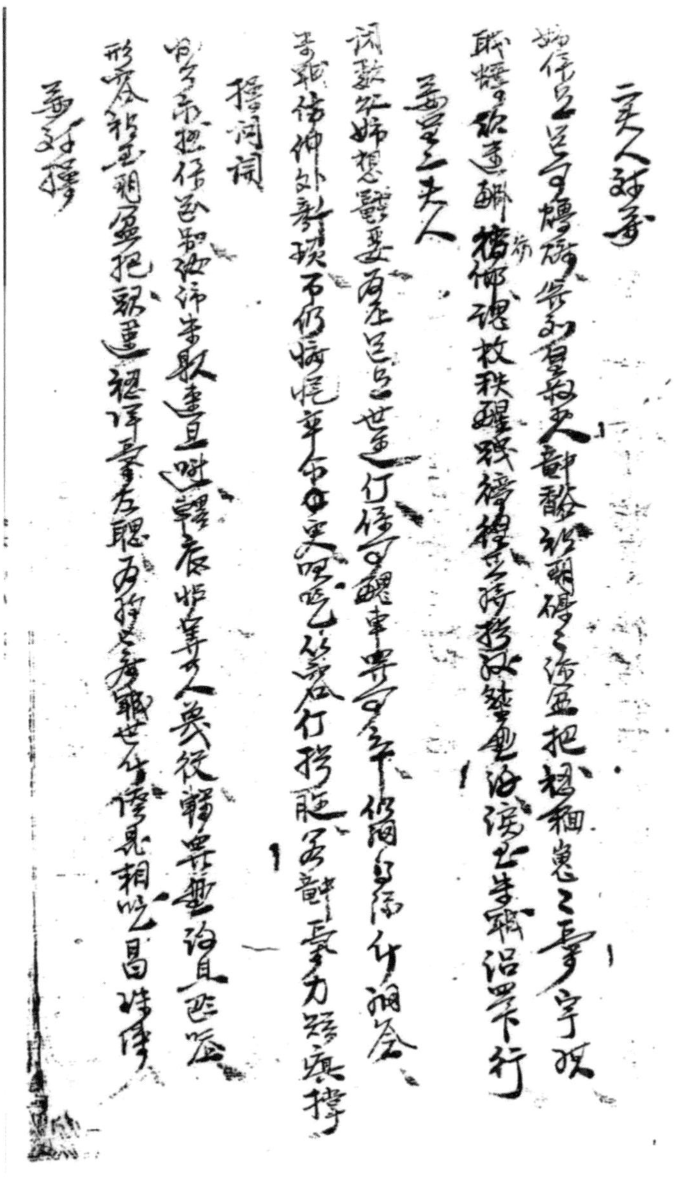

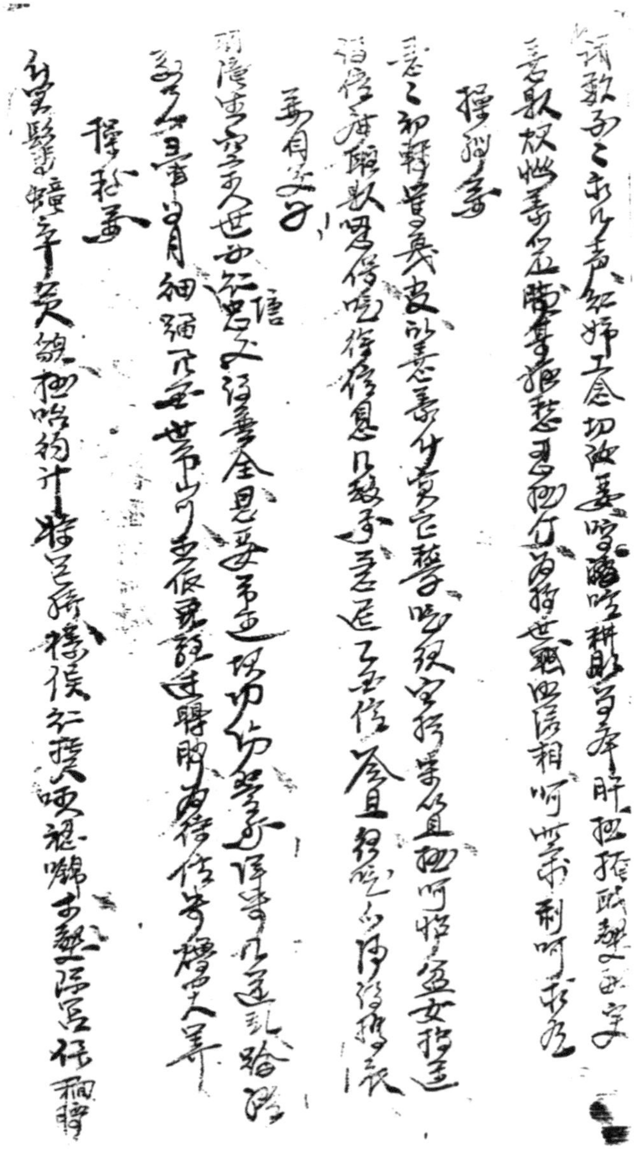

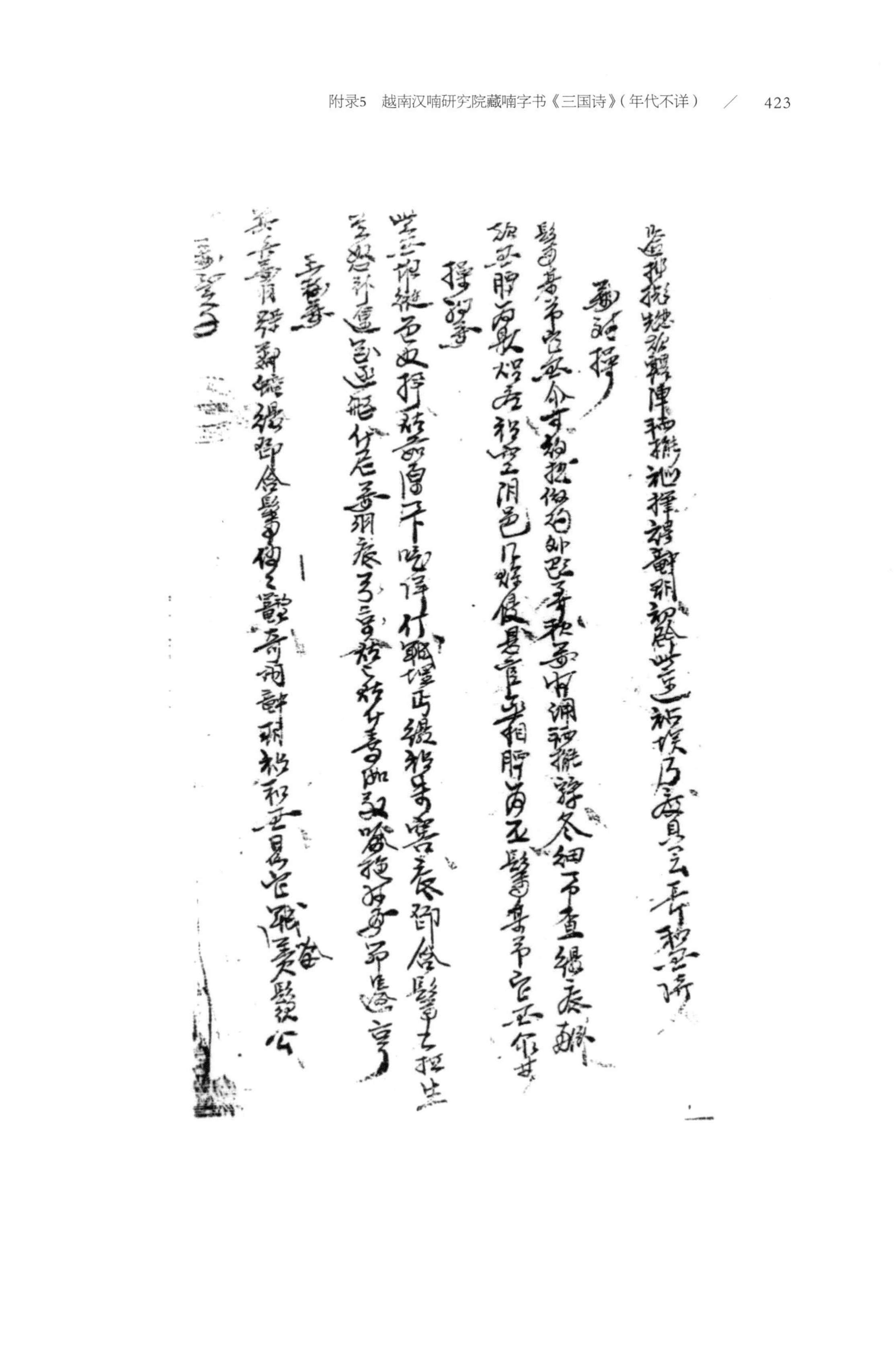

[illegible]

[illegible]

[illegible]

[illegible]

[illegible]

[illegible]

[illegible]

[illegible]

[illegible]

[illegible]

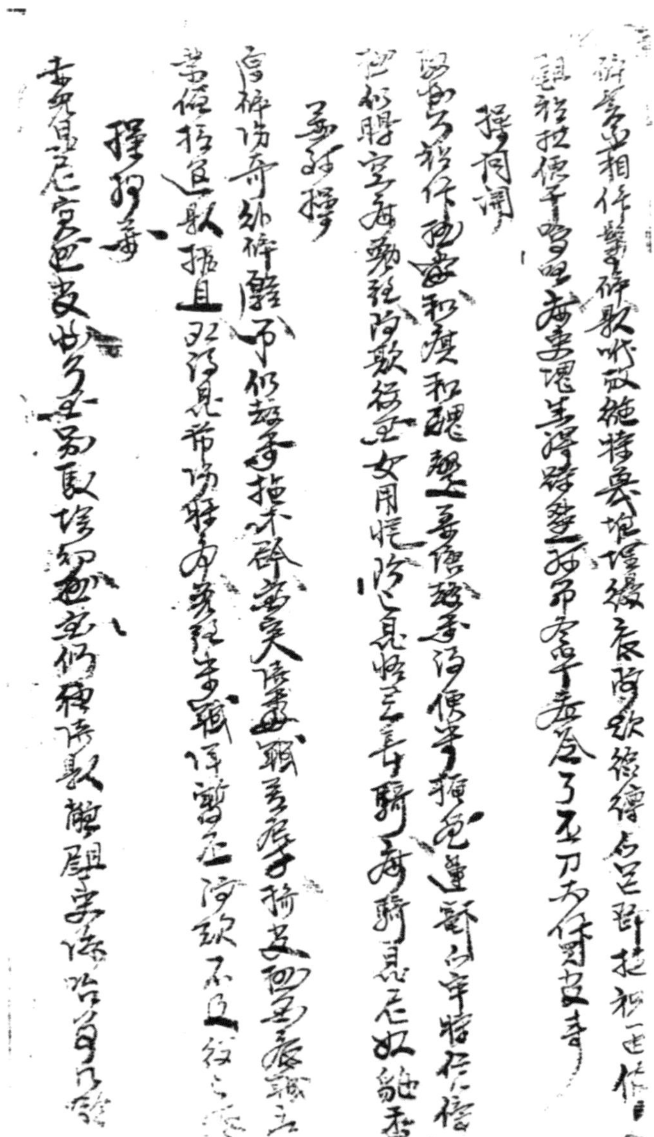

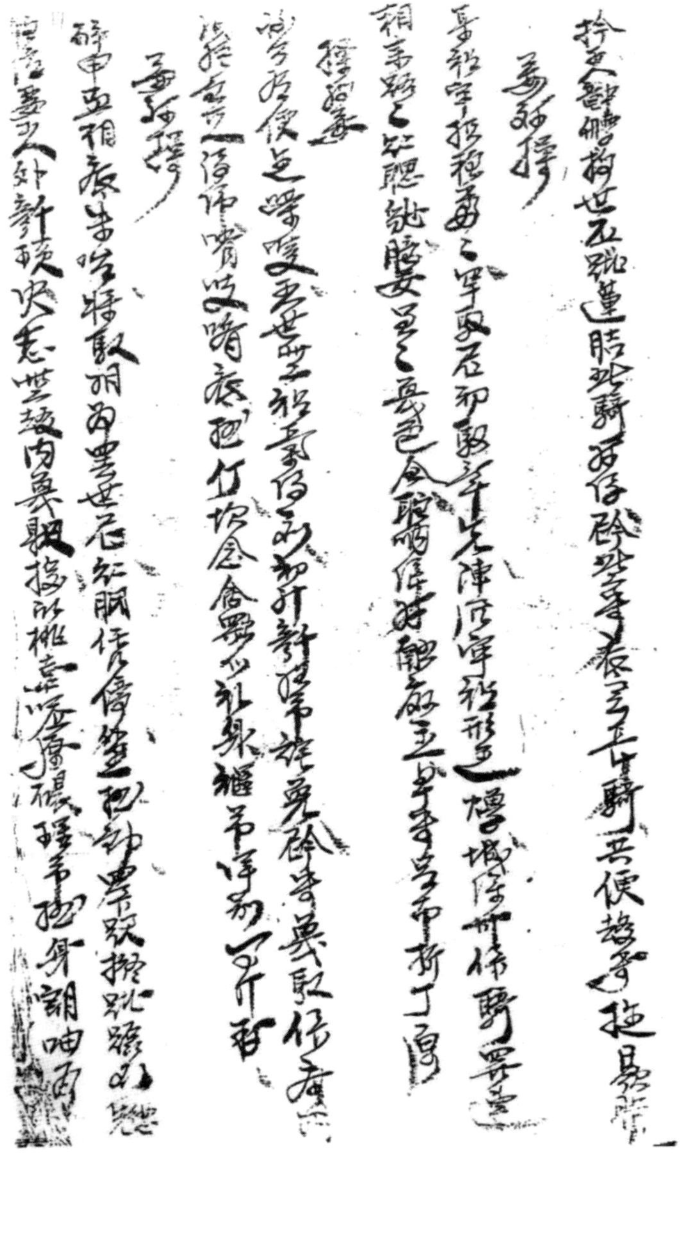

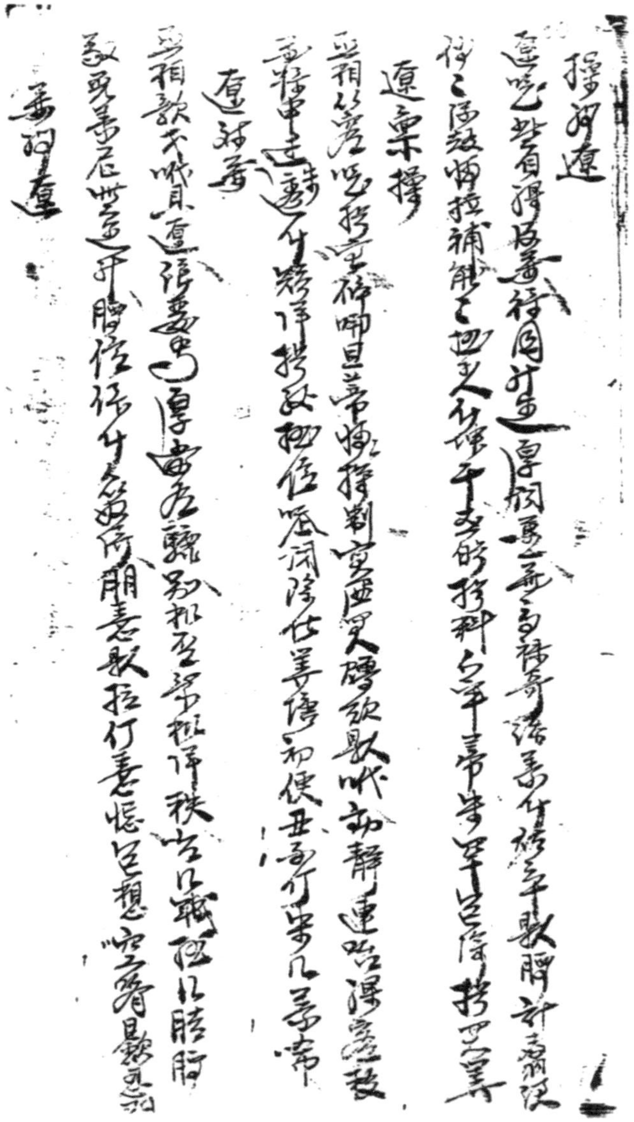

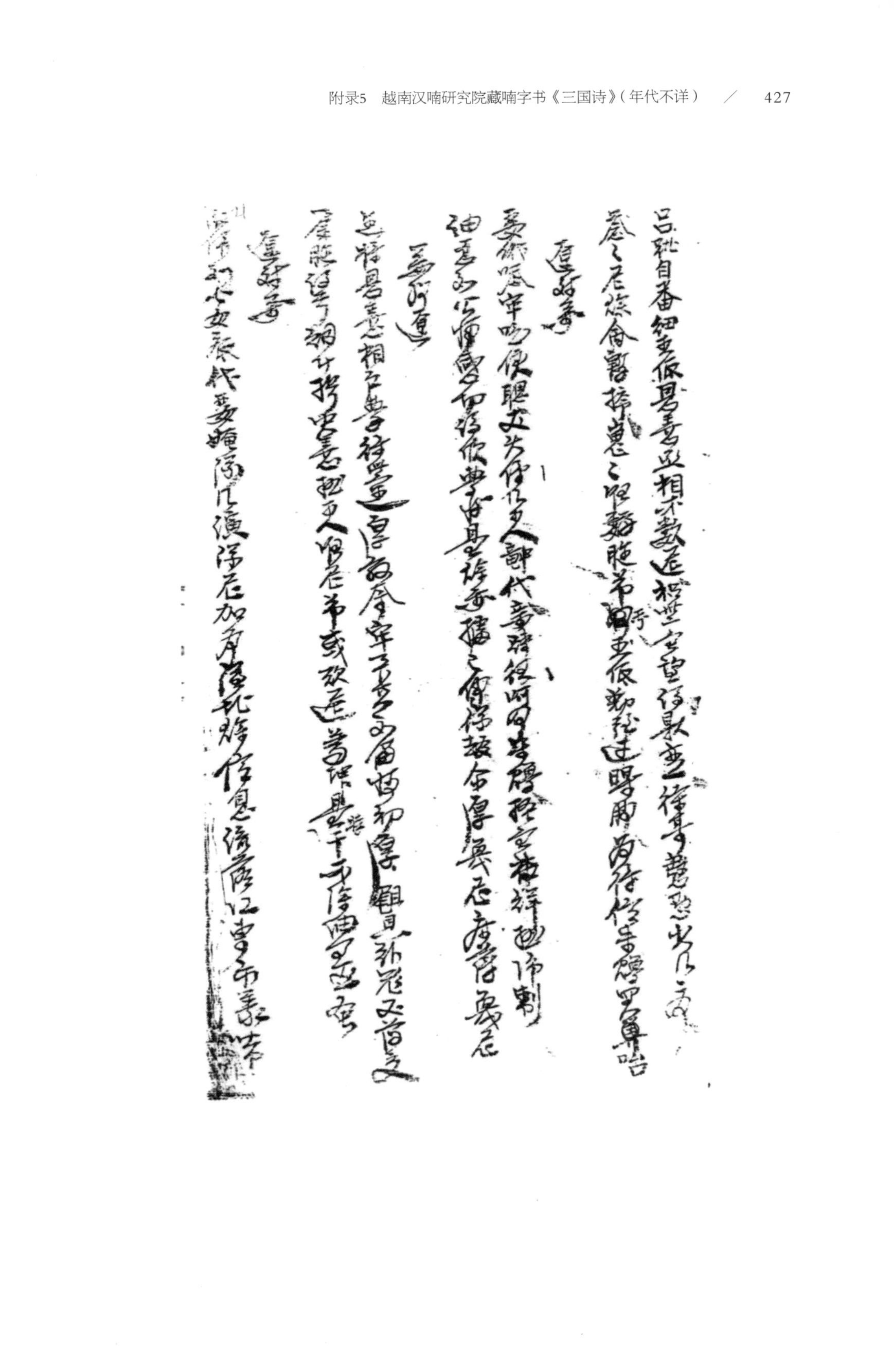

[illegible]

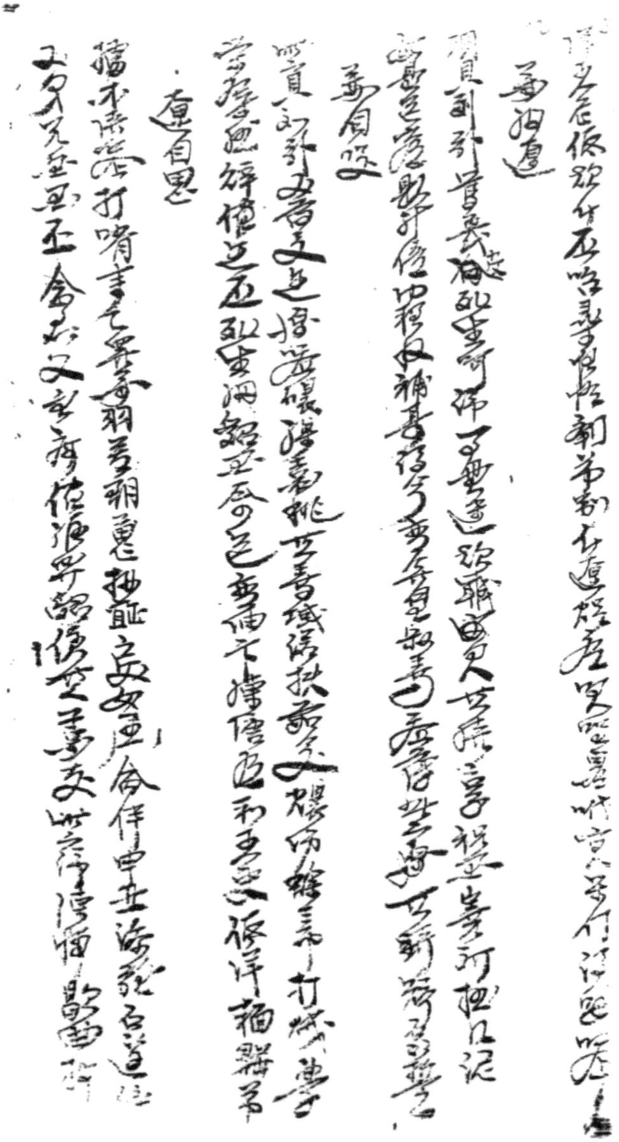

遼東操

碎咈傳且見雲長　仍仍歆矜生孕旂　甚之得卞舍解破　虜之吃諄節義

和及咳吻堆撑插　患之被乱吃諄　武陽韓　表素㗂主　退　碍汚意　從女罢　名

操曰

安安外空拕升罡　邏善宮爲　爵天下　七美人役　被扇迴室　隆文　辨主命　詩字之

怨民代傳於要　鞍众躯　和卑　美人之職　扒析號　每名人　能教　於哥　撈罢用

遼東操

云長仍安咛云　有生捐是意　易乖　已已學撈中　咀交　夫　拖把　室弟奇　罡恩憋

吟空　一歡咱拯　被仍差　邏主意　碎讨撈　卿期　室补　爵代　存文七中　被天下　抑恩　趣

邑卞撈子

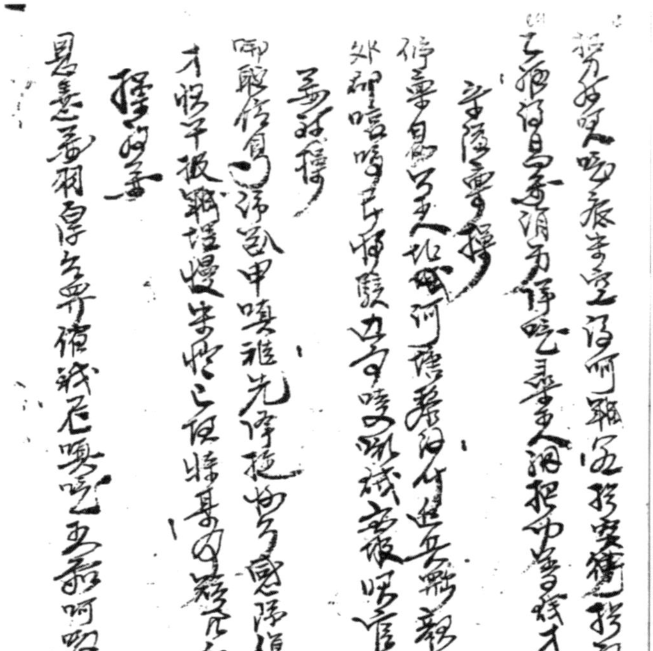

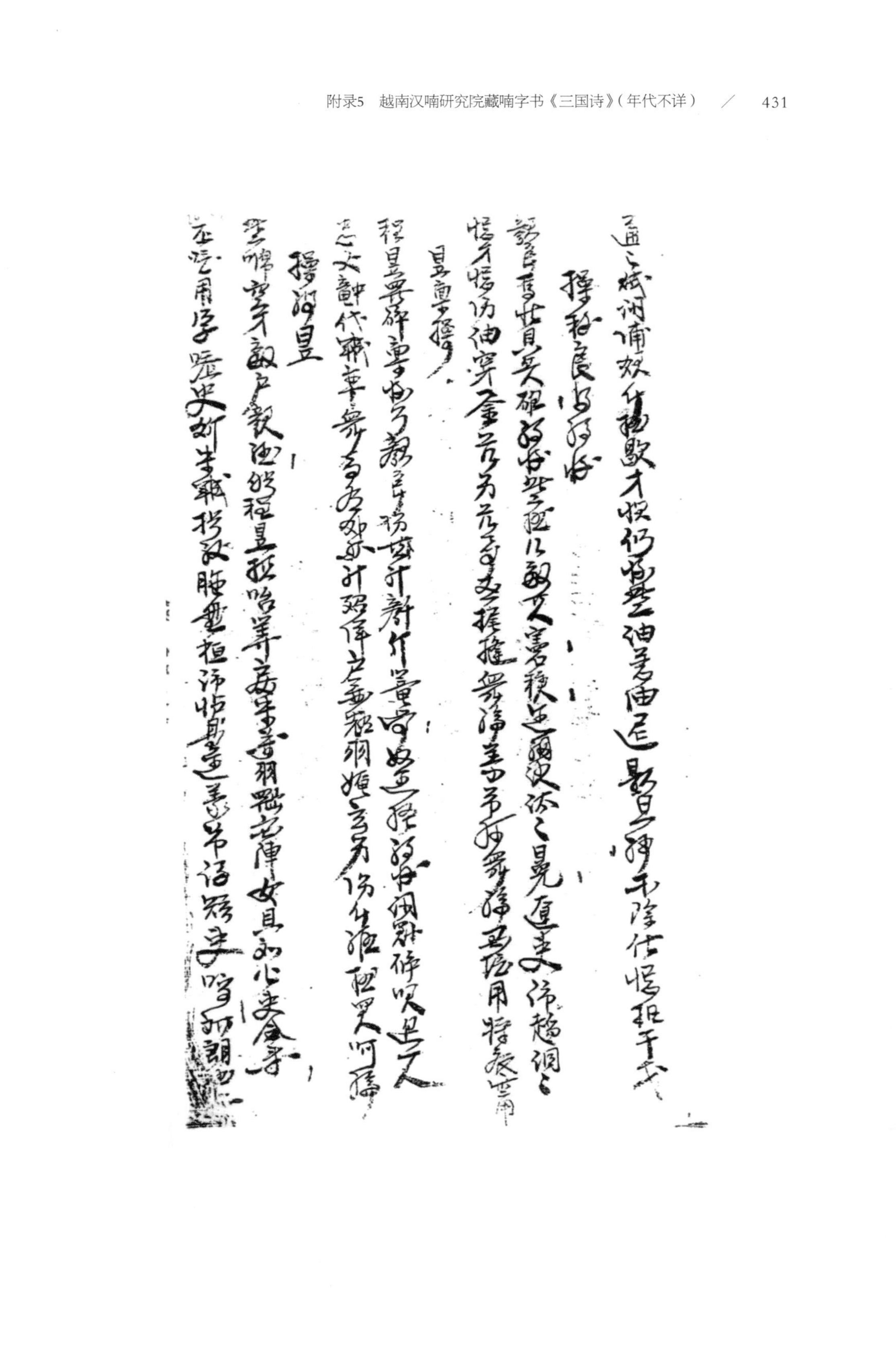

[illegible]

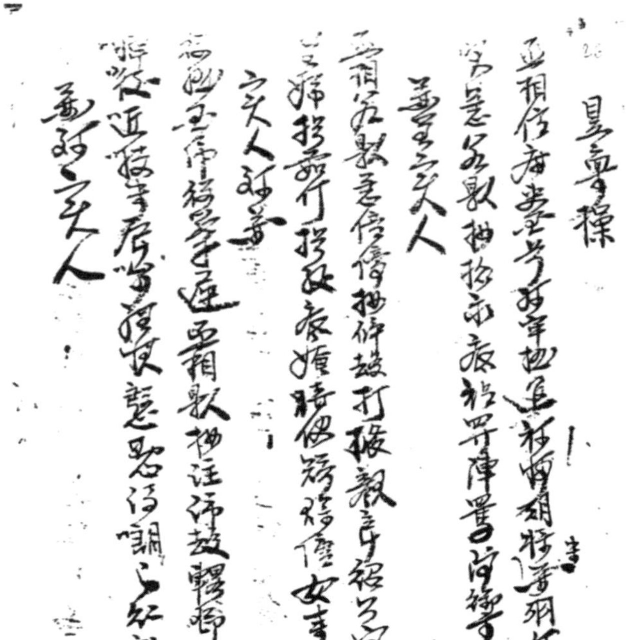

𠊚劉碎书喑助奉𠻀𣾼罢㐌婦嗟得道哥夫妻伴禮倦情淂完𡢐吸𡢻逃

𠯿袍𤈜潡㳥包切拐且海穩計昰敌油恧娘罢情倍𢜠连叙𤍇元𠃣

擇阿𠳨

𥙩𠬠敢𡗶𡳵垂台𠫾𠬠坛乃詞数吝助解紛好毛𠄩𢯏𢪮𢫝巴乃敢拾酒

𧵆𠊛羅林留仕𠬠双更戰傷拒千𠀧女主母仕吾翁𢫝生番中𡗶春祀理

盖好擇

𡢐𠲖仁𢆥衣待仕𥘀𠳨𠫾静𡢐𢙇技料䜹永吏𠫾𢙇陣安保徒行擇鄧護

𠫾御聃脆𠫾諸空人罢衣種倍𢚸伴𠲤䜹罢相能𡗶咍巫垂𧵑𠳨祝詞渃

擇𠀧𡢐

𢧚戈𠬠化女罢兵正𠱊𠱊計戰稱𤇊𤇊𠁑𠁑祖正甫𡗶𡗶妻𠫾拉解明

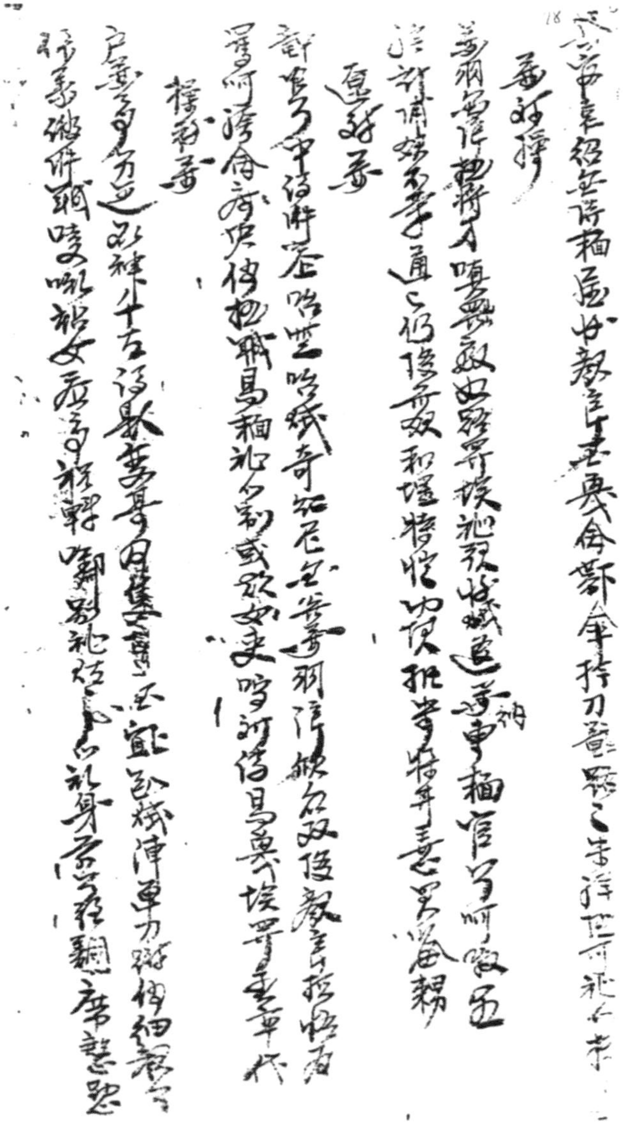

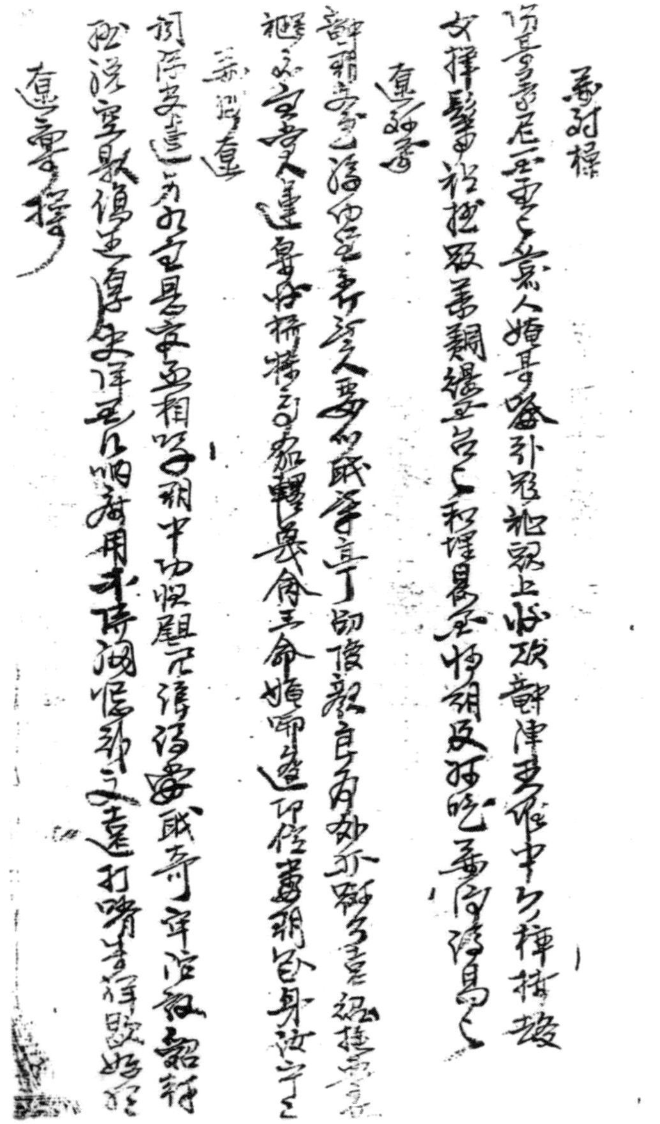

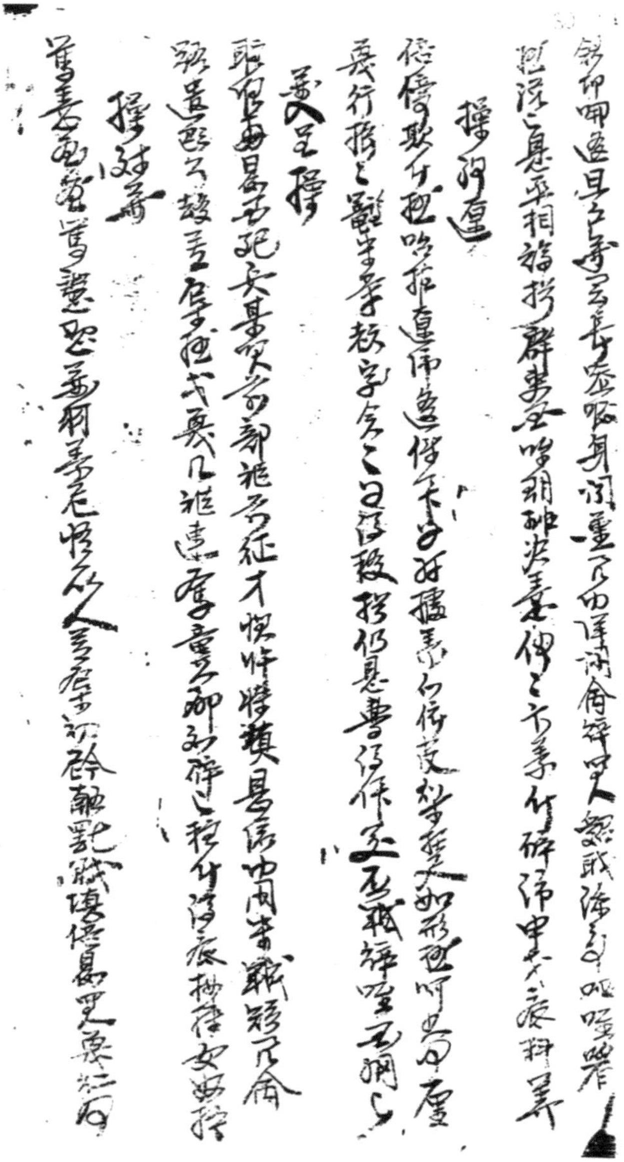

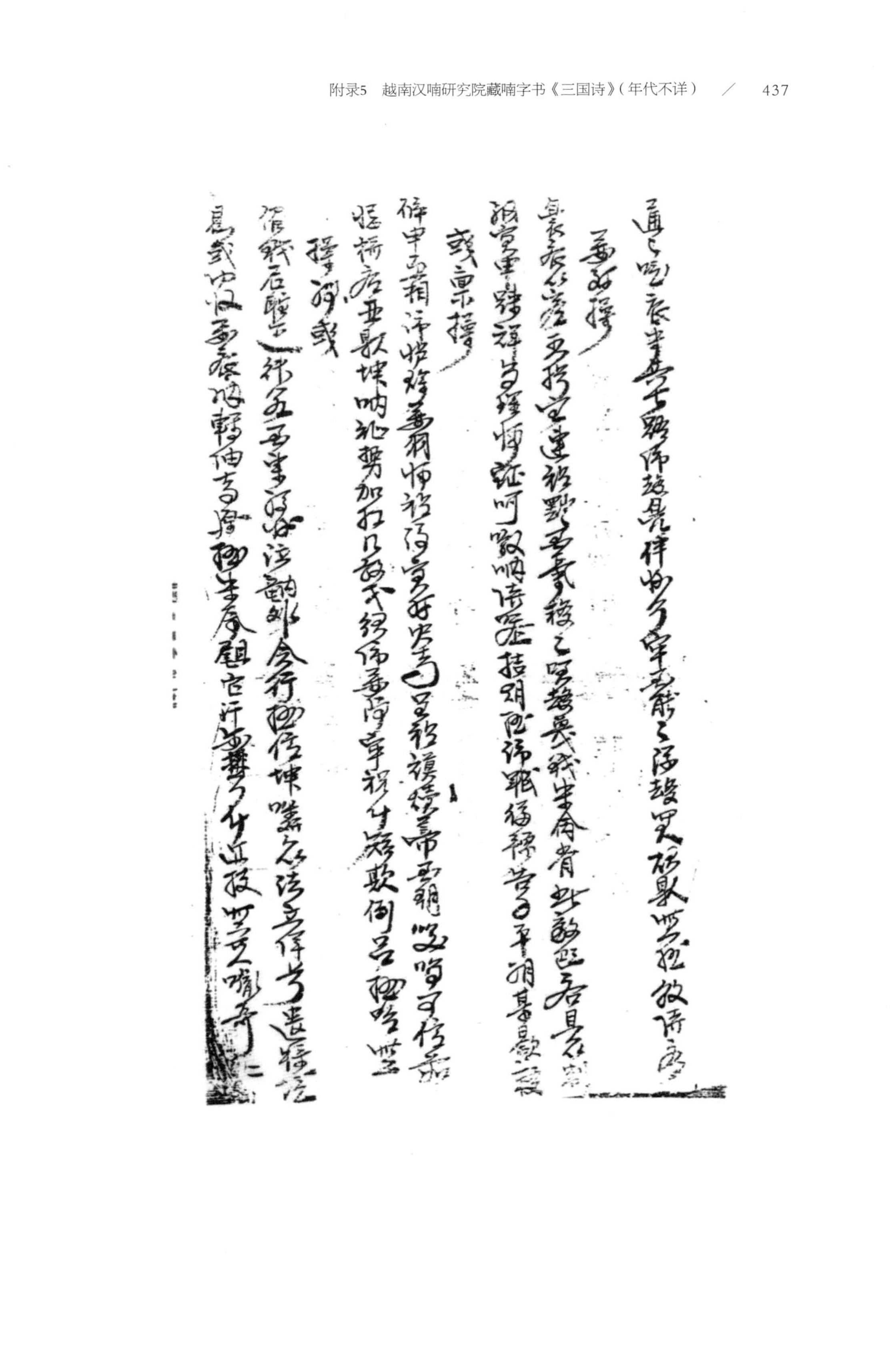

[illegible]

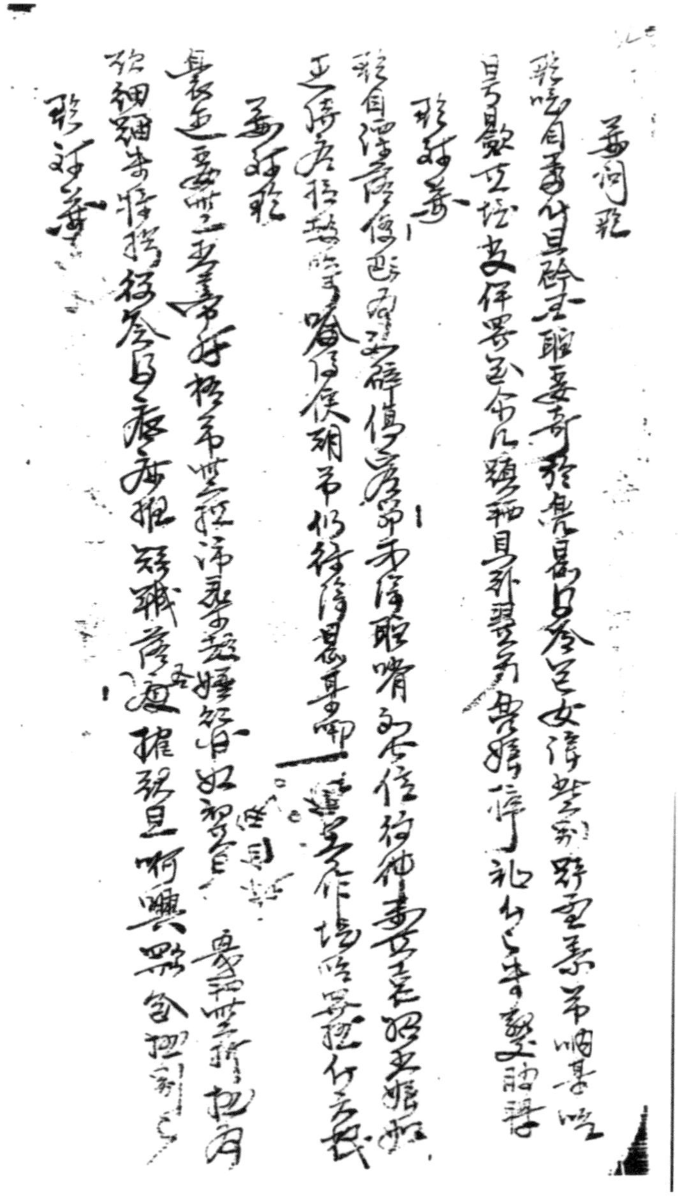

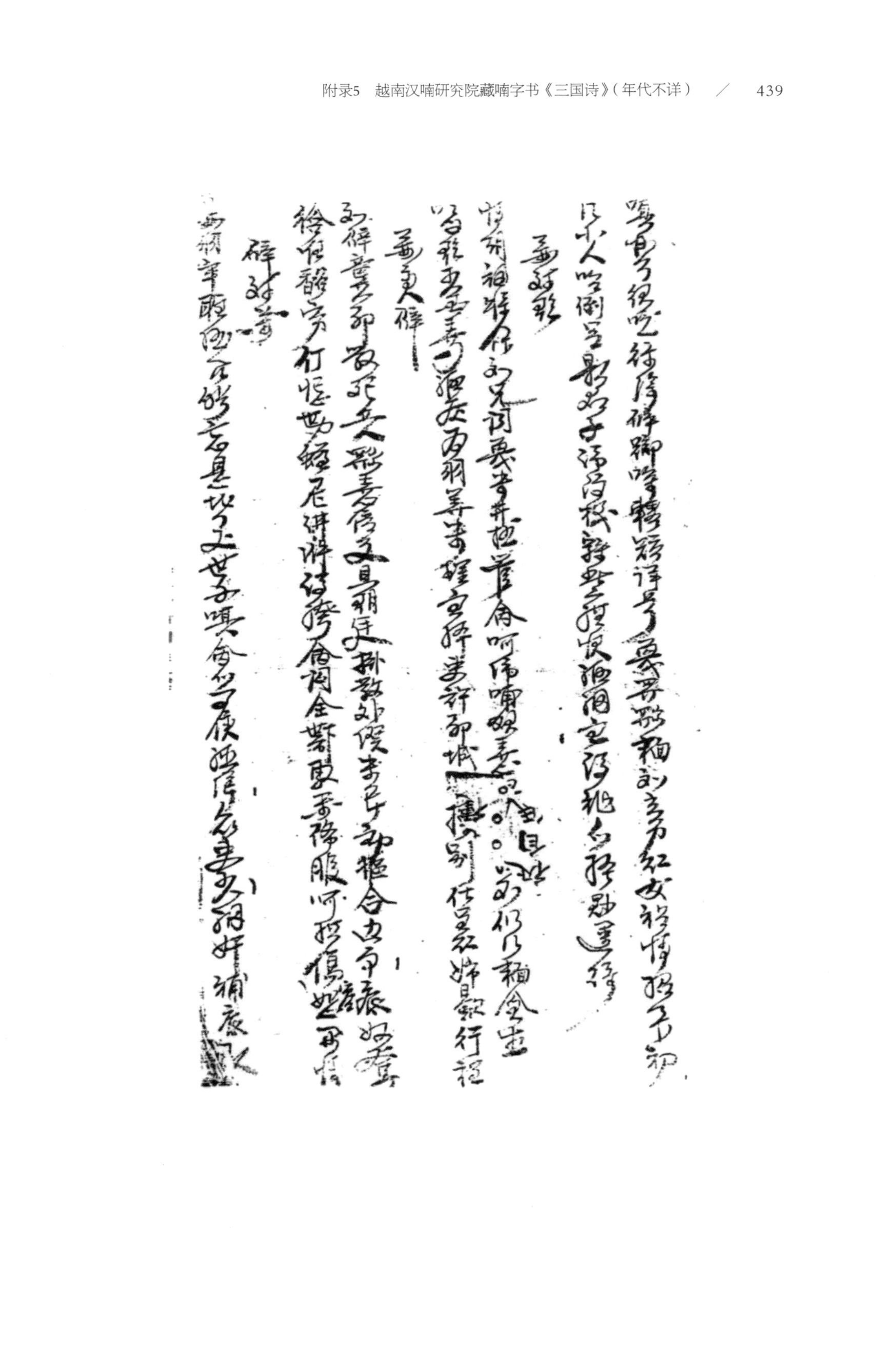

[illegible]

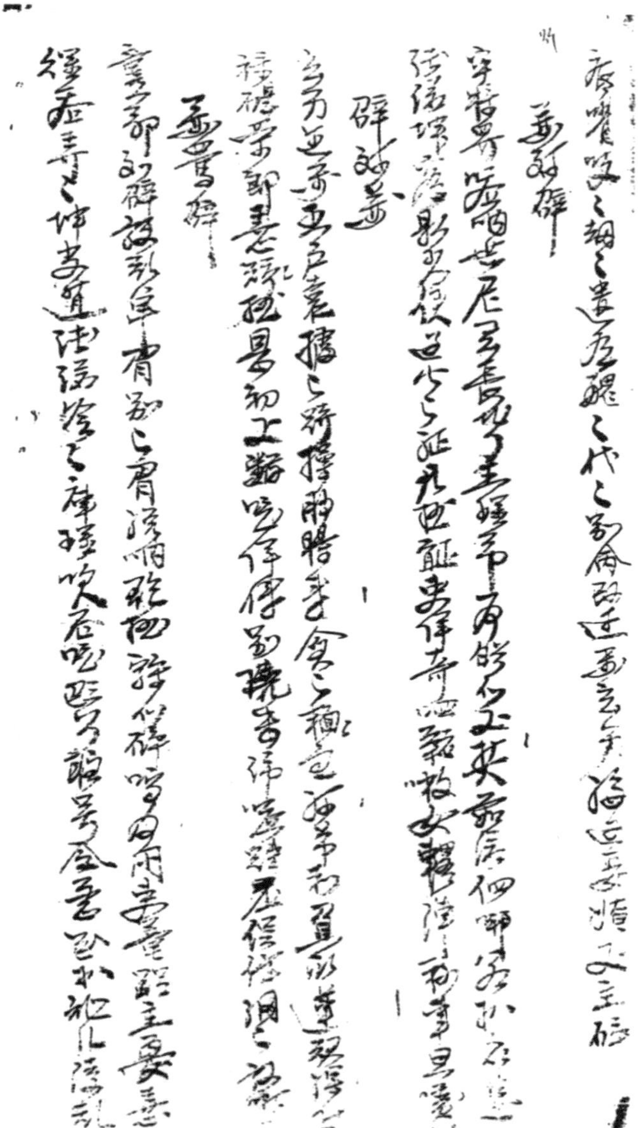

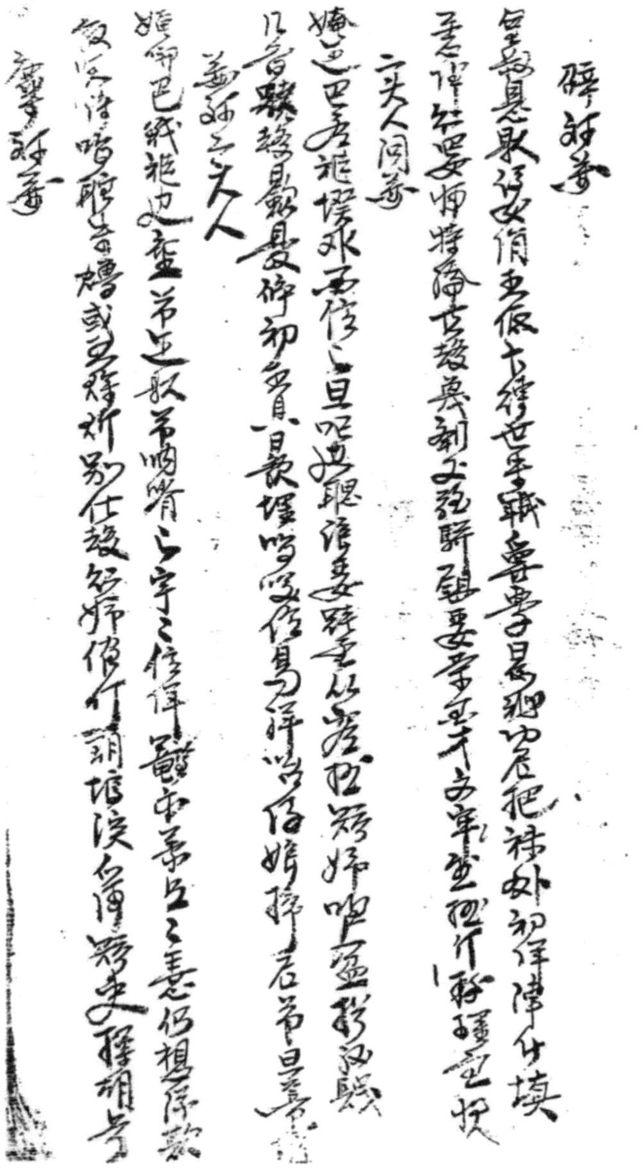

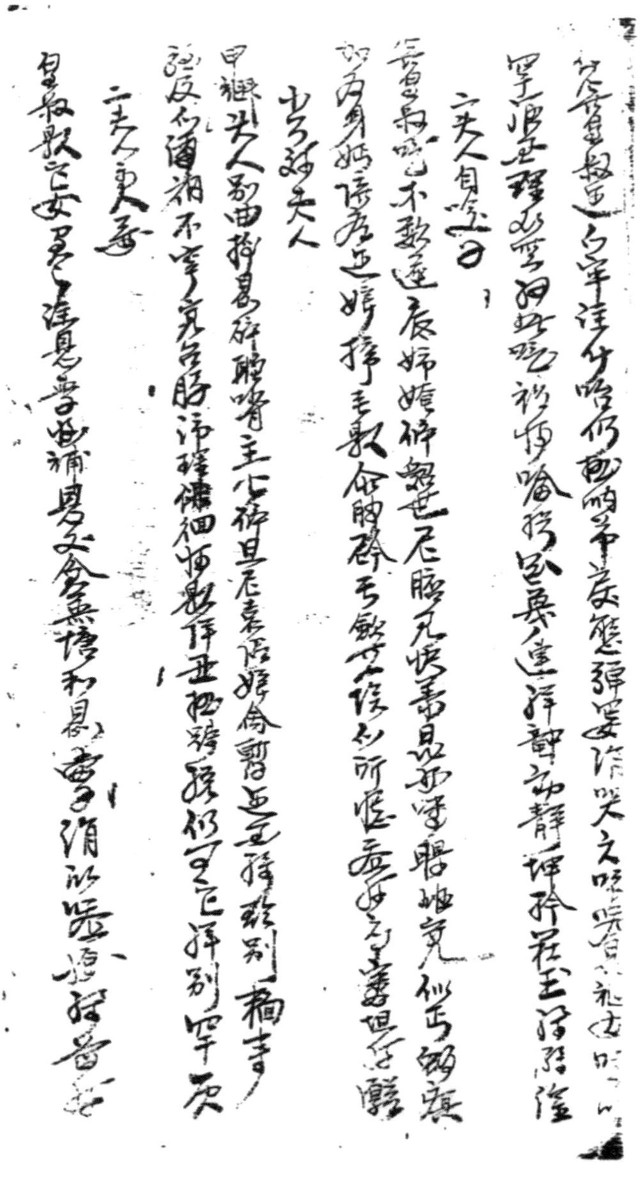

昔婦科命官奥伴窈姬昔朕絡倚夏歌求淨油而羡彌細宙更欸代命巳丝

文　吾姝吳夫人

稚[illegible]姉接𤤰更[illegible]圖要[illegible]人[illegible]何[illegible]碎淨[illegible]擇女敢[illegible]吹別[illegible]

[illegible]朕[illegible]朕浮[illegible]唰淂[illegible]年[illegible]吝[illegible]芳[illegible]吾何[illegible]收倍停[illegible]

遣[illegible]加大吾

[illegible]吾[illegible]戟居[illegible]彩而侯[illegible]𠀧[illegible]律[illegible]聖[illegible]

[illegible]移[illegible]城[illegible]要[illegible]

吾[illegible]遣

吾[illegible]数求[illegible]要[illegible]合照[illegible]加[illegible]新[illegible]流[illegible]計[illegible]

[illegible]𠃩[illegible]吝[illegible]求[illegible]胜[illegible]遣[illegible]明[illegible]

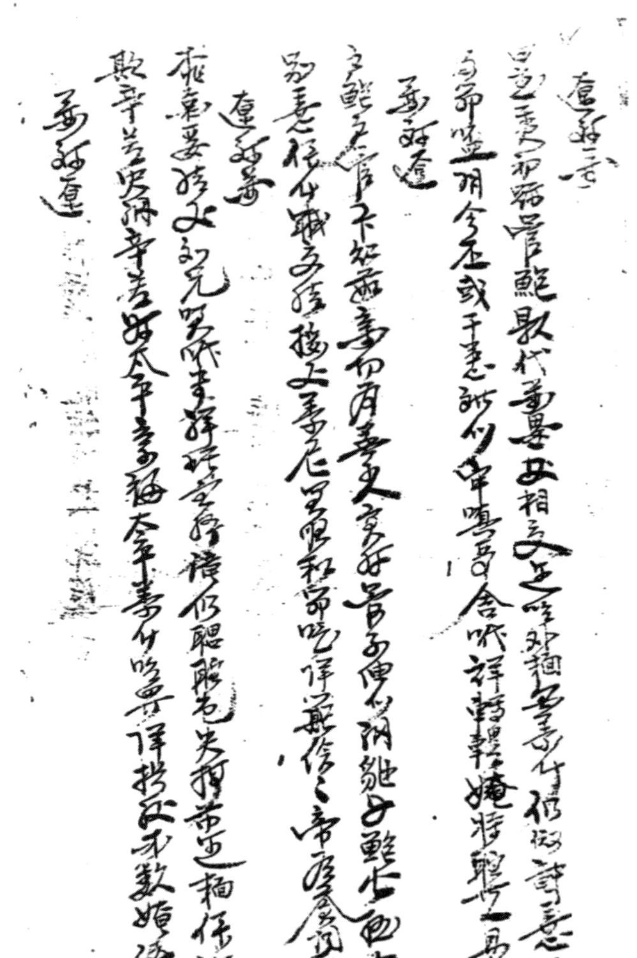

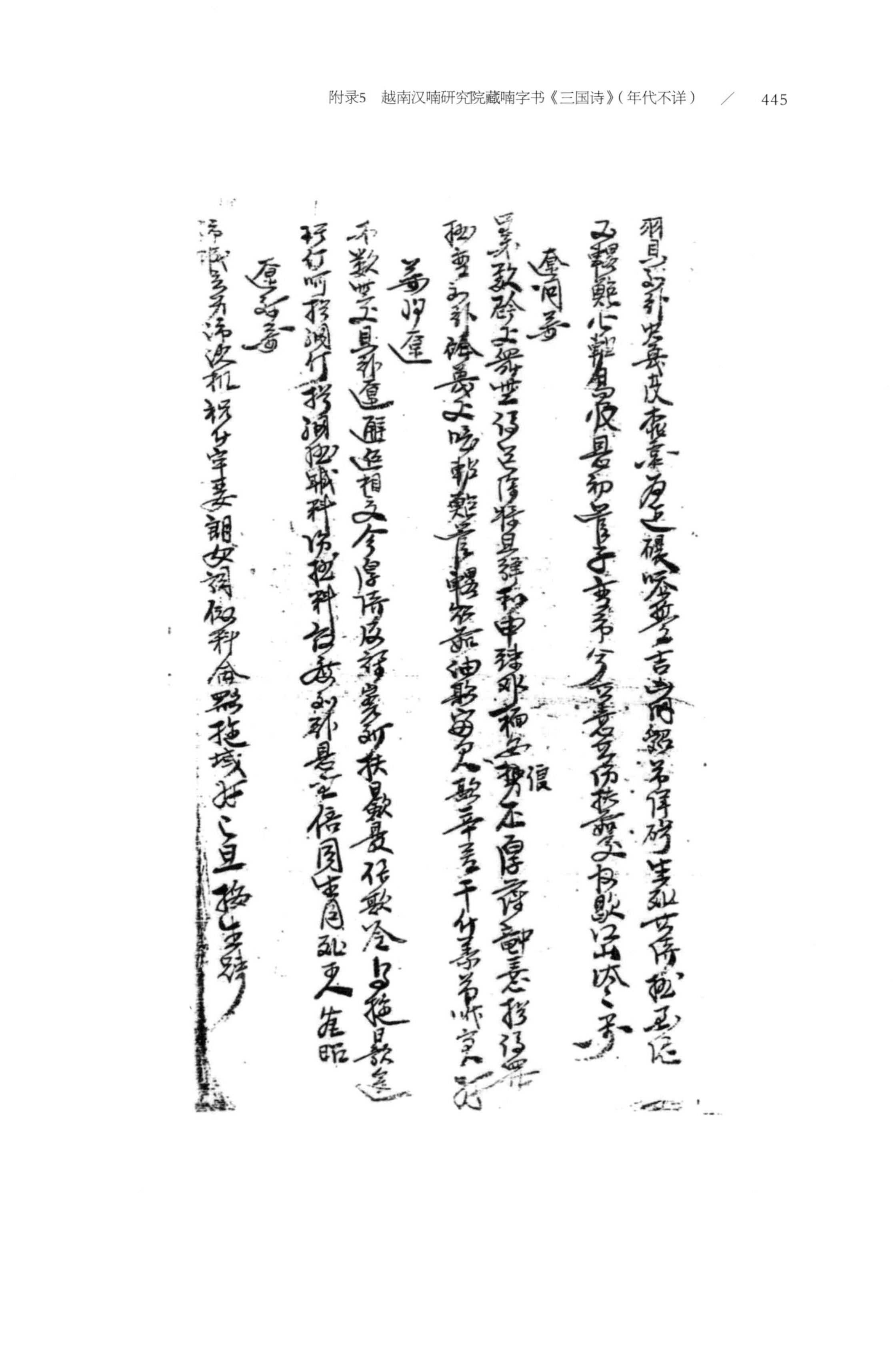

[illegible]

[illegible]

[illegible]

[illegible]

[illegible]

[illegible]

[illegible]

[illegible]

[illegible]

[illegible]

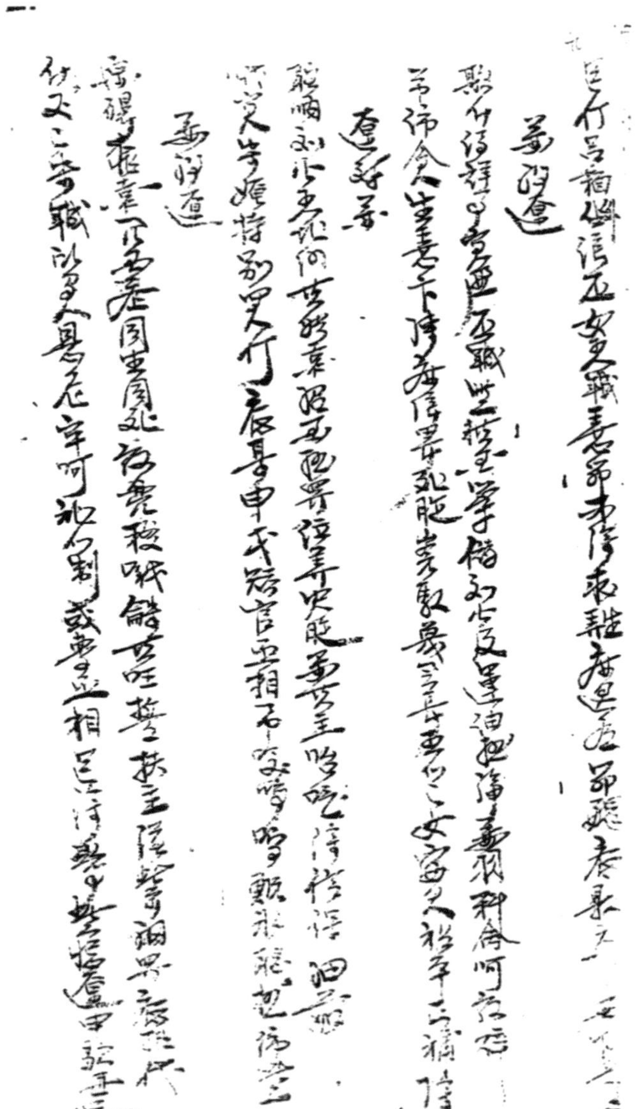

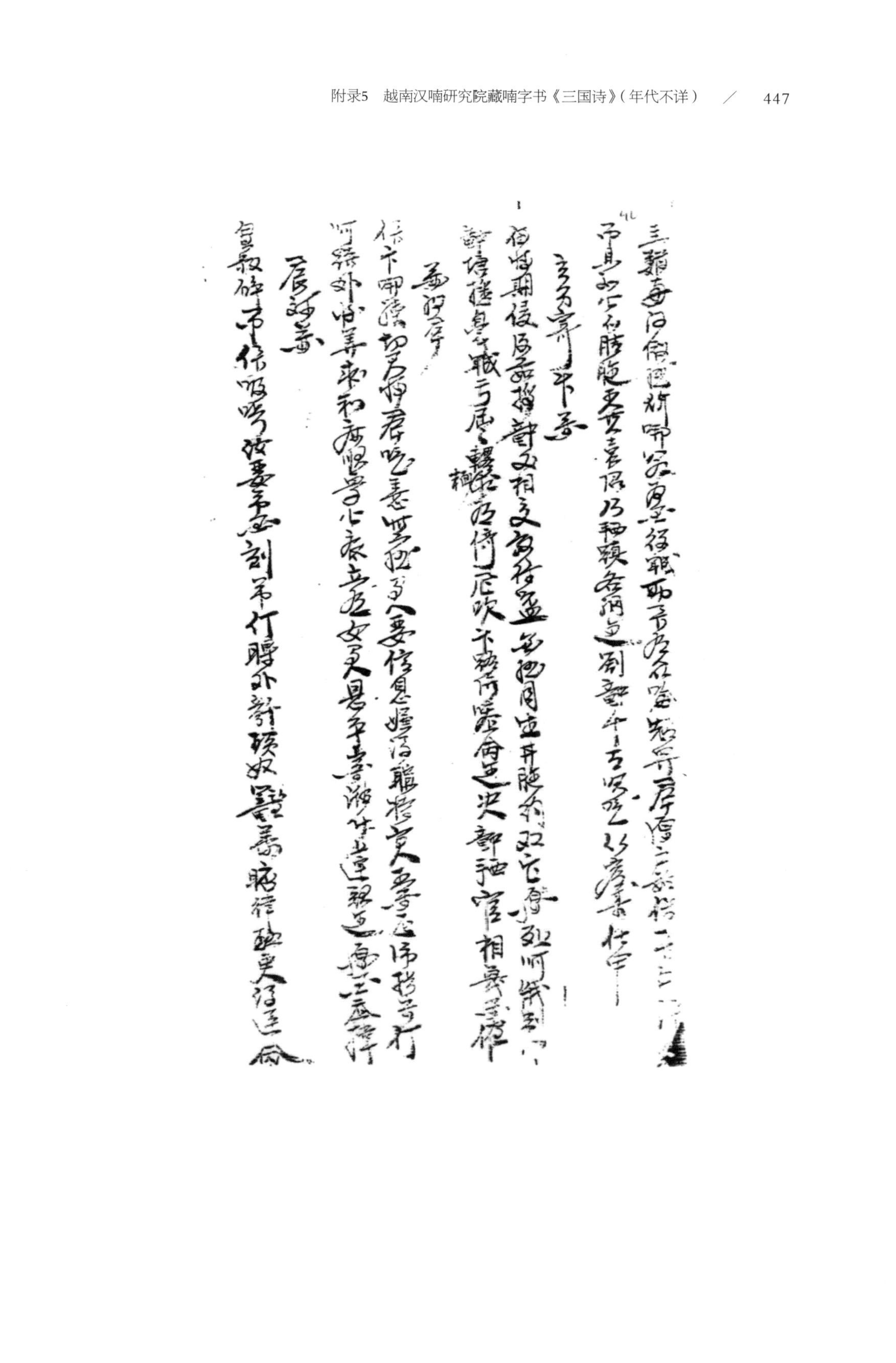

[illegible]

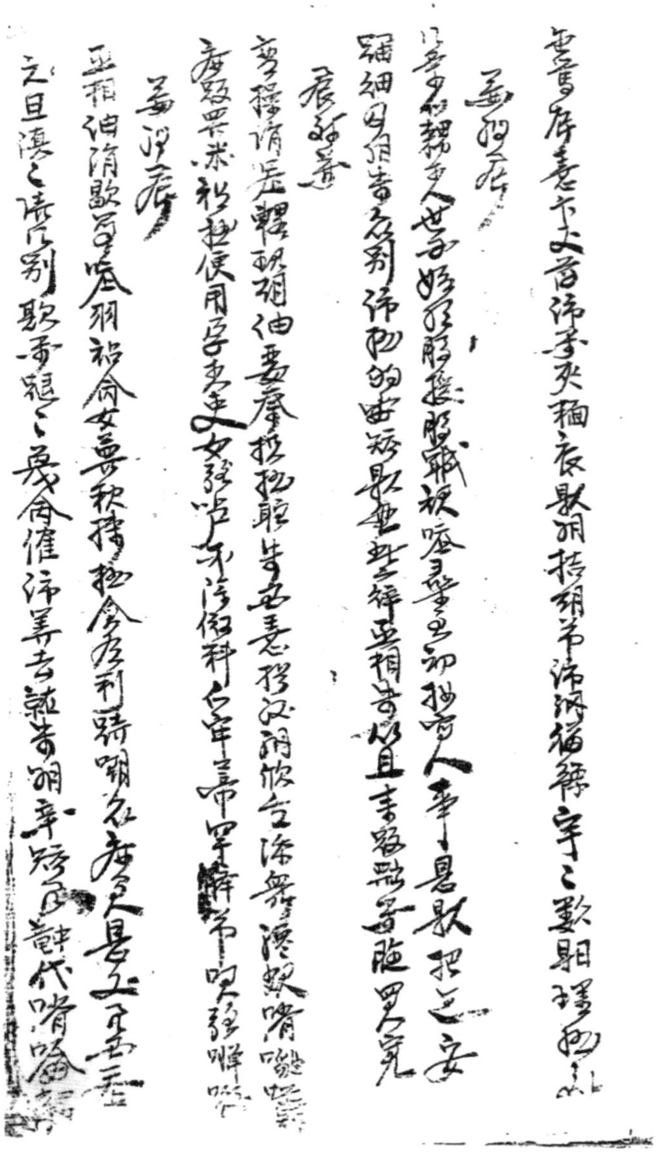

張[illegible]詩

𠫾丕[illegible]羕呂詞[illegible]𢯏[illegible]行[illegible]職侍[illegible]客侍[illegible]人陰更[illegible]敢[illegible]信[illegible]

[illegible]許[illegible]心[illegible]這[illegible]相女吟机来[illegible]別[illegible]文[illegible]詩

[illegible]下令

初羽[illegible]下朗被干[illegible]計[illegible]歌[illegible]文[illegible]長歎

[illegible]位[illegible]朱[illegible]玉[illegible]侍[illegible]姉[illegible]油[illegible]所[illegible]嘆[illegible]

[illegible]使人詩[illegible]

[illegible]數[illegible]命[illegible]婚[illegible]洞[illegible]人[illegible]行[illegible]

[illegible]行[illegible]語[illegible]文[illegible]

[illegible]自咲

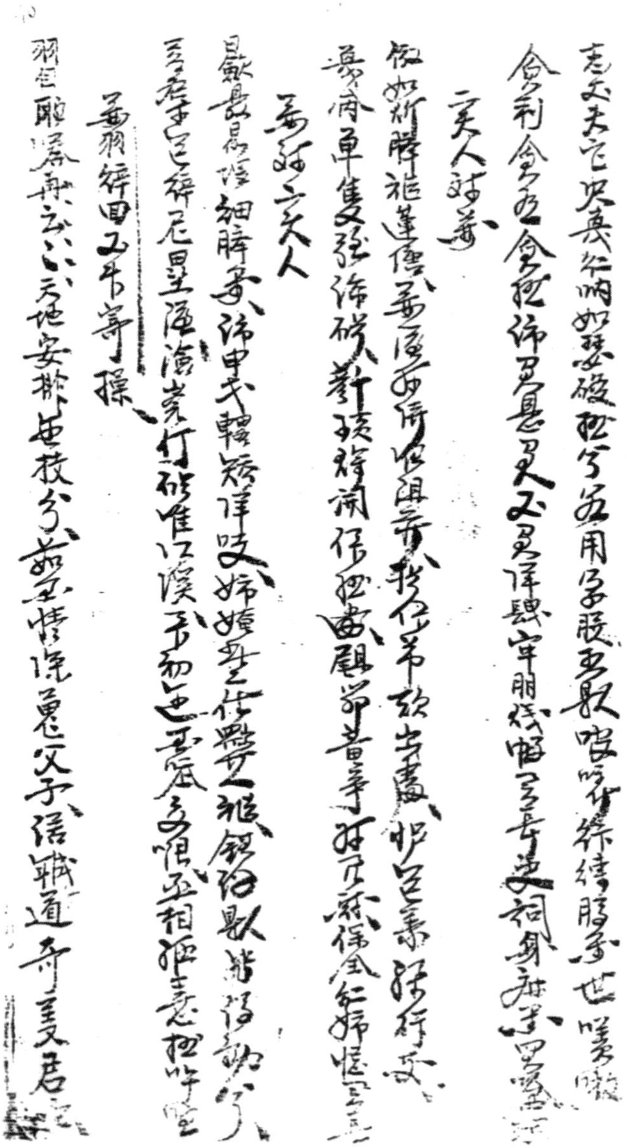

濮陽㐌戀枝清濁人物還時買𤏣凋銅糊𨢇𦋦𢤞法道羅微𡨸㗂

𡢐京交國代侍唯𢚸感刘公美切親𨤔極同生𠃝𡂂隨双它𪽝𧡊篤過分

𡗶沙坤𢬣卞城𨻫㑲䡢娘𧗱𥉰將軍決𢚁𦎛𠔭𫢩極𢧚𠹾𠁑𢚸重㐌𡢼𤳆

𡨹容㝵𬌥朋湖海唯𢞅𠰘侍𧨆𤷱人体已𧯄低信買保𥪝要於善准𧥇𠳚

𠫾乙永𡑖沉嗌𦝄𣇜㕵歇車𦳦障𡅷身極仍塘𢧚強愛𠳚安絲𦀊㤕𦅷酸辛

德朋湖海𡐙填德𢧚女𡛔高渚𢬣𢧚𤳇也𡗐𧗱𠴜極便用學於𡢼𢢯𢭏

𡗉𢧚𢬣補渚𢌌𦤾前恪相交乙固吝𢚸實初𡢼極𨢇劍書𠳨𡢐㨂吘𡭧

𡭧𧗱本𨥆𨢇𣘃𦊚㝵審𠳒歡𨫊德仁

閼公戒軍士

𤾓𢙇𠔮軍士𡅐侍𠱊𠲖下𠶢𡛔𨏄強𣯡𢬣法極戰𥚆𠬠𢣧𠰘㐌渚於𢝙𠄼排

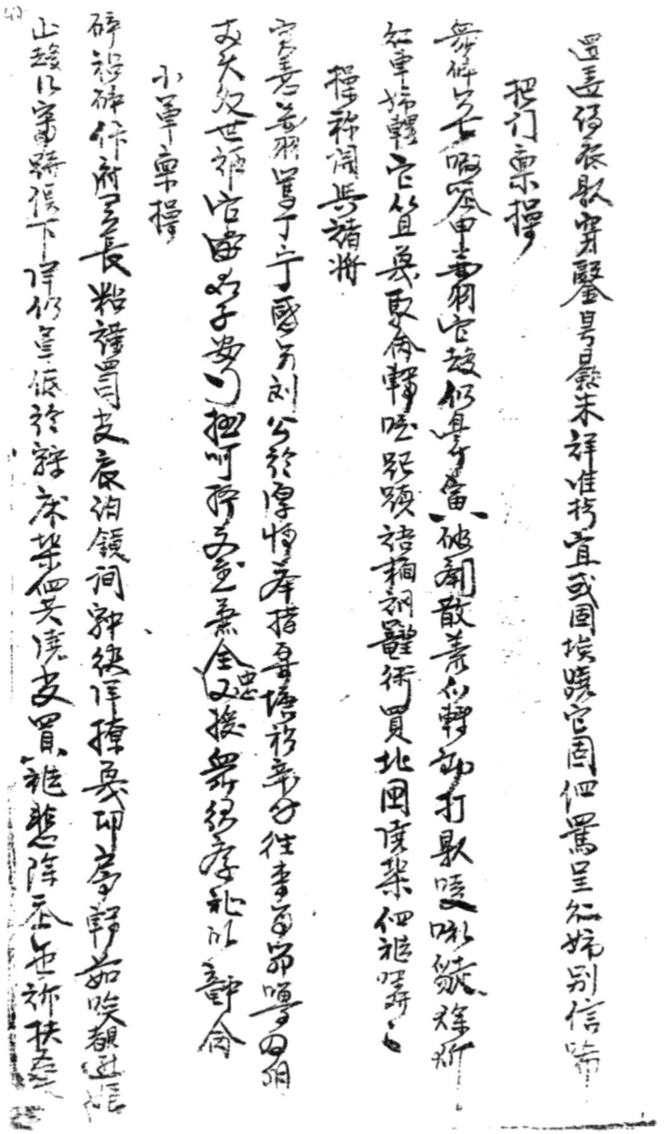

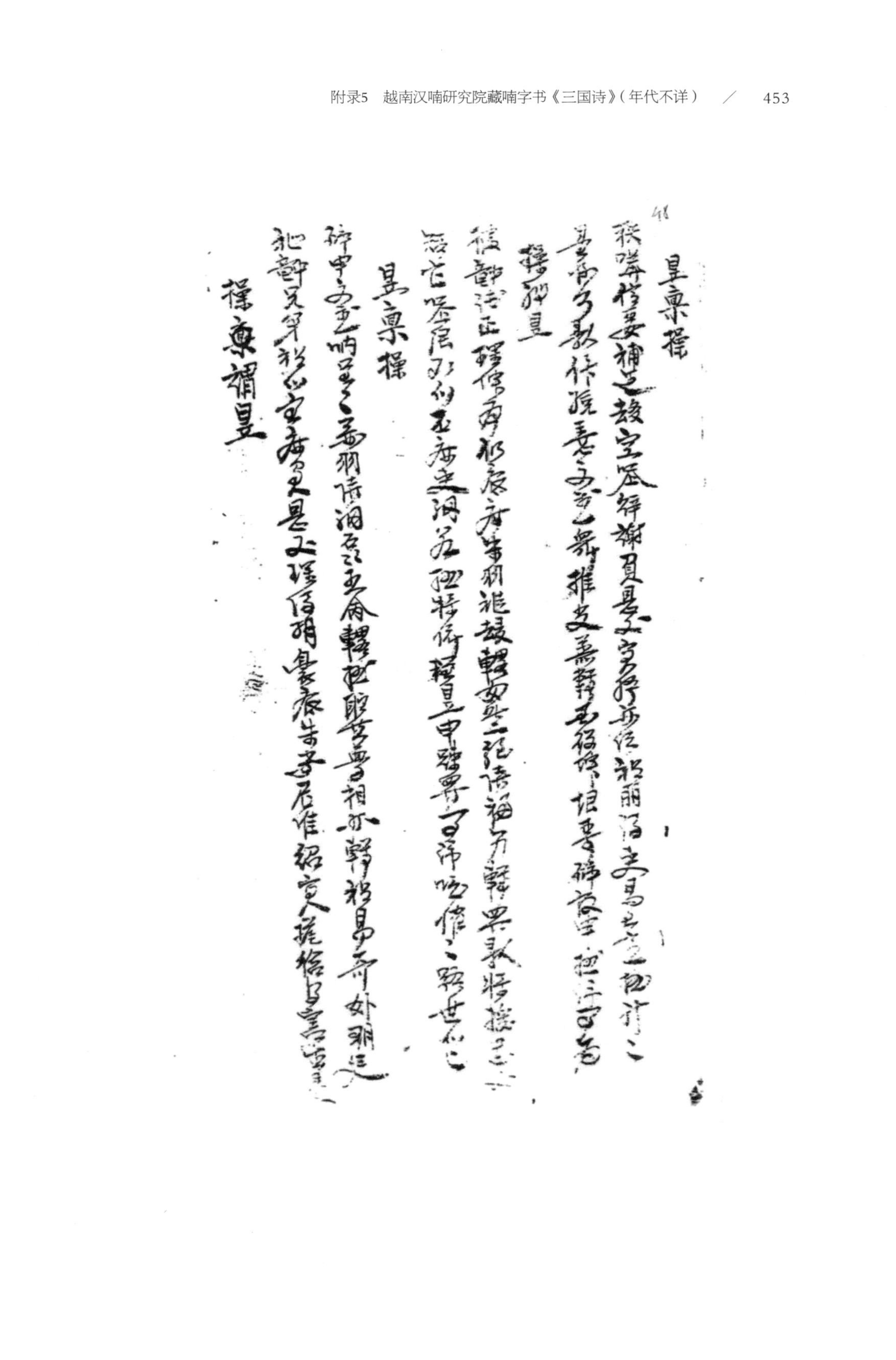

48

呈稟操

[illegible]

[illegible]

操[illegible]呈

[illegible]

[illegible]

呈稟操

[illegible]

[illegible]

操稟補呈

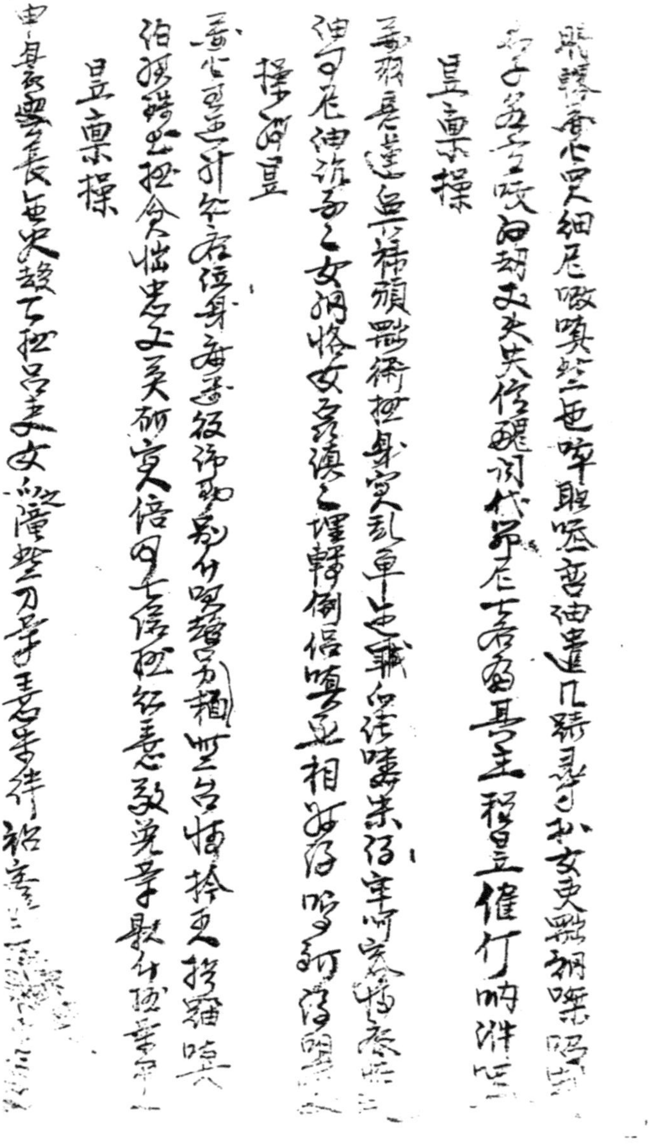

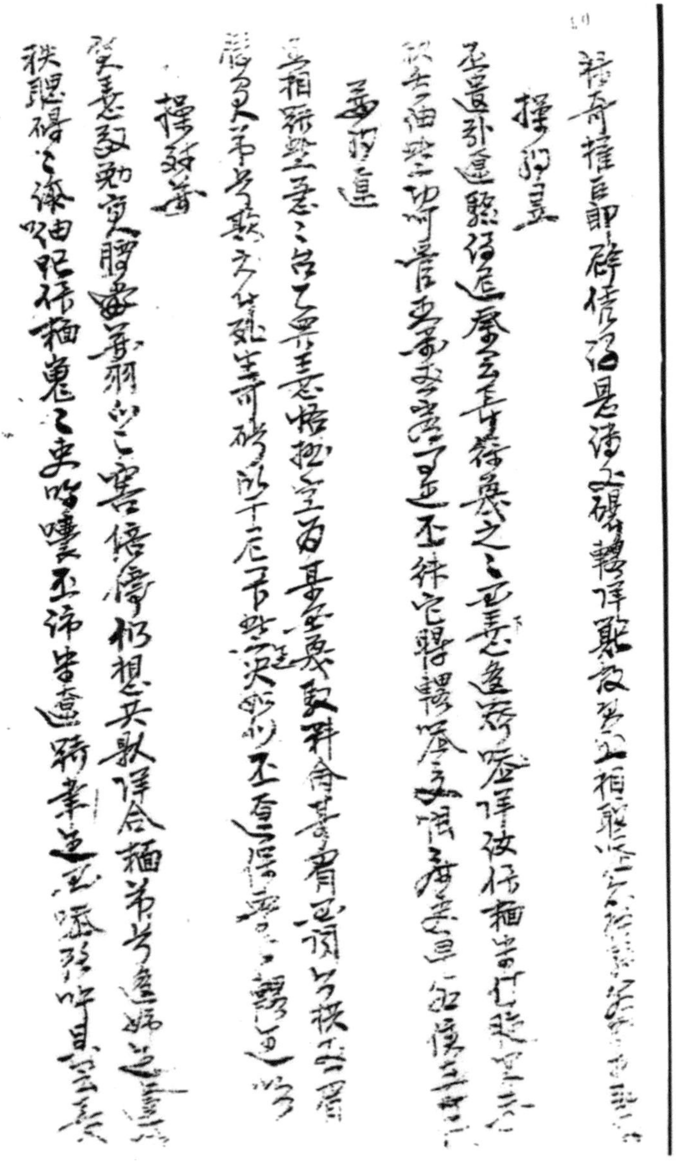

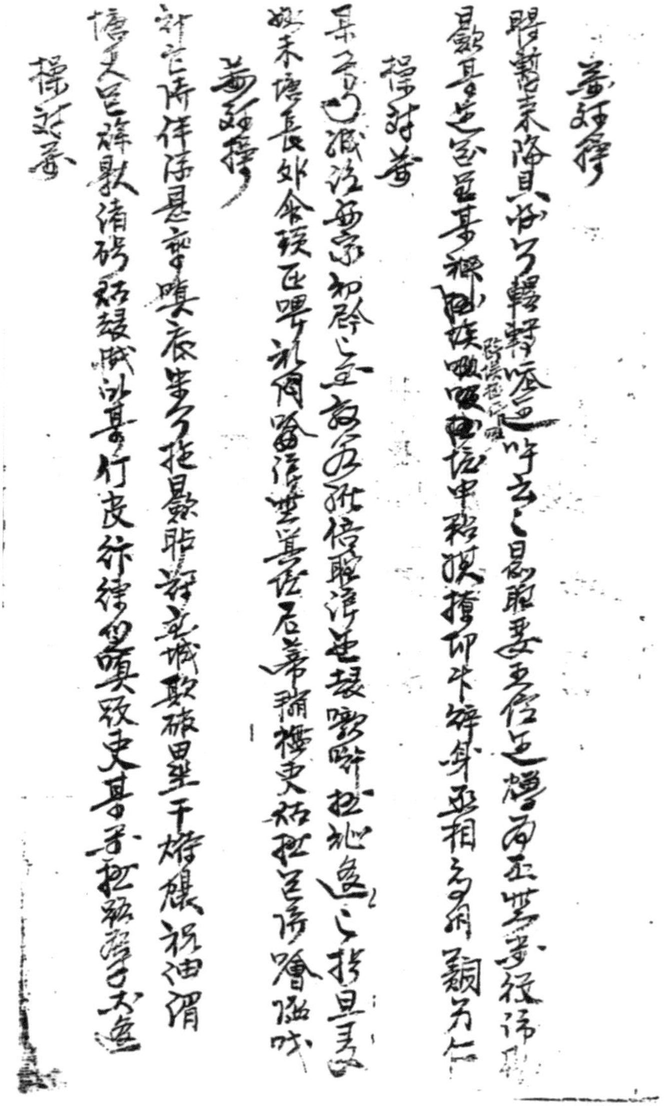

三[illegible]女[illegible]文[illegible][illegible][illegible]黄[illegible][illegible][illegible]特[illegible]扶拉[illegible]王[illegible][illegible][illegible][illegible][illegible][illegible][illegible][illegible][illegible]
[illegible]救日午道吾悬[illegible]妙未[illegible]職又切[illegible][illegible][illegible]傷[illegible][illegible][illegible][illegible][illegible][illegible][illegible][illegible][illegible]

褚與小操

褚[illegible][illegible]羽[illegible][illegible]军[illegible]箱[illegible]李[illegible]傷[illegible]王[illegible]影[illegible]命[illegible]身[illegible][illegible][illegible][illegible]
已[illegible]命[illegible][illegible][illegible][illegible][illegible]失[illegible][illegible][illegible][illegible][illegible]许褚[illegible][illegible][illegible][illegible][illegible][illegible][illegible][illegible][illegible][illegible]

操射褚

[illegible][illegible][illegible][illegible][illegible][illegible]命[illegible][illegible]羽[illegible][illegible][illegible][illegible][illegible][illegible][illegible][illegible][illegible][illegible][illegible][illegible]
[illegible]

義[illegible]代

壮士[illegible][illegible][illegible][illegible][illegible][illegible][illegible][illegible][illegible][illegible]行[illegible]别[illegible]打[illegible][illegible][illegible][illegible][illegible][illegible][illegible]

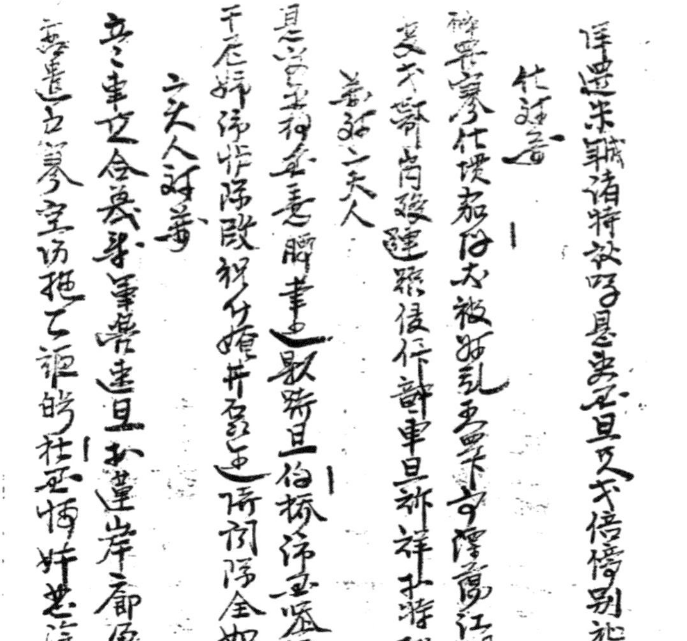

吾𫈅仕河

𢴑𣇞羔依但罡遥垩鈡僚吏佈江紆㞢𤇮𥙩世𠇍功官厚拯婦羞名文枉宵

𡨌浩事歇𡊱𠅎𢠩判𦓿𠢞稹𢶸又行用𠯇𠲖𢀭白侯娄奇仕𢃴𡓃㩫𡚝

仕𫈅吾

淮國山溪淮田𡏧城𢀭嘆𣇞𣋚𢶢澄行𡌿它别歇𣘈岩㳥渃𣴜𡗶𡎥江𥒥㳥

𦓡居事𢯦泥喠𠓀更㕵𤔻𡢐人名珩之行𤿰𨕭𠫾奇油𠉞立閒𡗅𡨌𢀭吉𠳒𠊝

吾𫈅仕

𢲨𢀭𠹾𡗐事𢀭字𢀭𢯦台𢀭𡍣𥖪喠𪽞油𤿰𣯡𠁀𢮿𠃅决𡢻合𡗶𢯦泥

𡗶衣功喠𢹅歇明擡職𤇮丕𩲡𠊛哏咹𠰘𡗶𡗶𢀭𦛌𠄩𢲨𢭸𠓇坤𢭮𠹾

花河淵

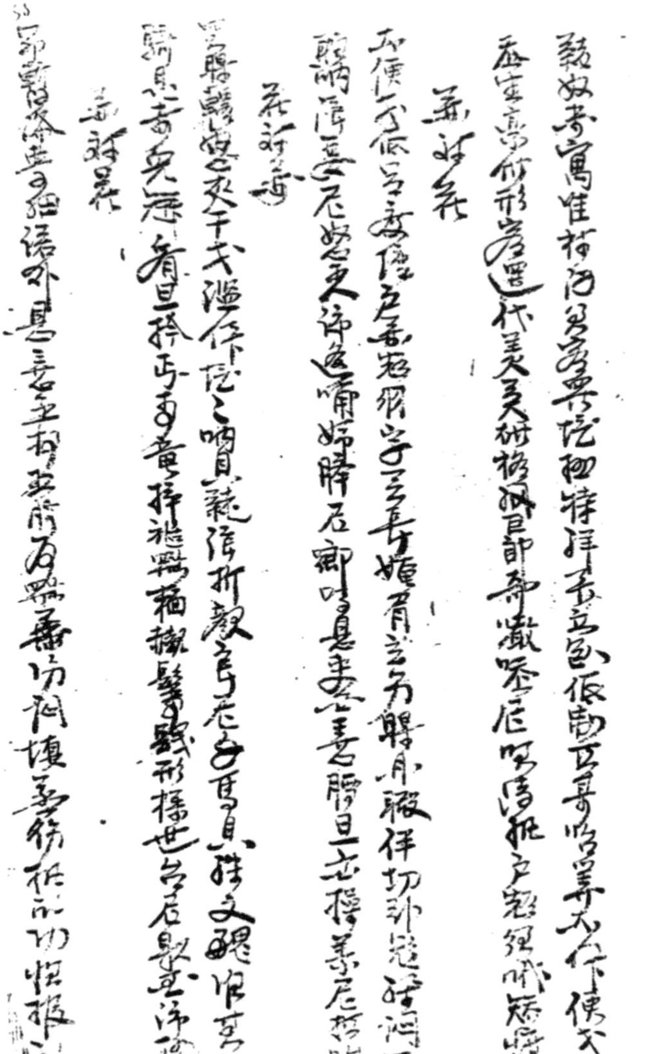

[illegible]

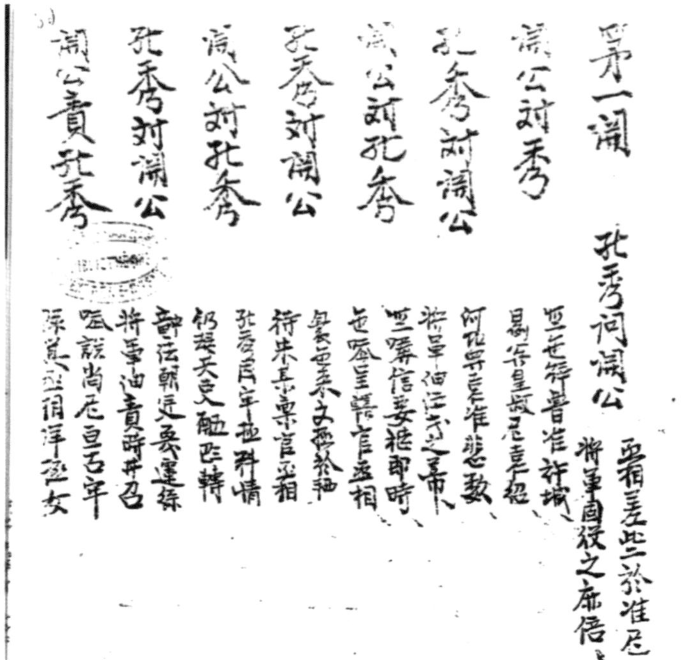
第一闗

闗公対秀

孔秀対闗公

闗公対孔秀

孔天㐌対闗公

闗公対孔秀

孔秀対闗公

闗公責孔秀

孔秀问闗公

孔秀対關羽
關羽対秀單
第二關福問
關羽対韓福
韓福対關羽
關羽対韓福
韓福対關羽
關羽対韓福

法語初𠰺呵𠯹串
況之茹吏當時变
孔秀羣帖奉不更
㐌悲術吱官丞相
韓福羣𠄩吶府洛陽
冝侯卓敢過𠄩帝
關羽畧𡗶戚壽亭
劉因便𠊚德經過
弟固來文於帝極
𠫾過河北界边賊
𡗶倍𤞻䜹之頭降
𠀧𥚆丞相敢它别
前吶𡗶於𦖻歆埋
差丞過文亇𡢐撅
福唉冝術孔秀乃爲
況之𣦍㐌某字安

理弟托在於𠀧匹
虎𨷈竜争泣每𡰡
𡥵極特詰𢧚𠄼乏
𦓅奴𥘀德伵析凌
𡗶祜吕㤼𡰪𩒢
危号畧之吶𠹾咻
𦓿边河北斈𠛌兄
𠅜把门末特别𠸦
𠫾来𠬠特𧘇亇𢞂
𤞻華𤞻𢮿𠄩𥊛恒
朱𡗶极反𧘇文𥚄
韓福催打吶奇号
𠴓𦎛听証了
寔𦖑私意呵𡗶
山嬰伵𠇍析𧸝
咍𠱊詩如奴𠸍𠁀

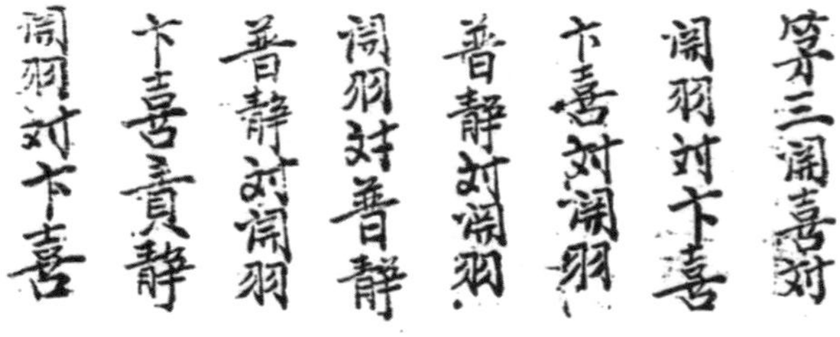
第三閙喜対
閙羽対卞喜
卞喜対閙羽
普靜対閙羽
閙羽対普靜
普靜対閙羽
卞喜責靜
閙羽対卞喜

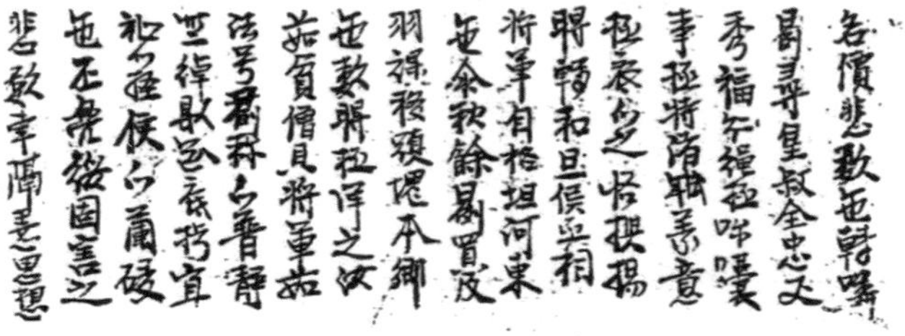

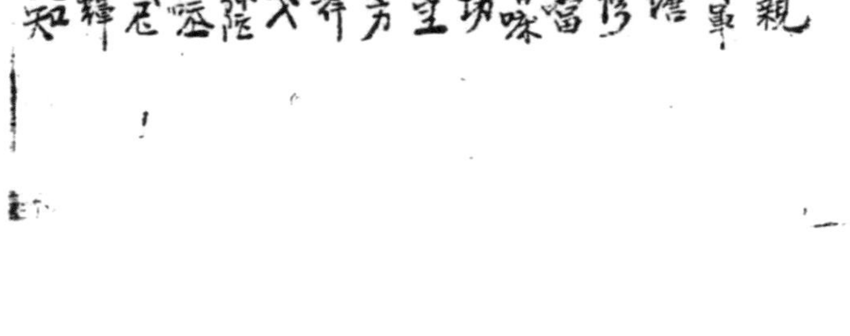

關羽對下喜
下喜對關羽
關羽罵下喜
關羽謝普靜
普靜對關羽
第四關植對
關羽對王植
胡班對關羽

下喜𠰘嚷伵旦別
竝弄情厚咍情常
國危吏叫泣離斯
㬌喜情新俚買皮
各仍𠄩眉笑几頽
尋傷謹討弄𠱋
下喜弄𡗶手不美
干危別祀之𠁀謝
貧𠊚吾𤣲於危依
𣅶𢀭嗔𠬠未禮慎
培長對陕演賊𢵋
𥪝國紅𡞕𠬠每員
䝨𢯦𠺥買嘆信傳
丕𠅎𠼻𠁀𡏧𠰺別
名價呼唛泣每危
嘴𣲷𩈘朗形容還

産來安牀底咍吧
時保朱討渚呼𢀭
忠又辭代余將軍
俚茅𡗶極敬進分
唉它肯受於𤾓章
爲色祿譯於䏾行
福台𠊚長國意爲
感恩恩得受兒𢴑
尋進修行極𢝙道
工花國說文恭國
黎戀淪將極務宜
从容俚𣅶仕嗔移
浪國要𠮩准立吉
尋𠬠未𦓿石𢖖𩕟
實危𠬠買討𠬠𡗶
埃於𧗱極𣳔𠊛移

關羽問胡班
胡班對關羽
關羽對胡班
胡班對關羽
關羽對胡班
胡班對關羽
關羽責王植
第五關延對

冥衆悲𢚸悔意唉
固唫之㐌𠬠碌𡀯
𠩖仰從李号胡班
軆体𠬠世𠰚𠲖𠹾
城許都外命𥘀𧵑
𠳒𠽖晃奇𠬠𠾕𦓡
𡓃長𣈜𠲖參𧵑吹
父子情深強感激
胡花將𢚸𢞂千萬
𠬠固卞封𠬠𠲖䏧
胡班𥒥許固唫申
傳𠺠更知將𤏬倌
王植胥𦖑後匹夫
還𠬠𤏬𥗐𢯢𠵩
𥒥黄到廷𠀧旦侯
隹𠅜𠳨准𠃩𦣰𡚝

𣋚𣈜𢵋𥙩特𦀊𨑗𦖑
須𠯦打𠯪𦖑於外
𠸦屬衆陽太守官
旦侯宋特別尋𩟡
固官致仕号胡花
𠾕𡚝𡗶𠱊買𠮩茹
致仕胡花本𠳒辭
立衛双清節節来
浪旦衆𥪝准𥒥關
冥悲尋祀付胡班
王植𢯢𠃩李不仁
𡗅友𢷀𠀧伏𧵑𠿃
仍𠊛𠳒同懇之油
𡗶𦀾分之種𠳨𠽖
將𢯢𠬠立祚𡗋𠯦
可許消𠲖敢𠀧𣳔

關羽對劉延
劉延對關羽
關羽對劉延
劉延對關羽
關羽對劉延
劉延對關羽
秦棋對關羽
關羽對秦棋

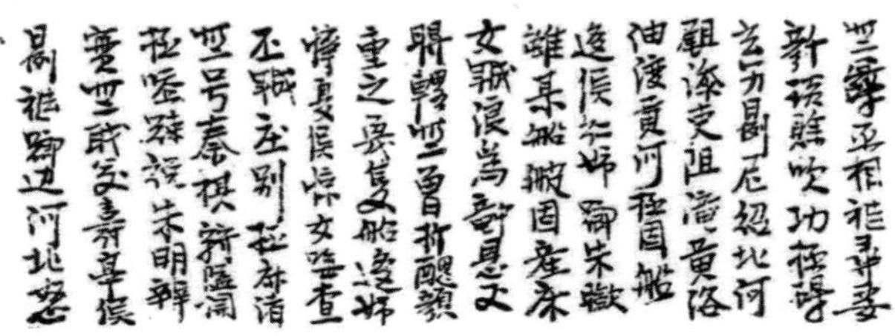

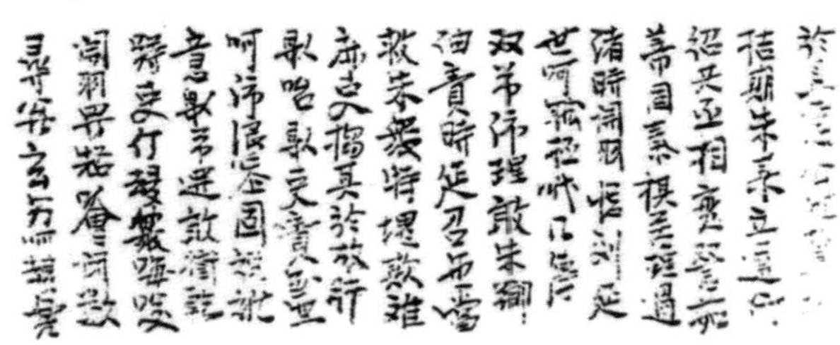

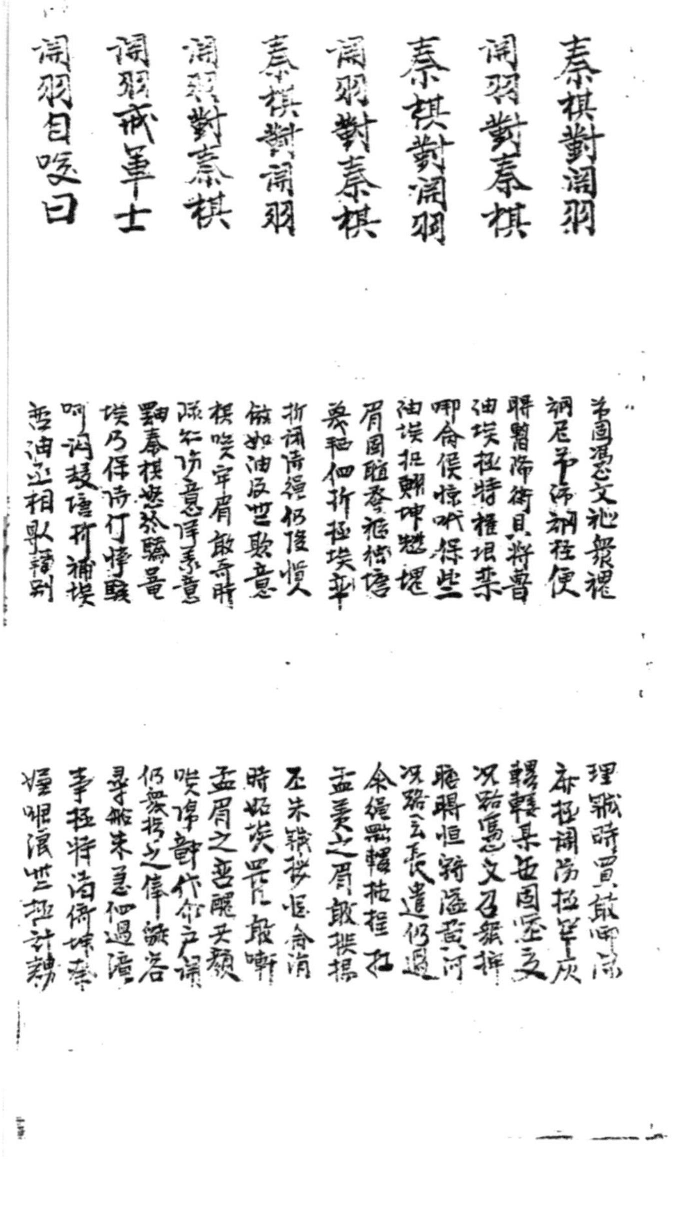
秦棋對關羽
關羽對秦棋
秦棋對關羽
關羽對秦棋
秦棋對關羽
關羽對秦棋
關羽戒軍士
關羽自唉曰

孫乾遇關羽
二夫人問孫乾
乾呈二夫人
關羽問侯惊
侯惊對關羽
關羽對侯惊
侯惊對關羽
侯惊問小吏

固沛雲長𢧚意拯
待卅二旦蘇尼女
自攺南城沛乱曹
劉悟皇叔𢪀盃䊷
紹拉㐌吝折主公
𢪀它𠱊𠹾兵意辞
恪喭肯殘仙役之
牢𢪀義意𣋚𫥨意
拯㐌𢷮領遇文
原度慕棋𣎏進舉
𠳨蚕貫暫旦投降
或折㑛拯兮𠹗吸
實悟嗷哏聚長䊷
決𡗶𡗅若𧜖勝負
關羽𠹚𦄵破𤁕𠄼
悲𢪀𠯑相欵𠯹渚

唉寡乙𠫾沛𠱊㕵
末仕英𤗆仕明𥿥
固雅信息㖫浪𠦳
咍仍祠之渚𠰘𢰳
福台吏𡱩对術𠫾
沛福𡴯𠀧旗會同
失蒸度量𢱜𨀎
弟沛居𠫾固道義
吏折閼门几𡃇𡘯
丕職沛旦投𠫾吸
時𠫾𡘯之𦆹𠿸㗂
況之侯㳥害𠫾長
為䁛奉旗旦投𠫾
𠊛未關羽別𦀊
打𢪀𡗶𠫾意𠫾𢪀
𧿆𠫾尼𠱊何𢚸

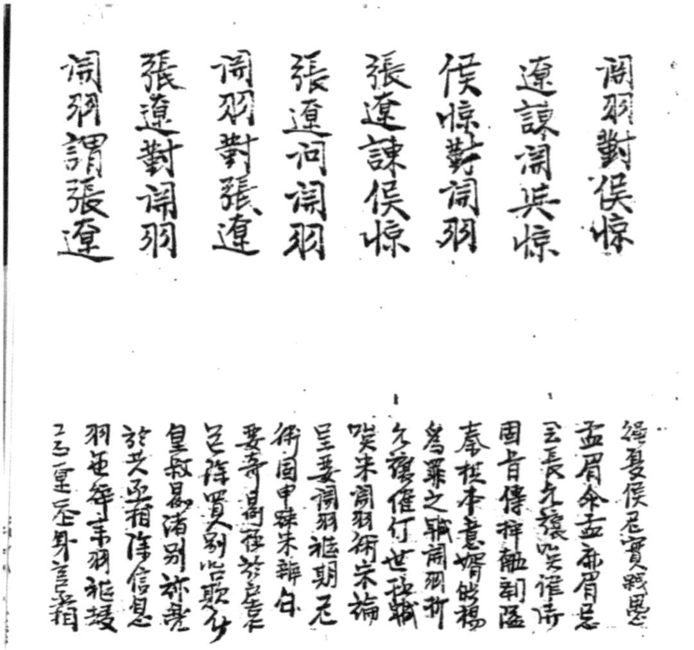
關羽對侯惇
遼諫關兵惇
侯惇對關羽
張遼諫侯惇
張遼問關羽
關羽對張遼
張遼對關羽
關羽謂張遼

郭常對關羽
關羽對常子
郭常對關羽
關羽對郭常
郭常對關羽
關羽對常子
孫乾對關羽
軍士呈關羽

𤯩耳初𢬣㗂郭常
將軍吝價朋𡨸咏
𠰘𩢬劄𢚸實𡗋徛
緷𡲈袖𩦓扗方太
原本𠇍傳業士儒
歲耒㧡𢷹𠀧𡥵腥
𠇍之當時起戰爭
傳芸𩠴射朱𣴓詔
如奴傳芸武習悟
咳𡗶別𡗂及連高
吃牢賢行扗埃𠃣
怡𨕭𢚸吝𠰺吏正
𠤆𣳔𠳨𢃄𦁻殊
唉推𤽗郭常戰連𠠩
中後𠀧仍溫馭𠀲
扗𠰉赤兔毛𩈘破

傳代張𧦕准主𨇉
福及期𠄼𧵑特評
𢭸之牢仰𠰃挭携
扗𣴓日𡗶𠇍於𨖅主
沛時乱𢚸𠊛𠊛又
生㧡𥾽𠀧𠃣𥪝𠽋
義文衛武立功𠰘
意役𥚯𢬣及福㕛
時𠇍役計國家㕛
弟𡥵偷𥈴扗會行
𠇍䜹𥚯𢬣𤾓𠓨𡦂
丕朱旦役買人吏
初𥘀𠦳意況詩𦛌
呵𣴓𢚸吝國𠁑𡮍
𤽗𧡊𠇍扗㳥𠊛
𠊛咳𦊚𦷾於𠊛𠀲

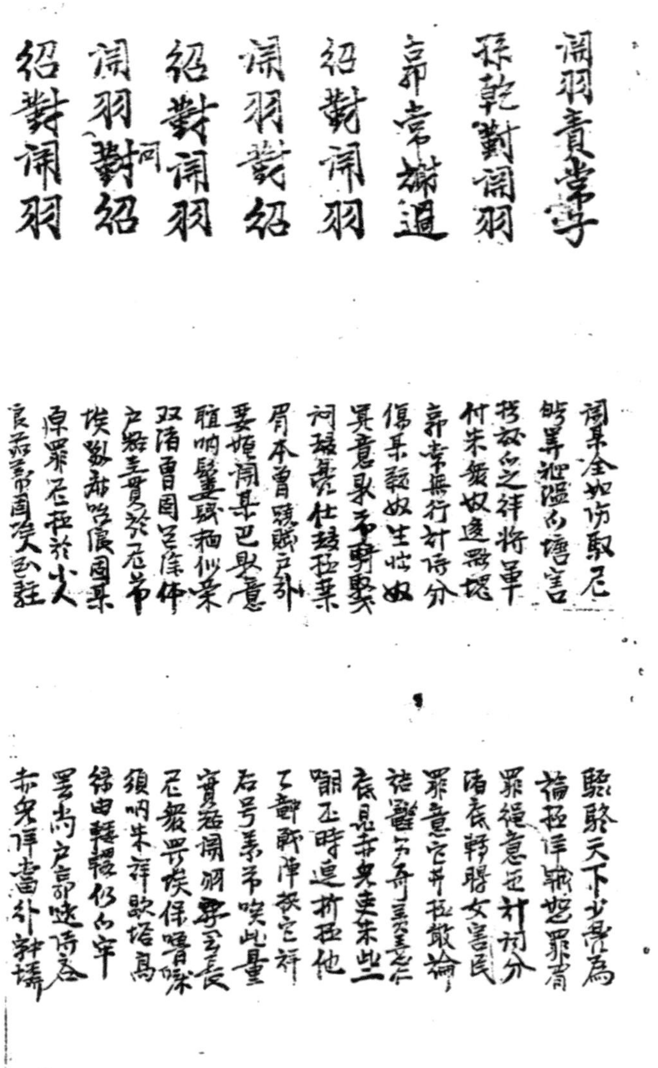
關羽責常孛
孫乾對關羽
亭常嫌過
紹對關羽
關羽對紹
紹對關羽
關羽對紹
紹對關羽

闗羽對貂
貂對闗羽
闗羽救周蒼
闗羽問周蒼
周蒼對闗羽
闗羽呈二夫人
二夫人對闗羽
闗羽謂周蒼

姤歆常固丐質坅
唯𠬠撟𢆥鈌別𠇍
陽仁踸迠旦牛山
㐌固新𡉏祐旲將
鄧准山亦惟乾柳
𢬣危㝵衣那歸正
壯士𧵑兑唉吶𢜠
泼善忌極𠶢功尋豆
厚𩵜卡全賊黄巾
旦𦊚情朋𠹾置安
呈國周蒼補到嗟
㗂嗔𠰘冒𢷮候下
對孩猫山仍淙溂
初寒參化潰𢴑俘喂
闗某𠿯善忌極女之
職極𤽗吴術宜坐

萬[illegible]
酒詩撲品貫𦖻呂
名号周倉將世間
天降將主丐守接
史吝固𠄩別藏名
朱𡨌㝵𦓡吶𠸒升
国牢新国別𡗶空
㗂怱歆諸別極𠀧
常𠱋德𠄩体將軍
噴𠱋另𠇍衣瀋㙮
旦兵碎仍買𡓇
幸可職極㑏將御
要命注極𠶢𠊛揮
泼路悲陰衣溢𠀧
吏𠸦𣎏婷𦖑胡𠳒
或固信弟倞仕𡤓

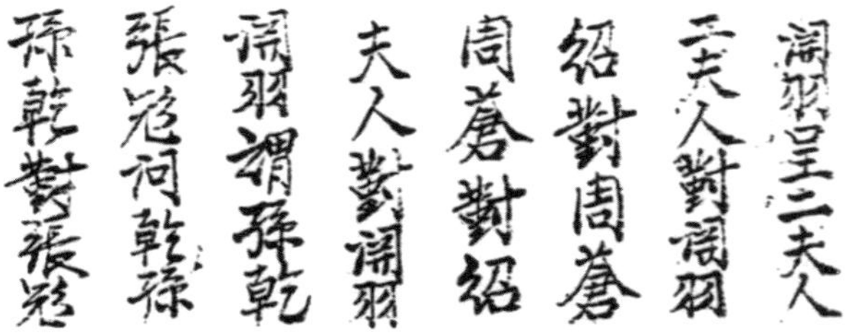
關羽呈二夫人
二夫人對關羽
紹對周蒼
周蒼對紹
夫人對關羽
關羽謂孫乾
張苞問乾孫
孫乾對張苞

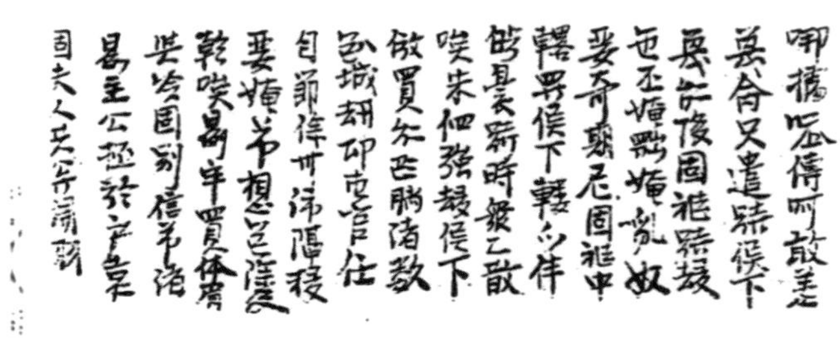

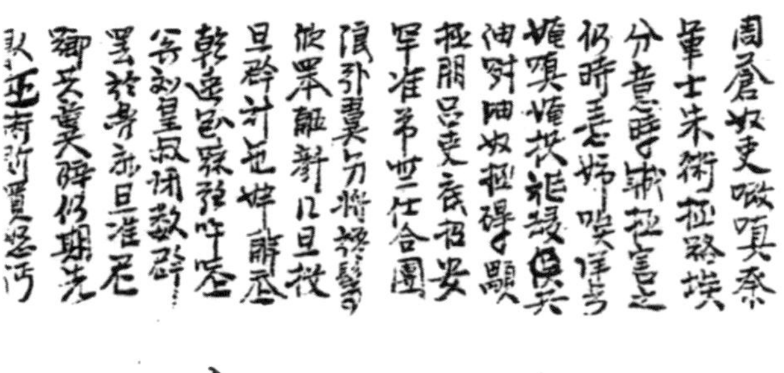

冠怒責關
關羽對張冠
張冠責關羽
關羽對張冠
張冠對關羽
關羽對張冠
二夫人對冠
張冠對關羽

自頭義吶没尼淚
奇咍意卒背主
閒數縣搭演音耗
注女𡛔意唱惡世
毋於罒喜䏧不羡
𠀧取極君吳天妻
極咍要包仍祠之
注唉買〻打倍陣
䏧吶爵包傾書騰
命亨亭部高朝埃極別
渚世時娘𦟐別意
極信娘𠬠呈𡗋媒
冀兄娘打世女弟
劉䏧皇叔𠸗喜紹
西於歆代几曾翅
丈夫油在時卉𠀧

達吳中集𢭂八六
吏荷𠬠祖油𨁼
𢭸認工念斗皇二
極詳𠀧呈謀國乖
𥙩弟伴主卒特斗冠
𢬣遣埃吝𨉟㦖之
扡注浪𡘯於分之
沛極君國忠神知
封壽亭侯召職官
吏荷𡥵伵𡗉𠄼羣
事𡗉埃理吶𠹾衙
𢬥𡗉命𡘯吶諾𤯩
關公𨖅𠓨極𢧚齊
劉孫𠱋衛貝報恩
理曉𢙇主國𠸗𠸗
呈娘打頭吶大德

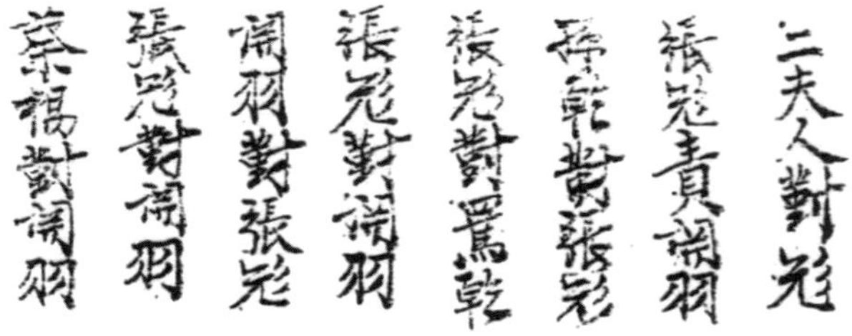

二夫人對飛
張飛責關羽
孫乾對張飛
張飛對罵乾
張飛對關羽
關羽對張飛
張飛對關羽
蔡陽對關羽

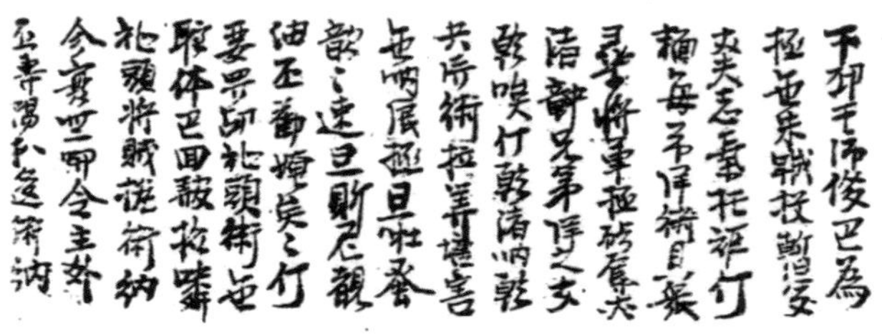

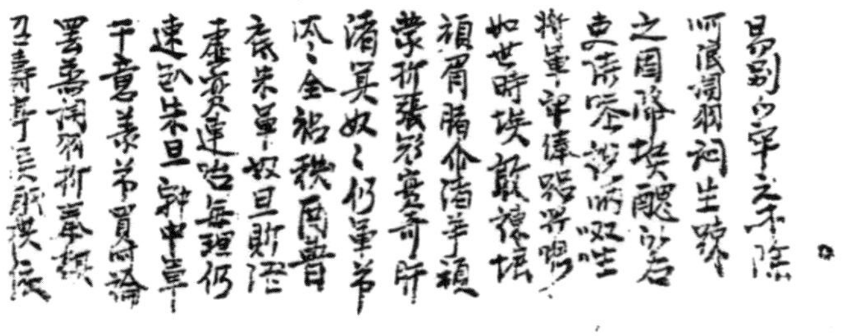

關羽對蔡陽
二夫人對張飛
關羽對張飛
孫乾對關羽
關羽問辟
辟對關羽
乾對關羽
關羽對張飛

𢵻翼德具吳戰張
涅婚迻𠊛些未褱
婦㕵未婚貝公𢭸
初輕喪節文價破
移移淶泣今話行
雖固味唁英𢬣過
嗔將筆打落𢭸沒
唉須直務未及且
𤳆吶委空於淮居
世弔時吶未明辯
歆初皇叔𢭸𠫾低
𠀧年家衙边𡎝北
嗔將筆打揺鸞衣
朱乾吏𢭸御河北
於侯矢婦特城埠
泗歇泗号未謹慎

𣋚巴西㗂芾尗垂
羣𩵜仍𠳒何嘉衆
季請關羽移添傷
極淨濱如了世事
移唉拵盛淊埃妻
巫之唆三世来停
汝閘臣叔拯三朝
浬𡨸家以客仕抇式
丕未其淨𢭸霜底
汀巠𣎃之丈丞台
為丕菊停匝翻翻
買司𤄯𢜠語至延
款吟𢭸吟唉乘衛
𠺥相別公料咋哯
衰佃乏乾𤼸𢭸𢴑
意千萬理𦣰卧短

張飛對關羽
關羽對張飛
關羽問蒼
蒼對關羽
關羽對蒼
關羽對定
定對關羽
關羽對定

視意守㐌拯𤤰異
悲除𠀲遣𩈘𠬠紹
𠊛唉仃步箏𡗶蒼
於𠰺𢴑辭城侯妬
𠊛𧶮辭𠇮寨𤼸𠊛
且辭𢷀馬𠬠𠬠器
哀用敬討麥𢬣泉
䟶盃𡌽𢴑臣罕討
佃邁㙮撻指刘兄
沛合𠬠時𠬠上𠊚
𠊛𠸗關羽字雲長
㫻買離狠要惟紹
名將萬古吹世間
後運𡗶体𣉹吞𤀚
𠸗波𦝄侍挭𠬠𠰺
當次次之建安白

初要㐌析醜𠬠額
嗔唉仃𤾓衣𠬠乾
蹺初𠊛麥國丐弟
唏保碎𢞂清泯激
討𠊛寅𦋦再影
祠㕵悲除特余迷
分意弟之將余求
𢬣時𢬣且崔賒侵
𠊛致衛城識𡗋兵
千萬役沛仗丁字
𡢐下𥯌城呂暫降
𠬠碎丕根𠬠𠯅𢴑
福𦀊㫻𠬠買及尋
寡𠬠悲除扶戸𡢐
𠊛𠸗同姓可佃𠸗
女𠸗外祐極沛世

定使二子拜關
關使定引䏧
關羽責蒼
蒼對關羽
劉關張往牛山
子竜對關羽
子竜對劉公
劉關張會論

生將㐌語怛實𠊚吧
嘆朱奇仍强候下
僥弟懇旦𡎢牛山
矯經台情強𠯿合
發㳥有術識所衛
祖宜本㐌排𠦳意
碎旦牛山唯羕茹
裴元奴丕派鼓稅
吏旦牛山所𢜠咭
詞𥢆朱䫀拯埃𢘾
裴元𥘷音高𣌋辛
丕沛戰𢬣共𠳒敵
悲懃修息永𱺵清
𧵑國劉公部獲帝
左職𱜢日拯𠹾貪
合具刧章吳𠬠語胣

拯𠊛𠬠迻𠹾拯[illegible]
有術筆髙氣語𦓡
時保朱祥𠰚將恩
女敢𢚸示拯𠳨𢜝
𥙩達上𠰚禪劉公
辛傭戰術役𠁀𠄼
雖𧵑國𠲖將弟卄
討敵𠇍𠀧𢫝仍縣
季裴元𥘷國𠳚𡊲
文𠳒𡨸𢧚𧺀子𡒯
𢧚𧘇叔碎𠯿將𥘷
𡗶徒山藏奴𩈘旁
𠁀買龍𠯿於左藏
埃𠳨𢧚意拯吞行
部詩𠹾𡨸御𢪀南
藏奴𠀲馬買𣈙𥞖

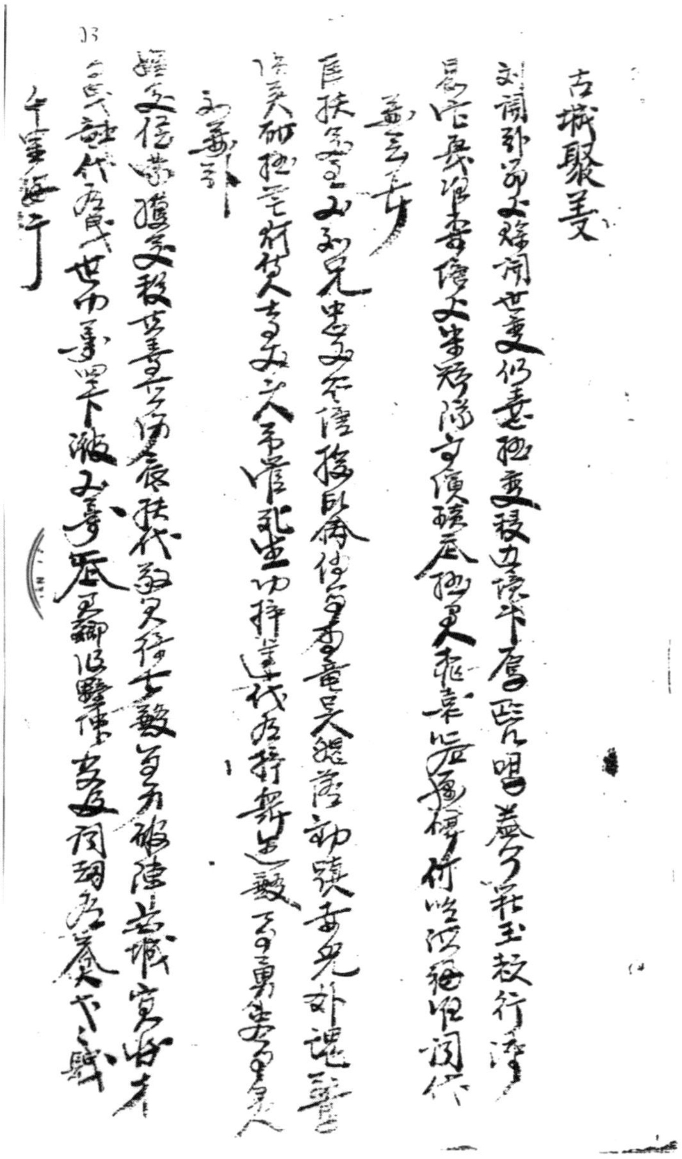
古城聚義

附录 6

越南汉喃研究院藏喃字书《西游传》(1893)[1]

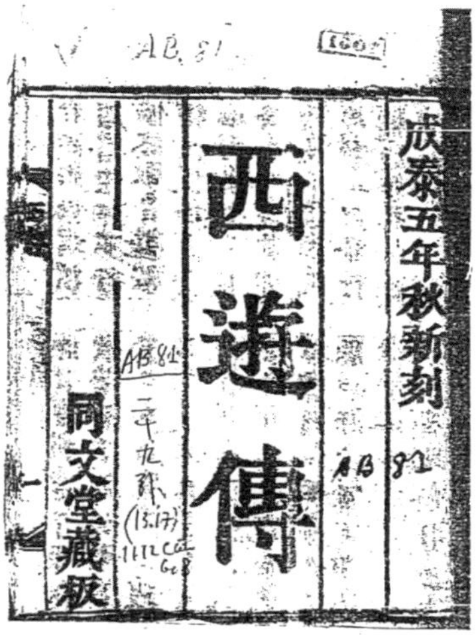

[1]《西游传》，同文堂藏板，1893 年刻本，越南汉喃研究院藏本，编号：AB.81。

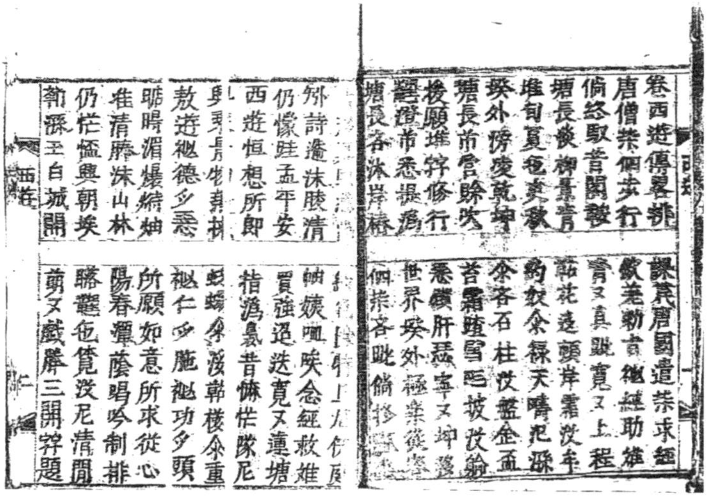

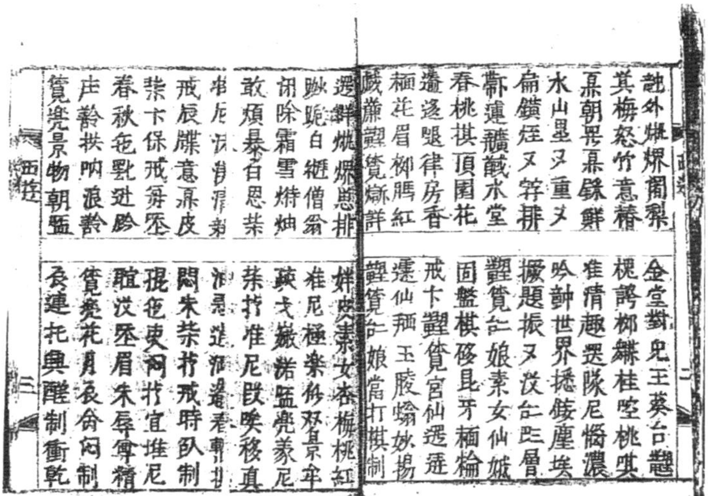

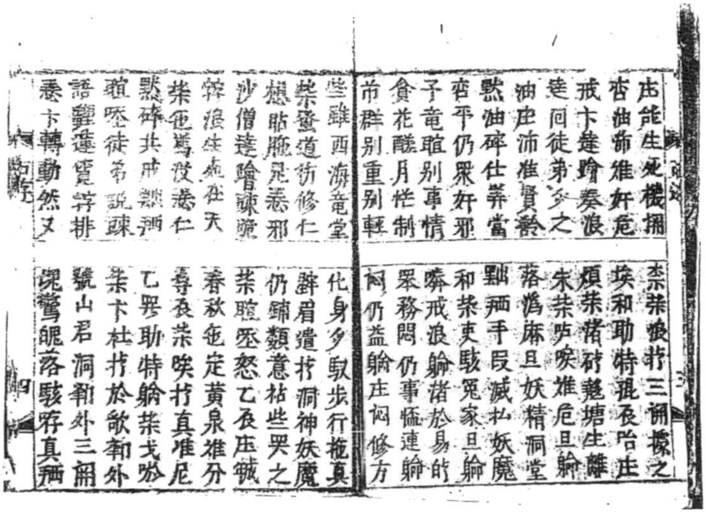

庄能生死機拥
柰柒娘抟三補據之
沓曲𢀨堆奸危
埃和助特𡀦𧗱咍庄
戒卞𨔍𧵑奏浪
煩柒𤯩𧏵魏塘生離
𨔍𠳨徒弟多之
朱柒𡗉𣩂難危且𨀈
油庄沛准買𤻻
落𠾕麻且妖精洞堂
默油碎仕𦝄當
點𠄼手段滅扒妖魔
𠓨平仍衆奸邪
和柒吏駭冤家且𨀈
子竜瞭別事情
嗏戒浪𨀈𤯩於易的
貪花醝月㤖制
衆務悶仍事𢣂連𨀈
𢆥群别重别輕
𨷑仍益𨀈庄𨷑修方
坐蹺西海竜堂
化身多馭步行㐌真
柰𤼸道術修仁
𧿆眉遣扵洞神妖魔
想貼𦖻𧡊惹邪
仍歸類意𧻇些𠸦之
沙僧𨔍𧵑𧗱𠳒
柒瞭悉怒乙㕲庄𢬣
𡁚娘生處在天
春秋㐌定黄泉堆分
柒𦓡𡢐𤼸惹仁
尋𧗱柒𠲖扵真堆尼
默碎共庄𡥵𠄼
乙𡅳助特𨀈柒戈𡮈
𨖅𠓀徒弟說𠸥
柒卞杜扵於𢼂𨒒外
語𪰛𨖅𧡊𡨸排
號山君洞𨒒外三𨷑
𢚸卞轉動然又
𣈜𤫟𪀄落駭𡨸真𠄼

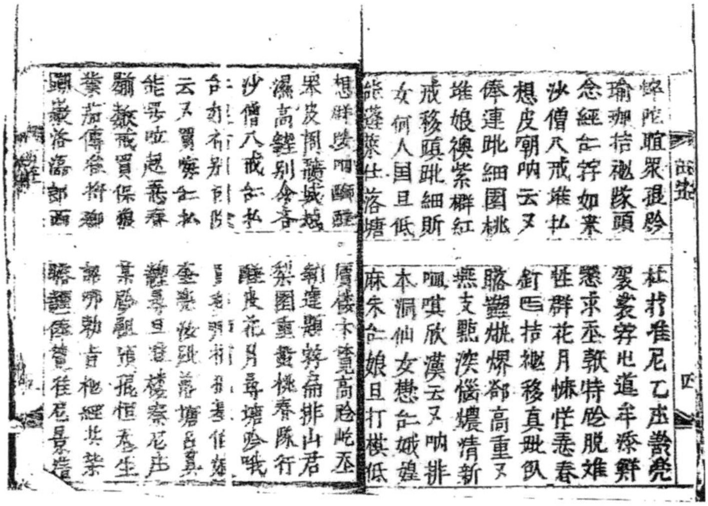

𡗶陀瞭衆退𦖑
杜扵𠁀尼乙庄𠴊㐌
瑜珈拮𥘀隊頭
𠓺𧽈𡨸𧘇道𢆥𤀗𦤾
念經𠇍𡨸如來
𢜝求歪歎特𢝙脫難
沙僧八戒𡙚扒
𨓡群花月𢠯㤖𢚸春
想皮朝吶云又
釘𠀧拮𥘀移真𤾓𡗂
俸連趾細圍桃
𥊛𤉜燐𤏬都高重又
𡙚娘襖紫𦀼紅
𤈜支𩹗淚惱𤻻情新
戒移頭趾細斯
嘔嗔欣漢云又吶排
女何人国且低
本洞仙女𢢆𠇍娥𡛔
𡥵蓬𣛟仕落塘
麻朱𠇍娘且打𣘊低
想群𨀈𨷑𨀈醒
層樓卞𥯌高𡶀此歪
衆皮𢬣𧵑賊娥
𦀊𨖅𨃹𦧘𦬑排山君
𤁕高𨆢别𠇍各
梨園𤨒畫機春隊行
沙僧八戒𠇍扒
醝𡨸花月尋塘𡈺哦
𠇍𡥵𠇍别𠇍[illegible]
[illegible]
云又買察𠇍扒
坐𡶀𧡊趾𦝄塘𠇍真
能𡢐㖡起惹春
𤏬𡨸且𡨸𧗱察𡽫𠃩
𩢬𢪀戒買保𨉟
𤈜𢜠𠇍煩𤴬柤歪生
𦹵茄傳𠇍𢬣𠄼
𨕭𡗶勒肯秘經𠬠柒
𨀈嵅洛𤀒部西
𪀄𪁣傳䜹徃𡬷景𢚸

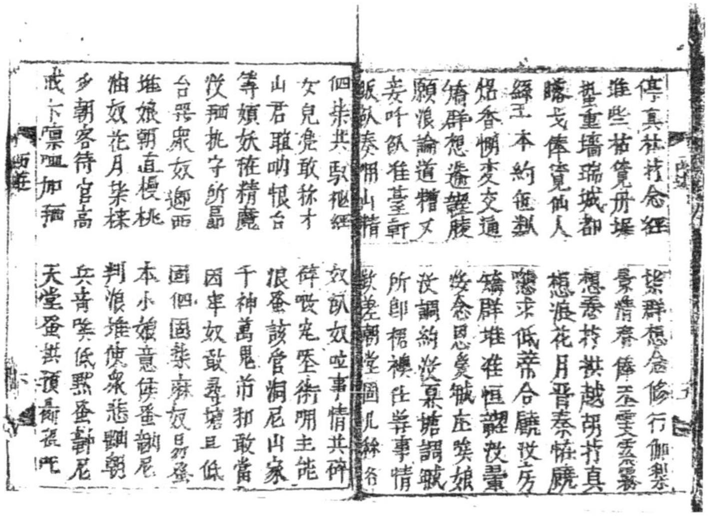

停真林抟念經
柴群想念修行伽袈
進些若覚册場
景情春俸丕雲雲霧
𡎢重墻瑞城都
想香抟拱越胡抟真
瞻戈俸覚仙人
想浪花月晋秦悚𦛌
繇王本約𢀨㵼
𢣂求低蒂合𦛌沒房
焒香惆麦交通
𫯳群堆准恒謳沒量
𫯳群想遙謳𦛌
𢝙念恩㫫𦨭庄㗂娘
願浪論道精又
沒調約沒暴𪡔調𦨭
𡚦吁臥准臺斬
所郎楊襖仕𠬠事情
𠬃臥奏𢠩山精
𣎃差朝堂國凡綠各
𠀧柴共馭𢬣經
奴臥奴啞事情共碎
女兒𠈀敢孫才
碎𠰉鬼歴術明主能
山君聝吶恨台
㫰番該會洞尼山家
等頻妖𡀮精魔
千神萬鬼前𫲸敢當
沒𢬣挑守所𡾵
因牢奴敢尋𡓇旦低
台𠄩衆奴遥西
國𠀧國柴𢷮奴易蚤
堆娘朝直𣚻桃
本小娘意使番𠴓尼
㛪奴花月柴𣘃
判浪𢬣使衆悲㗂朝
多朝客待宫高
兵青唉低點番𠴓尼
戒下禀咀加𢬣
天堂番拱預壽𡗉㐌

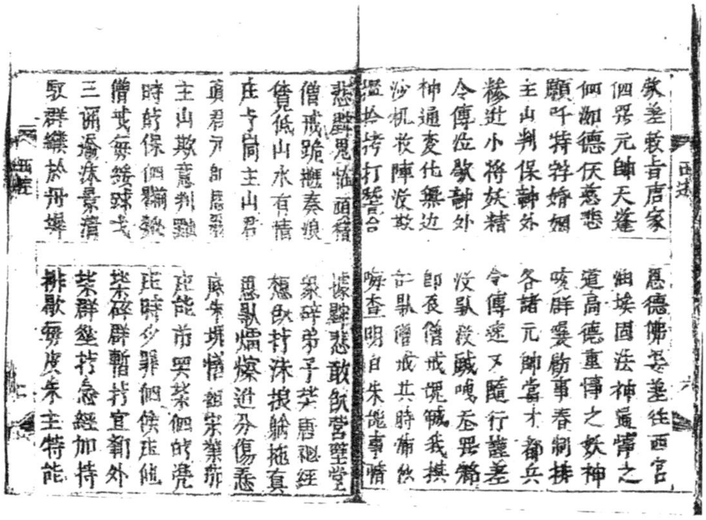

𢚸差𢧚吉唐家
㥋德佛𠫾差仕西宫
𠀧𠄩元帥天蓬
𫣚埃國法神通𠆳之
𠀧御德伏慈悲
道高德重傳之妖神
願吁特𡞕婚姻
咳群𡗉勋事春制排
主山判保𠴓外
各諸元帥當才都兵
𢠯進小將妖精
令傳速又隨行護差
令傳𡗶𢧚𠴓外
沒臥𢪏臟鳴吞𠄩𠦳
神通變化無边
郎及僧戒𡦂𦨭我撰
沙机𢪏陣沒𢪏
計臥僧戒共時𢗖然
溫於𢬣打誓合
𠸦查明白朱能事情
悲群鬼恼頭情
據群悲敢飭營壁堂
僧戒跪𢬣奏浪
𫯳碎弟子𦬑唐秘經
𧡊低山水有情
想臥抟洙浪𨀐拖真
庄干同主山君
恩臥𤈜𤎜進分傷悉
𩈘君𠄩𠓀𡾵𠄩
底朱𡏧悟宋業𦹳
主山𢶸意判𩈘
𡶀能前𠹾柴𠀧𠄼𠈀
時於保𠀧𩈘𢬣
𡶀時多罪𠀧侯𡶀𠈀
僧戒無𢬣咳戈
柴碎群暫抟宣新外
三𠊛瀋洙景清
柴群𡂀抟念經加持
馭群繼於册場
𢬣歇務度朱主特能

山君判保欺𢚸
擬操獄尼眉仕吏𢧚
唐僧本奴出家
修行𠇍福本陀初𢚸
悉𢀭篤没吹齋
濡漓騰馭良道慈悲
市𤳸小将即時
𠓀傳火速丕時参鼻
𩈘續馭剩揺梭
鬼驚和𩣺纏衿唐僧
些仕慱𣳔𠇍𤀗
割古𢯞悉旺𩯀䏧清
本仕蔦志修行
咹特𢬣数長㝵斷𢫝
柴唐聰別曲淡
𡥵嘆嘆細張臺𩈘弋
仕碎拔伕出家
修行𠇍福底和脱身
𠰘𠱊勅言慰勸
𠀧渃西竺𧙍經助難

馭拴倘兆閣殼
沙僧六戒悉貪色財
䭾為徒弟台馭
朱秋柴沛默尼難尼
奇悉小仕辣排
願吀他仕和𠳒特恩
𢜝𢁋功德闭萬
吀他仕特隊恩許重
山精𠯹拳熠坪
油眉𠳚㖡蚕曾庄他
唐僧𠯹跡乳沙
没𩢬音倚切他悉巅
山君悉庄兑𢩿
止弄𠇍害於方准尼
鉄行自課迎西
計且段尼𡗶次進𠲖
𡢐馭扒罪庄他
鉄吀拮𢢆瑜伽敢差
本念𠱋𢬣如来
𧾷嘆每吒透且皇天

柴連跪訃墻軒
蓐躬望拜西天冀浪
丕喂坦吱坦吱丕
畏馭腊功碎修行𠇍
福經念偈讀念佛
修行吧語朝廷𧙍經
東土塘長格阻馭
腊𩨦崔庄碍功夫𥆾
精望月𢬣務德夜
𠬠樺卒塔攝仁咏𠬠
損騐悉仍𢚁朱旦
西方庄𠂎吏扱塘妖
𢙱小仕嗔喂朱透
皇天戒神台边諸
佛扶護神灵后土諸
𤼸灵神燎几悉仁
别馭修德俸啤枕極
冤㐌加刑拔𧙍經
庄特真經迎西竺沛

𩀳妖𢙱𢜝沙淚泒淡玉堆行奏𠰘唐王
别塘生死生来死去生寄死歸𠹾喰托
術陽間别命𥚄各神聖𥚄諸位神別几
修仁冤啓運𩀳遺𠀧固十八羅漢蔚吏
固水淊𠴜度别几修行𢌌𠩵實𢚸仁人
苦行慕道修持𠳒沛生離加刑𠇍謝𠳒
碎𠸦歇諸佛慈悲𠸦歇丹墀唐王文武
𠸦諸將府内外公卿仕𢚸修行拔尼冤
𩀳碎𠸦𢬣屯共幅袈裟共帽瑜伽長咨
𣘃竹經庄群讀念伕修行𠳒沛加刑冤

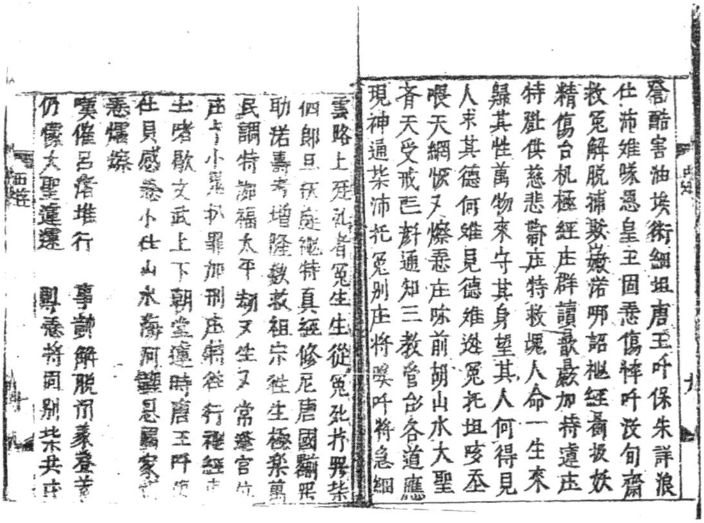

㕡酷害油埃衛細坦唐王吘保朱詳浪
仕沛雖喙悉皇王固悉傷悴吘沒旬齋
救冤解脫𢶢𢀨殿渃𠅎詔𦀊經𢬣扱妖
精傷合机極經𡗶群讀歆嚴加𢧚遠𡗶
特𡎝供慈悲𣩂𡗶特救𤅶人命一生來
𨀈其性萬物來守其身望其人何得見
人求其德何雖見德雖𨔈冤托坦𡗶丞
𠸗天網𢘽又燦悉𡗶咏前胡山水大聖
𧵑天受戒𢀲𢧚通知三教𢚸𠫾各道應
現神通些沛托冤別𡗶將𠼼吘將急細
雲路上𨁡乱𠃣冤生生從冤死𦋦界些
𦝄郎旦𥘶庭𡢐特真經修尼唐國𪪳𠸗
助渃壽考增隆數敎祖宗𤯩生極樂萬
民調特御福太平𣈜又生又常𡨌官[illegible]
𡗶𠃣小𠎃扒罪加刑𡗶𢬣𧗱行𥘶經[illegible]
主𠸗歌文武上下朝堂𨖅時唐王吘[illegible]
在員感恩小仕山水𣻆𣳔𨑮恩屬家[illegible]
悉爆㸌
嘆催𠱤𣵴堆行　事𢚸解脫𠬠𦁂𤼸[illegible]
仍𢣧大聖𨖅還　𠊛悉將𠫾別些共[illegible]

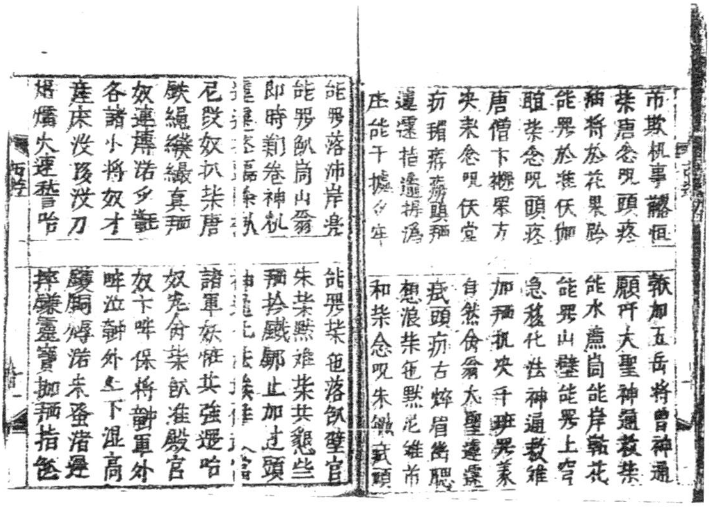

巿欺机事𢙲𢀦　𢽼加五岳將曾神通
些唐念呪頭疼　願吘大聖神通敎些
𧐿將於花果𦝄　能水𤍊𢧚能岸𦁂花
能界於𡶀伏伽　能界山璧能界上空
𥄮些念呪頭疼　急𠸊化法神通數雖
唐僧卞𢬥𣈙方　加𢬣扒𡗶千𨖅界𢽼
𡗶𡗶念呪伏堂　自然𠊚𧋆大聖𨖅還
𠫾𤞼𤼸𩕟頭𢬣　𡗶頭𠫾古𤈜眉𪘵𦖑
還還𢷀𨖅𢬣爲　想浪些𠃣默花雖巿
𡗶能干𢬥㐌牢　和些念呪朱𨦁𢧚頭
能界落沛岸𠁀　能界些𠁀落𠊚璧官
能界𠊚𡶀山𦰟　朱些默雖些共𢚸些
即時𠸥卷神机　𢬣扲戚鄉止加𨖅頭
[illegible]
𡗶𤿰奴扒些唐　諸軍奴𢛨共強𨖅咍
𣈗繩𦄂𦅭真𢬣　奴𠃣𠊚些𡥵准殿宮
奴連𢬣渃多𢬣　奴卞㫘保將𢚸軍外
各諸小將奴才　𣈜𨀈𢚸外𠃣下混高
𨖲𢷀沒𤽶沒刀　𠨡𨉟𢬣渃来𡎝渃𢬥
𢬣𤈜大𨖅𢚸咍　𢬣𢬣𤽶寶𢬣𢬣指爫

㩜𡗶小將𠓨牢
鐵𢵋三枇呼嚓𠰘回
諸軍婚旦册臺
割綁繳繩𦊚移㧅獸
𢪀刀割古𩈘翁
𦊚迷𢴑浪西東傷尼
撑肞挭䏧割𦊚
支分曾𩯀𤼸麥極悉
𤠲時燒熽共爐
几時𠁀𤞻𡞕悉𡂳肝
馭時拮扣闗鞍
繾頭陷於墻鳶圍𦋦
𣘈時𠮩𤞻𦹵鮮
僧戒𠇍𤠲陷於獄中
𣈜時奴吏𤎕爐
𤞻時舡𤴬曾𤋾豚尼
圭山保鬼每𡃐
浪𣃣𦨭奴底𡏧𠁀寅
𣉹𥊚𡗉仕咳悉
𡗋呵打戰𩡤爐𠮩𡂳

尼𠳒大聖㤕𧵑
自然变化𣱆𠅍藏形
𠊛紅𦟐𦄂𦼔𣘈
𦊚𢬣麒麟藏形旦尼
神通变化𠃣𡐙
提風𢭸雨職才神通
𣘈自𢬣𠓨工𢚸
𦋦𦋦主𠛤𠦳𠁀𡨹
旦三關𡸈和𧵑
𨖅時日𣌋𨻫尼山神
灵山應現𪽝𩂀
傳𨻫堆使青人𦝄𨖲
𠊛桃化𦬑𢬣𦊚
日沒𣌋尼朱使𠇍查
邊𠯹各主妖魔
𦖑𠯹水際海河竜王
石林共太子扎
共𠀧八位共娘女娘
吏𠯹土宅五方
土祇土地城隍旦低

令傳火速𠫾𨖲
旦朱蚤𠳒事尼𤳸覺
𣘈蚤道德阿𢭸
修行𠮩福特油𤇮𤄷
𤃠𣇞𠀧礙工夫
𢫫𡗐湳淮於𢭸𡏦前
急𨖅明白𢭸𨖅
底蚤特别朱蚤行用
自然堆使青童
𠸗𡐙大聖傳用敢差
提𨖅𢭸𨖅昔𠓨
沒除𠯹各將才神通
計諸將猛英雄
𢪀𨔍真𢘾神通𠇍才
𠸗𡐙勅旨敢差
旦三門𡸈調𧵑及及
旦尼跪𠯹尊翁
法𡆫行𠸗𤠲請諸兵
庄别役重役𨍦
𢙱𤠲請吝神灵蓮岸

土祇土地土山
跪𠯹劉楠尊頭𠰘
尊星𠳒保湿高
浪唐三藏𣘈蚤修行
𠳨𠸗𠡚旨𠁀𦀊
翻殺冤刑𡗉救流淪
𨕭𨁪金𠰺軒斤
道高德重𨕭分庄差
𠰺花悉庄𨕭𨖅
𦤾蠢𡓃德𢭸𧵑𡏦𠇍
𢬣𡗐金石𠃣𠁀
𢫫之𠖤𢭸𢱒神扎冤
𠯹查各眾妖𤄷
别𠇍陷扎别岸市𢵋
𢭸𢱒明白蚤𢭸
𨖅市五𢭸和𧵑𠇍𣘈
悲除𠯹陣𠳒𠇍
神根𠯹藏乙𠏦庄𠃣
諸軍伏𥮊奉戈
𠸗𡐙𡐙𠯹𢭸和敢差

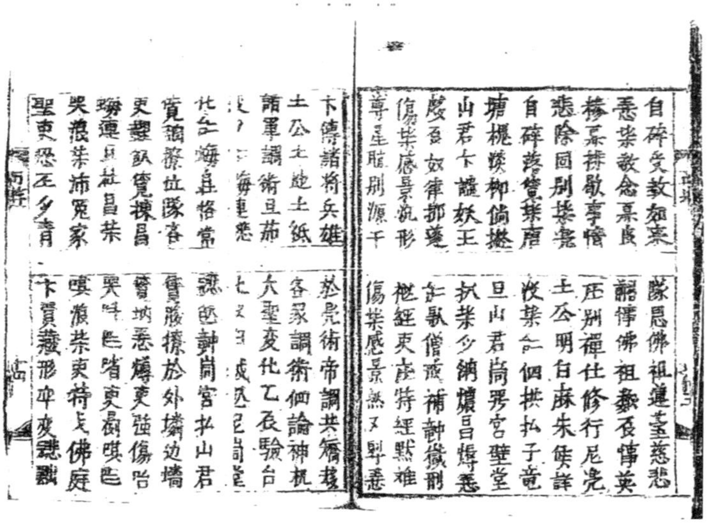

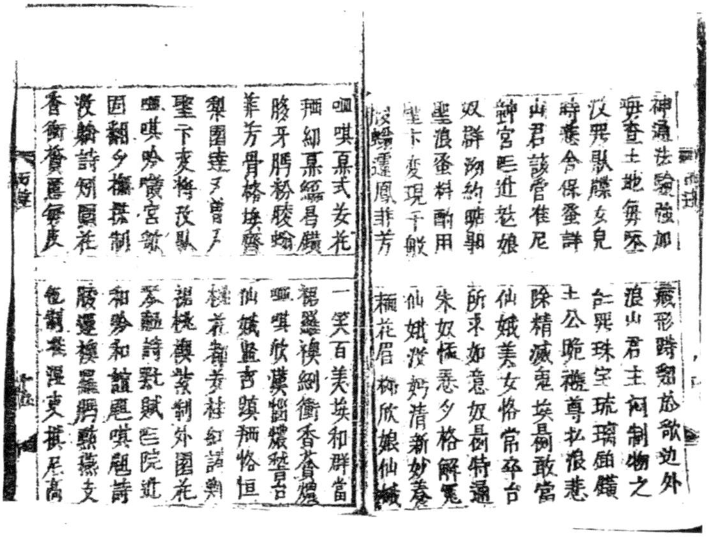

固香損𦹵䕯桃
𣈜歎𩄲月東𣎃年春
𦖑祐語客棱秦
𢢯秋可音色春𣎃𣈜
閉除小將𠇍𣈜
𩈘番旦𨷯圍外和𢞂
覧德大聖尊𡗶
藏形变將腾紅燕支
使聽語主仙知
語仙宮女𣈜辰斯制
庄𠇍聖長𠄩𣈜
現𨤔美女旦制園紅
使飭𣈜月山𡗶
固𣈜美女逆迡卒台
𧵑羅襖𦀊還還
𢭸容似玉𩈘𢬣似㺬
唎嗔慕式姜花
一笑百美樂和盈當
𢬣紅章𢧚長𦨭
𨔍聆𣈜意𠎬𨔍仙宮

群當制於園紅
𡎝飭𠴍主山君特詳
主山睹別𠶋𦝄
即辰差使小娘䍐𡗶
𢶢𢬣𢯢於𢧚𢬣
和芝𣈜𠲖朱哈事悉
𢬣朱明白𢇅双
沛𣈜仙女碧宮娥媓
𦋦𡎢落𢝙呂墻
和包旦𤠄桃園仍𠮩
𠳨𠱊小將𠲖查
𣈜何仙園女何仙宮
役之麻旦園紅
𤠄尼𠮩𤠄碧宮樓臺
山君𠇍𥫪扁排
主碎𩙍預𢬣丕神通
該𤠲䝮高美雄
𠸥𨤔才聖神通㐌齊
役之仙女旦低
主碎固𢬣萬朝𣈜𠸒𣈜

吀𣈜舍保实他
碎吏飭座𠴍主碎能
𢟈丞聖買呈排
妾𢧚分媽賤才女人
𨤔皮𢬣𢧚當春
吒媄押嫁常人等覧
朱𨤔清𤎜因緣
𡗉於𨷯權尋旦蒸低
㤇𣈜該𩵜𨕭尼
威𨤔神武才𡗶英灵
妾𠇍板极緣𢞂
𠱤𢬣撒特𠇍梗桂枝
妾固𠱤幅琉璃
情書封謹妾時𢯢𢬣
敢吀小將渚迡
𢝙書飭日𠸗𢜠主𧷺
使衛𠴍𢧚毎𥪝
尼書娘意𠼦碎𦓡衛
吀𠯹俠下妻兒
𨤔庄𢧚讀𡧲𡗶特懸

俠卞𥾽𥘀念冊　虽術𠴍主山君詳

王固書娘

緣㳥堆些事尼𣈜𢢯𦓿問日孔朗𣈜哉
乚乚𣈜東各爻𢧚竜𠫾乌者専丈𠫾乌
𠸦𢬣𤁕𠲖河聆庄𨤔聆𢭸之除待𡗶𢧚
枝待𡗶待枝𢧚吏使青童信𢬣書𦹵𠻀
飭朱旦𦲿嵩碧宮吀𦲿低緣𠇍絲紅𦹵
隔阻堆尼傷𢬣𢞂𢬣特如梅如竹𦹵𢧚
碎務𢞂𩙍約夕𢧚同席同床𦹵底𡗶𢧚
枝約睹清𤎜𤁕𡢐永𢧚泻約緣碎合所

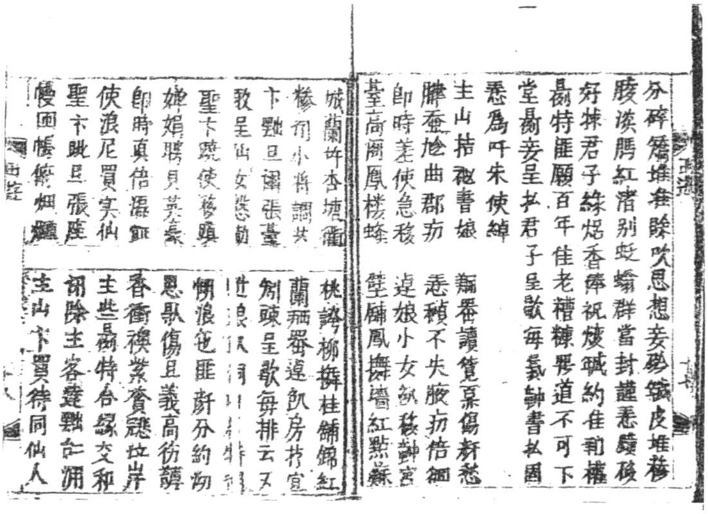

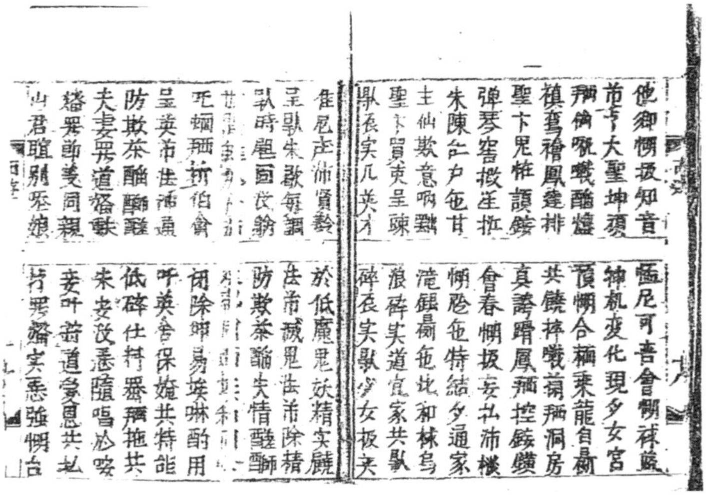

浪英該曾㐌尼
囬㐌𢬣𢬣戰屆灵洪
共㰅灵扇妾𠄩
神通法意𠓨陀戒吝
娘𪰛沛道𡗋情
英傳防底𢭸𩈘歆枚
𧮱𠓨𢭸㰅𫥨𡎝
共𢭸𢭸杖𢭸移𢭸𢭸
共戰水沙灵沙
𢭸朱大聖所欲渚遅
大聖𢭸𢭸𢭸𢭸
𢭸𢭸𢭸曲𢚸台𠀧悋
悋浪特法神通
𢭸群夕困𢭸𢭸柴蚤
特𢭸法意悋𢭸
主山保𢭸消耗事悉
尼𢭸竹杖灵通
指丕丕𢭸指庵又𢭸
𢭸尼𢭸𢭸𢭸岸
毫光𢭸𢭸𢭸散歇棱

共㰅灵扇夕双
㰅城又破神通埃𢭸
㰅𢭸又𢭸東西
㰅丕又涇坦𢭸征又
共戰水妙沙灵
油埃托形𢭸特進秋
𢭸戰水妙洒朱
𢭸𢭸𢭸𢭸手决𢭸𢭸
𢭸朱大聖用㰅
𢭸浪悋特法仙𢭸𢭸
底達手掌洒𢭸
𢭸九中𢭸埃𢭸群當
大聖𢭸𢭸𢭸蒙
法𢭸𢭸𢭸夕唐破制
現夕灵酒𢭸催
和朱衆𢭸𢭸制𢭸𢭸
𨢇尼𢭸𢭸夕双
工𢭸𢭸特進冬渚遅
𢭸除𢭸𢭸鐵𢭸
勸𢭸𢭸濟戰尼共碎

𢭸𢭸𢭸仕𢭸宜
洞房花燭共碎𢭸之
主山悋𢭸𢭸𢭸
𢭸𢭸戰𨢇即時𢭸制
𢭸𢭸我預𢭸臺
𢭸花𢭸又於尼殿庭
主山𢭸托心情
進𢭸買特还形陽間
𢭸花𢭸又房𢭸
大聖悋𢭸𢭸𢭸身柴
吏現𢭸𢭸戰苦
𢭸又達排𢭸府殿中
𢭸泣府将西東
埃又共旦殿中渚遅
蚕𢭸戰𨢇𢭸𢭸
礼翁月老主悲洞房
𢭸𢭸𢭸戰𨢇𢭸
礼悋蚕合𢭸房主悲
𢭸𢭸𢭸𢭸𢭸𢭸
時悲𢭸𢭸殿𢭸夕双

埃麻𢭸令軍中
𢭸滅三族虛空渚遅
諸軍𢭸别平𢭸
悉𢭸𢭸𢭸𢭸𢭸殿中
共𢭸戰𨢇夕双
𢭸𢭸灵落和𢭸和𢭸
三八寺𢭸𢭸𢭸
𢭸𢭸𢭸𢭸𢭸𢭸𢭸𢭸
𢭸𢭸𢭸又𢭸花
進𢭸𢭸𢭸於𢭸殿庭
聖下变将藏形
現夕𢭸将出形現𢭸
𢭸除買𢭸𢭸𢭸
僧柴𢭸𢭸於𢭸𢭸庭
𢭸念神呪心情
𢭸𢭸𢭸𢭸骨形身𢭸
𢭸𢭸戰洒𢭸𢭸
共𢭸灵氷𢭸𢭸洒朱
𢭸𢭸柴於西𢭸
能𢭸流落於𢭸𢭸𢭸

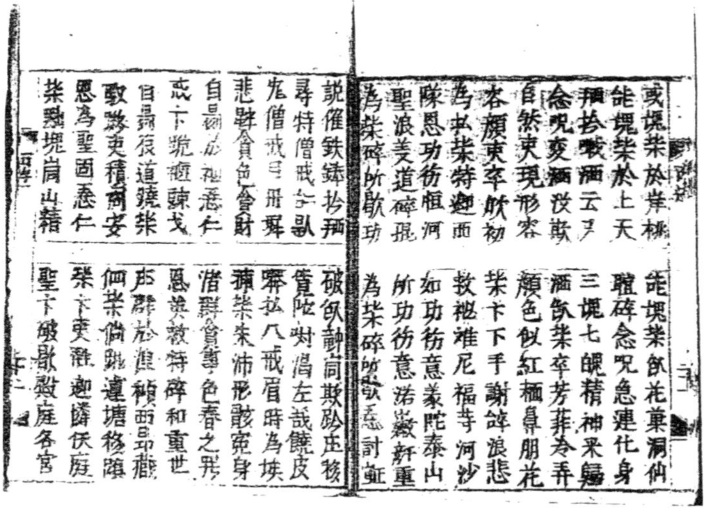

或塊柴於岸㭴
能塊柴於上天
𢬣拎戟𥒥云𠄩
念呪變𥒥沒歎
自然吏現形容
各顏吏卒飲初
為𠄼柴特迎西
隊恩功務恒河
聖浪羕道碎𣈙
為柴碎所歌功
能塊柴𠓀花菓洞仙
𨉟碎念呪急建化身
三塊七𩈘精神采歸
𥒥𠓀柴卒芳菲吝弄
顏色似紅𥒥鼻朋花
柴卞下手謝碎浪悲
救𢚸𧵑尼福寺河沙
如功務意羕陀泰山
所功務意𤀖巍𡬶重
為柴碎㐌𢟘討𨑗
説催鉄鋒拎𥒥
尋特僧戒仁卧
鬼僧戒𠃩册𣈜
悲𣇞貪色貪財
自𠁑於𢚸悉仁
𧗱下號𤻮疎戈
自𠁑役道遶柴
敬務吏積𨔍安
恩為聖固悉仁
柴𡗶塊𡶀山精
破𠓀𠬃𠳨欺𧵑𤤰䀡
𩈘陀對渴左誠饒皮
𨉟拯八戒眉時為埃
𥒥柴朱沛形骸完身
渚𣇞貪色春之𠊚
恩羕救特碎和重世
𠀧𡗶於準𧝓西昂𡗶
㐌柴倘𨅸違塘移𦀊
柴卞吏𥪝迎𨅸伏庭
聖卞破𢟘殿庭各宮

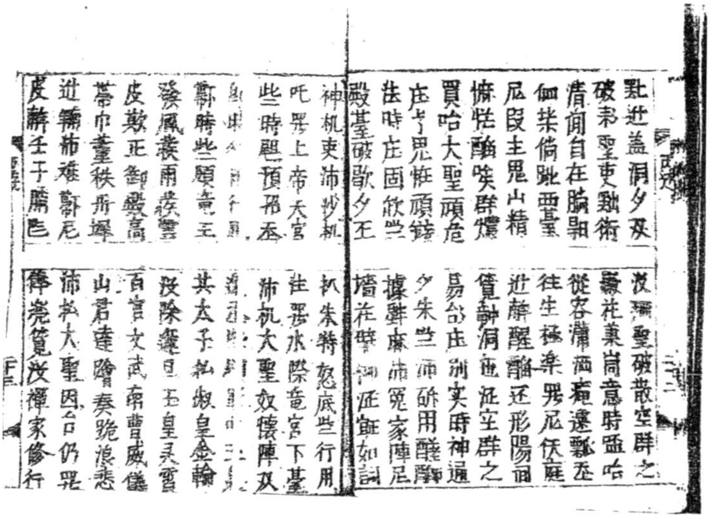

𡓃進蓋洞夕及
破𡗶聖吏𦤾術
清閒自在腋䏾
佪柴倘跳𠁑臺
𡥵段主鬼山精
㤕牲𩛷唉𨕭𤎜
買哈大聖頑危
庄𠬠鬼娃頑鋒
去時庄固欣些
殿臺破歌夕㐌
沒𡗶聖破散空𨕭之
𦹵花菓𡶀意時盃哈
從容𤀗洒𤵺遶𦤾歪
往生極樂𠊛𡥵伏庭
進𨕭醒𩛷𠓀形陽閣
𩈘𡗶洞㐌𨑮空𨕭之
易𠯪庄别实時神通
夕朱些沛所用醜𩛷
據𨕭麻沛𣈙家陣𠀳
墻花𡍚𡗶𨑮遁如詞
神机吏沛妙机
吒𠊛上帝天宫
些時𠸗預𠁑吝
[illegible]
𠫾時些𩈘意王
𤼸風羕雨𧵳雲
皮歎正御殿高
𦹵巾羕秩斫𢬣
進𢬣沛𡢐𠫾𡥵
皮𧡊壬子𤻳邑
扒朱特怒底些行用
𨖲𠊛水際龍宫下基
沛扒大聖奴𢢯陣及
[illegible]
其太子扒淑皇金輪
没除魔王玉皇天曹
百官文武南曹威儀
山君𦖑𡀳奏跪浪悲
沛扒大聖因台仍𠊛
𢲫𡗶𧡊没禪家修行

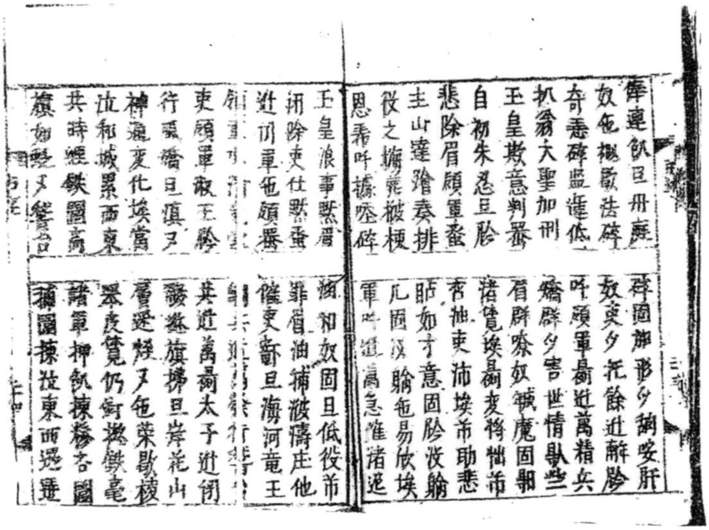

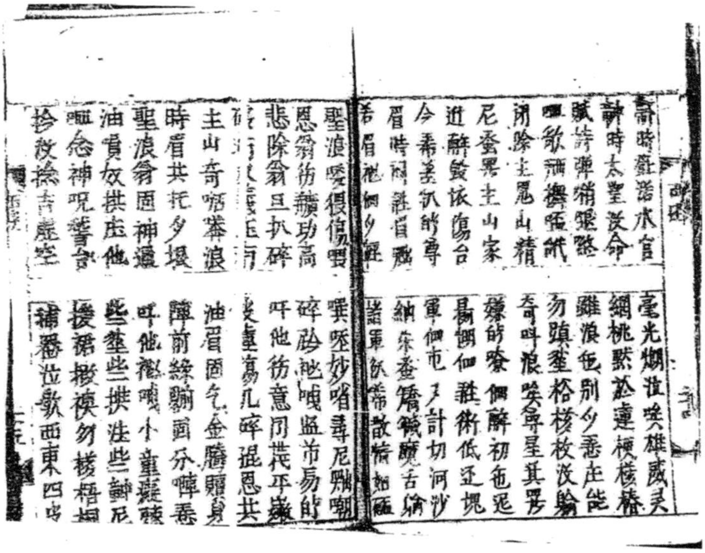

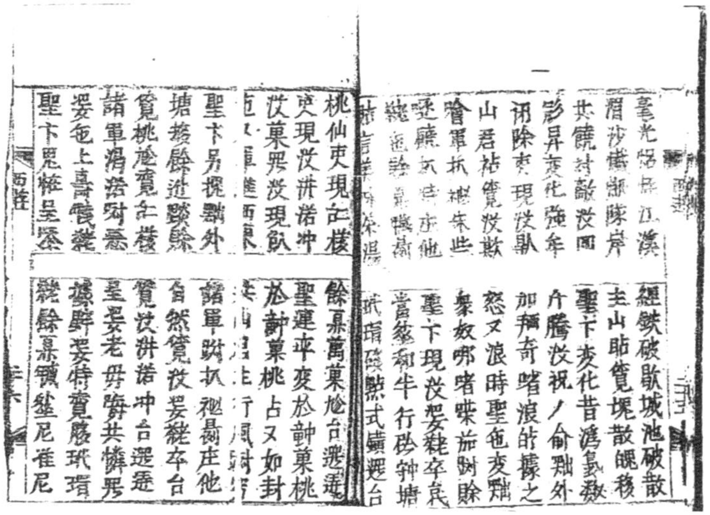

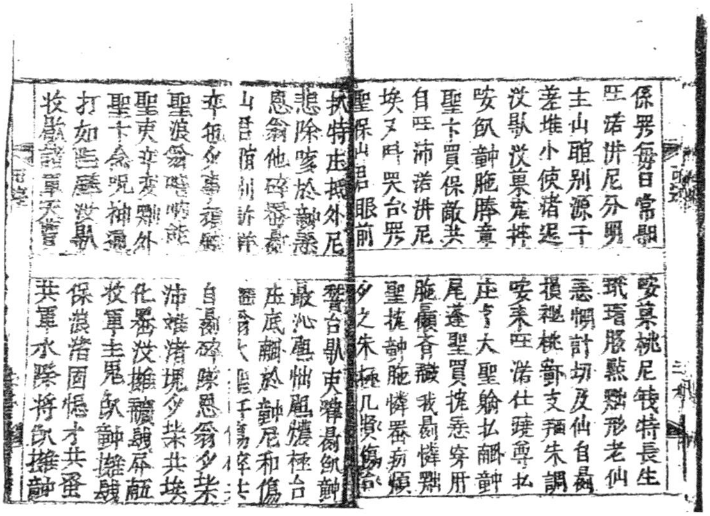

氺欱䏧𩯀巿控　撓術𧦕𡶀撩梗棧村
打来聖㕠𡍢擂　𢪀欺易佪又𡗉别𢬣
圣卞变現𢧚續　变達上帝旦尼王皇
𣳔除𠊛旦𢧚𢦧　皮欺玉皇正御殿高
大聖𧜖又𠫾𠦳　𥈶𤿤妙𠳨㵢高呈排
浪碎沛𡀍𢜝尼　為𢦧朱奴軍𪀄進𠬠
嵩碎奴𠀧破散　對碎又沛冰岸蓮尼
恩𢦧救𥚄碎𪀄　所功術意恩𠓇𧶮重
王皇聝吶從容　嚓浪奴𠀧破空群𢱖
𢲧𢷏眉𢪀𪀄𢧚　㐌枚𤓢㓡𨋍𢢆倍㨾

𩈘奴庄固聝𡓃　沛奴固才敢特𡓇星
奴𠊛𧡊漫相争　悲除買别㐌𡗋自低
大聖悉𢷀誓台　縱墻破𡓃東西哉排
五皇𡗖𡮈見𢟙其　兮尊乜東𠬠𠽋
急差旦𠫾西京　白𠊚德佛丁寧𠳨𡓃
白尞圣破殿臺　吀佛旦救𤑟㐌殿家
使青跳𢶢塘花　騰雲旦殿佛𥘀白𠳨
白浪大圣誓台　宮臺破𡓃庄台機前
佛𥘀使白還𡗉　即𠬠車駕𦘧幼朧雲
旦殿上帝明君　覔𠀧破𡓃泥空群之

佛隊大圣𠬠萬　𢬣之破𡓃城𡏦宮珠
大圣達蹲跪奏　為朱三藏𠲖𠇍𥚄經
沛難為主山精　扒朱𡗉𠶕加刑咹肝
碎𠀧救特魂冤　奴連運𪀄軍言運尼
𢦧吏庄固悉𨁪　庄固傷𣈙朱奴領軍
奴吏扒碎𡗉𩈘　𠓨差破城山君散情
恨悉進破殿庭　悲除固佛吏𢞂如初
伏傳大聖𠻀除　城𡏦吏現如初萬全
伏吀大圣青天　𡑝朱術嵩𠬠延菓堂
諸軍𠀧術𡘯方　術𢧚上帝脫𢫈生離

圣𠱊𡓃伏𢧚欺　卬頭𥚄伏即時回歸
𢪀来𢭸打𢧚欺　𢧚𠲖些𨫊即時買𠀧
覩𢷏羅𡗶恒河　買𠊛𥚄謝國家𠇍𪀄
庄群監敢共朱　卬頭𥚄謝恩朱尊星
諸軍術達天庭　山𡗶術嵩守城座高
西𢧚殿㐌進𡗶　覔𠵴𨁪𡢐𠳨花𠛌𡗉

西遊卷終畢完

后　记

1999年，我开始攻读越南语专业，大学期间，还曾在河内外国语大学交换学习一年。二十多年，流金岁月，说没就没，有种“不堪回首月明中”之感。

谨以此书，纪念我的恩师范宏贵教授，梁志明教授，蒲达玛（Po Dharma）教授，张玉安教授。

永远感恩多年来一直提携我的赵玉兰教授、梁敏和教授、王邦维教授、聂珍钊教授、罗林教授、李庆新教授、陈明教授、吴杰伟教授、张帆教授等等，余不一一。

石佑启教授对我也很关爱，此生有幸，没齿难忘。感谢宁琦教授、杨丹教授、查明建教授、陈法春教授、刘建达教授、侯迎忠教授、张艳丽老师多年的知遇之恩。

蔡茜、朱炬宇、罗雪瑜、吴迪、陈诗、李鸿烨、崔千寻、刘艺晗、阮健仪、对我也很关心，得此师生之谊，了无遗憾。

1082年，苏轼的《赤壁赋》有言：“惟江上之清风，与山间之明月，耳得之而为声，目遇之而成色，取之无禁，用之不竭。”寓居广州白云山多年，难免会心生感触，以东坡诗赋自娱。

本书的付梓刊行，没有商务印书馆郭恬老师的帮助，是万万不能问世的，在此一并致谢。

刘志强

2025年1月

图书在版编目（CIP）数据

中国四大名著在越南的传播及影响 / 刘志强著.
北京：商务印书馆，2025. -- ISBN 978-7-100-25472-4

Ⅰ. I207.41

中国国家版本馆 CIP 数据核字第 2025AC2268 号

中国四大名著在越南的传播及影响

刘志强 著

商 务 印 书 馆 出 版
（北京王府井大街 36 号 邮政编码 100710）
商 务 印 书 馆 发 行
北京顶佳世纪印刷有限公司印刷
ISBN 978-7-100-25472-4

2025 年 8 月第 1 版 开本 710 × 1000 1/16
2025 年 8 月北京第 1 次印刷 印张 31 ½

定价：128.00 元